ピグーの思想と経済学

ケンブリッジの知的展開のなかで

本郷亮
Ryo Hongo
――著

名古屋大学出版会

序

本書は、ケンブリッジ学派の創始者A・マーシャルの後継者として知られるアーサー・セシル・ピグー（Arthur Cecil Pigou, 1877–1959）の人物、思想および経済学に関する研究である。ピグーは、イギリス経済学が潜在的に包含していた倫理的側面に着目し、これを明示化することで、「倫理学の侍女 handmaid of Ethics」としての経済学、すなわち厚生 welfare の増大を実践課題とする厚生経済学を確立した。そこにはケンブリッジの二人の先人、すなわち倫理学者H・シジウィックと経済学者マーシャルからの深い影響が認められる。

ピグーは、経済研究をその重要な一面において人間研究でもあるとした師マーシャルの姿勢を忠実にうけ継いでいる。師を追悼して述べられた次の言葉は、ピグー自身の信念でもあっただろう。「彼は倫理学を通って経済学にやってきた。なぜならどんなものが、あるいはどんな意識状態が究極的善であるのかを、あなたが決定したならば、［次には］これらに挑戦し実現することがあなたの義務となるからである。そしてこれらの実現には、あなたは何よりもまず、経済領域での因果の相互作用を知る能力［経済学］を必要とする。だから彼にとって、経済学は倫理学の侍女であった。経済学はそれ自体として目的ではなく、むしろ遙かな目的のための一手段、それを鍛えあげることで人間生活の諸条件の改善を可能にする一道具であった。物、組織、技術は付随物であり、問題は人間の質であった」（Pigou 1925a：82）。

すなわち、人のめざすべき目的を明らかにする倫理学はむろん重要だが、環境的先行条件がまず満たされねば、その十分な力は発揮されまい。人間を高めるには、精神の力のみならず最低限の富をも要するに違いないからである。ゆえに、右の引用が示す彼らの知的遍歴は、彼らの究極的関心の変化を示すわけではない。関心は一貫して人間であり、そこへ達するためのアプローチが変化した（倫理学→経済学）にすぎないのである。厚生の経済学とは、人間という倫理的目的のための環境的先行条件の研究と言いかえてよい。

　この方法論的立場は、ピグーの教授就任講演でも語られていた。経済学が人間という問題に挑むならば、「経済学そのものの領域を越えたもの」、つまり倫理的価値評価が不可欠となり、「それゆえ道徳哲学の領域に踏みこむ」。だから「経済学が孤立するはずはない。……経済学と倫理学は、相互に依存的である。社会に奉仕するための実践の術 practical art of social service には、両者を要する。前者は後者の侍女である。……経済学者が同時に倫理学者でもあることは差し迫った必要性を有する、と私は言いたい」（1908b：8–14，傍点追加）と。

　彼の厚生経済学は『富と厚生』（1912a）によって初めて体系化されたが、この書のタイトル自体が前述の立場を示唆しており、「富と厚生」とはすなわち、「経済と倫理」「手段と目的」「豊かさと人間」ないし「マーシャルとシジウィック」[1]といったようなさまざまなニュアンスをもつ。だがいずれも結局は一つのこと――経済学と倫理学との結合――に帰着する。主著『厚生経済学』（1920a）のタイトルもまた同様であり、これらの著作名自体が、「彼の基本的アプローチを如実に示している」（Noel-Baker 1959：1090）のである。

　経済学者としてピグーは、彼が若い頃に演説で用いた表現を使えば、「貧者のための受託者 trustees for the poor」としての強い使命感をもっていた。彼は、経済学をこれから学ぼうとする優秀な学生たちに、（かつてマーシャルが実践したように）ロンドンのイースト・エンドを自分の足でまず歩くことを勧めている。そこは、いわゆる「シティー」の東端にあるロンドン塔よりもさらに東の地区、主に港湾労働者の生活の場、貧困が貧困を再生産する惨めな場所であった。「もしある人が、エッジワース教授の『数理心理学』（*Mathematical Psychics*, 1881）、ないしフィッシャー博士の『通貨の増価と利子』（*Appreciation and Interest*, 1896）への関心［つまり純粋理論への関心］から経済学にやってきたならば、それは喜ばしいことである。それはある人が実業を志し、その将来の職業について何らかの広い知見をえようと願い、経済学にやってくるのが喜ばしいのと同じである。だが彼がロンドンのスラムを歩き、自分の同胞を少しでも助けようと心を動かされて経済学にやってくるならば、私は一層嬉しい。驚き wonder は哲学の始まりである、とカーライルは言う。しかし、社会的情熱 social enthusiasm[2] は経済学の始まりである、と付け足せるであろう」（Pigou 1908b：12–3）。

本書では、ピグーに関して一般にあまり知られていない現状に配慮して、彼の議論を幅広く紹介することに努める。またそれらを単に列挙するのではなく、本書を貫く二つの根本命題によって秩序づけてゆく。その命題とは、第一に、厚生の経済学とは人間性を育てるための経済学であること、第二に、最終的には「ケインズ革命」に至るピグーとケインズとの知的対立は、二人が若い頃から段階的に高まっていったものであり、かつ内容的に重層的なものであること、である。本書の最終目標は、二〇世紀前半のケンブリッジ学派の知的展開を考えるうえで、この二つの命題が大きな意義をもつことを論証することにある。

そのために採られる、おそらく本書を特徴づける手法は、ピグーの議論を初期にまで遡って究明しつつ、それらを対応する同じ時期のケインズの議論と対照する、というものである。多くの場合、彼らは互いの立場を意識しあっていたから、一方が他方のいわば鏡となって両者の特徴がおのずと見えてくる。「ケインズ革命」と呼ばれている誤解と謎との多い事件に至る二人の知的対立を段階的かつ重層的に描くには、この手法が最も適している。

もしケインズがピグーを好敵手とみていたとすれば、そもそもケインズ研究にとっても、ピグー研究は当然必要であったはずである。しかしながら、山に喩えれば、従来ピグーはマーシャルやケインズに比べ、ずっと低い山として扱われてきた。ピグー研究の相対的遅れはまことに著しく、これは明らかに大きな学問的損失である。なぜなら、三五年間教授の地位を占めた彼を知らずしてケンブリッジ学派の展開を知ることはほとんど不可能であるし、しかもピグー山に登れば、そこからは新たな別の風景が見えるからである。彼は、ロビンズやケインズの名と結びつく重要な理論的論争の敗者とみられ、また政策論のうえでも、旧平価での金本位制度復帰を勧告したカンリフ委員会の愚かな一員、さらには大恐慌期に賃金カットを唱えた「古典派経済学者」の代表者とみられてきた。彼はさまざまに告発され、しばしば一蹴され、まことに満身創痍の感があった。だが仮に、これらの評価が不正確ないし不公正なものであるならば、ピグー研究はおのずと、われわれの歴史認識に反省ないし転回を迫る強い力を秘めていることになる。

本書のタイトルと副題は、この序文で述べた内容を表したつもりである。すなわち本書は、ケンブリッジにおける知的な相互影響関係のもとで、ピグー厚生経済学の形成と展開を明らかにする試みである。

最後に、本書を準備するなかで最も労力と時間を投じたのは、巻末に付したピグー著作目録の作成であったことを付け加えておきたい。なおも不完全であるが（彼は恐るべき多作家である）、これを鳥瞰すれば彼の関心の広さと動きをある程度は摑めよう。ある研究者から、これを内容別に整理するなどしてビブリオを生かすようにとの提案も頂いたが、結局私は参照上の便宜を優先し、あえて列挙するに留めた。

凡例

一、引用「　」内において、（　）内は原著者のもの、［　］内は筆者の補足である。また原文のイタリックは、傍点で示した。

二、例えば「**3・2**」というのは、「本書の第3章第2節」を意味する。こうした記号を用いたのは、主に、ピグー自身の著書の章・節との混乱を避けるためである。

三、人名は原則として姓のみで記した。フルネーム、生没年については、巻末の人名索引を参照のこと。

四、ピグーの主要著作に関する記号は、次の五つである。

WW：*Wealth and Welfare*, Macmillan, 1912.

EW：*The Economics of Welfare*, Macmillan, 1st edn., 1920, 4th edn., 1932.
版ごとの異同に配慮し、「*EW* 初版」「*EW* 第4版」というように示した。
以下の二著作についても、同様の表記法が用いられる。

IF：*Industrial Fluctuations*, Macmillan, 1st edn., 1927, 2nd edn., 1929.

PF：*A Study in Public Finance*, Macmillan, 1st edn., 1928, 3rd edn., 1947.

五、ピグーおよびケインズの全集類には、次の三つの記号をあてた。

ACP　: *A.C. Pigou Collected Economic Writings*, D. Collard (ed.), 14vols., Macmillan Press, 1999.

PJA　: *A.C. Pigou Journal Articles*, D. Collard (ed.), 2vols., Palgrave Macmillan, 2002.

JMK　: *The Collected Writings of J.M. Keynes*, D. Moggridge and E. Johnson (ed.), 30vols., Macmillan Press, 1971-89.

六、その他の記号。主に巻末のピグー著作目録と参考文献のなかで使用される。

AER　: *American Economic Review*

CR　: *Contemporary Review*

DNB　: *Dictionary of National Biography*

EJ　: *Economic Journal*

IJE　: *International Journal of Ethics*

HOPE　: *History of Political Economy*

JLE　: *Journal of Law and Economics*

JPE　: *Journal of Political Economy*

JRSS　: *Journal of the Royal Statistical Society*

QJE　: *Quarterly Journal of Economics*

SEJ　: *Southern Economic Journal*

目次

第1章　人　物

ハロッドは有名な『ケインズ伝』のなかでピグーを次のように描いたが、当時はまだ多くの関係者が存命であった。「ピグーは教授として目立った印象を与えた。背が高く、運動家らしく、講義ぶりは明快で飾り気がなく、しかも極めて効果的に問題の核心をつき、大きな信頼を集めていた。特に人々に訴えたのはその質朴さであり、虚飾や尊大な点がまったくないことであった。彼は親しみやすく、若者と対等の立場で話しあった。彼はいつも選りすぐった人々のうちに若干の極めて親密な友人をもち、休暇中に彼らは彼に連れられて山登りの情熱を分かちあうのが常であった。後年に彼は、経済学者の間で、少し近づき難い人物であると評判であった」（Harrod 1951：144, 訳 168）。

軍人の息子で、まるで行進しているかのように振る舞うと言われたザ・プロフ、すなわちケンブリッジ大学経済学教授ピグーとは一体どんな人物であったのか。晩年には、ばかげた高い調子の声によくなり、漫画と扇情小説しか読まないと噂される、奇妙な服装の、一見近づき難い人であり、暖かな日にはよく、キングズ・カレッジ前庭の門番小屋の傍らの芝生でデッキ・チェアに座っていたそうである。「もし教授の友人たちが皆、彼の愉快な思い出を一つずつ話しだせば、本が一冊十分にできる」（Collard 1981：105, 訳 108）とも言われる。

だがピグーは、学内行政や他の経済学者との交流などに消極的で（本章でみるように、そう強いられた面もあるが）、一部の仲間としか親しく交際しなかったため、その伝記資料は他のケンブリッジ経済学者、例えばマーシャルやケインズに比べてずっと少ない。それゆえ彼の全生涯を網羅的にみることはできないが、本章では主に同世代人たちによる追悼論文に依拠し[1]、その人物像を可能な限り描きだしたい。

1　教授就任まで

ピグーは、イギリス第一五連隊の将校であった父クラレンス Clarence George Scott Pigou とその妻ノラ Nora の長男として、一八七七年一一月一八日、母の生家のあるワイト Wight 島のライド Ryde で生まれた。その家系は、父方が「……もとは貿易商、のちの世代には文官 civil servant として、長くインドや中国とつながりをもったユグノーの後裔[2]」、母方が「昔、アイルランド統治で勲功と富をえた家柄」とされる（A. Robinson 1968 : 90）。母方の家系については『国民伝記辞典』（*DNB*）に記載があり、それによれば、母ノラはジョン・リース卿 Sir John Lees の次女であった[3]。これらのこと、また出費のかさむその学歴から考えて、本書の主人公ピグーは比較的裕福な家庭の出身とみてよかろう。

一八九一年、ピグーはかつて父が通った名門パブリック・スクールであるハロウ校――現在のロンドン中心街から北西方向に鉄道で半時間ほどの見晴らしのよい丘にある――に進学した。そこでの彼は「死すべき者らのうちにあっての神」（Champernowne 1959 : 264）などと評されている。

ハロウを主席で卒業したピグーは、一八九六年、ケンブリッジ大学のキングズ・カレッジに進み、まず歴史と近代諸国語を学んだ。その優れた語学力――独語、仏語、伊語の著作物への書評（Pigou 1907a, 1907b, 1907f, 1913d, 1913h, 1922b）がその力を示している――はこの時期に培われた、あるいは磨きをかけられたものであろう。また同年、ハロウからクレイトン近代奨学金（「近代」とはギリシア＝ラテンの「古典」ではないという意味）と算術賞を、さらにキングズからも小奨学金 Minor Scholarship を与えられた（*Times*, 1895. 4. 8；*Times*, 1895. 12. 14）。

一八九七年からは、O・ブラウニング、G・L・ディキンソンたち[4]の指導のもと、ピグーは歴史を専攻した。マーシャル図書館には、アテネ、スパルタ、ローマなどの歴史を含む当時の彼の手書きノートが残っている。一八九九年の歴史トライポスで「一級」を、また翌一九〇〇年の第二部・道徳科学トライポスでも「一級（上級政治経済学の特賞付き）」を獲得した彼は、同一九〇〇年、学生弁論会ユニオン Cambridge Union Society の会長に選出された。当時のユニオンは、政界をめざす学生にとって一つの登竜門であった[5]。

ところで一八九九年、すなわちトライポスの受験勉強として彼が経済学を本格的に学び始めたと推測される年、ピグーは詩「アルフレッド大王」（Pigou 1899）によって名誉総長 Chancellor の金メダルをえたが（のちに売却されてグルジア人への義援金となる）、その詩の最後には、経済学者としての理想に燃えた彼の初心が顕れているように思われる。

きけ、アルフレッド大王の声を、わが血の息子たちよ
年月のもたらす秘密をつきとめるは、わが声にあらず
年月何をもたらさん、我はそれを知らず
だがこれは我の知るところ
わが椅子をマンモン王にあけ渡すこと断じてあらじ
ものごとには金より貴き賞賛こそよせられるべし
寺院は整然たる市場にまさり

おお、悠久の世紀すぎゆくとき、遙かにきかせ給え、我にまさる明澄の声
人を魂なき欲の泥濘より導きゆく声を
心ひろき道へ、向上の道へ、真理の明星を道しるべに
理性の光、人の心にすまう神秘、天来の輝きを示したまえ　(p. 8)

詩中の「マンモン王」「金」「市場」などの表現は、経済世界というものへの率直な第一印象を示すものであろう。「寺院は整然たる市場にまさり」などと二つの世界が対比されるが、「寺院」的なものとは、愛、信仰、芸術のようにそれ自体が究極目的（目的善）たりうるもの、「市場」的なものとは、経済学が対象とする、ときには卑しい、世俗的活動や富である。後者は本来、前者への間接目的にすぎず（手段善）、ゆえに経済学は目的善の実現に資する限りでのみ善性を分有する。すなわち「人間の社会的行動に関する科学的研究が……社会改良の実際的結果をもたらすためでないならば、……私個人の考えでは、その研究に費やした時間は無駄である。それは、あらゆる社会科学分野のうちで特に経済学に当てはまると思う。……もし知識がもたらす果実を離れてもなお、人間に関する知識を望むならば、私はこれを、宗教的な情熱 enthusiasm の歴史、殉教や愛といった熱情 passion の歴史のなかに求め、市場のなかには求めまい」（1908b：11）。この見方は『厚生経済学』はもとより（*EW* 初版：4）、ほかの場所でも繰り返されている。目的善と手段善の峻別は、すなわち厚生の経済学を理解するうえで極めて重要である。

経済学トライポスは、いわば道徳科学トライポスのあばら骨の一本から創られた。ピグーが後者の時代の学生であった点（前者は彼の学生時代にはまだなかった）、また彼が「歴史をへて、それから哲学と倫理学をへて、経済学に至った」（A. Robinson 1971：814）という点は、右の段落と同じ意味において極めて重要である。

さて、最初期のピグーの経歴は、同世代のケンブリッジ経済学者たちのなかでこれに比肩する者がないほどに華々しい。①一九〇〇年に「宗教教師としてのロバート・ブラウニング」でバーニー賞、②一九〇一年に「過去五〇年間におけるイギリス農産物の相対価値変化の因果」(Pigou 1901i) でコブデン賞、③一九〇三年には「産業平和の原理と方法」でアダム・スミス賞を獲得し、このうち①③が出版された (1901a, 1905a)。

一九〇一年に①がフェロー資格請求論文として提出されたことから (残念ながら落選し、翌年②によってフェローとなる)、当時の彼の主な関心が哲学分野にあったことは明らかであろう。また③についても、「……ピグーの全生涯を特徴づけた方法、学生たちに深い印象を与えた方法のために興味深い。彼は経済的題材に哲学者の方法を適用したのである」(A. Robinson 1968 : 91) という指摘がある。

ピグーの最初の著作『宗教教師としてのロバート・ブラウニング』(以下『ブラウニング』と略す) の内容は、高度に抽象的、哲学的なものである。だがその末尾では、ブラウニングの理想の実現には、世俗的な社会科学の力による漸進が不可欠であると説かれ、それは経済の研究に今まさに向かおうとする若きピグーの決意、伏線とも読める。「……平均的人間は、社会を一挙に変革するのではなく、むしろ人間生活を徐々に少しずつ改善すべく苦闘するように創られている。その方法は、転覆的実験を含まない穏やかで慎重なものであるべきだ。……彼 [理想を実現しようとする者] が役立ちうる一番明白な方法は、多くの人々の肉体的苦しみを和らげることである。なぜなら、動物的欲求の満足よりも高きものが存在することはまったく真実であるが、人間の肉体が飢えれば、その魂を養うことは不可能だからである」(1901a : 130)。

一九〇四年には『エコノミック・ジャーナル』誌上で、『関税の謎』(Pigou 1903a) が次のように激賞された。「彼が経済理論という道具を使いこなす力は、将来大いに有望である。C・マックスウェルの初期の業績をみたある人は『物理学においてあの男が過ちを犯すことはありえない』と述べたが、……この言葉は、われわれが論じた研究の著者［ピグー］に誇張なく当てはまる」(Edgeworth 1904 : 67)。同年、マーシャルも次のようにピグーをマクミラン社に推薦できた。「ピグー氏は二七歳ですが、私が思うに、彼の年齢におけるイギリスの、おそらくは世界の、最も有能な経済学者です。彼が次世代の指導的経済学者の一人となることは間違いありません。私は、彼が経済学書の一流出版社と初めからつながりをもっていて欲しいのです」(Whitaker 1996, vol. 3 : 96)。ただしこれらの引用は、当時のピグーの力量を示す証拠というより、むしろ彼に強力な後ろ盾がいたことを示すものであろう。

一九〇六年、ピグーは伝統ある「ポリティカル・エコノミー・クラブ」に入会し(一九〇八年には名誉会員となる)、「産業平和の原理は存在するか」(一九〇六年)、「関税」(一九〇九年)、「自由放任原則の妥当範囲」(一九一三年)、「農業での何らかの最低賃金制度は望ましいか」(一九一四年)、「ヨーロッパ国際金融事情」(一九二〇年)などの報告をロンドンの例会で行っている。(6)

最後に、教師としてのピグーを一瞥しておこう。一九〇一年秋、彼はまだフェローではなかったが、マーシャルに抜擢され、二三歳の若さで教壇に立った。すなわち「……一九〇一〜〇二年にはすでに、その後三〇年以上にわたり幾多のケンブリッジ経済学者の教育ベースとなる上級経済学コースを、第二年次生に教え始めた」のである(A. Robinson 1968 : 91)。一九〇三年にはロンドン大学ユニヴァーシティー・カレッジのジェヴォンズ記念講師、翌年にはケンブリッジ大学のガードラーズ講師、そして一九〇八年五月三〇日にはマーシャルの後任として三〇歳の若さでケンブリッジ大学経済学教授 Professor of Political Economy に選ばれ、その後三五年間この地位を占めた。若い頃のその講義ぶりは見事なものであったらしい。「私は……彼の講義を聴いたが完璧であった。人間としての魅力、完全な明晰さ、思考および定義の見事な正確さ、黒板には若干の、多すぎない程度の幾何と代数。ある命題を例証するのにたまに冗談もあった。ノートなしである」(Dalton 1953 : 57)。(7)

マーシャルは上級の特殊経済学講義を、ピグーはトライポスむけの体系的経済学講義をそれぞれ担当していた。

「ピグーの一連の講義は、マーシャル経済学の口伝 oral tradition を次世代に伝える主要経路となった。マーシャル本人はけっして体系的講義をやる人ではなかった。ピグーは、後年に病を患いその活力を失うまでは素晴らしく明快かつ体系的な教師で、道徳科学学派がシジウィックからうけ継いだ伝統を守った。ピグーはかつて彼の講義に出席していたのである。しかもピグーは、マーシャルの思想に、マーシャル本人の講義に欠けていた明快さと体系性を与えた。『それはみんなマーシャルに書いてある It's all in Marshall』とよく口にし、かかる確信をもってケンブリッジ経済学者の一世代を育てあげたのはまさしく彼であるという意味で、ピグーは［ケインズのように］批判的ではなかった」(A. Robinson 1971：815)。

教室の外でも――具体的には**1・5**でみるであろう――彼は良き教師であった。「宗教、詩、政治学、経済学、登山、どんな主題であれ、彼との会話には何かしらソクラテス的なものがあり、そのクリアーな論理と人柄の穏やかさとが相まって、それ自体が教育であった。……若い友人たちこそ、彼の生きがいであった」(Saltmarsh & Wilkinson 1960：19)。

2　ケンブリッジ大学経済学教授

キングズ・カレッジおよびマーシャル図書館には、ピグーの教授就任を祝う夕食会 (Complimentary Dinner, 一九〇八年六月六日) への招待カードが幾つか残っており、その一通一通には、多くの出席者たちの自筆サインが無秩序に記されている。記念にサインを交換しあい、各々がそのカードをもち帰ったのであろう。前節でみたように、経済学教授就任までのピグーの歩みは華々しい。だがこの順風満帆さとは対照的に、その後の彼は長く厳しい逆境のなかを歩むことになる。そこで本節では、そのターニング・ポイントたる彼の教授就任に光をあてる。すなわち、①マーシャルはいかなる学問的理由からピグーを後任に選んだのか、②マーシャルはいかにしてこの人事を果たし、それはピグーに何をもたらしたのか。

かかる抜擢人事は当時異例であった。候補者は事実上二人、すなわち六〇歳近いフォックスウェルと三〇歳のピグーである。前者はマーシャルの最初期の弟子、経済学トライポス創設のための長い運動におけるマーシャルの盟友ないしその副官的人物であり、すでに自分の教授就任後の準備を始めていたほどであった。[8]

①については次の二つの有名な説があるが、両要因が重なった可能性もあり、排他的な唯一の要因を求めるのは難しい。第一に Coats (1968, 1972) は、ピグーの自由貿易論を重視する。フォックスウェルは保護貿易論の立場であった。二人は『タイムズ』紙上で激しく対立していた (Pigou 1903d, 1903e, 1903f, 1903g, 1903h, 1903i)。

第二に Coase (1972) は、方法論（フォックスウェルは歴史学派の立場）や将来性（フォックスウェルの学術業績は比較的少なかった）を重視する。例えば方法論について、マーシャルはネヴィル・ケインズに対して、「ピグーと私は人間のことに関心をもち、私自身、確かに人間のことしか配慮の対象にしていないと思う。フォックスウェルはこの種の目的を理解する力がないようである……」(Whitaker 1996, vol. 2 : 323, 傍点追加) と述べ、また直接フォックスウェルに対しても、「むろん私たちの経済学上の理想は異なります。あなたがある本やパンフレットを大変気に入るとき、あなたはそれを学術的 scholarly と表現する。だが私は、科学的 scientific とはまったく思えないものにけっして大きい情熱を感じないのです。私はそのことに気づきました」(vol. 3 : 126, これはフォックスウェルの有名な蔵書に対する評価かもしれない) と述べている。

次に②について。マーシャルは、政策論でも方法論でも独自の立場を貫いたフォックスウェルを斥けるべく、周到な根回しを行ったとみられ、Jones (1978) は一例として次のような「策謀」を指摘する。すなわち、教授選挙

1908年，教授就任時のピグー。ケンブリッジ大学キングズ・カレッジ所蔵 (Coll. Ph. 411)

の投票者の一人であったネヴィルは、旧友フォックスウェルに同情しながらも、マーシャルが選挙前に息子メイナード・ケインズにだした書簡（ピグーが選挙に勝てばメイナードに「一〇〇ポンド講師」の地位を与える）に動かされたと。

マーシャルの手紙（一九〇八年四月三日）は次のようなものであった。「……私は二つのことを述べられる位置にいます。五月になされる教授選のため幾つか留保がありますが、第一に、もしあなたが願うならば、たぶん六月三日に委員会のあるメンバーによってあなたに講義を依頼する提案がなされましょう。第二に、委員会が同意すれば（私は彼らが同意するに違いないと思います。むろん先の留保のもとにおいてですが）、あなたに一〇〇ポンドが用意されましょう。それは、自分が講師であるとあなたが確かに感じるためにです。私自身があなたに一〇〇ポンドだせるとは思いませんが、ほかの者か私かのいずれかによってそれが提供されることを、私は保証できます。[9] この手紙にはどこか秘密めいた雰囲気があるかもしれません。私は秘密が嫌いです。しかしのちになれば、それが不可避であったことをあなたは理解するでしょう。ご都合よければ返答を。急ぎません」(Whitaker 1996, vol. 3：186–7)。メイナードはこの手紙を受け、フェロー資格の取得を待たずにインド省を辞し、ケンブリッジに戻った。

マーシャル伝の著者グレーネヴェーゲンはこの策謀説を斥けたが、その根拠は示さなかった (Groenewegen 1995：624n)。またネヴィル伝の著者ディーンは、手紙は明らかに選挙を意識し、すなわち子から父に内容が伝わることを意図したものであるが、それでもネヴィルはフォックスウェルに投票した可能性が高いとしている (Deane 2001：249–51)。

マーシャルは選挙後の六月一〇日に再びメイナードに手紙を書いた。「私は、あなたがわれわれの経済学スタッフに加わることを大変喜んでいます。……だがあなたの復帰について、私が郵便配達人以上の関与をしたとみるのは誤りです。あなたが帰ってくることは、ピグーがそれを私に話すまでは、私には思いもよらぬことでした。あなたの父上は『投票者』なので、ピグーがあなたに連絡するわけにはゆきません。そこで私は彼の伝言を記し、配達人がそれを届けました。だから配達人と私とが果たした役割は小さく、ほとんど無視してよいでしょう」(Whitaker 1996, vol. 3：192-3)。

老獪なマーシャルは、あたかもピグーを首謀者とし、自分の手紙を仲介的なものと弁明しているが、たとえ当時ピグーがメイナードを支援した事実はあるにせよ、[10] ピグー策謀説はこれまで誰も論じたことがない。それを裏づける資料も、右のマーシャルの手紙があるのみである。この一件は、ケンブリッジ経済学の将来に対するマーシャルの強い想いを示す一挿話とみるのが自然ではなかろうか。

マーシャルの引退後、フォックスウェルに同情的なドンたちが一連の巻き返しを図ったことを考えると、早すぎた教授就任はピグーにとってむしろ不幸であったかもしれない。王立経済学会の書記ヒッグスは、[11] フォックスウェルのために「第二教授」職を設けるべく直ちに運動を始めた。さらに経済史家カニンガムは [12]『タイムズ』紙で、また選挙投票者の一人ニコルソンは保守党系機関誌『クォータリー・レヴュー』で、いずれもピグーを酷評している(Cunningham 1909a, 1909b, 1912, 1914a, 1914b；Nicholson 1913)。そして次節でみるように、この巻き返しは第一次大戦中に頂点に達するのである。

3　第一次大戦とその後

「この［戦争の］経験が、陽気で、冗談好きで、社交的で、愛想のよいエドワード時代風の独身の青年［ピグー］を、現代風の偏屈な隠遁者に変えたことは疑うべくもない。彼の同僚で生涯の友であったC・R・フェイの言葉を借りれば、『第一次大戦は彼にとってショックであり、その後は人が変わってしまった』」(Johnson & Johnson 1978：178, 訳 210)、あるいは戦争が「彼の天性の最も深い部分を傷つけた」(Saltmarsh & Wilkinson 1960：8) などと言われるように、ピグーの快活な人物像は戦争を境に一変する。

その原因として、戦場でみた多くの死、理想への幻滅などに加え、彼が平和主義の姿勢を行動と言論の両面で公にしたためにさまざまな逆境を経験したことを指摘できる。戦争勃発の経済的原因に関する彼の認識については**1・6**でみるので、本節では平和主義者ピグーの戦時中の具体的活動に光をあてる。

まず行動面では、彼は大学の休暇を大陸での医療ヴォランティアに費やした。[13] ①一九一四年のクリスマス、一五年の四月と六月に、北フランスとベルギーにて、友人ノエル・ベーカーの指揮する救急隊に加わり、②一五年一〇月から戦争終結までは、イタリア戦線にて、ハロウ校以来の友人トレヴェリアンの指揮する救急隊に加わった。「彼は、どちらの救急隊でもいつも非常に歓迎された。誰とでも気があい、最も卑しい仕事、非常に危険で人の嫌がる運転を、指示されればいつもすぐにしてくれたからである」。あえて危険な仕事を選んだとされるピグーは、当時高価であった米国フォード社の車を救急隊のために私費で二台購入し、これを戦地で運転したが、一台めの車の大破も含めて、「命を落とさなかったのは奇跡としかいえないような事故」を三度経験する (p. 9)。

次に言説面では、特に一九一五年二月の『ネイション』誌に掲載された対独講和論 (Pigou 1915a) が注目される。それは次のような内容であった。

開戦当初の世論はさまざまであったが、半年がすぎて今では議論も減り、「この戦争で確保されるべき目的は……妥協ではなく、それ自体のためのただ力ずくの勝利という事実、完全な破壊的勝利である」といった意見が、マスメディアを代表するに至った。大英帝国を将来にわたり安泰たらしめるには、妥協的講和によって早期に戦争を終えるよりも、このさいドイツを無条件降伏させるまで徹底的に破壊し、無力化すべきであると。[14] だがわれわれの側のこうした態度とは対照的に、ドイツは妥協を模索している。それは「カイザー［ドイツ皇帝］の条件は『名誉ある平和』、フランス陸軍大将の条件は『われわれが課すべく選ぶであろう条件』」と、あるイギリスの新聞の見出しが示す通りである。三国協商側（英・仏・露）のかかる態度は「それ自体として誤っており、その帰結としても恐るべきものである」。「私は、こなごなになったイープル大聖堂の廃墟をみた。私は、泥にまみれた兵士が故郷の方にむかって塹壕からよろめき出てゆくのをみた。ダンケルクの子どもたちが空からの攻撃で傷つき殺されたとき、私はその傍らにいた」。さらにピグーは述べる、「もし誇り高い民族が打ちのめされ、屈服させられたならば、その全思考と全精力が復讐の準備に集中されることは必定であろう。われわれは、ドイツ人のなかに、まさに嘆くべき権力への意志 will to power を涵養し、ドイツ政治のなかに、われわれがまさにその政策を予想できるような軍事政党を育てあげるであろう。あらゆる歴史は、これが、これのみが、その帰結たることを教えるに十分である。連合軍が一時的にドイツの攻撃から守られることは確かである。……だがドイツは、いつまでも打ちのめされたままではあるまい。強いられた服従の期間に、おそらくもっと恐ろしい新たな闘争の種子が、確実に、着実に、成長するであろう」（1915a：590–1）。

こうした洞察をもつピグーは、無条件降伏という「懲罰的、破壊的な平和」ではない妥協による早期の講和締結と、それにむけて協商側がイニシアティヴをとることを唱えた。右傾化する世論を憂いて公表されたこの和平論を、どう評価するかについてはさまざまな立場があろう。だが戦後ドイツの政情予想については、まさに慧眼の一語に尽きるというほかない。なお、これとほぼ同様の議論は、マーシャル図書館所蔵のピグー・コレクションに含まれる「講和の諸条件 Terms of Peace」と題されたペーパーにもみられる。ただしその執筆年は明確ではなく、公表されたかどうかも不明である。

さて、前述のような平和主義的論議は、それが戦時中になされたこともあり（ケインズのヴェルサイユ条約批判のように戦後になされたものではない)、多くの厳しい批判――Cunningham (1915)、保守党系全国紙『モーニング・ポスト』の編集者の論評（一九一五年二月一七日)、Coulton (1916) など――を受けた。またラッセル宛の侮辱的な匿名の手紙でも、ピグーは、ラッセルやマーシャルと並ぶ学内の親ドイツ派の一人とみられている (Russell 1991 : 272)。周知のようにラッセルはその後大学を追われてしまうのであるが。

ピグーも後年、学生たちに次のように語った。「……これ［対独講和］を論じたために、私は愛情と尊敬の印を多数頂きました。なかには啓発的な匿名葉書も幾つかあったのです。手元に一つあるので簡潔にその要点だけを述べますと、『永遠に地獄のこえだめの底にいろ!』というもので、かのダンテさえも彼の敵のためにこんなに魅惑的でない罰は考えつきませんよ! 戦争がこの紳士に――あるいは私は淑女であると信じたい――詩人の霊感を与えたのです。しかし皆さんは、それが彼女の魂の質を向上させたと思いますか。もう一つ思い出があります。終戦直前、あの長い悪夢の終わる希望がついに訪れようとしたとき、ロンドンの新聞に三人の老人の三通の手紙が載りました。三人あわせて二五〇歳ぐらいでしょう。その主題とは、講和などあってはならぬというもので、ドイツ軍が無条件降伏するまで、彼ら――勇敢で気骨ある男たち! と呼びたければそう呼びます――はけっして剣を鞘に納めないぞと! 喜劇ですよ、ええ! しかし悲劇でもあります! すでに実質をえたのに、影のため、一句のために、もう何千人も死ぬなどとは! 彼ら自身は安全なところにいながら、この世界を指図して何らの恥も感じないというのは、精神の悲劇でありましょう」(Pigou 1935a : 153)。

さて、一九一六年一月、四一歳以下の独身男性を対象とする兵役法が成立し、ピグー、メイナード・ケインズ、ロバートソンはいずれもその対象に含まれた。(15) これをうけ、ネヴィルを長とするケンブリッジの特別評議会は、大学の教育活動遂行にピグーが不可欠であること、それゆえピグーの兵役免除を当局へ申請することを決議したが、これをめぐり醜悪な争いがおこる。それは「『ケンブリッジ・デイリー・ニューズ』のような地方紙のみならず、

『モーニング・ポスト』や『タイムズ』のような全国紙でも報じられたメディア的事件」(Aslanbeigui 1992c：97)であった。

申請の是非を審査する政府の公聴会が五月一〇日に予定されていたが、その日程のせまる四月二六日、『モーニング・ポスト』紙はマクラウド (R. H. Macleod) の次のような論説を掲載した。彼は、ピグーが大学に「不可欠」であるという点を否定し、以前からピグーを攻撃していたカニンガムの次のような見解を紹介する。すなわち、経済的厚生の意義を過度に重んじるピグーの議論は戦争遂行を妨げており、戦時には不要である。海軍への石炭供給などは二の次にすぎず、大事なのは安楽水準だ、と叫ぶウェールズの炭坑夫たちをピグーは擁護していると。要するにマクラウドは、「もしカニンガムが正しいならば、戦時にそうした講義を続けることがなぜ望ましいと言えよう。いわんや不可欠とは言えない」と主張したのである。これを契機とし、『モーニング・ポスト』紙上でカニンガムとマクラウドとによるピグー攻撃が連日のようになされた。[16] 注意すべきは、この集中攻撃が公聴会の前哨戦であった点、そしてもしピグーが徴兵されればフォックスウェルがその空席を埋めたであろう点である。事実、公聴会では「フォックスウェルはピグーの代わりを務めうるか」が一つの争点となり、ネヴィルの制止にもかかわらず、フォックスウェルは自分にその用意があることを強調した。

結局ピグーは兵役を正式に免除され、ここに一連のフォックスウェル復帰運動は水泡に帰した。とはいえピグーの講義の一部が、戦時中に限りフォックスウェルに委ねられた。「[ピグーは] ケンブリッジのポストにひき続きとどまったが、講義負担がふえ、商工会議所の非常勤の仕事もふえた。[前述の] 非難の手紙を受けるに至り、ピグーは……戦争が続く間、フォックスウェルに専門的仕事での協力を許した」(Johnson & Johnson 1978：178, 訳209-10)。しかし、この辺りの経緯についてはわからないことが多い。

マーシャル引退後のケンブリッジで、前任者の絶大な権威に守られてピグーが端座していた、とみるのは大きな誤りである。ピグーを庇護したネヴィルの役割は大きく、ネヴィルを追悼してピグーが「私が最も若いトライポスの最も若い教授であった頃にうけた助力と指導により、私は個人的に大いに彼に負っている」(Pigou 1950e：408) と述べたのは、単なる社交辞令ではなかろう。

戦後の一九一九年、ピグーがＦＢＡ (Fellow of the British Academy, 英国学士院会員) の選考から漏れたのは (推挙後に拒まれるのは異例であった)、戦中の平和主義的言動のためであった。翌年には、ヴェルサイユ条約を批判したメイナード・ケインズも同じ憂き目にあい、真の落選理由を知らされたケインズは、ある手紙で次のように述べた。「私の感情は、あなたが伝えてくれた件［落選理由］だけでなく、ピグーの場合に起きたことにも支配されています。……わが国の最も卓越した活動的経済学者で、主要大学の一つで教授職を務め、重要な王立委員会および国際連盟のブラッセル会議に、ときの政府が学究世界の代表として選んだ人物［ピグー］を、一部の会員たちが彼の政治的立場を好まないがために会から閉めだしていること自体、その団体を軽蔑させるに十分です」(*JMK*, XVII：165-6)。

教授選で生まれた敵対的空気、戦中・戦後のさまざまな迫害、これらはピグーの職業上の人間関係を左右したに違いない。世界の経済学者たちからイギリス経済学のオーソドキシーと目された彼が、他方では母国のエスタブリッシュメントに溶けこまない、ないし溶けこめない一種のアウトサイダーでもあったのは、興味深い逆説である。教授でありながら彼は、フェロー選考会議を例外として、学内の会議にもほとんど出なかった。その種の集いは「無駄話」「長話」の類とされ、そこへの出席は皮肉をこめて「公的義務感の強さの見事な証」とされた。最大の親友で登山仲間でもあったクラパムが、出席せよと何度も忠告するので、ついにはピグーも「私には公共精神がまったくないのです。私的精神には満ち溢れています」と開き直ったそうである。この返答は一種の冗談ともみられるが、戦後の彼の態度を象徴している。また一九二七年に晴れて前述のＦＢＡに選ばれるも、「そこから何もえられない」として彼はこれを自主退会している（Saltmarsh & Wilkinson 1960: 10-11, 16, 20）。

ほかに彼は、イタリアの一六〇三年創設のアカデミア・ナツィオナーレ・デイ・リンチェイ（Accademia Nationale dei Lincei）会員、一七八〇年創設のアメリカ芸術・科学アカデミー（American Academy of Arts and Sciences）名誉会員、一九五〇年創設の国際経済学協会（International Economic Association）名誉会長であった（Robertson 1959）。

最後に、戦間期のピグーは四つの政府委員会、すなわち、①国際金融に関するカンリフ委員会（一九一八～一九年）、②王立所得税委員会（一九一九～二〇年）、③通貨及びイングランド銀行券問題に関するチェンバレン委員会（一九二四～二五年）、④経済学者委員会（一九三〇年）、に加わった。これらの政策立案の実務経験から、彼はある根本的疑問――**6・2**で詳しくみる、利己的な政治家たちが果たして理性的な政策決定をなしうるのかという、プラトンの「哲人王 philosopher king」の難問（Pigou 1939a：221）――に直面する。大戦そのもの、敗戦国への不合理な苛斂誅求、戦債の重圧下での財政運営、労働組合指導者たちの賃金政策（経済学者の側にはこの点にふれることを避ける向きもあった）、再建金本位制度の崩壊後に吹きあれた各国の近隣窮乏化政策、そして再びの戦争の予感、時をへるごとにその悲観は強まってゆく。

彼は理想的に運営される「裁量的」政策の有益性をむろん否定しなかったが、現実の政策論としては慎重となり、むしろその濫用を防ぐ「ルール」に注目しはじめる（**7・3**の「正統」財政政策、**8・4**の金本位制度など）。果実を求めるその経済学観からすれば、「哲人王」の幻想性は深刻な難問であり、一九三九年の王立経済学会会長講演では次のように嘆くまでに至った。婉曲的ながらこれは厳しい言葉である。「……経済学の知識の進歩が、実際上の事柄に大きな影響を与える希望は小さくなった。われわれの生産物［経済学］にあまり市場はなさそうである。けれどもわれわれは一種の反射動作として自分の庭を耕す。われわれは思考に従うだけではなく衝動にも、つまり探求の衝動にも従うからであり、たとえいかに不毛でも、それは少なくとも下品ではないからである」(1939a：221)。

4　隠遁と「ケインズ革命」

一九二〇年代後半からピグーは「隠遁」傾向を強めた、という多くの証言がある。例えば、「彼は二〇年代半ばには『よそよそしく超然』となり、女性嫌い[17]は一層強まり、経済学の論議は『タブー』になった」(Skidelsky 1995：287)、また「彼はケンブリッジの研究仲間のほかにはほとんど誰とも会わず、ロンドンの経済学者のなかでは唯一ハイエクだけが彼をよく知っていた。ハイエクは彼と登山の情熱を共有していたのである」(Robbins 1971：134-5) など。

それは、ケンブリッジ経済学に対するピグーの指導力を衰えさせた一因とも言えよう。対照的に、一九三〇年代に入ると、ケインズを指導者と仰ぐ優れた若手経済学者たちのグループ、いわゆる「ケンブリッジ・サーカス」が現れた。ピグーとケインズとの知的対立は、若手を巻きこむことで新たな局面に入ってゆく。大恐慌のさなかにピグーが賃金カットを唱えたといういわゆる「ピグー神話」の形成はその最たる一例であり、先入観をとり除くために予め述べておけば、近年の研究者たちは一様にこれを斥けている[18]。例えば一九三三年(『失業の理論』が出版された年)に、ピグーは『タイムズ』紙上で、「……疑わしければ判断を保留してはならない。とりわけ[政府支出を]減少させてはならない。疑わしければ増大せよ」と説いており (Pigou 1933f：13)、ケインズの方でもまた、「私自身とピグー教授との意見の違い」などは存在せず、「彼と同じく私も、公共事業が国債で賄われることを考えている」と述べている（*Times*, 1933. 7. 28)。

ケインズはそうした事柄を『一般理論』で書くこともできたはずだが、それをしなかった。いずれにせよ次のような通俗的な見方、すなわち「古典派経済学者」の代表ピグーが大恐慌を座視したので、『一般理論』はその自由放任主義を打破し、イギリス経済を救うために、やむをえず革命的・論争的な手法に訴えざるをえなかった、という見方はまったくのナンセンスである。「ケインズ革命」の必然性と意義を理解するうえで、大恐慌期の公共事業論に言及する必要はほとんどない。

右のようなケインズ個人の思惑を、おそらくサーカスの若者たちは十分に理解していなかった。彼らの立場は明快である。例えば、①オースティン・ロビンソンはピグーがマクミラン委員会で賃金カット以外は何も提言しなかったとし（*EJ*, 1967: 650)、②ジョーン・ロビンソンは「ケインズ革命」を論じたさいに、ピグーが自由放任を「一般に疑いえないルール」とみなしていたと述べ（J. Robinson & Eatwell 1973: 47)、③カーンも、カーン自身の乗数論に対するピグーの懐疑を根拠として、ピグーが「公共事業に強く反対した」と主張している（Kahn 1984: 96, 訳 147)。①〜③は、彼らが「ケインズ革命」の意義をどう捉えていたか、あるいは彼らの党派的アイデンティティーがどこにあったか――「通俗的な見方」として先に述べたもの――を示唆している。

『一般理論』に対するピグーの書評は、彼にはめずらしく、少しあからさまな印象をうける。「ケインズ氏は一九一九年に『講和の経済的帰結』を書いたとき、人々を正気に戻すうえで世界のために良い仕事をした。だが経済学者としての彼自身にとっては悪い仕事であった。なぜならそのとき彼は、自分自身のアイデアを注目させる一番の方法が、それを他者に対する諧謔的コメントで包んで示すことであるのを発見し、以来彼の潜在意識はそれを忘れられなかったからである。この手法は政治パンフレット作家の間では長らくありきたりのものであった。……ケインズ氏が経済学のために遂げたと彼自身信じることを、アインシュタインは物理学のために実際に行った。彼は広汎な一般化を展開し［一般相対性理論 genaral theory of relativity など］、そこではニュートンの結論は一つの特殊ケースとして包摂されうる。だがアインシュタインでさえ、その発見を公表するさいに、ニュートンとそれに従ってきた者を、注意深くねられた辛辣な文章をもって無能なへぼ職人の一味であると皮肉ったりはしなかった」(Pigou 1936b : 115)。ピグーは著者ケインズを「月に矢を射る芸術家」と評したのであった。

しかし『一般理論』直後の論争は、当時のケンブリッジ・マンたちにピグーの無能さを深く印象づけたかもしれない。この論争は貨幣賃金の下落が雇用にもたらす影響をめぐるもので、ピグーは「失業との関連における実質賃金と貨幣賃金」(1937b) のなかで、それが雇用を増加させると主張したが、病をおして書かれたこの論文には（彼の心臓発作は一九二八〜二九年頃と三七〜三八年頃が特に激しかった）、論証上の基本的な不備があった。

このときケインズも同じく心臓病を患って『エコノミック・ジャーナル』誌の編集から離れていたが、ピグーの論文をそのまま公にするのはフェアーでないと考え（論文は結局そのまま掲載されたが）、編集を代行していたA・ロビンソンに次のように述べていた。「たとえ私の心臓が私の精神に対して、彼の心臓が彼の精神に対して与えた以上の悪影響を与えなかったにせよ、デニス［・ロバートソン］は［ピグーの論文を］出版に廻したことで許せない罪を犯しました。……私にはそれが病人の書いたものにみえます。正気の者なら誰も印刷しようとは思わないでしょう」(*JMK*, XIV : 234)。

当時、ピグーとケインズは若干の書簡を交わしている。

ケインズからピグーへ（一九三七年一〇月一二日）：「ノイスの事故の件を読んで私は驚いた。気の毒に思う。けれども彼が命を失わず、回復にむかっている（そう聞いている）のは非常に幸いだ。しかし、それがあなた自身の健康状態をひどく悪化させたのではあるまいか。もっとしっかり回復すべく、まとまった休暇をとるようあなたに説くのは無駄かもしれないが、私自身は休暇を考えている」(p. 255)。なお、病人のピグーが重傷の怪我人ノイスを看病していた事情については次節で述べる。

ピグーからケインズへ（一〇月一五日）：「君はすごい！　一体どうすれば体調の悪いときに、そんなに知的でいられるのですか。ひと月前にデニスがノートを送ってくれたが、彼はそのなかで、私の論文の中心部分にミスを見つけたと述べていた。だが私は何事にもまったく集中できず、まだそれをよく読んでもいない。一週間待ってほしい。それまでに努めてそのことを考える」（p. 256）。

ピグーからケインズへ（一〇月一八日）：「私はまだ半分正気にすぎないという但し書き付きで述べる！　あなたのノートは私の言おうとしたことの誤解に基づく……というのが私の印象です。私は貨幣所得を一定と仮定したり、それを意味する想定を何らしていない。……一方カルドアの論文は私を正確に理解している……。その後に彼は、私の言おうとしたことの批判へと進んでいるが、私はまだ十分正気ではなく、その批判がどこまで有効かを思考できない」（p. 256）。

こうしたなかでピグーはカルドアへの回答論文「失業と名目賃金」（Pigou 1938a）を仕上げたが、またもやそこにチャンパーナウン（ピグーの信頼した若手フェロー）がミスを発見した。ピグーはその指摘を認め、原稿を修正し、結局カルドアに譲歩したのである。「ケインズ革命」直後のこの論争は、ピグーにとって惨々たるものであった。だが彼の雇用理論を論じるさいに、この論争だけを重視するのは公正でも生産的でもない。カルドアへの譲歩は敗北宣言ではなく、いわば病のための休戦要請にすぎない。回復後のピグーは直ちに従来の立場――貨幣賃金の下落は雇用を増大させる――に立ち返ってゆく（**10・3**）。評価は、むしろそこでなされるべきである。

最後に、「ケインズ革命」の嵐のなかで、病に苦しむピグーは、同じく病に苦しむケインズに次のように書き送っている。「われわれ（経済学トライポス審査員）が直面した一番の厄介事は、実に多くの者（学生）が、あなたの理論を中途半端に、まるでソーセージのように詰めこまれていたことです。しかも彼らは、自分自身の知性でそれをまったく十分考えておらず、常にそれに引きずられて出題問題との関連を無視するのです。……私自身の憶測ですが、あなたの理論がこのようにオウムのように語られているのは——しゃべるように育てられた無数のオウムたちです——あの美しいロビンソン夫人の講義と監督によるのではないかと。私は思うのですが、彼女は巨大な頭文字Tを用い、プロシア的効率性をもって真理Truthを教えるので、不幸にも人々は自分自身の精神をもたず、同じソーセージになってしまうのです」(Skidelsky 2000：77)。

5　山への情熱

キングズ・カレッジの正門をぬけてすぐ左手にみえる、芝生に面した建物をウィルキンス館Wilkins' Buildingという。同カレッジに残る当時の部屋割り図によれば、ピグーはその三階(2nd Floor)、ちょうど現在のアーカイヴ・センター近くの広い部屋に住んでいた。部屋の壁は、山々の多くの写真で飾られていたそうである。

ピグー、特に第一次大戦後の彼は、大学人ないし公人としては確かに隠遁者という一面がある。そこだけをみれば、地味で面白くない孤独な人といえよう。だがひとたび登山家としての彼の姿に目を向ければ、そこには生き生きとした私人が現れる。登山家としてのその逞しい「体格」にふれずして人間ピグーは語りえない(Robertson 1959：12)のである。ピグーの登山活動に関する情報は、紀行文「一九二二年のアルプス冒険記」(Pigou 1923b)、「吹雪のマッターホルン」(1923e)、「山々の夜」(1942b)のほか、登山家クラパムを描いたピグーによる追悼論文(1947c)、登山家ピグーを描いたガウント[19]による追悼論文(Gaunt 1959b)などから得られる。

初代ケンブリッジ経済史教授のクラパム、通称「正直者のジョンHonest John」は、親友ピグーと多くの冒険を共にした強靱な肉体の持ち主で、アルパイン・クラブ（「イギリス山岳会」、一八五七年創立の世界初の登山団体）の副会長を務めた人物でもある[20]。キングズ・カレッジのクラパムの部屋はピグーの部屋の隣であり、二人の交流は学生時代の寄宿舎生活以来の長いものである。フォックスウェル派（重鎮カニンガムなど歴史的アプローチをとる者が多かった）とピグー派との角逐をふまえれば、クラパムが一九二八年に新設された経済史教授職に就いたことは、大きな意味があったかもしれない[21]。

「マーシャルの見方によれば、経済学は、種々の精神的傾向をもつ人々の協力を要する学問である。演繹派、帰納派、歴史派などの学派間の論争に彼は関わろうとしなかった。あらゆる学派には各々の仕事があり、彼はすべてを歓迎した。……彼にとってすべての経済学者は仲間であり、誰かの犯した誤りをみつけ、それを暴露して自分の名をあげようとするのは、彼の心を少しも愉快にしなかった」（Pigou 1925a：88）。ただしクラパムとピグーとの親しさは、必ずしも学問上の馴れあいを意味しない。例えば一九二二年の「経済学の空箱 empty economic box」論争がある（Clapham 1922；Pigou 1922d）。これは有名な「ケンブリッジ費用論争」の発端ともされる実りある論争であった。

クラパムに勧められ、イギリス湖水地方で初めて山の魅力を知ったピグーは、一九一〇年以降、足繁くアルプスに通い、一三年にはアルパイン・クラブに入会した。彼が挑んだ主要なアルプスの山々は、アルジャンチエール針峰（三九〇二m）、アラリンホルン（四〇二七m）、ピーニュ・ダ・ローラ（三七九六m）、ラ・ツァ針峰（三六六八m）、ダン・ブランシュ（四三五七m）、ドーム・ド・ミアージュ（三六七〇m）、フィンステラールホルン（四二七四m）、グラン・シャルモー針峰（三四四五m）、グスパルテンホルン（三四三七m）、モンブラン（四八〇七m）、モンブラン・ド・セーヨン（三八七〇m）、モワーヌ針峰（三四一二m）、オーベル・ガーベルホルン（四〇六三m）、リンフィッシュホルン（四一九九m）、トリフトホルン（三七二八m）、ツール・ノアール（三八三七m）、ワイスホルン（四五〇五ｍ）、チナール・ロートホルン（四二二一ｍ）などだが、これらはあくまで一部である。またアルプスのほかに、ノエル・ベーカーたちとノルウェーのスカガストルスティンド（二四〇四ｍ）などへ遠征している。これらの山々を一瞥すれば、それがただの「山歩き」の類ではないことが直ちに了解されよう。そのルートには「例外的に困難」な部類に属するものも含まれるという（Noel-Baker 1959：1090）。

一九一四年の大戦勃発のさい、おそらく外国人という理由からであろう、ピグーはスイスの山村ツェルマットで数日間足止めされた。彼は動揺するパーティーの士気をあげようと歌を歌ったが、イギリス国歌『ゴッド・セイブ・ザ・キング』だけは起立して歌うべきことを主張し、これは疲れきった仲間たちに不評であった（Gaunt 1959b：290）。ルートを見失って山中で夜を迎えることも度々あった。こうした危険のもとでの一蓮托生の関係は、パーティーの結束を高めたであろう。冒険を通じて彼は強固な人間関係を築いたのであり、これから述べる「ゲーテスガース・スクール」はその具体例である。

湖水地方のバターメアー湖畔のロウワー・ゲーテスガース Lower Gatesgarth は起伏に富み、山の魅力を伝えるのに適した土地柄である。一九一〇年、ピグーはそこに土地を購入し、建築資格を取ったばかりのキングズ・カレッジの青年モバーリーに登山活動に適した別荘の設計を依頼した。別荘は一九一二年に完成し、以後ここには多くの学生、友人、二〇組をこえる新婚カップルが招かれ、頼まれれば女子学生もその例外ではなかった。クラパムはその常連であり、またスラッファやハイエクもここでピグーの薫陶をうけた。この別荘は仲間内で「ゲーテスガース・スクール」とよばれ、その父はピグー、その祖父はクラパムとされた。とはいえ宿主はピグーであるから、若者たちはその賞賛を勝ちとるべく、朝、岩だらけの湖岸に行って湖に飛びこんだ。こうすればアン・ジャクソン嬢（ピグーの扱い方を熟知した別荘の家政婦で「女王」と呼ばれた）の気前のよい朝食が期待でき、また日中に偉業をなし遂げれば、夜には風呂と肉料理が期待できた。かくしてピグーが学術活動や戦時救命活動などでえた一されたという。

級、二級、三級のすべてのメダル、リボン、プレートは、訓練中の「英雄的行為」の褒美として、夕食時に学生たちに分け与えられてしまい、あるときには「卓抜なる無能さ」の証しとして、大きな四角形の銘刻プレートが授与されたという。

一九二八〜二九年に、最初の深刻な心臓発作がピグーを襲い、もはや彼自身はアルプスから引退せざるをえなくなった。それ以降の彼は、ゲーテスガースでの冒険家養成、資金援助などの形で若者たちの冒険を支援することに専念する。例えば、キングズ・カレッジの学生ノイスをアルプスに送りだしたのはピグーである。ノイスはやがてイギリス第九次エベレスト遠征隊の一員となり、ヒラリーとテンジンを人類で初めてエベレストの頂に立たせることに見事成功した（一九五三年）。ちょうどその時、ノイスの家族はゲーテスガースに滞在中で、真夜中にもかかわらずイギリス隊の成功を伝える電話が鳴り響いたそうである。家族は、ピグーと共に、ノイスの無事と成功を伝える連絡を今か今かと待っていたに違いない。シャンパンを飲ませようとするピグーから子どもたちを守ろうと、皆が苦労したほどであるから、晩年のピグーにとってノイスの偉業は——一九三七年にノイスを襲った後述の悲劇もあり——よほど嬉しかったのであろう。

しかし冒険には危険も伴う。例えば一九一九年、ピグーは当時親しかったマロリー（イギリス第一次および第三次エベレスト遠征隊員）と共に、アルプスの最高峰モンブランに登攀したけれども、その後マロリーはエベレストにて登山史上に有名な遭難死をとげた[22]。またノイスも、一九三七年、ゲーテスガースで崖から滑落し、仲間の腕力、技術、一本のロープが彼の命を救ったが、顔面に深手を負い、プラスチックを用いた手術によってその容貌は新たなものとなった（前節でみたように、当時ピグーは病をおしてケインズ派と論争中であったが、ノイスの看病を優先する）。そしてついに一九六二年、ノイスは旧ソ連で遭難し落命した。

ピグーが死去する前年の一九五八年のことだが、八〇歳の彼がツェルマットの「上り下りの激しい一本道を、

1943年のピグー。ケンブリッジ大学キングズ・カレッジ所蔵（Coll. Ph. 194）

ゆっくりと、だがしっかりした足取りで」独り歩いているのをみたガウントは、「より劣った精神ならば、とっくの昔にその挑戦を諦めていたはずである」と述べ、彼の情熱を讃えている。ツェルマットは、西にドーム、北にワイスホルン、南に近々とマッターホルンを望みうるアルプス登山交通の要衝の村で、ピグーにとっても想い出深い土地であったろう。九月にこの地で体調を崩した彼は、翌一九五九年三月七日、ケンブリッジのアデンブルクス病院 Addenbrooke's Hospital[23]で八一歳の生涯を閉じた。

その死を悼み、キングズ・カレッジは半旗を掲げた。葬儀は一三日に同カレッジのチャペルで行われ、ガウント、ノエル・ベーカー、ロバートソン（王立経済学会代表）、ノイス夫人、エリオット夫人（イートン校代表）[24]、ミード、カーン、ロストウなどが出席した。その純遺産額は二万六九二三ポンドで、うち約二割にあたる五五九四ポンドが納税され、二〇〇ポンドずつがキングズ・カレッジと母校の旅行基金 Charles Donald Robertson Travel Fund[25] とにそれぞれ寄付された。蔵書は選別されマーシャル図書館に収められた（*Times*, 1959. 3. 14）。

仲間との想い出を綴った「山々の夜」のなかでピグーは述べている。「山々で夜を明かすのは、私にとってときには苦しいものであったが、苦しいだけでほかに悪いことなどなかった。想い出せば恥ずかしくなるようなこともあるが、その記憶は心地よいものである。こうした憂鬱な時代［第二次大戦］にあってさえ、私にとっては文字にして記憶に留めることが心地よいのである」（Pigou 1942b：255）。彼の挑んだ数々の巨峰、イギリス山岳会の熱心な会員であったこと、彼をとりまいた一流の登山仲間たち、次世代の冒険者を育てあげたこと、そして老いたりとはいえ生涯保たれたその情熱。冒険こそ、彼の私的人生における最大の関心事の一つであった。では何ゆえに山に登るのか。それは、ひとたび自分に課した目的に挑む「意識の状態」それ自体が目的善だからである（**2・3**）。一方、富は手段善にすぎない。

補論　戦争はなぜ起こるのか

第二次大戦が始まるとピグーは、まず一九四〇年にケインズの仲介で政府内にて働き[26]、次にイートンの校長エリオットの仲介で「ドイツ野郎 Hun、フランス野郎 Frog、イタリア野郎 Wop」を教えるべく同校へ赴いた（Saltmarsh & Wilkinson 1960 : 24）。また「われわれの求める世界——戦争はわれわれを貧しくするか（The world we want : Will the war make us poorer）」と題し、ラジオを通じて語りかけてもいる（*Times*, 1943. 11. 1）。

彼にとって、近代国家間の戦争は「公的悪のうちで疑いもなく最大のもの」であった。『戦争の政治経済学』の初版（Pigou 1921a）および第二版（一九三九年）には共に、平時の経済構造と経済政策とが戦争を生みだすメカニズムを論じた章が含まれる。本節では、ピグーのパシフィスト的立場をさらに掘りさげるべく、第二版での議論を考察する[27]。

ピグーは戦争の二大要因として「支配 domination」願望と「利得 gain」願望をあげた。「戦争の直接のきっかけは多様であり、とるに足りないかもしれない。すなわち『国旗への侮辱』、公人の殺害、部隊ないし軍艦の慌てふためいた司令官による無謀な行動、狡猾な外交官による偽の電信。だがこれらの偶然は戦争の原因ではない。それらは火薬庫に火をつけるマッチである。真の根本原因は……つきつめれば、支配願望と利得願望という二つに帰す」(*ACP*, IV：19)。

まず支配願望について。「支配願望それ自体が、それに伴う経済利益とは無関係に、行為の真の、あるいは有効 effective な動機である。イギリスの学校の生徒が自分の主張をふりかざして下級生をいじめるのも、自称アーリア人がユダヤ人を虐げるのも[28]、熱帯諸国の白人が尊敬と服従を特別な形で示すように『劣等者 inferiors』に強いるのも、どれも根底には支配願望がある。平均的なイギリス人やフランス人がこの種の願望をもつことはまったく疑いがなく、さらに彼らは、オランダやスイスやスペインの国民ではなくて、『大国』の国民であるのを喜ばしいことであると感じている」。「……支配願望は、ひとたび『所有』するに至ったどんな地域であれ、これを手放すのを極度に嫌う。従属する人々がその束縛から逃れようものなら、彼ら［支配側］は侮辱され、侵害され、名誉を損なわれたことになるのである[29]。これらの従属する人民の意志に反してその支配を続けるために、列強は多くの理由をあげてきた。すなわち、文明の義務、白人に課せられた責務、戦略的前線の必要など。これらはしばしば誠実な心から言われ、ときには健全なこともある。だがこれらすべてに加え、否、これらすべての背後に、支配を続けようとする強国の意志が存在するのである」(pp. 19–20)。

次に、利得願望すなわち経済的利害について。その担い手は、①貿易業（および外国貿易に利害をもつ製造業）、②外国政府に借款を与え、鉄道や油田その他の権益をえようとする金融家 financer、③軍需産業、の三者である。以下順にみてゆく。

「工業化された国々の貿易業者は、おのずと、彼らの商品にとって利益ある市場を欲する。保護関税と特恵関税が国際的に広まったため、彼ら貿易業者は外国政府が治める地域において、現地政府に属する貿易業者に比べ、自分たちが経済的に不利な条件のもとにあるのをしばしば見出す。ゆえに彼らは、これらの不利益に対する防御として、世界のできるだけ広い地域が自国政府によって統治されることを願う。これが十分果たされると彼らは、もし自国政府を動かして彼らの競争者に経済的に不利な条件を課すことができれば、事態は一層良くなるのにと内心思う」。こうして一部の貿易業者は、自国政府の膨張政策を支持する。「……市場を求める膨張政策を支持する製造業者や貿易業者の熱意は、これらの政策のもたらす経済的帰結についての不完全な理解に基づいている。だがたとえそうであれ、多くの製造業者や貿易業者が、政治上の帝国主義は貿易と産業に利益をもたらす大要因である、あるいはそうなしうる、と信じこんでいる事実が消えるわけではない。彼らは何十年間にもわたって、英・仏・伊・独・露・日など各国政府にこの信念を成功裏に吹きこんできたのである」(pp. 22-3)。

　金融家、すなわち対外借款および直接投資の担い手の企ては一層大規模である。「その国の官吏に賄賂を与えて籠絡できるような弱小政府に借款を与え、そのような政府に有利な条件で鉄道を建設し、油田という『天然資源』を開発し、またアフリカ人から奪った土地にゴム園を作り、非常な低賃金でアフリカ人の労働を強制、あるいは『励まして stimulated』用いる、というようなことは大変有利な投資機会である」(p. 24)。そしてまことに「浅ましい話」であるが、金融家たちは金力をもって新聞などのメディアを動かし、世論を動かし、政府に圧力を加える。こうして列強各国は、幻の利益を追い求め、弱小国の争奪戦をくり広げてゆく。軍事同盟はその有効な一手段となるが、最後の頼みはやはり自国の軍備である。

　軍需産業について。彼らは常に戦争を願うわけではないにせよ、その準備がなされることに確かに利害関心をもつ。「もし彼らがある政府に、その国を仮想敵国として他国の政府が軍備を整えていると信じこませたならば、彼らは軍艦や銃器といった利益のあがる注文をえるであろう。……戦争の不安を煽り、軍拡競争を促すことが、彼らすべての利益となる。もし彼らがある政府に新兵器を購入させれば、このこと自体が彼らに、他の政府にも同じことをさせる強力なテコを与えるのである」(pp. 25-6)。

以上が戦争の経済的要因に関するピグーの議論の概略である。その内容は、母国の立場の正当化ではけっしてなく、むしろイギリスその他各国の対外政策に対する批判、ないし戦争に関する経済学的見地からの警告である。(「支配願望」は別として)代表的三主体による「利得願望」は、主に社会的費用ないし外部性の観点から眺められ、平時の交易活動のもたらす利益、例えば貿易収支、資本収支、利権などが、ときには大きな政治的緊張をもたらす点、すなわちそこには、貿易および直接投資を通じて弱小国を支配しようとする独特の形の帝国主義が生まれる点、が指摘される。

同様の議論は、『厚生経済学』(*EW* 初版:162)にも見られる。ピグーはノエル・ベーカー(Noel-Baker 1936)と共に、武器製造業の社会的管理を説いたが、[30] ディキンソンも含め、その仲間に平和活動家の多い点は注目に値する。

平和は常に「厚生」の大前提、土台である。

第2章　初期ピグーの思想

ピグーは学部学生時代にシジウィックの講義に出席していたこともあり、彼から多大な影響を受けている。例えば、①哲学論文集『有神論の問題』（Pigou 1908a）の序文で、「私が採った哲学上の立場について、私は主に故シジウィック教授の諸著作に負っている」と述べたこと、②同書の書評者Phillips（1909）も、「故シジウィック教授の弟子たちはこの小著に満足するであろう。ピグー教授もその一人であり……」と述べたことなどから、当時ピグーはシジウィックの倫理学上の弟子として、自他共に認めていたと考えられる[1]。

だがシジウィックは一九〇〇年に世を去り、一九〇三年にはその後のケンブリッジ哲学に指導的影響を与えるムーアの『倫理学原理』（Moore 1959, 以下『原理』と略す）が公刊された。ケンブリッジ哲学にいわば世代交代がおきたのである。ピグーとしても、ムーアの新しい議論に配慮する必要があった。実はこれが大きな問題を孕む。

周知のように、ムーアの議論は直ちにケインズらケンブリッジの若者を魅了し、「新しい地上における新しい天国の出現」（*JMK*, X：435）と絶賛され、ここに一つの急進的思想勢力が出現した。この時点で、シジウィックを継承しつつムーアを解釈しようとするピグーと、シジウィックを斥けてムーアを解釈しようとするケインズとの間に、換言すれば、ケンブリッジ哲学の連続的発展をみるピグーと、断絶的革命をみるケインズとの間に、思想上の深い「溝」が生じたのである。二人は共にムーアの影響を受けたが、その解釈の仕方はまったく異なる。この「溝」の意義を明らかにすることが、本章の最大の課題である。

スキデルスキーは言う、「マーシャルの偉大な同世代人シジウィックは、ミルの残したベンサム主義の要塞の弱点を補強しようとしたが、果たせなかった。その挫折はムーアの登場に道を開き、……ムーアは反ベンサム的な道徳哲学のケンブリッジ学派を作りあげた。ケンブリッジの打ち立てた社会・道徳哲学は分裂し、二度と元のように一つにはならなかった」(Skidelsky 1983: 31, 訳 50) と。

1　シジウィックとピグー

シジウィックがピグーに広汎な影響を与えたことは、従来から指摘されてきた (Myint 1962; O'Donnell 1979)。特にオドンネルは、ピグー厚生経済学を「マーシャル的方法で述べられたシジウィック哲学」とみなし、またそれをミル＝シジウィックの系譜に連なる「前マーシャル的思想 pre-Marshallian thought」と位置づけた。それは第一に、ピグーが「術 art」ないし「実践 practice」を志向し、応用倫理学としての経済学を志向したため、換言すれば、(経済学の独立ではなく) 経済学がモラル・サイエンス体系のうちに包摂されたためであり、第二に、シジウィック『経済学原理』(Sidgwick 1883) が、①経済的福祉を国民分配分と対応づけて捉え、②分配問題を重視し、③外部性による市場の失敗を論じるなど、ピグー厚生経済学が含む重要なアイデアをすでに示していたためである。ゆえにオドンネルによれば、ピグーの主な貢献は、シジウィックの議論をマーシャルの分析道具によって厳密化した点にある (O'Donnell 1979: 588-9)。

この見方はおおむね正しいと思われる。しかし考察がもっぱら経済学面に限られたという弱点がある。そこで本節では思想面に目を向け、いわばオドンネルの主張を補強したい。ただしピグーによるシジウィックへの言及は多く、また時期的にも内容的にも広範囲に及ぶため（それらは本書のなかに散見されるであろう）、ここでは便宜的に考察範囲を一九〇三年以前、すなわちムーア『原理』公刊以前に限定する。

さて、ピグーの最初の著作『ブラウニング』は、テニソンと並ぶヴィクトリア時代の桂冠詩人とされるブラウニングのキリスト教的思想を論じたものである。そこでのブラウニング解釈が、シジウィック哲学に影響されたものであることは、第九章「結論」での次の言葉からも明らかである。「シジウィック教授が理論領域で果たそうとしたこれら二つの倫理学派［功利主義と直覚主義］の和解を、ブラウニングの愛の教義は、行動 Action という領域で果たした。なぜならそれは、直覚主義者の方法に従ってまず動機を賞揚し、それから功利主義の目的たる最大幸福を実現する傾向をもつからである」（Pigou 1901a：126–7）。つまりシジウィックが言葉で示した事柄を、ブラウニング（正確にはブラウニングの本の登場人物たち）は態度で示したのであると。『ブラウニング』を特徴づける一つのテーマは、功利主義と直覚主義という「二つの倫理学派の和解」であったが、この問題意識は次に引用する同年のほかの論考にもみられる。

和解のロジックの一つは次のようなものである。「すべての者が追求すべき究極目標とは、世界における快楽感情の最大可能量の実現であると主張する哲学者もいれば、幸福ではなく人格 character が最も重要であると主張する哲学者もいる。だが幸いにも、慈善という実践活動に従事する者は、この二つの見解のどちらか一つを選ぶ必要がない。彼の行動のあり方はどちらを採用してもほぼ同じだからである……。彼がもし、ある家族が不潔で混雑した部屋のなかで、体面のかけらもなく、いわんや快適さもない、半飢餓状態の生活条件にいるのを見れば、彼は、その悲惨な生活条件をまず改善せねば、彼らの人格を高めるのが極めて難しいことに気づくであろう。ゆえに『究極善』について彼がどんな見解をとろうとも、彼の直接的［実践］目標は、人格および物質的条件の両方を改善することなのである」（Pigou 1901b：239，傍点追加）。いわば、究極善の実現には（それが何であるかについては学派間で対立があるにせよ）、最低限の富という低次の善の実現が伴わねばならないのである。

なお、ピグー自身は述べていないが、暗黙に前提されたものとして、次のようなシジウィック的ロジックも考えられうる。シジウィックの主著『倫理学の諸方法』は、倫理学の方法を、①直覚主義、②功利主義（社会の幸福の最大化）、③利己主義（自分の幸福の最大化）、の三つに分け、それぞれの指令する倫理的行動が一致するか否かを検討したものである。そしてシジウィックは、①と②は一致しうると主張した。

というのも功利主義では、行為の正しさは幸福量という「帰結」から判定されるが、帰結を近視眼的にではなく先の先まで追跡せねばならないとすれば、これは神のごとき計算力を要し、実践上不可能である。一方、（帰結ではなく動機を重視する）直覚主義者がいう「義務」は、一般ルール＝常識道徳（例えば「約束を守るべし」「弱者をいたわるべし」）というわかりやすい形、格言化した形で存在することもある。これらの常識が歴史の試練をへて特定社会のなかで命脈を保ったのは、それに従うことが②の見地からみても有益であると経験的に広く認められてきたからではあるまいか。とすれば、①と②は行動面で必ずしも対立せず、補完的に解釈できる（Sidgwick 1996a : 460-1；奥野 1999：189-90）。チェスや将棋などの序盤で、先を読まずに定石に従うのはこれと似ている。この考え方は「規則功利主義」と呼ばれるものである。

ピグーが「二つの倫理学派の和解」に努めた理由は、次の二つに整理できると思われる。第一に、より一般的な理由として、どちらにも一理ある議論の対立においては、論争の見かけ上の勝者よりも、むしろ対立しあう立場を止揚し総合しようとする者に、彼が敬意を払ったことである。これは本書全体を通じて示されるピグーの顕著な学問的態度であり、倫理学における右のシジウィックの試み、経済学におけるマーシャル『原理』の試み（価値論上での古典学派と限界効用学派との総合など）は、いずれもその手本であった。

第二に、より特殊な理由として、当時のイギリスで功利主義がさまざまな方面から批判されていたという事情がある。例えばピグーは、理想主義哲学者グリーンの信奉者たるウィロビーの著作を評して、「彼［ウィロビー］の著書を通じてみられる功利主義批判は、彼がシジウィック教授の諸著作をまったく無視しているという事実のため、あまり価値がない」と述べている（Pigou 1901c：76）。

また一九〇三年の「効用に関する考察」（Pigou 1903b）も同様である。当時経済学は、利己主義と快楽主義とに基づく教説であると一般にみられたため、「グリーンのような理想主義者たち」による功利主義批判、したがって経済学批判をかわすには、「効用」概念の哲学的基礎を問い直す必要があった。同論文からの次の二つの引用は、①効用と快楽が同一物ではないこと、②シジウィックが批判したのはまさにこの同一視であり、われわれは快楽以外のさまざまなものも願望すること、をそれぞれ主張するものである。

「ここでわれわれは、効用を快楽と同義に扱う著作家とそうしない著作家との、大きな区別を見出すであろう。ジェヴォンズとパッテン博士はこの同一視が可能であり、なされるべきであると主張しているようだが、フィッシャー教授はそうするのを拒み、マーシャル教授に従って効用を願望 desire と関連づけて定義する。ベンサム的心理学の代表者ジェヴォンズにとって、前者の見解をとるのは自然であり、また功利主義哲学者パッテン教授にとっても、消費者余剰に依拠した幸福集計に理論的基礎を与えるこの同一視は魅力的であったろう」（p. 58）。

「……心理的快楽主義 psychological hedonism[2] は、現在多くの支持者をもたない立場である。それを批判するのはグリーンのような理想主義者たちだけではない。より決定的な影響力をもって、最も偉大な近代功利主義者たる故シジウィック教授によっても批判された。これらの批判をふまえれば、今日の著作家はそれを守りきれない破綻した教説とみざるをえない。われわれは快楽のみならず、他の多数のものをも同じく願望する。ある者がある問題に取り組むとき、解決を発見する快楽を願望するのではなく、ただ解決の発見を願望するのである。ある者がゲーム（スポーツ）をするとき、彼が欲するのは勝利の快楽ではなく、ただ勝つことである」（p. 67）。なお、これら引用にみられる願望多様性論については、改めて**2・6**でその含意を考える。

以上のように、経済学面のみならず思想面でも、ピグーはシジウィックから強い影響を受けていた。そしてこのことは、考察範囲を一九〇三年以降に拡げても、やはり言える（本章の冒頭でみた一九〇八年の『有神論の問題』の序文が示すように、また次節以降の考察が示すように）。さらにこのことは、同世代人ドールトンが指摘したように、実は極めて重要な意味をもっている。「知性面において彼［ピグー］は、マーシャルに負っていたのとほぼ同じくらいシジウィックにも負っていた。彼とケインズとの対立の秘密はここにある。ケインズはシジウィックに疑いを抱いていたのである」（Dalton 1953：58-9，傍点追加）。

2　ムーア主義——目的と手段

前節では、一九〇三年以前のピグーの思想を扱ったが、本節以後の諸節では、ムーア『倫理学原理』（初版一九〇三年）がピグーの思想に与えた影響を扱う。

まず本節では、一つの重要背景として、ケインズたちが推し進めていた急進的なムーア解釈を明らかにする。なお、ケインズのそうしたムーア解釈と、それに基づく既存道徳への反逆的志向をもつ一連の知的活動とを、本書を通じて便宜的に「ムーア主義」と呼ぶことにする。こうした語を使うのは、のちにみるように、ムーア自身の思想とケインズのムーア解釈とを区別するためである。

さて、この問題を初めて本格的に首尾一貫して論じたケインズ伝の著者スキデルスキー（Skidelsky 1983）によれば、そこで最も重要なのは「目的善 good as an end」と「手段善 good as means」という二つの善の区別であった。この区別はシジウィックにもみられるが（Sidgwick 1996a：105）、ムーア以後ますます自覚的に峻別され、それぞれ次のようなキーワードと対応関係をもつようになる。今日の倫理学では①②はそれぞれ、価値論（善とは何か）、規範論（それをどのようにして達成するか、つまり何をなすべきか）と呼ばれる領域である。

①目的善：「心・意識の状態」、すなわち「善である（be）こと」

②手段善：「行動」、すなわち「善を行う（do）こと」

ケインズは、ムーア主義を回想した一九三九年の「若き日の信条」（"My Early Beliefs"）のなかで、①だけが、すなわち「心の状態 states of mind」だけが重要であったと強調している。目的善たる「心の状態」とは、彼にとって具体的に次の三つであった。「……人生の主要目的は、愛、美的体験の創造と享受、知的追求であった。このうち断然、愛が第一の目的であった。だがムーアの影響下にあった初めの頃は、愛と愛に関わる行為とについての公での扱いは、概して峻厳でプラトニックなものであった」（*JMK*, X：436-7）。なお、ここでいう愛とは、この引用と次の引用とが示すように、公生活での隣人愛ではなく私生活での恋愛である。

さらに、「『善である』こと［①］と『善を行う』こと［②］との間には、あまり密接な関係はなかった。われわれの感じでは、実際、後者が前者を妨害する危険さえあった。だが本来の宗教とは、近代の『社会奉仕型』エセ宗教 modern 'social service' pseudo-religions とは異なり、常にそうした性格のものである」（エセ宗教とは、キリスト教、あるいは諸々の社会主義的思想などであろう）。そのうえで彼は、ムーア主義者としての優越感を次のように述べている。「［快楽とは無縁であったが］とはいえわれわれは、笑いをほとんど絶やさず、われわれの宗教に改宗していない世間の人々すべてに対し、非常な自信、優越感、軽蔑の念を楽しんだ」（pp. 437-42, 傍点追加）と。

では同世代人たちはムーア主義をどう見たのであろうか。ドールトンは後年、それを反省的にふり返った。

「ムーアを受けいれることは、善を行うことdoing goodに無関心となることを意味するのではけっしてない。そうでなければピグーやディキンソンといった人々は、彼［ムーア］を受けいれなかったであろう。だがわれわれ若者は当初、善への手段としての者（善を行う人）と、目的としての善なる者（善である人）を、明確に峻別しがちであった。例えばわれわれは、ウェッブ夫妻を善への手段であると考えていた。われわれは、彼らの心の状態には、あまりたいした賞賛を抱かなかったのである」(Dalton 1953: 54, 傍点追加)。要するに、実践の人はせいぜい手段善にすぎず、目的善を体現した者とはみなされなかった。ゆえに軽視されたのである。

ラッセルも批判的に回想している。「私自身の世代より一〇年ほど若い世代の雰囲気は、主にL・ストレイチーとケインズによって生みだされた。この一〇年がもたらした精神風土の大変化は驚くばかりである。われわれは依然ヴィクトリアンで、彼らはエドワーディアンであった。……われわれ［ヴィクトリアン］のうちで自信のある者は、大衆の指導者たらんと欲することもできたが、大衆から離脱することを望む者は一人もいなかった。［一方］ケインズやリットン［・ストレイチー］の世代は、教養のない人々Philistineと接しようとしなかった。むしろ彼らは、心地よい日陰で甘美な感情にひたる隠遁生活をめざし、善とはエリート仲間の情熱的な相互礼賛であると考えていた。まったく不当にも、彼らはこの教義の父をムーアとし、その学説こそが彼らを教導したとした。ケインズは回想録『若き日の信条』で、彼らのムーア礼賛と、ムーアの教義の大部分を無視した彼らの実践とについて語っている。ムーアは道徳にも相応のウエイトをおき、その有機的統一の学説によって善が一連の孤立した情熱の瞬間からなるという見方を避けたのに、その弟子と自認する彼らは、彼の教えのこの側面を無視し、彼の倫理学を……堕落させた」(Russell 1991: 67-8)。

ドールトンおよびラッセルのこれらの回想は、ケインズのムーア解釈が偏ったものであった可能性を示唆している。初期ケインズのかかる一面は、功利主義からの脱却、エリート主義、ヴィクトリア道徳の超克、ブルームズベリー・グループとの交流などとの関連で、断片的ながらも頻繁に論じられてきた。[3] 例えば、炭坑労働者の家庭の出身で、『チャタレー夫人の恋人』の著者であるロレンスが、ケインズたちを嫌ったのは有名なエピソードだが、ケンブリッジの文芸批評家であるリーヴィスはその理由を、自分たちこそ文明である、つまり自分たちこそ目的善であるというムーア主義者たちの信条に求めた（Leavis 1962：255-60）。ただケインズからみれば、それは一種の嫉妬にすぎまい。すなわち「それ［ロレンスがみたもの］は明らかに一つの文明、彼にとって明らかに不愉快で手の届かないもの、非常に嫌悪をもよおすが非常に魅惑的なものであった」（*JMK*, X：434）。

同じく有名なエピソードだが、ケインズはある晩餐会の席で「王立経済学会のために、経済学のために、そして文明の受託者ではなく、文明の可能性の受託者 trustees of possibility of civilisation たる経済学者のために」と祝杯をあげた。これに関してハロッドは、「彼が『ではなく』と言ったとき、リットンやダンカン［・グラント］やヴァージニア［・ウルフ］の面影が心をかすめたのであろう。彼らは文明の受託者［目的善の体現者の意］であった」と述べている（Harrod 1951：193-4，訳 223-4）。

ムーア主義者たちの間では目的善が重視され、手段善が軽視された。この二つの善の峻別にこそ、多くの同世代人たちを印象づけた、急進的グループとしての彼らのアイデンティティーがある。それは倫理学の内容そのものを変えたといってもよい。なぜなら、「何をなすべきか」という外的世界での行為 doing good でなく、「善である状態とは何か」という内的世界の状態 being good が優先されるからである。とはいえ、ケインズが外的世界の事柄に対して無関心であったなどと極端な結論を下してはなるまい。おそらく彼は、社会が（第一次大戦のような）重大な危機に陥らない限り、心の状態を優先したとみられる。その意味では、エドワード期の社会的安定こそがムーア主義の揺籃なのであった。「……ムーアがこれらの特殊な形の『善』に集中したことの実践的価値が、私が先にハーヴェイ・ロードの前提 presuppositions of Harvey Road と呼んだもの、すなわち大英帝国の安全と良き秩序、に依存していたことに注意せねばならない。かかる社会制度は多くの人が道徳律に従って行動することによって保たれた。……だがこの安全性に脅威が生じれば、『原理』のどこに義務への手引きを見出せようか」（Harrod 1951：80, 訳 94）。

さて次に、以上のようなムーア主義の立場が、いかなる実践的インプリケーションをもったかを考察せねばならない。ハロッドが指摘したように、その基本的意義は「特殊な形の『善』」すなわち目的善を強調し、伝統的「義務」概念を斥けた点にある。

例えば、ピグーがしばしば言及するカントの定言命法では、義務（なすべき行動）は直覚によって知られ、それに粛々と従うこと自体が目的善たる心の状態である。ところが――ここが重要なのだが――ムーア主義のフレームワークでは、恋愛その他の独特の形の目的善たる心の状態が直覚によって知られ、こうして目的善が所与のものとなれば、義務などというものは目的-手段の関係から論理的・機械的に引きだされる。それゆえ手段善（例えばウェッブたちの社会活動）とは、実は「善い」ではなく、単に「正しい（合目的）」と呼ばれるべきものにすぎない。つまりムーア主義にあって道徳や美徳は、良心の問題というより、単なる知の問題（帰結の推論）である。これは伝統的価値観に基づく社会奉仕型の聖人君子を手段善に引き下げ、それに代わってムーア主義者たちの「心の状態」（愛、芸術など）を最高位におくという含意を有する。手段善は目的善のいわば侍女だというわけである。ムーアによれば、「何らかの公的ないし私的な義務を行うことが正当化されうるのは……これら［人間的な交わりの快楽と美しい対象の享受］のためだけであり、これらが美徳 virtue の存在理由 *reason d'être* である。しかもそれらこそが、人間の合理的究極目的と、社会進歩の唯一の基準を形成するのである」（Moore 1959：189, 訳 245-6）。

行動を「正しく」するのに必要な資質は、帰結を正しく推論する力である。だからケインズは確率の研究に進んでゆく。「ムーアの書物の重要な目的は、心の状態の属性としての善さ goodness と、行動の属性としての正しさ

rightness を区別することにあった。……正しい行為に関する彼の理論のなかで、確率に関する考察の演じる大きな役割こそ、実は私が長年にわたって確率の問題に余暇のすべてを費やすに至った重要な原因であった」（*JMK*, X：445）。ヴィクトリア時代の一般ルールないし常識道徳への反逆を決意したケインズは、[4] それに代わる新たな規範論を求めたわけだが、（社会のルールに縛られるのではなく）個人の理性に頼って正しい行動をなしうるか否かを問う確率論こそが、まさしくその探求であった。義務の問題は、「正しさ」すなわち「確率」の問題に変換されたのである。

ピグーがムーアを独自に解釈するにあたり、まずその眼前にあったものは以上のようなムーア主義であった。ピグーとケインズが、互いの考え方の違いをある程度理解していたことは、①ピグーの哲学論文集『有神論の問題』の序文で、ラッセルとケインズとに対して謝辞が述べられていること（ゆえに二人はピグーの立場をある程度知っていたはずである）、②一九〇四年六月にケンブリッジの新聞『グランタ』紙上でピグーが次のようにケインズを評したこと、から明らかである。

「……ケインズ氏はユニオンの事務局長なので、彼の演説から何か推測できるかもしれない。人間的というよりは頭の冴え、硬直的な論理性、ラダマンテュス［ギリシア神話における冥府の裁き手］に劣らぬ厳正な公明正大さ、これらの要素のほかに、彼の目の届く限り、『手段善』と『目的善』との混同は必ず異議にさらされねばならないという厳しい決意が、その雄弁の主な特色であった。これらは厳粛な事実である。……これみよがしの論理性に対するこれみよがしの感情論を別にすれば、これみよがしの論理性ほど人をいらだたせるものはない」（Skidelsky 1983：124-5，訳 203-4）。

最後に、ピグーとケインズが異なる知的サークルに属していた点を指摘しておこう。

ケインズが属したのはいわゆる「使徒会」であり、そこではムーア『原理』をめぐる活発な議論がなされた。当時この会は、社会活動を重んじるグループ（ディキンソン、ラッセルなど）と、これに反旗を翻す若手グループ（ケインズ、ストレイチーなど）を含んでいたが、ケインズによれば、「ムーアが……ディキンソンとラッセルを完全に追いだしたのは、ひとえに一九〇三年に活動していたわれわれのためを思ってのこと」（*JMK*, X：435）であった。使徒会に関する数少ない研究の一つであるDeacon（1985）には、「使徒会」の会員名簿が収録されており、そこには本節ですでに名を挙げた人々のほかに、O・ブラウニング、ホワイトヘッド、ホートレー、ロバートソン、ノイス、ショーヴ、トレヴェリアン、シェパードが含まれる。この会は閉鎖的な秘密組織なので、その討議内容もいわば「秘伝」的性格を帯びる（しかしピグーは、このうちの親しい知人を通じ、その内実を伝え聞いたかもしれない）。

この会の秘密主義は著しく、彼らは仲間内だけに通じる隠語を使い、例えば、会に関するものは「現実 Reality」、会の外の事柄や人々は「現象 Phenomena」、入会は「誕生 Birth」などと言われていた。一九三六年に入会したある人物は、ケインズの部屋で行われた自分の入会式の様子を次のように語っている。「私は右手をあげて恐ろしい宣誓を繰り返した。会員でない者に会のことを一言でも漏らすと、その後永遠に魂が耐えがたい苦痛に悶えるという誓いであった」。また次のような指摘もある。「使徒会員でない者への軽蔑は、依然続いていた。当然入会してよいのに拒まれた者も多い。……ピグー教授は色々な意味でケインズの競争相手であったので、使徒にはなれなかった」（Deacon 1985：38, 79, 訳 62, 118–9）。

一方、ピグーが属したのは「ディキンソン・ソサエティー」、すなわちディキンソンの部屋で行われた人生、芸術、福祉などに関する会であった。ディキンソンはキングズ・カレッジの教師であり、プラトンの『饗宴』に範をとるこの討論会——彼には『現代の饗宴』（*A Modern Symposium*, 1905）という著作がある——の主宰者として強い影響力をもっていた[5]。

一九〇五年、ケインズはこの会で「美」に関する自分の論文を読んだが、彼はすでに使徒会を通じてムーア主義の影響下にあり、ディキンソンの仲間たちと議論がかみ合わなかったようである。ケインズはある手紙のなかで、「それ［美に関する論文］はあまりにも秘伝的であり、たいした成功であったとは思わない。……議論は退屈であった。ピグーは鋭かったが、あまり適切とはいえない。シェパードおよびディキンソンとは実際上意見が一致した。ほかの者たちはまったくわかっていなかった」と述べている（Harrod 1951：111，訳 130）。ピグーとケインズは共にマーシャル経済学の土壌で育ったとはいえ、それぞれ異なる知的サークルに属し、異なる思想を抱いていたのである。

ディキンソンの会でなされた討論の詳細はほとんど何もわからないが、ドールトンは一九〇六年頃のその様子を次のように描いている。「……私は一年生のとき、彼［ディキンソン］から『ディキンソンの会』として知られていたものに加わるよう誘われた。これは討論の会で、会員数は一ダースをあまりこえない程度、その半分は学部学生で、半分はドン［教員やフェロー］である。それは彼の部屋で行われた。ある者がペーパーを読むか、あるいは問題を提起し、その後にほかの者が籤の順で意見を言う。そしてディキンソン自身が……議論を総括するのが常であった。ピグーはこの会の常連で、私が出席したとき、彼はこの会のための『心霊研究の最近の結果』に関するペーパーを読んだ。彼は次のように語りだした。『男と女は死後も存在し続けるか Do men and women survive death ?』という問いは三つの曖昧さを含む。まず『存在し続ける』という語は曖昧であり、『猫はバケツの水に浸けられながらも存在し続けるか』とわれわれが問うとき、それはかくかくを意味するかもしれないし、しかじかを意味するかもしれない。また『男と女』という語は曖昧である。男は死後も存在し続けるかもしれないが、女はそうでないかもしれないからである。私は第三の曖昧さを忘れてしまった」（Dalton 1953：57）[6]。

この問題そのものに深入りする必要はなかろうが、関連する議論は『有神論の問題』の表題作たる第二章「有神論の問題」にもみられる。そこではピグーは、霊魂の不死、神の存在といった根本的諸問題に対し、おそらくマーシャルと同じく[7]不可知論の立場、すなわち宗教を否定せず、ただ理性的接近を諦める立場をとっている。「……結局神学とは、宗教というものの大いなる全体の単なる一側面を表すにすぎない。それは純粋に知的な要素をその他の要素から抽象して分離するが、この要素は本源的なものではないのである」(Pigou 1908a：18)と。

3　「善の問題」

本節以降の諸節では、『有神論の問題』の諸章を順にみることで、ピグーのムーア解釈に光をあてたい。本節では第四章「善の問題 The Problem of Good」を、次節では第五章「福音書の倫理学」と第六章「ニーチェの倫理学」をみるであろう。

さて、ムーアの価値論上の一つの特徴が「有機的統一の原理」(「有機的善」論)にあることはよく知られているが、この原理を認めるか否かでピグーとケインズは対立していた。まずこの点から明らかにしよう。

ピグーによれば、善とは——本節を通じて「善」とは目的善をさす——あくまで「意識生活の状態」に関わる何かである。ゆえにモノ(意識をもたないもの)は、それが対象として人に意識されれば意味を帯びるが、意識されない限り、善の考察からは除外される。だが意識は経験に制約されよう。例えば未発見の、それゆえ意識に浮かばない科学的知識のようなモノはどう扱うべきか。それはわれわれが追い求める善いモノかもしれない。ピグーはこの難問に対し、われわれが現在知る限りでという限定句を付し、善を「意識生活の状態」と定義する。ゆえに未知の知識は善でも悪でもない(Pigou 1908a：82-3)。

かかる煩瑣な議論がなされたのは、ムーアが、モノもまた善を構成するという「有機的統一の原理」を説き、人間を離れてはいかなる善もありえないとしたシジウィック（Sidgwick 1996a：113）を批判していたからである。「……もし美しいものの存在が、何らかの人間感情に及ぼすその結果をまったく別にして、醜いものの存在よりも、それ自身において、より善いことが認められれば、シジウィック教授の原理は崩れたことになる。人間存在という限界を越える何かを、われわれの究極善に含めねばなるまい」（Moore 1959：84-5, 訳110）[8]。

だがピグーはこのムーアの議論を拒否する。「この学説は、実際幾つかの事例では大変もっともらしくみえる。例えば次のことは一見明白に思われる。すなわち、善人であると信じて悪人を愛した、ないし本当に美しい絵であると信じて下手な絵を愛したある人のその状態は、本当の善人、ないし本当に美しい絵を愛した状態よりも悪いということ。とすれば、善は意識の状態のみに属さず、意識と（意識されなくとも）対象との複合的な状態［有機的統一］に属する……ことになる。だがこの見方のもっともらしさは、ある曖昧さによると私は思う。ある人が善人であると信じて悪人を愛するとき、彼は、①対象の本当の資質が何であるかを知り、そして誤ってそれを善であると判断したのかもしれないし、②対象の資質をその実質とは異なったものとして信じてしまい、そして……想像上の資質を善であると正しく判断したのかもしれない。このいずれかであろう。①の場合、その人の誤りで事態が悪くなることに私は同意する。だがここでは、誤りはすべて彼の意識内での関係に属し、彼の意識と対象との関係に属するのではけっしてない。②の場合、過ちは後者の種類の関係［意識と対象との関係］に関わる。私は物事が過ちによって悪になることに同意しない。より一般的に言えば、善は意識の状態のみに属する——その視野はそれまでの経験に制限されるが——という見解と対立する限り、私は有機的善の学説を拒否する」（Pigou 1908a：83）。

ケインズもまた「われわれがよく議論した類の事柄」としてこの種の問題にふれている。「仮にAはBを愛しており、BもAの愛情に応えてくれたと信じているとせよ。だが実はそうでなくて、BがCを愛していれば、こういう事態はAが信じる通りの場合ほどには善くないのは確かである。だがAが自分の誤りに気づけば、善くなるのか悪くなるのか。またAがBの資質を誤解してBを愛している場合、AがBをまったく愛さないより、善いのか悪いのか」（*JMK*, X：439）。

ムーアは人の交わりと美の享受とを重視した。そこでは、主体と客体が有機的に統一された全体としての状態が問題となる。ムーア主義者たちが大衆から離脱し、高踏的小集団を形成した一因もここにあると思われる。そこでは、不適切な人や作品を愛するといういわゆるセンスの欠如は悪である。しかも「善」は定義できないので言葉で伝えられず、ゆえに教えられず、本人が直覚によって知るほかはない。

一方、ピグーの立場では、人が下手な絵を素晴らしい絵であると勘違いして感激し、悪人を善人であると信じて愛した場合でも善は増す。争点は、芸術作品などのモノ自体に固有の善性が備わることを、人間の評価とは無関係に認めるか否かである。客観主義と主観主義との対立と言ってもよかろう。ムーアとケインズはそれを肯定し、ピグーはそれを否定した。なお、この問題はすでに『倫理学の諸方法』で「認知 cognition」論として扱われたものであり（Sidgwick 1996a：398–9）、ピグーの議論もほぼこれに沿っている。

モノのこうした客観的性質を認めることは、ムーアが善を「心の状態」としてのみ把握したことと矛盾すると思われるかもしれない。だがそうではないようである。例えばケインズは次のように論じている。「その［心の状態の］価値は、有機的統一の原理に従って、全体としての事物の状態で決定され、分析的に部分へと分解しても無益であった。例えば、愛している心の状態の価値は、本人の感情の性質のみならず、感情の対象の真価や、対象の感情と反応とにも依存する」（*JMK*, X：436, 傍点追加）。ケインズが言っているのは、要するに、有機的ないわば主客合一である。かかる主張にはなおも曖昧さが残ると思われるけれども、この困難はムーアが、そしてまたケインズが、全世界の目的善にふさわしい心の状態として、恋愛や芸術（いずれも対象の真価が問題となる）を重んじたために必然的に生じた困難であり、その幾分神秘主義的ともいえる不可欠の解決策がまさに有機的善という考え方なのである。有機的善論の誕生にはこうした必然性がある。そしてこれこそがまさに、ケインズにあっては、ピグーの「厚生」概念に相当するところの究極目的、あるいは社会進歩の基準をなしている。

全体論的性格をもつムーアの有機的善論は、従来、ケインズの巨視的な国民経済把握を生みだした哲学的背景としてしばしば注目されてきたが、有機的善論が語られた当時の具体的文脈をみる限り、むしろそれは第一義的には、恋愛や芸術を論じるさいの不可欠のツールとして理解されるべきである。

ケインズによれば、善――例えば美――をめぐる見解の相違がある場合、二つの説明方法があった。一つは、各人が「正確に同一の対象を心に描いていない」というもの。これは価値判断に先立つ事実判断の段階で、人によって差異がある点に着目するものであり、前述のピグー的立場である。だがこの立場は使徒会では少数派であった、とケインズは言う。二つめは、有機的統一の原理によるもの、すなわちワインの年代を言い当てるような「判断力」の差に帰すものであり、それをもつ者ともたない者がいるという解釈である。ケインズは、当時使徒会で「幅をきかせていた」後者の立場であった（*JMK*, X：437）。

以上のことから、有機的善論に対するピグーの立場は、反ムーア的である（反ムーア主義的でもある）と言える。とはいえ、ピグーはあらゆる面で頑なにシジウィックを擁護したわけではない。例えばピグーは、関数という比喩を用いて「善」を次のように説明している（Pigou 1908a：86–7）。

善＝F(a, b, c, d, e, f,...)

a：快楽 pleasure

b：善意 good will

c：愛 love

d：人が抱く理想の性質 character of a man's ideals

e：（意識される限りでの）表象に対するその態度 attitude toward what he sees

f：自分に課した目標に対する情熱 enthusiasm

この善の関数の性質についてのピグーの主要命題は以下の通りである（pp. 87-9)。

①快楽の増大は、常に「善」を増大させるわけではない（不正も存在するから）

②（対象を前提する）善意・愛・情熱については、対象を善と勘違いして愛したのならば「善」は増すが、悪を承知のうえで愛したのならば「善」は減る

③快楽の符号がマイナス（つまり苦）でも、「善」の符号はプラスになりうる

④善意がなければ「善」は常にマイナス値である

⑤他のすべての変数が一定ならば、ある一変数の増大は「善」を増大させる

ここから言えるのは次の三点である。第一に、善が多変数（a〜f）の関数とされ、快楽一元論ではない点である。シジウィック『倫理学の諸方法』の第三部第一四章「究極善」の主題は、快楽が善の唯一の要素であることの論証であったから、シジウィックの立場（快楽一元論）とピグーのそれ（多変数論）は明らかに異なる。この点でピグーは、自覚的にシジウィックの立場を採らず、ムーア的立場を採っている。[9] 第二に、③④が示すように、ピグーの善は明らかに本来は非功利主義的なものである。第三に、⑤は（他のすべての要素が一定ならば、経済的厚生の増大は厚生を増大させるという）ピグー厚生経済学の大前提につながる重要命題であるが、ここに、功利主義を活用するための工夫が見出される。すなわち多変数論の立場を採りながらも、実質的には快楽（ないし経済的厚生）

一元論で議論を進めるための工夫である。

当時ケインズは⑤の命題に対して懐疑的であった。「……初期のわれわれには、快楽などどこにもなかった。私は弱々しくこう主張したであろう。二つの心の状態があり、一方は快く、他方は苦しいというほか、どこから見ても同じならば、たぶん前者の方に少しは分があろうと。だがこういう考えは有機的統一の原理に反したのである」(*JMK*, X : 441, 傍点原著者、傍線追加)。

さて、先ほどの善関数は一個人の意識状態としての善を集約的に表現したものであるが、ピグーはさらに、ある個人のそうした善と他の個人のそれとの「関係」へと議論を進めてゆく。その議論は大変に難解であるが、少なくとも明らかなことは、ここでもやはり彼がムーアの攻撃に対してシジウィックを擁護している点である。すなわち、かつてシジウィックは『倫理学の諸方法』で、功利主義と利己主義は行動面でしばしば対立すると結論し、ムーアはそれを批判したのであるが、これについてピグーは次のようにコメントした。

「シジウィックは……人は他者の善に配慮せずに自分自身の善を追求すべきであるということと、人は自分自身の善に配慮せずに全体としての善を追求すべきであるということが、等しい権威をもつ二つの道徳的命令であると直感ないし認識した。……これら二命題は、自分の善および他者の善の追求が、彼に同じ行動を指令する場合にのみ互いに整合的である。……この議論に対してムーア氏は激しく反論する。すなわち『ある人物の幸福が唯一の善であるべきであるということと、全員の幸福が唯一の善であるべきであるということとは、矛盾であり、この矛盾は同一の行動が両者を共に実現するという仮定では解決できない……』と。私はこの推論がシジウィックの論点を正当に衝いたとは思わない。かの著者［シジウィック］は、『私はもっぱらAさんの幸福を追求すべきである』という命題が、必然的に『Aさんの幸福は唯一の善である』という命題に変換されることを認めたであろうか」。「私は他者の善に配慮せずに私自身の善を追求すべきであるとは思わないし、私はどんな人についても……彼自身が目的であるとはみなさない。おそらく全員が目的である……」(Pigou 1908a: 91-2)。

本節の考察から言えることは、①有機的善の考え方が、ピグーとケインズとの初期の思想対立における一つの争点であったこと(ピグーはそれを斥け、ケインズは受けいれた)、②「善の関数」が多変数化されたように、ピグーの思想にはムーア的要素(非シジウィック的要素)もみられること、③ピグーがほぼ一貫してシジウィックを擁護していること、の三点である。

4 「福音書の倫理学」と「ニーチェの倫理学」

ケインズにとってムーア『原理』は、既存の価値や道徳を打破するものであったのに対し、ピグーにとって同書は、既存のそれらを発展させるものであったように思われる。その具体例として本節では、(I)『有神論の問題』の第五章「福音書の倫理学」(初出 Pigou 1906c)と(II)第六章「ニーチェの倫理学」(初出 1907j)との二つを概観する。
(I)の「福音書の倫理学」では、共観福音書、すなわち「ヨハネ伝」以外の三つの福音書からイエスの倫理学が抽出され、検討されている。
まずその冒頭では、善を直覚的に把握したイエスと、律法や因習を重視した律法学者たちとの二つの立場が対置された。すなわち、旧約聖書その他に具体化されたユダヤの一般ルール(いわゆる律法)に果敢に反逆し、宗教的、倫理的な直覚に訴えたイエスの「方法」は、当時のユダヤ社会では特異なものであったと(1908a: 94)。ピグーは、ムーア主義によってキリスト教を乗り越えたとするケインズ的見方とは正反対に、イエスとムーアとの類似性をまず示唆したわけである。実際、キリスト教神学では伝統的に、行動（善行）より心の状態（信仰）を重視してきたのであり、周知のようにルターはそれを一層強調したのであった。

さて、ピグーは次のような通俗的キリスト教批判を斥けた。「イエスの倫理学とは、行為者の個人的幸福のための単なる諸手段の体系にすぎず、彼にとって義 righteousness とは、ただ、それによって来るべき裁き［最後の審判］から逃れうるための慎慮 prudence の一形式である」。ピグーによればこれは誤りであるが、同時に曖昧でもあり、以下の二つの意味で解されうる。

一つめの意味での批判は、来世の幸福のために現世で正しく行動するのは、貯蓄行動のような異時点間の最適化行動にすぎず、利己的動機に基づく経済的取引に等しい、というものである。これはイエスの倫理学の帰結主義的側面を衝くものであるが、ピグーは次のように反論する。「イエスは人々に、未来［来世］の幸福という動機から、義であれと主張したのではない。彼の教えは、幸福になるために義であれ、ではなく、①一つの倫理的知覚［義務感］としての、義であれ、であり、②形而上学的言明［仮説］としての、義と幸福は事実問題として相伴う、というものである。ある事柄が行為者の幸福を導くからそれらが手段善であるというのではなく、ある事柄が目的善だからそれらは行為者の幸福を導くというのである」。すなわち、①見返りを期待して隣人を助けるのではなく、隣人愛の実践自体が義務でありそれ自体目的善だからそれをすべきなのであり、②そのさい、意図せざる結果として行為者の幸福も約束される、というのである（p. 96）。

二つめの意味での批判は動機の由来に関わるもので、「イエスはその言葉のなかで、人々に［帰結主義的にではなく］直接的に義であれと主張したが、同時に、利己的動機を示唆する。このことは動機がどのようなものであれ、行動が義となりうることを意味する」というものである。これに対して、ピグーは、人の善さは、たとえそれが子ども時代にうけた躾としてのムチへの恐怖に由来するにせよ、その現在における善さが損なわれるわけではないという例をあげ、イエスの言葉を「義」を涵養する教育的弁法と解し、これを「先行刺激 previous stimulus」と呼んだ。「既存の事物の善さは、過去のそれらの起源からはまったく独立」である。利己心は先行刺激、すなわち信仰に至るまでの過渡的手段（過去のもの）であり、必ずしも行為の動機（現在のもの）ではない。

「イエスが賞賛と非難との適切な対象としたのは、行為ではなく動機である。彼にとって善とは状態 *be* であり、何かをする *do* ことではない。自分の兄弟を許すという行為は無に等しく、口先で何度繰り返したかはまったく問題ではない。善悪の範疇は、許している心の状態に当てはまる」。「一般通念を並べたて、それらを念入りに遵守するようなことは、彼［イエス］にとって邪魔な障害物であったろう。食事などの儀式の前に手を洗うことも、安息日の厳格な遵守さえも、単に些末な事柄として無視された」。またその教えには、一方の頰を打たれたら他方の頰を出しなさいというような現実社会では実践困難なものも含まれるが、「イエスがこの種の教えを述べたとき、彼は行為を命令したのではなく、人格の質を賞賛したのである」(pp. 96–100)。

では、イエスにとっての目的善とは何であったのか。ピグーによればそれは次の二つである。第一に「(各自が抱く）理想に対する完全な献身」であり、「……それは明らかにカントの定言命法[10]に似ている。つまり良心による行為である」。ここでいう良心とは、直覚によって知られる規範的指令、すなわち隣人愛であり、「イエスは愛を、目的善および手段善の両方としてみていた」。第二に幸福である。「彼［イエス］が知識をそれ自体善と信じたか否か、われわれには証拠がない。だが彼の行動全体は、彼が幸福をそのようなものであると確かに信じていたことを示している。彼は苦痛に同情し、だから彼は病人を癒してまわったのである」(pp. 102–5, 傍点追加)。

以上の考察から、この論文「福音書の倫理学」は、ムーア主義のキーワードを用いることによってイエス像を再構成するものであったと言えよう。内面重視に基づく一般ルールへの反逆は、なるほどイエス的な方法である。他方では、イエスとムーア主義との相違点も示された。イエスが、「愛」（カント的「良心」に似たもの）と「幸福」

（功利主義的な快楽）との二つを目的善とした点、また「愛」を目的善および手段善の両方に関わるものとした点、である。

次に(II)、すなわち『有神論の問題』の第六章「ニーチェの倫理学」について。二〇世紀初めのヨーロッパではニーチェの哲学が流行し、その難解な叙述はさまざまな立場から読まれたが、ピグーの解釈――超人こそニーチェの目的善である――もまたケンブリッジ的文脈でのその一例である。超人は「われわれのあらゆる能力の、完全かつ調和的な開花」と定義された（p. 122）[11]。

ピグーはまず「われわれの究極目標は、むろん善そのものの最大可能な量を追求すること」であり、「苦悩 suffering や苦痛 pain は明らかにそれ自体として悪いものである。私の考えではニーチェはこのことを完全に熟知していた」と述べたうえで、目的-手段という「なじみ深く、使い古された」概念を用い、短期的悪が因果律に従いつつ長期的善に転化する可能性、ないしその逆の可能性から、いわゆる「超人 beyond-man」を解釈する。「ここで非常に抽象的な形式で述べられた実践的困難こそ、ニーチェが具体的に考察したことであり、彼の偉大な教えの大部分がそこから放射する核心である」と。

ピグーがニーチェから引用した次の言葉は、前節での善関数でみたように、必ずしもピグー自身の思想と対立するものではない。「苦悩の、大いなる苦悩の訓練 the discipline of suffering、ただこの訓練のみが人間のすべての高昇を創りだしたことを諸君は知らないのか。魂の強さを育てあげる不幸のうちにおける魂のあの緊張、大いなる破滅の瞬間における魂の戦慄、不幸を担い、辛抱し、解釈し、利用し尽くすときの魂の創意と果敢、またかつて深底、秘密、仮面、精神、狡知、偉大によってのみ魂に贈られたもの、それはこれらの苦悩のもとで魂に贈られたのではないのか」。

またピグーは、ニーチェには極端な利己主義、女性蔑視、反民主主義の思想ともとられかねない章句が散見されるが、そうとるのはわれわれの誤解であると主張する。「徳 virtues と考えられている諸性質のうち、他者への共感 sympathy と愛は高い位置を占める。だがニーチェはこれらの性質のもたらす行動が、ときには悪い結果を生みだす種類のものであることを見出した。それらは将来世代の善を考慮するさい、むしろ滅ぶべきであった多くの人々を保存することにつながる。ゆえに彼はまず、共感的で利他的な人々の側に、その行動を変えよと要求したのである」。人々が超人という目的にむかって常に自己超克の途上にあるとき、共感や愛といった手段のあり方は――もしこれらが手段善でもあるならば――目的にてらして問われねばなるまい。ピグーの解釈では、ニーチェが「手段としての共感や愛」を一切否定したとみるのは誤りであり、その悪しき用い方が否定されたにすぎない (pp. 114-7)。ピグーは共感や愛について、ほかにもさまざまな場所で論じているが、このニーチェ論の特徴はそれらの弊害面が強調された点である。

さらにピグーは「世代」という視点を導入する。これこそ彼のニーチェ解釈における最大の論理的ポイントである。すなわち時間軸を導入すれば、あらゆる現在の目的善は、より未来の目的善のための手段善へと転化するかもしれない。ピグーはニーチェの二つの章句を引用している。すなわち「人間において偉大な点は、彼が一つの橋であって目的ではないことである」(傍点追加)。「隣人愛より高いものは、最も遠い者、未来に出現する者への愛である。人間への愛よりもなお一層高いものは、事業と目にみえぬ幻影とへの愛である。君に先だって歩んでゆくこの幻影、それは、わが兄弟よ、君よりも美しいのだ。なぜ君はそれに君の血肉を授けないのか」。

しかし、現代世代は手段にすぎないというこの見方は極端である。そこでピグーは、超人は未来に現れるのか、それとも今すでに現れているのかと問い、この問題がキリスト教神学における「天国」の位置づけとまさに類似した問いであるとしたうえで、結局「超人」を、「天国」と同じく、未来と現在との両方に関するものとする。「……キリスト教神学とニーチェとは共に、現在では少なくまた断続的にしか見られないこの善が、未来には世界を支配すると期待したのである」(p. 120)。

以上の考察から、ピグーの論文「ニーチェの倫理学」は、①ニーチェさえも、手段善としての共感と愛を否定しなかったこと、②「目的善」を僭称する現代人も、もし将来世代を視野に入れれば、未来に対して自分が「手段善」でもあることを自覚せざるをえないこと、を主張したものであると言えよう。

最後に、本節全体のまとめとして次の二点を述べておきたい。すなわち、ここでみたイエス論とニーチェ論との意義は次の二つである。第一に、ムーア主義の席巻という当時の知的背景（**2・2**）をふまえれば、これらの論文がいずれも、ムーア主義への婉曲的痛撃という色彩が濃いことは明らかである。第二に、福音書の倫理学とニーチェの倫理学とは、まったく相容れない二つの思想であると考えるのが通例であるが（ニーチェのキリスト教批判は有名である）、ピグーは自分自身の思想枠組みに強く引き寄せた解釈を与えることによって、この対立を解消しようと試みている。

5　まとめ

当時の優秀な学生の常として、ピグーとケインズは共に哲学への強い関心をもち、それぞれ目的地を異にしたが、共にシジウィックの挫折から出発した。進化論などの影響でキリスト教の道徳的支配力が急速に弱まった一九世紀後半に、シジウィックは倫理学の再構築を試みたが、その『倫理学の諸方法』の最終章で、功利主義と利己主義との和解を断念せざるをえなかった。彼はその知的誠実さのゆえに自家撞着に陥った幾分滑稽な人物ともみられ、「好戦的な無神論者」であったケインズは一九〇六年に次のように述べた。「彼［シジウィック］はキリスト教の教義が真理か否かに疑問をもち、それが真理でないことを立証し、そしてそれが真理であることを希望したほかには、とうとう何もしなかった」と（Skidelsky 1996：14，訳27）。

ハロッドも同じように指摘している。「彼［シジウィック］は偉大なヴィクトリア時代の美徳の多くを体現しているかにみえた。……哲学者として秀で、人格が高潔で、自由思想家であったこと……は相結びついて、彼を当時の典型的ヴィクトリア人とした。［ネヴィル・］ケインズ夫人の……学位獲得は彼に負うところ極めて大であったから、彼がケインズ家の人々の心に親しみを与えないはずはなかった。彼らのシジウィックに対する態度は崇拝に近かった。……青年期に達した［メイナード・］ケインズは、それとやや異なる見解をもつようになった。それは、後期ヴィクトリア時代の物の見方から二〇世紀のそれへの転換を示す典型的な変化[12]であった」（Harrod 1951：2，訳2）。

こうしたなかで、ムーアの『倫理学原理』はケンブリッジの最新の哲学として公刊され、ピグーもケインズも大いにこれに注目したのであった。

さて、ピグーがムーア『原理』を全面的にではなく、取捨選択的に受容したことは明白である。彼は『有神論の問題』の序文で、自分の哲学的立場を「主に故シジウィック教授の諸著作に負う」ものとし、本文でもおおむねシジウィックを擁護している。他方でピグーはシジウィックの快楽一元論を棄て、善は多数の要素からなるというムーアの多元論を受容した。それが受容された理由は、おそらくそれがシジウィックとムーアとの双方の立場を止揚し総合しうるからであろう。すなわち、他のすべての要素が一定ならば「経済的厚生」の増大は「厚生」を増大させるというピグー厚生経済学の立場は、ムーア的に把握された善を認めつつ、しかもシジウィック的な功利主義を従来通り用い続けるための工夫である。

では、ケインズのムーア受容の仕方はどうであろうか。ケインズもまた取捨選択的であったことは明白である。

例えば、①**2・2**でのドールトンとラッセルの証言、②ケインズ自身も、ムーアが未だに片足をシジウィック、快楽計算、一般ルールなどに残していると指摘し、『原理』のそうした部分を無視したと述べたこと（*JMK*, X：436)、など。ヴィクトリア時代の常識道徳を拒み、自分を「厳密な意味での不道徳主義者」と呼んだケインズにとって、旧い伝統と妥協する②のような諸要素は相容れなかったからである。

要するに、ピグーもケインズもムーアの思想を取捨選択的に受容しつつ、それぞれ新たな道を切り開こうとしている。それぞれの一般的特徴は、ケインズが、ムーアをそれ以前の伝統（シジウィックやキリスト教）に対する革命として捉え、伝統から決別しようとするのに対し、ピグーは、ムーアをそうした伝統からの連続的発展として捉えようとする点にある。本章でみたように、ケンブリッジでのムーア主義の燃えあがりに対し、ピグーはそれに水をさすようなムーア解釈を度々行った。すなわち、ムーア主義者たちのいわば急進的ムーア解釈に対し、ピグーはいわば保守的ムーア解釈を提示したのである。

ピグーの思想は主にシジウィックに依拠するとみるのが定説であるが、ムーアに依拠するとみる説（山﨑 2002）もある。だがピグーの立場は、どちらか一方だけで説明できるものではない。本章の一つの課題は、対立しあうこれらの説を橋渡しすることである。ピグーは基本的にはシジウィッキアンであり、あくまでこの線に沿ってムーアを一部受容したのである。

ちなみに、ケンブリッジのムーア主義をロンドンに移植したものが「ブルームズベリー・グループ」の急進的文芸運動であるが（Harrod 1951：179, 訳 208；Skidelsky 1983：245)、ピグーに言わせれば、「長い間、大方の人々から疑い、嫉妬、恐怖の目で見られてきた」この集団でさえも、あくまでヴィクトリア文明という大きな書物の「最後の章」にすぎない（*PJA*：559)。古いものと新しいものとを連続的に理解しようとするピグーの性向は、経済学においてもそうだが、顕著である。

ピグーとケインズとの長きにわたる知的対立は、ここから始まる。この対立の第一局面は、ケンブリッジの哲学的世代交代（シジウィック→ムーア）に端を発する思想的次元にとどまるものであったが、本書の第5章以降でみるように、その後の各々の経済学をも明確に規定してゆく。

最後に、ピグーの主要な経済学著作上でのムーアへの言及を確認しておこう。一九〇八年の『有神論の問題』以降、彼がムーアに（その名を明示して）言及したのは、おそらく一九一二年の『富と厚生』冒頭のただ一カ所のみである。すなわち「もし『善とは何か』と尋ねられれば、善は善であり、それは物事の目的であると私は答える。またもし『善はどう定義されるのか』と尋ねられれば、それは定義できず、これがそれについて私が言わねばならないことのすべてであると答える」というムーアの有名な章句を引用し、そのうえでピグーは「厚生とは善と同じものを意味する。それもまた、分析によって定義できないものである。特定の事柄が厚生に属するか否か、またどのように属するかに言及するのは、実に倫理学の主要課題である」と述べた（*WW*：3）。

一カ所のみとはいえ、その内容は厚生の定義に関わるだけに重要であり、ピグーの倫理学的立場は一見ムーアにもっぱら依拠するかにみえる。しかし善が定義不可能であるという議論は元々シジウィックに由来するものであり、ムーアが引用されたのも、一つにはこの学説上の連続性のためであったろう。ただこの点でも、シジウィックとムーアとの間には温度差があった。「ムーアの倫理学への最大の貢献は何かと尋ねられると、専門的哲学者でない者は、『善』とはその意味を定義できない一つの属性であるという彼の学説を想起しがちである。だがムーアをこの学説の創始者とみるべきではなかろう。彼自身、『原理』のなかでシジウィックに惜しみなく謝意を表している。だがシジウィックの議論は、ムーアの議論ほど要所を衝かず、ムーアの議論ほど恐るべき戦闘隊形を整えてもいない」（Harrod 1951：76，訳 90，傍点追加）。

なお、一九二〇年の『厚生経済学』初版（同書は『富と厚生』を改訂したものである）では、右のムーアへの言及は削除された。この削除の意義もまた重い。ともかくその結果、①一九一二年の『富と厚生』以降、ピグーのすべての著作物中にムーアの名が現れることは一切なくなり、対照的に、②シジウィックへの論及はその後も継続して数多くみられるのである。

①の理由について、従来の見方はおそらく次のようなものである。すなわち、ピグーはムーアの新しい議論を彼なりに受容しようと努めたが、ムーアが批判したはずの「自然主義的誤謬」に陥り[13]、のちにこれを誰かに指摘されて引用を削除せざるをえなくなったのであろうと。この見方は真理の半分を捉えているかもしれないが、本章でみたピグーの意図を何ら考えておらず、一方的すぎる見方である。古いものと新しいものとを調和しようとするピグーの姿勢は、いわばムーア革命を矮小化するものとして、(当時支配的勢力を有したという意味で)いわば正統派のムーア主義者たちから一蹴される危険があったに違いない。

補論　願望の多様性

本節は、**2・1**でみた「効用に関する考察」(Pigou 1903b) に関わる補論である。そこでの「願望多様性」論は、当時の功利主義批判をかわすという消極的意義のみならず、人間活動の自律的発展を基礎づける論理的土台として積極的意義ももっている。後者を明らかにすべく以下では、(I) 経済学における「快楽」の諸問題、(II) 人間の行動様式の発展可能性、の二つを順に考察しよう。

まず(I)について。ピグーは願望多様性論の含意を次のように述べている。「……われわれが快楽以外の他のものを願望することを認めてしまうと、もはや、われわれの願望の強度とそれらの満足から期待される快楽とが必然的に互いに比例するとは言えなくなる」。とすれば、マーシャルが発明した「消費者余剰」の面積の意味づけはどうなるのか。経済的厚生を測る道具としての「実践的有益さ」は保たれるのか。従来の快楽主義に立てば、それは消費による快楽という比較的明瞭な意味をもつが、願望多様性論に立てば、願望がそうした快楽にむかわない場合もあるため、その意味は曖昧になる。そしてマーシャルはこの難問を「避けた」が、シジウィックは避けなかったのである（pp. 67-8）。

マーシャルも、ピグー宛書簡（一九〇三年三月一九日）のなかで、この指摘を率直に認めた。「……幾つかの動機は快楽に関連づけられない。おそらく満足 satisfaction にさえ関連づけられない。ゆえに消費者余剰は全快楽の尺度ではなく、全満足の尺度でさえない……もしそうであるならば、改めて私はまったく同意する」（Whitaker 1996, vol. 3 : 7）。マーシャルがピグーの問題提起に直ちに共鳴できたのは、彼らが一方では、経済学において快楽（功利）主義が果たす重要な役割を認めながらも、他方では、もとよりその限界を自覚していたからとみられる[14]。

ピグーは右の難問に対し、必需品に限れば、その購入動機は日常的快楽の充足が大部分なので、従来通りの消費者余剰の解釈でもその「実践的有益さ」は保たれるとする。「……求められる多くの物的財、特に食料や衣服のような直接に個人的使用のために広く消費されるものは、快楽への手段として欲せられよう。しかもそれらが生むと期待される快楽に比例したさまざまな強度で願望されよう。ゆえに実践的目的にとって、快楽と願望とに関する最近の見解の変化は何ら新たな困難を生みださない」（Pigou 1903b : 68）[15]。なお、いわゆる「賃金財」は必需品の主要構成要素と考えてよかろう。賃金財は、主に「第一次的に必要な基礎的財貨 elementary articles of prime necessity」からなり、人々がそれを要する量は限られている（1933a : 146）。

つまりピグーは願望の多様性を強調しながらも、経済学上の快楽（功利）主義の役割を再確認したといえる。これが可能なのは、理想主義と功利主義との次のような調和のさせ方のためである。ピグーは、高次の善、すなわち人格や人間活動の発展（一例として「願望の多様化」）を常に念頭におきつつ、その不可欠の先行条件たる低次の善、すなわち必需品という快楽の確保をめざす。功利主義的経済学は理想主義的諸目的の侍女であるかもしれない。一般に、どんな倫理学派も必需品の不可欠さを認めるであろう。とすれば、快楽が重視されたからといって、必ずしもピグーを功利主義者であるとみる必要はない。それは快楽を追求しながらも、特定の倫理学説に依拠しない実践的経済学を打ちたてる一つの試みである。マーシャルが経済学の倫理学的中立性を主張できたのも、同じ理由によるものとみられる。

ただしその場合、「快楽」は狭い意味で用いられねばならない。というのも、各種の高級品、流行品、紳士の証たるシルクハット、軍備、階級章、これらを求める動機は虚栄ないし「近所の家に後れないように」（体面）という社会的側面が強い。そこでは絶対値より相対値が問題である。これを考慮して、効用関数は次のように定式化された（1903b：61）。

$$U = F\{Q_1, Q_2, Q_3, Q_4, \ldots, Q_n, K(a \cdot b)\}$$

Q：自己の各財の消費量

K：ピグーによれば「Σに類似したもの」

a：他者の消費量を示すベクトル

b：他者との「距離」を示すベクトル（身近な人物ほど影響も大きい）

つまり消費の外部性である。だがこれは実証的論議としては承認されても、規範的論議としては問題がある。すなわち、右に挙げたシルクハットや軍備などは、福祉との関係が比較的薄い。それらの所有による快楽が大いに増したとき、経済的厚生が大いに増したと単純に言えようか。裏返せば、あらゆる人ないし国がそれらの所有を減らしたとき、経済的厚生が減ったと単純に言えようか。ゆえに規範的文脈では、これらの要素は次元の異なるもの――（厚生の一要素である）人間関係――として別途扱われる必要があり、その場合、具体策としては広い意味での平等分配がめざされることになる（**1・6**の軍縮論など）。

この消費の外部性はピグーの課税論で重要な役割を果たしており（Musgrave 1959: 103, 訳［I］154）、ピグーによれば、高所得者ほどその影響が大きい（*PF* 第3版：91）。この種の外部性は、のちにデューゼンベリーのいわゆる「デモンストレーション効果」として広く知られるようになったが、ピグーはDuesenberry（1949）に対する書評のなかで、その定式の不備を指摘し、自分の一九〇三年論文の方にも若干の利点があると主張している（Pigou 1951b）。

さて次に(II)、すなわち人間の行動様式の発展可能性について。願望の対象は、**1・6**の支配願望など実に多様であり、また**2・1**のゲームのように願望が何らの対象ももたず、行為自体が自己目的化するケースさえある。では願望の対象が、狭い意味での「快楽」というベーシックなニーズから他のさまざまなものに拡がってゆくとすれば、それが極まるところでは人間行動はいかなるものになるのか。これはまさに人間性の将来を問うことである。

マーシャルが「欲求 want」と「活動」を対置したことはよく知られている。社会進歩に伴って欲求は、「多様性 variety への願望」「誇示 distinction への願望」「卓越性 excellence への願望」などに拡がり、ついには「科学、文学、芸術をそれ自体として追求する活動を導く」とされる。この過程で彼が注目したのは、欲求ないし願望のこうした展開から漸次生じてくるところの「活動 activities」であった。「……大雑把に言って、人間発展の最初期段階で人の行動を喚起するのはその欲求であるが、その後の前進過程での新段階の各々では、新たな欲求が新たな活動を引き起こすよりも、むしろ新たな活動の発展が新たな欲求を引き起こすとみるべきである」（Marshall 1961, vol. 1: 86-9, 傍点追加）[16]。

マーシャルはまた次のようにも言う。「産業において最高度の建設的事業を行わせる主要動機は、困難を乗り越え、その指導力を社会的に認められようとする騎士道的願望である」。学芸の振興には富を要するが、金力でなしうることには限界があり、それゆえ「それらがなされたのち、創造的科学は、創造的芸術や創造的文学を振興せしめた力――騎士道的負けじ魂――でのみ振興させうる」(Pigou 1925a：331–2)。

　こうした人間把握はピグーに継承され、前述の効用関数や課税論のほかに、経営者心理、労働インセンティヴなどの議論に反映している。例えば、詳しくは**7・5**でみるが、累進的法人税が企業活動を害するか否かについては、利潤の減少は企業活動を阻害するが、現代大企業の経営者たちは利潤の絶対額よりも周囲に勝つことを重視するので、阻害の程度は小さいとされる。「……ある有能な人が実際に仕事に従事するとき、その目的の大部分は単なる『成功』である……」(*EW* 第4版：716)。また詳しくは**6・1**でみるが、社会主義経済のもとでの労働インセンティヴとしては「スポーツ動機 *sport motif*」が期待される。

　晩年にもピグーは次のように述べた。「労働や企業に関する心配［課税によるディス・インセンティヴ］は現在では、五〇年前ほど痛切に感じられない。世界の重要な仕事の多くは主に貨幣のためではなく、追いかける快楽 pleasure of the chase、行動の喜び joy of the deed、義務の観念 sense of duty、評判をえようとする願望 desire for reputation からなされることが今では理解されている」(Pigou 1955a：86)。

　もし人が抜きんでることを求め続け、したがって競争というものが、経済を含むさまざまな領域で未来にも支配的役割を演じ続けるのであれば、競争の醜さ冷酷さを和らげるおそらく唯一の方法、あるいは少なくとも一つのヒントは、遊び（スポーツ）精神に見出されよう。ピグーの遊び論は「ゲーム」(1923d) に詳しい。「イギリスの若者はゲームに時間を浪費し、その偏屈な教師たちからしばしば眉をひそめられる。もっと悪い場合には、『ゲームの規律』を通じて［将来の］真剣な日常業務に備えるべく、教師たちによってゲームが推奨されるのである！　これらは陰気な衒学的考えである。単なる逆説ではない一つの意味において、ゲームこそが真剣な日常業務である。労働は目的への手段であるが、遊びはそれ自体目的の一部である。若者は遊び、大人は働く。だが若者にとっての遊びの価値は、それが大人への準備となる点にあるのでない。むしろ大人の働くことの価値が、若者と遊ぶことを可能にする点にある」。またそこでは友愛が重視され、ゲームは敗者に不利益とならぬよう「つまらぬ事柄」をめぐって行うのがよいとされる。それゆえ敗者を傷つける可能性のあるボクシングは、テニスよりも劣ったゲームとされる。「完全なゲームは友の間でのそれであり、参加者の各々が、少なくとも自分の見事な一撃と同じくらい、他者のそれをも楽しむのである。それは対立の総合、より高い統一によって包まれる争いの精神なのである！」(p. 224)。

経済（学）は人のあり方に影響を与えるが、後者はまた前者に影響を与える。マーシャルやピグーの究極的関心は、願望の多様化などに伴う人間のあり方の変化であり、彼らはその発展を社会進歩と関連づけて注視していたのである。とすれば、ピグーにおいてこの問題は、彼のめざしたもの——**2・3**でみた「善関数」論、したがって「厚生」——の解釈とも必然的に連関せざるをえまい。

第3章　初期ピグーの経済学

ピグーの生涯は、第一次大戦勃発を境に、安定した前半生と激動の後半生とに大きく二分できる。第一次大戦（人類初の総力戦）、ロシア革命（中央主権型社会主義）、選挙権拡大（大衆社会化や女性地位向上）と労働党政権誕生、大恐慌、第二次大戦など、イギリス社会は第一次大戦を境にドラスティックに変貌してゆく。戦後のピグーの議論を理解するには、そうした折々の歴史背景に常に留意せねばならないが、それら一つ一つにとらわれると大局を見失う恐れもある。

そこでピグー厚生経済学の源流を明らかにすべく、われわれは、①戦前のピグーを便宜的に「初期ピグー」とよび、②戦後の『厚生経済学』（初版一九二〇年）でなく、まずは『富と厚生』（一九一二年）に代表される戦前の諸著作を考察の対象とする。なぜなら厚生経済学の形成上の社会背景は、「エドワード時代」――この言葉は二〇世紀初頭における、かつてのヴィクトリア時代の余韻のなかでの社会的安定や文化的爛熟を暗示するものとして広く用いられる――と呼ばれる時期に求められるからである。本章の課題は、前述のような激しい外的攪乱を未だ受けないエドワード期ピグーの諸著作から、経済学者としての彼の本来の問題意識を抽出すること、すなわち従来あまり重視されなかった失業問題および労働問題への彼の取り組みを検討すること、である。これにより激動の後半生の思想展開は理解し易くなるであろう。

ピグーと重なりあう時代を生きたラッセルは回想する。「一九一四年以前の世界を知らない若者には、私の年かっこうの人がもつ子どもの頃の思い出と、現代の世界とのコントラストを想像するのは難しかろう。……明日生きられるかどうか誰にもわからず、古い国々が朝霧のごとく消えゆく奇妙で不安定なこの世界では、若い頃の揺るがし難い事物になれた人々にとって、今経験しているものが実在であり、ひとときの悪夢でないとはなかなかに信じ難い。幼年時代に大理石のように壊れにくくみえた制度や生活様式のうち、残っているものはほとんどない」(Russell 1956 : 7) と。

ピグーもまた個人的エピソードを交え、こうした激変を回想している。「一八九六年［一八九七年?］すなわちケンブリッジの第二年次の初め、私は友人たちと仏ブルターニュへサイクリングに出かけた。そこでわれわれは初めて自動車を見た。それは二人の人間を乗せた妙な仕掛けであった。われわれはその車と競争し、それは下り坂でわれわれをぬき去ったが、登り坂ならわれわれが勝った。……皆さんの多くにとって、車のない世界、あるいはここに説明したような車しかない世界は、ノアの洪水前ほどに古めかしく思われよう。それから確か一九〇九年に、ブレリオ［同年夏、カレー＝ドーヴァー間の海峡横断飛行に初めて成功］がドーヴァーを飛んだ。ある技術者の友人は、たとえそんな偉業が果たされても、飛行などというものは事物の自然のもとでは曲芸以外の何ものでもないと私に語ったが、彼の判断は大きな誤りであった！　交通手段の発達はわれわれの文明を変容、いや破壊して久しい！」(Pigou 1939a : 215-6)。

1　リベラル・リフォーム

本節では準備作業として、「リベラル・リフォーム」(「自由党による改革」の意) と総称される当時の一連の福祉政策を論じる。

新たな国家事業を行うには、むろん新たな財源を要する。当時においてそれは、富裕層への大規模な直接課税によって賄われた。リベラル・リフォームは、(I)一連の社会保障制度の登場、(II)課税による再分配の気運の高まり、という二つの顔を併せもっている。つまり予算構造というコインの表（歳出面）と裏（歳入面）である。

まず(I)について。歳出面で顕著な増大をみたのは、社会保障費と海軍拡張費という二項目であるが、ここでは前者のみに絞る。新たな福祉制度は「改正労働者災害補償法（一九〇六年）」「教育法（一九〇六年）」「老齢年金法（一九〇八年）[1]」「炭坑八時間労働法（一九〇八年）」「住宅・都市計画法（一九〇九年）」「坑夫最低賃金法（一九一二年）」など実際にはかなり多いが、ピグーと直接関連するものとして特に次の四つがある。

①労働争議法（一九〇六年）：ストによる民事賠償責任の免除を定めたもので、事実上のスト解禁。一九〇一年の「タフ・ヴェール判決」は争議で生じた会社側の損害を組合側が賠償することを命じており、これは事実上のスト禁止を含意したからである。

②賃金委員会法（一九〇九年）：イギリス初の[2]最低賃金法。その意図は労働組合のない業種での極端な低賃金を防ぐことにあったので、同法が適用される業種はごく限られていたが、第一次大戦後の改正によって当初の意図は変質し、他業種にも拡がってゆく。「一九〇九年の法律では、ある産業、ないし産業の一部門に賃金委員会 Trade Board を設ける条件として、そこでゆき渡っている賃金率が『他の職業に比べて例外的に低い』ことが明記されていた。一九一八年の法律ではこの条件が廃止された……。新しい法律は［賃金］委員会の数の大きな増加をもたらした。くわえて委員会は……［より上位の労働階層にも最低賃金を定めるようになり］、異なる労働階層に異なる賃金率を定め、ときには、週に四ポンド一〇シリング以上を稼ぐ監督者にさえも定

められた」(Pigou 1922c：321)。最低賃金は、労働組合の協定賃金と並んで、賃金の下方硬直性を生む主要な一因であった。

③職業紹介所法(一九〇九年)：ベヴァリッジの提唱による。今でいう職業安定所のようなものであり、ローカルな労働市場を統合し、ナショナルな労働市場の創出を狙うものである。労働党が最も強く求めた「労働権right to work」法が拒まれた結果、代替的に登場した。

④国民保険法(一九一一年)：一連の改革の頂点と目される金字塔で、詳しくは後述する。

次に(II)について。イギリス財政の歴史のうえで、一八七〇年代以降の帝国主義の時代に直接税依存度(所得税や相続税など)が著しく高まったことは、周知の事柄である。それは階級間での所得・富の再分配、すなわちフロー・ストック両面での再分配を伴うため、以来、地主階級とその牙城たる上院は頑なに抵抗を続けていた。財政運営をめぐるこの長い階級的闘争は、アスキス自由党内閣の蔵相ロイド・ジョージによる一九一〇年の「人民予算People's Budget」の成立で決着する。[3] マーシャルは『タイムズ』紙上で、同予算案が「社会福祉予算social welfare budget」の名に値するとし(Whitaker 1996, vol. 3：235-6)、ピグーもまた同紙上で、建設的・賛同的立場からこれを論評している(Pigou 1909c, 1909d, 1909e, 1909f, 1909g)。

以上(I)(II)のリベラル・リフォームは、一九〇六年の総選挙に大勝した自由党と急速に台頭しだした労働党との協力のもとで推進された。それは(II)でみた「人民予算」成立をへて、(I)でみた「国民保険法National Insurance Act」で頂点に達する。一九世紀の救貧思想からの大きな前進がみられるという意味では、ここに二〇世紀イギリス社会保障制度の礎石がおかれたと言ってよい。

さて、国民保険法は、第一部健康保険法と第二部失業保険法から成る。前者はドイツの鉄血宰相ビスマルクによってすでに一八八三年に先鞭がつけられ、イギリスもそこから学んだが、後者は強制的国家保険としては世界初の冒険的試みであった。ただし同法が当時「ウェッブ夫妻を出しぬくためのもの」（樫原 1980：449）とみられていたように、改革勢力のなかにはさまざまな駆け引きや立場の違いがあった。労働党内部にもそうした差異があり、ウェッブたちのフェビアン協会が政策研究に重心をおき主に知識人の理性に訴えたのに対し、マクドナルドたちの独立労働党は組合運動を鼓舞し一般民衆の感情に訴えた、とも言われる（関 1954：44-5）。

このうちピグーとの関連で重要なのはフェビアニズムである。ピグーはフェビアニストたちのさまざまな議論からしばしば強い刺激を受けている（党派的にそれをおおむね支持したという意味ではけっしてない）。また逆方向の関係としても、ピグーの強い影響をうけたフェビアン主義者ドールトンの例を挙げうる。

第二次大戦後の労働党アトリー内閣の蔵相としていわゆる福祉国家政策を実際に推進したドールトンは[4]、一九五三年の回想録で次のように述べている。「私は……彼［ピグー］を英雄として崇拝した者の一人であったことを告白する。その精神、存在、性格、すべてが私を魅了した。私がケンブリッジで経済学を学んでいた頃、また第一次大戦直後にロンドンで教鞭をとっていた頃、私は彼をイギリス経済学者のなかで最高の頭脳の持ち主であるとみていた。……彼の『富と厚生』は、ムーアの『原理』が与えたのと同じような影響を私に与えた。……倫理学から政治学をへて経済学に至る私自身のアプローチを確立するにあたり、『富と厚生』はほかのどんな著作よりも役立った。彼は党派的・階級的偏見から見事に免れており、そしてマーシャルと同じく彼も、富と機会との大きな不平等が不公正であり、厚生の浪費であると信じていた。私はその後の彼の大半の著作を読んだが、経済学での彼の貢献が非常に際立っていることはまったく疑いえない」（Dalton 1953：57-8）。またドールトン伝の著者ピムロットも、「ピグーはフェビアン主義者ではなかったが、フェビアンの多くの立場に共感していたことで知られ、フェビアン主義の論証のための堅固な知的基礎を提供した」と指摘している（Pimlott 1985：62）。

最後に、リベラル・リフォームに大きな影響を与えた王立救貧法委員会について。McBriar（1987：254-6）によれば、委員会は失業救済についてマーシャルに証言を求めたが、彼はこれを固辞し、代わりにピグーを推挙しつつ、自身は「経済騎士道の社会的可能性」（Marshall 1907）を書くに留めた。この論文は委員たちから注目されたが、内容が抽象的であり、ケンブリッジ経済学の見解を具体的に示す仕事がピグーに託された。こうしてピグーは「救貧法救済の経済諸側面ならびに諸効果に関するメモランダム」（Pigou 1907h，以下「メモランダム」と略す）を委員会に提出する。

ピグーはそこで、①経済政策の評価基準として国民分配分の大きさとその平等分配をあげ（これらはのちの「厚生経済学の三命題」のうちの第一と第二の命題である）、②国民福祉（national well-being，これはのちの「厚生」概念）として次の三要素をあげた。ゆえに「メモランダム」は、厚生経済学の形成を追うさいの一起点として一定の意義をもつ。

「I　倫理的人格としての人そのもの
II　人々の社会的ないしその他の互いの直接的関係、およびそこから生じる満足
III　人々が経済環境 economic circumstances からえる満足」（p. 981）

つまり厚生は、人格、人間関係、満足の三つからなる。これを便宜的に「厚生の三層構造」と呼ぶことにしよう。Iは一個人に関するもので、意識状態が倫理的価値をもつということ（これは**2**・**3**の「善の関数」で明確に定式化された）。またピグーは「ある点までならば、経済的美徳への追加は、人間的美徳への追加である。だがある点を過ぎると、それは人間的悪徳への追加である」（p. 982）と述べ、経済と人間との対立の可能性を懸念している。「経済的美徳 economic vitues」とは、彼自身は詳しく述べていないが、救貧法という文脈からみて、おそらく

「自助努力」や「貯蓄（蓄積）」などの資本主義的美徳をさすと考えられる。IIでは個々人の意識状態ではなく、人と人との関係それ自体が問題とされる。個々人はむろん存在するが、個と個とをつなぐ「関係」もまた概念的実在とされるのである。「関係」は個々の意識状態（私的善）へと還元できないという意味では一種の公共善であり、「多様性」（**5・1**）、「（国家間・労使間・個人間など広義の）平和」（**3・4**）、「公平」（**7・1**）などがこれにあたる。また「そこから生じる満足」という語が示すように功利主義的な一面もあわせもつ。人間関係そのものを重視するこうした見解は、ピグーの厚生概念が方法論的個人主義に立脚するものではないことを意味している。IIIは経済的厚生である。なお、人は自分の所得の絶対額のみならず他者との相対関係のなかで優越感や嫉妬を感じるため、IIIはIIに強く影響される（消費外部性）[5]。

初期ピグーにみられるこの「厚生の三層構造」論は、その後もほぼ一貫している。例えば、『厚生経済学』の最終版たる第四版では、厚生は「意識の諸状態と、おそらくそれらの諸関係」からなり、また経済的厚生は厚生のうち「直接・間接に貨幣尺度と関連づけうる部分」と定義された（*EW* 第4版：10–1）。また「われわれがめざすのは、可能最高限度の、それ自体として善 good in itself であるところの社会である。それは、それ自体として善である諸性質をもつ人々と、幸福である人々——幸福は明らかに善であるから——と、親密で友好的な相互関係をもつ人々——共感 sympathy は明らかにより高い善であるから——を含む」（Pigou 1923a：81）とも述べられている。

さて、リベラル・リフォームが進むなかで、ピグーは一九〇八年にケンブリッジ大学経済学教授となり、一九一二年には最初の体系的著作であり彼の名声を世界的なものにする大著『富と厚生』を公刊した。同書は「『厚生経済学』の真の初版」ないし「戦前版の『厚生経済学』」とも呼ばれる重要著作であり、これに代表される初期ピグーの諸著作は、当時の社会気運にてらして理解されるべきである。

2　失業論へ

救貧法委員会の要請に応じて書かれた「メモランダム」は、実は救貧法枠内での一部貧民の救済論にすぎず、労働階級全体を巻きこむ景気循環論ではまったくない（Pigou 1907h：981）。経済安定化に関するいわゆる「第三命題」がそこに見られないことは、その一証左である（第三命題の登場は『富と厚生』を待たねばならない）。「メモランダム」が扱ったのは失業というよりも貧困の問題であり、「彼はこの論文で、後年彼が深くかかわることになる問題、すなわち一般的失業の原因および救済の問題にまったくふれなかった」（McBriar 1987：256）のである。

いわば貧困と失業という二つの問題が明確に分離されていないのだが、これは当時のイギリス資本主義の最大の課題が依然として貧困問題にあったということから一部説明できる。[6] 例えばAslanbeigui（1989）は、マーシャル失業論の特徴として、①最下層の人々（当時residuumとかsubmerged Tenthとか呼ばれた）が主に念頭におかれた点、②労働可能者able-bodiedの雇用についてマーシャルが幾分楽観的であった点、を指摘したが、ピグーの「メモランダム」もこうした傾向と合致する。ハチスンによれば、一九一〇年頃でも失業は、「第一義的には、経済理論ないし政策にほとんど何ら挑戦することのない慈善ないし救済の問題」（Hutchison 1953：410，訳［下］171）として、一般に扱われがちであった。

他方、「非自発的遊休の問題」（Pigou 1910a）をへた、『富と厚生』（1912a）や『失業』（1913a）では、景気循環に由来する労働階級全体の問題としての失業論が新たに加わる。つまりピグーの失業論は、「メモランダム」以降に急速に形成されたのである。彼は一九一〇年時点で、「失業問題を研究しようと私が志したbecame ambitiousのは、実は数年前である」と告白している（1910a：10）。また『富と厚生』序文でも、「数年前、私は失業の諸原因を研究し始めた。だがこれらの諸原因は経済活動の一般的総体に密接に織り込まれており、その孤立した扱いはほとんど不可能であることがすぐ明らかになった。ゆえに本書では、一歩ずつ進みながら研究領域を広げてゆくことにする」（傍点追加）と述べられており、失業問題は彼の体系的考察のいわばゴールと位置づけられ、ゆえにそれは最後の第四編で扱われている。

なお、「非自発的遊休 involuntary idleness」という用語はピグーが考案したものである。彼によれば、当時の新聞や政治家は「失業 unemployment」という言葉を用いたが、「非自発的遊休」には一つの利点がある。「失業」は失職の意味でのみ用いられがちで、これのみが問題とされがちだが、実際にはワーク・シェアリング等で生じる各人の労働時間短縮も、ときには重要だからである（1910a：1）。

「メモランダム」と『富と厚生』とを隔てる約五年の間に何が起きたのであろうか。McBriar（1987：258n）はその経緯について、ピグーは一九〇七年の「メモランダム」提出時にほかの委員たちの意見、とりわけウェッブ夫妻の公共事業論を知り、そしてのちに『少数派報告書』（委員会はのちに分裂し、報告書には『多数派報告書』と『少数派報告書』がある）を執筆することになる夫妻の議論を検討すべく、本格的な失業研究を開始したとしている。ベアトリス・ウェッブは盛んに宣伝活動を行っていたから（これが逆効果となり、かえって多数派の政治的立場を強めたといわれる）、ピグーが夫妻の議論を知っていた可能性は高い。

一九〇八年にピグーが失業対策として公共事業政策を唱えたことは、広く知られている。「ピグーは一九〇八年の……ケンブリッジ大学経済学教授就任講演で、具体例として失業問題をとりあげ、後に『大蔵省見解 Treasury view』と呼ばれるようになったものに反対して、不況・失業対策としての公共事業政策に対して、おそらく今世紀に入って初めての支持を既に表明していた。翌一九〇九年には、王立救貧法委員会のウェッブ夫妻らを含む少数派報告書が、かなり徹底した組織的な公共事業政策を失業対策として提案した」（早坂 1986：50）。この一九〇八年のピグー教授就任講演は、一九〇九年のウェッブたちの少数派報告書に時間上は先行するが、しかしピグーのそこでの議論は、ウェッブたちの救貧法委員会の議論に由来するものとみるのが自然である。ただし本節で後述するように、両者の議論は必ずしも同じではない。いずれにせよ、ピグーが公共事業政策の有効性を唱え、産業変動の研究（ケンブリッジでは景気循環を産業変動と呼んだ）を本格的に開始したことは、ケンブリッジ経済学の展開のうえで一つの画期をなす。

ピグーは教授就任講演で次のように述べていた。「［失業対策をめぐる］この議論の根本問題は、失業者を雇用する目的で地方税 rates や国税 taxes を用いることの効果です。……一つの見方は議会が最近示したもので、次のようなものです。すなわち公的資金をそのように使えば、民間の人々が必要とする有能な労働者を雇うかわりに、必要とされない無能な労働者を雇うための基金を設けることになり、それゆえ実際には失業の総量を減らすのではなく社会を貧しくするのであると。(7) この見解は魅力的なまでに単純です。しかし経済分析はこの見方が二つの重要な考察を怠っていることを明らかにします。第一に最も明白なことですが、二〇世紀において失業者が飢えることは許されません。だからもし彼らに仕事が与えられねば、私的慈善か救貧法かによって彼らは確実に扶養されましょう。それゆえ公共事業その他に費やされる資金は、大部分、慈善や救貧法による給付金として費やされたはずの資金であり、民間産業が労働を雇用するために使われるはずであった資金ではないのです。……ゆえに公共事業その他の真の効果は、国内の失業の総量を不変にとどめるのではなく、その量を減らすのです」。

「［また第二に］失業者は、小麦五ブッシェルしか生産しない労働を行い、六ブッシェル受けとることになります。社会はその労働の価値以上で労働を買うのです。もし社会のすべての人々が等しく豊かならば、このことは害悪でしょう。しかし……実際問題として地方税や国税の納税者は相対的富者であり、失業者は相対的貧者です。だからこの二集団の間での貨幣移転は、たとえ途中で何らかの付随的損失が生じても常に［社会的］満足を増大させ、それゆえ経済的に有益です」(Pigou 1908b：27-8)。
まずこのように、①失業者を社会的に扶養する経費(資源配分)面、②分配面、という二視点から公共事業を支持したピグーは、以下でみるように、長期的論点(③人的資本、④モラル・ハザード)の考察に進むが、一連の議論の運び方は、政策効果を短期と長期に分け、しかもその利益と弊害の両面を見る、彼らしい複眼的視点をよく示している。

「彼[経済学者]は公共事業のうちに、富者から貧者への貨幣移転の強力な手段としてよりもっとそれ以上のものを見るのです。その移転は即効的で目立ちますが、それが最も重要なのではありません。彼の発する問いは、苦しい時期の公共事業の策定が、さもないと長期の失業により生じる永続的な道徳的堕落と効率喪失からどれほど人々を救うのか、また他方で、公共事業への期待が人々の側での補完的な二つの努力、すなわち事業不振の地域からそれが良好な地域への速やかな労働移動と、労働組合その他の形態による相互保険システムの発展とをどれほど阻害するのかです。これらの問いや資本蓄積に関する類似した問いは、より直接的で素人にもわかりやすい問題に比べるとあまり目立ちませんが、重大です。経済科学はこれらの事柄に注意をむけ、即効的で目にみえる効果よりもしばしば真に重要である目に見えずゆっくり作用する効果を明らかにするのです」(pp. 28-9, 傍点追加)。

一九一三年の『失業』ではより進んだ分析がなされ、初期ピグー失業論のおよその枠組みを知ることができる。例えば政策面では、①賃金率の自動的伸縮化(物価スライド制)、②労使対立の緩和、③労働移動の促進(職業紹介制度の改良)、④労働生産性の向上(教育や訓練)、⑤ワーク・シェアリング(失業分配や労働時間短縮)、などの間接的諸政策。そして⑥総需要管理という直接的政策、すなわち「労働需要の変動的性格を抑えるべく慎重に計画された政策による直接介入」(1913a：170)が検討された。
そこには「合成の誤謬 fallacy of composition」論もみられる。これは、第四章「失業に関する通俗的説明」のなかで、非専門家が陥りやすい危険として賃金基金説を批判するために言及された。「彼らは皆、次のように主張する。すなわち、スミスとジョーンズが少なく働くか、あるいはまったく働かなければ、ブラウンとロビンソンにはより多くの仕事が残される。外国人たちがイギリス向けの自動車生産をやめれば、また囚人たちが（服役中の労働として課される）衣服の生産をやめれば、また電車の運転手たちが一二時間ではなく六時間働けば、それだけ『失業者』を『吸収』できる余地が生じると」。こうした見解は広く流布しており、一見もっともらしいが、誤りである。「Aだけに行われればAを益し、Bだけに行われればBを益し、Cだけに行われればCを益するようなある政策は、それゆえ、A・B・Cに対して同時に行われれば、彼ら全員を益すると。すべての議論はこのように推論しており、これは論理学者が合成の誤謬とよぶものを含んでいる。……各個別の産業という視点ではかなりの程度固定した量の労働基金a fixed work-fundが存在するとしても、この事実からは、産業全体という視点でも固定した量の労働基金が存在するということを導きだせないのである」（pp. 36-9）。なお、彼の産業変動論の中軸に可変的な「賃金基金」概念があることは**4・1**でみる。

以下では、考察を⑥の公共事業論だけに絞ることにする。

「……どんな時点、どんな国にも、さまざまな生産拠点から倉庫や店舗にむかう財貨のたえざる流入［国民分配分］がある……。同時に他方で二つのたえざる流出がある。一つは資産階級によって消費されつつある財貨であり、もう一つは労働者が今後も労働を行うように資産階級の成員によって［労働者に］支払われる財貨である。トランスヴァール委員会の議論……によれば、労働者に流出してゆく財貨流量は、倉庫や店舗に流入してくる財貨量［国民分配分］によって厳密に規定されるという。だが実際問題として、前者は後者のみならず他の財貨流出量にも依存し、また流入から流出までの間に保管される貯水池の深さにも依存する。議論を単純化すべく、資産階級の消費は常に一定であるとしよう（この仮定は私の打ち立てようとする議論に反するが）。この場合、財貨が生産現場から消費者の手に即座に引き渡され、しかもこの二つの間に財貨の保管される貯水池がないものとすれば、ひとたび財貨の流入量が与えられたさい、政府などの公的機関は労働者への流出量を変える手段をもたない。だが実際には、常に必ず、一時的に蓄積された膨大な財の媒介的基金があるので、そうした諸手段が存在するのである。流出する財貨量を正常水準よりもさらに安定化しようと願うならば、公共当局がすべきことは、労働需要の低い時期に倉庫や店舗から（実際に）資源を借りうけ、それらを用いて労働需要を高め、労働需要が再び高まったときには流出財貨量を犠牲にしてその借りたものを返済すること、ただこれだけである」（pp. 172-4, なお、この引用にみられる萌芽的なマクロ経済把握については次章で扱う）。

そのうえでピグーは、救貧法委員会の提案した公共事業論を次の二類型に分けたが（pp. 178-86）[8]、論述から判断しておそらくこれら、特にIは、何らかの確固たる理論から導かれたものというより、どちらかといえば幾分素朴な実務的洞察にすぎないと思われる。IとIIの対立を強引に理論化すると、現代的な理論的諸観念を投影してしまう恐れがある。

I　多数派の提案：あるA地域で（国全体ではない）労働需要が減退すれば、そのつど、地方税や国税によって資金を調達し、A地域で公共事業を行う方法。なお、介入はA地域の不況期のみに限られ、それゆえ他の地域、好況期（A地域にせよ他の地域にせよ）は放任される。またこの場合、公共事業を行った年でさえ各年度の予算は均衡しうる。あるいは、A地域で元来不規則 spasmodic になされている公共事業（毎年規則的 regular になされるものではない）を、早めたり延期したりすることで、A地域の労働需要を安定化する方法。

II　少数派の提案：国全体の視点に立ち、例えば「一〇年計画」のもとで「赤字国債」を発行・償還しつつ、民間の労働需要の波動を相殺すべく公共事業を行い、国全体の労働需要を安定化する方法。なお、この目的のためには、各地域で毎年規則的になされている公共事業を不規則なものにすること――ここにピグーの懸念があるように思われる――も辞さない。

大雑把に言えば、Iは小規模な対処療法、IIは大規模な包括的管理、である。両者の主な違いは、①地域か国全体か、②国債発行の要・不要、③毎年レギュラーになされている公共事業をも安定化の手段として用いるか否か、の三点にある。

ブラウグは②に着目し、ピグーの独創性は「……赤字財政の考え方に訴えずに景気循環対策として公共事業論を展開」した点にあり、そのアイデアは「のちに均衡予算乗数として知られるに至った事柄に論拠をおくものである」(Blaug 1962: 595, 訳 788) としているが、この時点でピグーは乗数論を明確に定式化しておらず、それがなされるのは一九二九年である(**4・3**)。

ピグーは、Iを無難なもの、無条件で確実な成果を期待できるものとする一方で、IIに対しては「高度の労働移動性」の確保(職業紹介制度の改良)という条件を課した。さもなければ、国全体のために各個別地域が犠牲とされ、すなわち、国全体としては労働総需要の安定化が実現しながらも、各地域では労働需要の波動の振幅が以前より高まってしまっているような状態がおこる可能性もあるからである(Pigou 1910a: 6; 1913a: 185)[9]。もっと言うと、Iにおける地域という観点は、多数の財・産業の存在を前提するものだが、IIにおける国全体という巨視的観点では、そうした配慮が希薄になりがちである。ゆえに手順として、まずベヴァリッジの職業紹介所法(一九〇九年)の成果を見極め、次にウェッブの包括的公共事業案に着手すべきである、と考えられたのであろう。

3　戦前の景気循環論の諸相

第一次大戦直前の数年間は、失業論、景気循環論の一つの勃興期であった。[10]

例えば、ベヴァリッジの『失業――産業の問題』（Beveridge 1909）、フィッシャーの『貨幣の購買力』（Fisher 1911）、ピグーの『富と厚生』（Pigou 1912a）。そして一九一三年には次の五著作が現れた。すなわち英語圏では、①ピグーの『失業』（1913a）、②大蔵省経済学者ホートレーの『好況と不況』（Hawtrey 1913）、③アメリカ制度学派のミッチェルの『景気循環』（Mitchell 1913）、非英語圏では、④アフタリオン『周期的過剰生産恐慌』（Aftalion 1913）、⑤ツガン・バラノフスキー『イギリス恐慌史論』（*Promyshlennye Krizisy v Sovremennoy Anglii*, 1894）の仏訳。さらに一九一五年にはロバートソンの『産業変動研究』（Robertson 1915）。

しかもこれらの諸著作の間には、相互影響関係も認められる。例えば、(I)②③に対するピグーの書評（Pigou 1913e, 1914b）、(II)②がもっぱらフィッシャーに影響されているという指摘（1913e：580）。(III)ピグーが『失業』のなかで、ベヴァリッジ『失業――産業の問題』を「この問題に関心をもつすべての者が研究するに値する作品」（1913a：253）と高く評価したこと。[11] (IV)①に対するベヴァリッジの書評（Beveridge 1914）。(V)ロバートソンが一九一四年に『エコノミック・ジャーナル』誌上で④⑤を書評したこと。(VI)ロバートソンの一九一五年の著作が、ピグーの指導下でなされたフェロー資格請求論文であったこと。ピグーは「貨幣現象の背後にある実物的要因」を深く究明せよと彼に助言していた（Fletcher 2000：114）。[12]

初期ピグーの失業論は、本来ならばこうした研究潮流のなかで解明されねばなるまいが、以下では特に彼と関わりの深い(I)と(IV)だけに絞り、この潮流の若干の側面を明らかにしたい。

まず、膨大な統計データを含むミッチェルの大著について、ピグーは「……ミッチェル教授はすべての経済学者から感謝されるはずである。カリフォルニア大学はこの三巻本の著作の出版により心からの祝福をうけよう」と絶賛した（Pigou 1914b：81）。

次に、ピグーのホートレー評価については、次の三点が注目される。第一に、ホートレーはすでにこの時期から、一九三〇年代に「大蔵省見解」と呼ばれるに至る公共事業無効論を説いており、ピグーと対立していた。「ホートレー氏は次のような周知の議論を繰り返す。すなわち政府当局は、その投資の時期を調節することで産業活動を安定化させえない。なぜなら政府により支出される貨幣は、そうでなければ民間企業により支出されたはずの貨幣にすぎないからであると」（1913e：581）。

第二に、ピグーは、ホートレーが貨幣側面のみを重視したことを批判した。「［ホートレーによれば］現実世界において、貨幣および銀行活動の変動は産業の変動と結びついている。……彼の議論全体は、産業変動の原因がもっぱら貨幣的・信用的なものであると暗示する。かかる見方は非常に表層的である」（p. 582）。ピグーによれば、実物的要因もまた重要であり、その場合、貨幣は（始動因でなく）波動の増幅装置にすぎない。

第三に、ピグーは、「人々がその資産の一定割合を貨幣形態で保有しようと選択する」ことが貨幣需要を規定する根本要因であることをホートレーが正しく認識していると評価し、そのさいにいわゆるマーシャルの口伝に言及した。「この問題のホートレー氏の説明法はむろんマーシャル博士の弟子の間では馴染みのものであるが、私の知る限り、一般の著作にはこれまで記されたことがない」（p. 580）。

なお、一八七〇年代には完成していたとされるマーシャルのいわゆる現金残高アプローチの定式が初めて活字化されたのは、ケンブリッジ貨幣論の一里塚と目される「貨幣の価値」（Pigou 1917c）によってである。この論文は加筆修正されて一九二三年の『応用経済学論集』に再録されたが、そこでは次のように述べられている。「この

［貨幣の］価値は、他のあらゆるものの価値と同じく、需給の一般諸条件に支配される」(1923a：174)。また、ケンブリッジ方程式とフィッシャーのそれとの差異については、「それらはどちらも同じく正しい。違いは、私の式が、『流通速度』に焦点をあてるかわりに、法貨への請求権の形で人々が保有することを選択する資源の割合に焦点をあてることにある。私はこれに利があるとみる。なぜならわれわれの目を直ちに需要の究極原因たる意志 volition に向けさせるからである」(p. 178, 傍点追加)[13]と。

最後に、ピグー『失業』に対するベヴァリッジの論評について。ちなみに二人は親しい間柄であった。ベヴァリッジのピグー評価はおおむね好意的なものであったが、唯一の争点は、賃金の伸縮性が失業を減らすというピグーの理論的命題であり、この論争はベヴァリッジ伝の著者ハリス(J. Harris 1977)も取りあげている。ベヴァリッジによれば、それは現実社会とは無関係な「レクチャー・ルームの逆説」にすぎず、厳しい不況のさなかには「いかなる賃金であれ、その［労働］サービスへの需要はまったく存在しない」(Beveridge 1914：251)。この論争では次の三点に留意すべきである。

①先ほどのピグーの命題は、それが『失業』第五章「定常状態での失業」(傍点追加)で述べられたものであることからも伺われるように、直ちに現実には適用しにくい抽象度の高いものであり、しかもそれは短期の命題ではなく長期の命題である。というのも、ピグーは確かに第五章で、定常状態における所与の労働需要曲線を想定し、賃金下落が労働需要を増加させる(その程度は需要の弾力性による)と論じたが、第七章「変動の諸原因」および第八章「循環運動」では、労働需要曲線のシフトを通じて生起する短期的・循環的失業(**4・1**で詳しくみる)を論じているからである。

ベヴァリッジのピグー批判の文脈で重要なのは後者であろう。だが奇妙なことに、彼はピグーのこの第七〜八章での議論を高く評価している。つまりベヴァリッジのピグー批判はその論点の所在が摑みにくく、彼は賃金カットを示唆する論議をおしなべて排斥していたようにさえ思われる（次の②が示すようにピグーの論議は政策提言ではけっしてないのだが）。くわえて、この論争の理解を一層困難にするのは、ベヴァリッジが一九二〇年代の石炭業での失業を坑夫たちの硬直的高賃金に帰した（J. Harris 1977：321）という点である。

②ピグーの命題を、賃金カットのような政策提言とけっして混同してはならない。彼は、（一九八〇年代のニュー・ケインジアンのように）賃金硬直性のミクロ的基礎を指摘し、それが必然であり、かつ有益であるとさえ述べている。「もし賃金率が常に変動すれば、かなりの不便さと不確実性が、経営者と労働者の双方にかかってくる。前者は合意した価格で納品せねばならず、後者はそこで働き続ける限り、一定の生活水準を保つのを好むからである。……ある程度の硬直性は、それが不可避的に若干量の失業を生みだす要因になるという事実にもかかわらず、全体としてみれば社会的に有益で、それゆえそれが除去される見込みはほとんどない」（Pigou 1913a：92-3，傍点追加）。

一九一〇年の「非自発的遊休の問題」においても、地域間の労働移動が完全で、経済が定常状態にあれば、完全競争のもとでの非自発的遊休は理論的に「不可能」とし、非自発的遊休が可能なのは、賃金率決定において何らかの人為的・独占的要素が存在する場合に限られる、と論じられた。そして彼は、やはり次のように付け加えたのである。「［自然率よりも高い］人為的な賃金率の設定は、それが幾らかの非自発的遊休を生むという事実のために、望ましくないということにはならない。それは他の諸帰結をも生みだすし、これらの善が、非自発的遊休という悪を凌駕するかもしれない」（1910a：2）。

③**3・1**でみたリベラル・リフォームのなかで、特にスト解禁を告げる「労働争議法」とイギリス初の最低賃金法「賃金委員会法」によって、団体交渉を通じての労働諸条件決定が労働市場の基本的システムとして社会的に認知され、協定賃金や最低賃金も今や通例の社会現象となっていた。それらは、産業変動による失業とは異なる、

慢性的な失業をもたらすかもしれない。労働市場において完全競争は、今やむしろ例外のものとなっていた。初期ピグーの賃金硬直性論は、こうした新動向の時論的反映とみるべきである。

のちにみるようにピグーは、最低賃金その他のミニマムの熱心な提唱、社会的・通時的最適賃金論など、高賃金を模索し続けた。ただし彼は党派的立場をとらず、賃金硬直性の経済的含意の、利益と弊害の両面を冷徹に明らかにしようとするのである。

4　産業平和論

3・1の「厚生の三層構造」でみたように、人と人との関係は、ピグーの社会福祉概念の重要ファクターである。「産業上の関係から生じる人間関係もまた、非経済厚生と関係がある。例えば大規模な協同組合運動では、非経済的な面が経済的な面と少なくとも同じくらい重要である。一方、通常の競争的な産業組織では……必然的に利害対立が前面にでて、その結果、奸策や互いの猜疑心がときおり生ずるが、協同組合組織では利害の一致こそが最高のものである。この事情は、生活の一般的気風を左右する」(*EW* 初版：15–6)。

本節ではやや時期を遡って、一九〇五年に公刊された『産業平和の原理と方法』(以下『産業平和論』と略す)を考察する。初期ピグーを色濃く特徴づけるその労働経済学的側面は、シュムペーターも指摘したように非常に重要である。「……労働問題に関する著書や論考はますます多量に現れだした。ウェッブ夫妻の有名な二つの著書……は、急増しつつあった諸文献の馴染みの例である。……マーシャル『原理』の読者の誰もがよく知る通り、経済学の一般的論考は、さらに多くの紙面を労働経済学、またその純制度的側面のために割いた。……本来理論家であっ

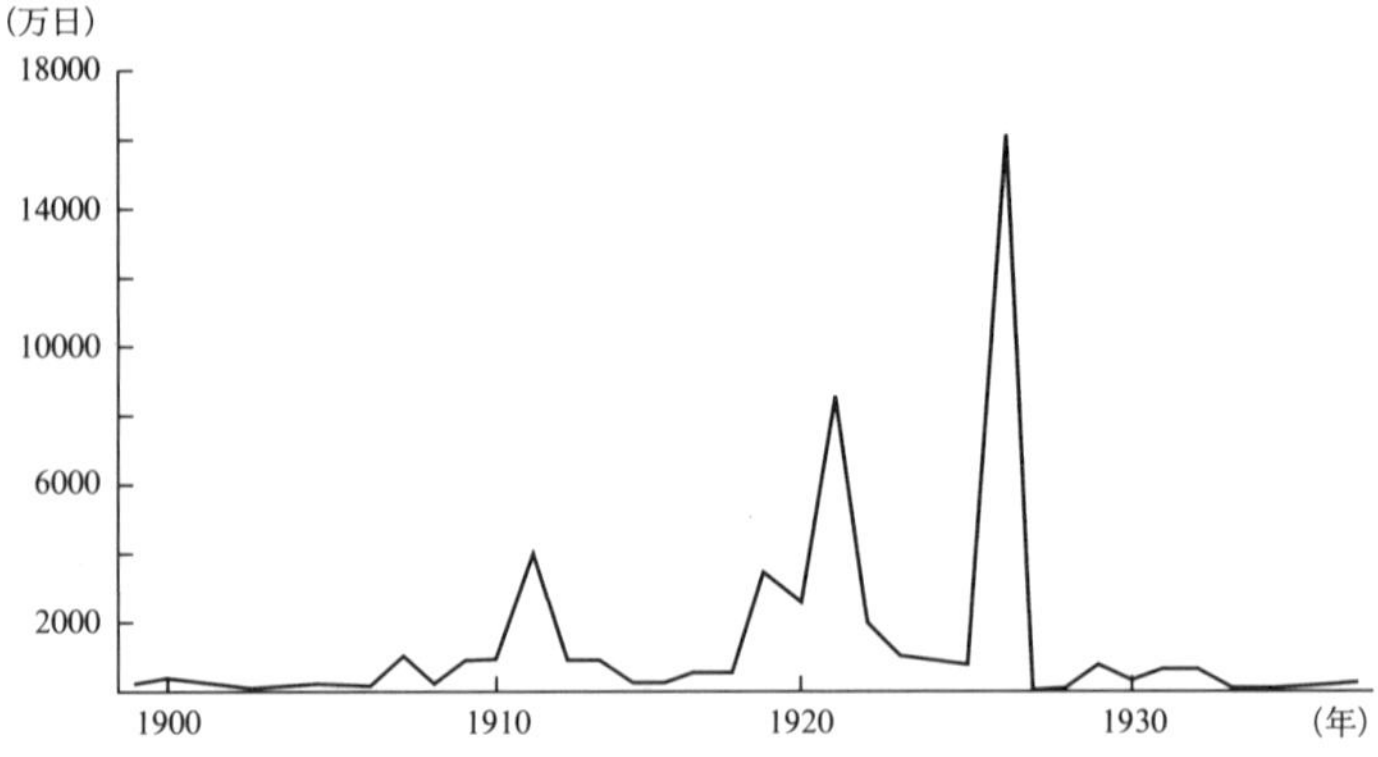

図 3-1　争議によって年間に喪失された総労働日

出典）Pelling（1992：324-5）.

た人によって今までなされたもののうちで最大の試みたるピグー教授の『富と厚生』を再び指摘し、以上のわれわれの注釈を打ちきるのが適切であろう」(Schumpeter 1954：947-8, 傍点追加)。

ピグーは初めてマーシャル『原理』を読んだとき、「もし私自身がそれを書けば、ずっと上手く書けるのに！」と感じたそうである。彼が自分の研究テーマとして「当時知られていた経済理論の全体系の再構築」を師に申し出たのも、若者らしいそうした自信からであろう。マーシャルはこれを拒み、代わりに「産業紛争の原因と結果」という地道な歴史研究を彼に求めた。のちにピグーはこの指導に感謝したという（Pigou 1925a：86；C. Clark 1952：780, 訳［V］269）。その成果が『産業平和論』である。時節はまさに「労働争議法」成立の前夜にあたり、彼らは労働世界の異変を敏感に感じとっていたかのようである（図**3-1**）[14]。

『産業平和論』は平和のための倫理的経済研究であった。「それら［労働問題］は分類され、すなわちある程度は分析されてきた。だが私の知る限り、それらは『目的』にてらして包括的に眺められたことがまったくない。本書はこの仕事に捧げられた。問題は、調停 Arbitration や和解 Conciliation が何をなし遂げたかではなく、いかにそれらをなし遂げたかでもない。むしろそれらが何をなすべきか、いかになすべきかにある。この問題は『理論哲学』のそれではなく『実践哲学』のそれである」(Pigou 1905a: 3)。同書は大きくみて歴史、理論、実践の三編構成なので、それぞれの内容を順にみてゆこう。

まず歴史編では、「一九世紀初め以来、どのように産業平和が発展してきたか」が描かれる。それは、客観的な歴史叙述というよりもむしろ規範的な進歩史であり、数々の争議の事例を紹介しつつ、「生産手段の所有からの分離」(p. 6) による労使という二大集団の生成以来、いかにして「産業平和機構 mechanism of industrial peace」ないし「平和促進機関 peace-promoting machinery」が発展してきたかという労使関係史を論じている。産業平和機構とは、争議を避けるべく双方が交渉する機会をどう準備するか、またさまざまな程度と種類の争議に際して公的介入の手順はどうあるべきか、等の制度の総称である。

ピグーは組合の台頭を一つの社会進歩とみなし、ゆえに争議を今や現代社会にビルトインされた正常な現象とみる。当時のイギリスは、政体のうえではおおむね民主主義・参政権拡大の道を歩んでいるが、経済体制のうえでは依然として労働者の発言権はまったく弱い。だから組合活動を通じて産業の民主主義をも推し進めねばならない。ピグーは、①「農業労働者の比較的鈍感な知性は、彼らの間での組合主義 unionism の欠如と大いに関係があると言えるであろう」(p. 8n) と、組合の社会教育効果にも注目し、また②組合がひとたび有利な条件を勝ちとり産業平和が久しく続くことで生じる労働運動への人々の無関心が、産業平和の根底を揺るがすこと (p. 18)、③非熟練労働者の間での組織の欠如 (p. 50)、などを指摘している。

労働運動の高まりは不可避的革命への序曲ではなく、労使の互いの尊敬、真の和解にむけての前進プロセスであり、その平和進歩史観は顕著である。「産業平和の動きは常に上向きであったわけではないが、全体的にみて確かに上向きであった」。「……一般的見地をとる者にとってその進歩の趨勢は明らかである。ついには遥かな頂に達し、そこに立って永遠の星々を見るであろうという彼らの希望を、一時の逆行が損ねたりはしない」(p. 19)。

かつて団結禁止法その他の抑圧があった時代には、摩擦を軽減する手だてではなく、このことがかえって労働者を爆発的反抗へと駆り立てた。すなわち「彼らの生活するシステム自体がプロレタリアートの敵であり、それを半ば革命的に覆すことが彼らの一つの希望であった」。一九〇一年のタフ・ヴェール判決もこの種の抑圧の一例であり、したがってそれは、労働党内部に過激な一派（独立労働党）を台頭させ、平和の歩みを一時逆行させた。かかる抑圧的な静寂は、むしろ平和を阻むものなのである（pp. 9-11）。

初期の暴力的対立が次第に穏和なものへと変化したのは、つまり従来の産業平和促進の主要因は、「金銭的損失という峻厳な法則」による経営者側の妥協にあった。だが他方でピグーは、そうした利己心のみならず、「より良い教育が、前世紀の第二世代［の経営者］を、彼らの父がそうであったよりもっと人間味あるものにした」と述べ、将来には利他心が一層の役割を果たすべきこと、また労使の接する機会が増せば、それだけ相互理解と共感が深まるといった展望を示す（pp. 14-6）。この点は、**6・3**で詳しくみるマーシャル＝ピグー流の「経済騎士道」とも関連する。

次に理論編では、双方独占下での協定賃金 stipulated wage の決定が主に扱われる。ここにはエッジワース『数理心理学』の直接的影響がみられ、同書のキー概念たる「不確定性 indeterminateness」（市場参加者が少ないと均衡が一意的に定まらないこと）を、ピグーは労働市場に応用している。エッジワースによれば、不確定性は国家間、階級間、男女間をとわず発生し、「あらゆる被造物は調停の原理がないことを嘆き、争いが終わることを切望する」が、その調停原理は「より高い明星の光、すなわち功利主義」のうちに見出される（Edgeworth 1881：51-2）。

換言すれば、ピグーの基本的な労働市場把握は、組合側と経営側とのバーゲニングでは賃金が不確定となり、双方それぞれの許容限界に挟まれた一定範囲内で、力の激突ないし駆け引きによって協定賃金が決まる、というものである。だが交渉の独占的・利己的性格のため、それが公益——最大多数の最大幸福——と合致するとは限らず、ここに第三者の介入の余地がある。

ピグーが分配上また人的資本上の理由から、人為的高賃金政策におおむね賛同したことは明白である。例えば、仲裁者は需給で決まる自然的・競争的賃金水準を提案すべきか、それとも幾分かの人為的高賃金を提案すべきかという問いに対し、彼は、平等がすでに実現している社会では前者が「倫理的にベスト」だが、不平等社会では後者がよいと答えた。また失業などの副作用を検討しながらも、長期的にはこれらも人的資本の増加により一部緩和されるという。「……最終的には、機械論的アナロジーは生物学的なそれに道を譲らねばならない。なぜなら人為的高賃金は、間接的に労働者の質や全体的効率に影響するだろうからである。……高められた栄養、余暇などにより、その労働は徐々に高賃金に真に値する異質な財となる。つまり均衡という機械論的法則に続き、機能的適応 functional adaptation という生物学的法則が働くのである」(Pigou 1905a : 42-7)。

だが理論的にみて最も独創的なのは、次の点であろう。例えば、(終身雇用のような長期雇用ではなく) 短期雇用の慣行のもとでは、企業は労働者の教育訓練を軽視し (せっかく訓練した労働者が他社に移る可能性があるため)、即戦力の人材を求めないであろうか。[15] ピグーは外部性の観点から社会的・通時的な最適賃金論を展開している。「ある人の労働人生全体における有用性を最大化するような、労働および賃金の諸条件は、ある人が特定工場あるいは特定産業にとどまる期間中にそれを最大化するような諸条件よりも、しばしば高い。彼自身と共に彼の子どもたちの効率をも最大化するような諸条件は、おそらくさらに高い。だが奴隷経済を別にすれば、経営者もその後継者も、この道理に基づく利益を促進するための賃金増大から、何ら直接的な報いをえられない。……比較的能力のない労働者の賃金が高まると、利己心は彼 [経営者] に……この賃金額にすでに値する新たな労働者を雇うように促す」(p. 49)。もし個々の企業が労働者を消耗させる、いわば使い捨て型の雇用戦略をとり、それが「競争的」賃金の正体であるならば、仲裁者はより高い公益の見地から、ある程度の「人為的」高賃金を提案すべきであろう。ただし高賃金は、その労働能力上昇効果が小さければ失業を慢性化させるかもしれず（「非経済的高賃金」）、また合法・非合法をとわず移民を促すかもしれず、これらの事柄も考慮せねばならない[16]。

実践編では、①争議を未然に防ぐ工夫、②争議発生後の公権力の役割、が扱われる。

①では労使の意志疎通のための「半永久的委員会」の新設が具体的に提案される。約一〇年後の一九一六年、戦時下の経済的挙国一致にむけて「労使関係委員会」（通称「ホィットリー委員会」）が作られ、企業、地域、産業ごとの労使双方の代表からなるこの委員会制度は「ホィットリー方式 Whitley System」とよばれたが（*EW* 初版：373）、①は、かかる制度の青写真を描く一つの試みであったとも言えよう。

②は「調停 mediation」と「強制介入 coercive intervention」が主な内容だが、労使双方の心理分析を含む細かな交渉術論はここでは割愛し、次の一点だけを述べるに止める。すなわち「平和促進機構は、友愛精神 friendly spirit に比べれば小さな重要性しかもたない」（Pigou 1905a：xv）とされるように、産業平和の理念は国家的強制では実現できず、友愛の自発的成長が事柄の本質をなすという点である。公的調停や介入の制度はなるほど有益であるが、公的機関は、自身の存在が当事者に戦略上利用されることと、当事者の自助を妨げるような仕方での関与とを避けねばならない。「こうした結果を防ぐには、介入団体側の慎重さが欠かせない。介入団体はけっして一時的有用性以上のものをみずから僭称してはならず、また介入する産業における労使評議会の形成を慎重に奨励すべきである」（p. 172）。

最後に、『産業平和論』がその後のピグー厚生経済学のなかで占める位置をみておこう。実は同書の内容の多くは、一九二〇年の『厚生経済学』初版の第三編「国民分配分と労働」に再録されることになる。『厚生経済学』初版に労働問題に関するこの独立の編が現れた理由は（『富と厚生』にはそれがなかった）、戦後の労働運動の高揚がその範囲と程度を増しつつ、再び焦眉の時論となったからとみられる。なお、ピグーがその高揚を早くも戦時中に予見していたことは**8・2**で論じる。

5　社会保険と公的扶助

失業と産業平和とに対する初期ピグーの取り組みが明らかとなったので、本節では、①リベラル・リフォームの頂点たる「国民保険法」へのピグーの賛同、②ウェッブが提唱した「ナショナル・ミニマム論」へのピグーの賛同、の考察に進む。

リスク管理としての「保険 insurance」という考え方そのものは、ヴィクトリア期の自助独立という伝統的理想の発展にすぎない。イギリス労働界には友愛組合による相互扶助・自助努力の伝統があった。にもかかわらず国民保険法には画期的な意義がある。すなわち、この地域的・自発的なものを中央集権的・強制的なものに転化させた点である。皆保険制度のもとで保険加入は強制され、また手当の受けとりは救貧という従属や私的慈善という憐み――ヴィクトリア期の貧困対策の二大要素――ではなく、拠出に対する当然の権利となった。二〇世紀の福祉国家思想の歩みのなかで、同法は確かに一つの画期をなすのである。

さて、『富と厚生』第四編「国民分配分の変動」第二章「保険」は、国民保険法の影響下で書かれたものである。ピグーによれば、「年々の嗜好やニーズが不変で、ある個人の［通時的］総消費量が一定ならば、各年の消費が均等に配分されるほど経済的厚生は大きくなる」（むろんここでは危険回避的な主体が前提されている）。ここから一歩進んで彼は、富者Aと貧者Bとの二人からなる社会を考え、「……AとBとを合わせた経済的厚生は、各人の平均消費量を不変に保ちつつ、B［貧者］の消費変動を減らすいかなる移転システムによっても増大する。たとえこの減少がA［富者］の消費変動の増大というコストを払っておきたにせよ、なおそうである」と主張する（*WW*：401-2）。これは、貧者の所得の大部分が必需品の購入にあてられるからである。

さらにピグーによれば、この推論は富者集団と貧者集団との二グループ間にも妥当し、たとえ豊かなグループを犠牲にしても、貧しいグループの消費変動を抑えることで経済的厚生は増大する。後年の『厚生経済学』のいわゆる第三命題でも、「国民分配分の年々の量と貧者に帰属する年々の取得分との変動が少なければ少ないほど、……社会の経済的厚生はますます大きくなろう」（*EW* 初版：v）と述べられるように、彼が常に貧者集団に配慮している点には留意すべきである。

消費の通時的安定化には「グループによる相互扶助」と「個人による貯蓄」との二つの方法があり、ピグーによれば、保険制度はこの二つの結合から生まれる。失業その他に備えて個人で蓄えるのに比べ、保険は掛け金が少なくてすみ、経済合理性を有するが、保険制度がうまく機能するには次の二条件を満たさねばならない。①保険が適用される事象の意図的発生を防ぐこと、②人々とりわけ貧者が将来に関して合理的洞察を有すること、である。失業保険の場合、①は手当の給付条件（一定の就労期間を要するというような）を設ければある程度確保されよう。他方、慎慮を求める②は、本人の主観にかかわる事柄であるので、彼は保険を忌避するかもしれない。それゆえ人々が参加するよう補助金で奨励するか、加入を義務化するか、いずれかの措置を要する。(17)

以上のピグーの議論は、均一拠出・均一給付の強制保険として成立した（国民保険法の第二部）失業保険法を、ケンブリッジ経済学の立場から吟味し、理論づけたものと言える。

だが後年ピグーは、同法の運用のなされ方に懸念を示すようになる。失業保険の対象は一九一一年当初には安定的な七産業に限られたが、一九二〇年には斜陽産業を含む全産業に適用され、しかも二〇年代不況と［労働階級の声を無視できない］労働党の躍進とのため、同法は頻繁に改正され、給付条件はそのつど緩和された。例えば、一九二一年には一二週を限度とする無拠出給付の実施、翌二二年にはこれを一五週に延長、二四年には四一週に延長するなど。保険数理を無視した、こうした近視眼的ないし大衆迎合的な施策は、世界に先駆けた同制度を財政破綻の危機に陥らせ(18)、また他方では、理論的に言って、失業コストを低下させることを通じて一九二〇年代の組合の強硬姿勢を支えたはずである（**8・1**）。

ところで、福祉国家思想の根底にある「社会保障」の概念には——この用語の意味は国ごとに異なるけれども——、保険というリスク管理制度のみならず、公的扶助の要素（例えば生活保護制度のようなもの）もまた不可欠ではなかろうか。そこでピグーの公的扶助論の一例証として、以下ではナショナル・ミニマム論を取りあげる。

『富と厚生』第三編「国民分配分の分配」第一二章「ナショナル・ミニマム」には、ヴィクトリア時代には希薄であった考え方、すなわち広く国民全体を対象とした公的扶助論、政府責任の思想が顕著に現れている。「それ［ミニマム］は主観的満足の最低限としてではなく、客観的な最低諸条件として捉えられねばならない。かつその条件は、生活の一側面のみに関わるのではなく総体的なものである。それゆえミニマムは、ある確定的な量および質の、住居、清潔さ、食料、レジャー、安楽への手段、職場の安全や健康を高める手段などを含む。しかもミニマムは絶対的である。ある市民がその全項目を達成できるのに、彼がむしろその一項目についてそれを満たさないのを願うなどということを、国家は一切配慮しない。例えば彼は、人が住むのに不適当な部屋に住むという犠牲を払って、暴飲暴食するために貯金することを許されまい。……また国家はある特定の場合には、ミニマムをこえる長さの児童・女性労働を許すまい……。なぜならみずからを扶養するためにそうせざるをえない家族もあるからであり、もし実際そうであるならば、その家族はみずからを扶養することを求められるべきではない。『貧しい寡婦や働けない父親に、彼らの子を学校に行かせずに働かせることを許可する』ような政策は擁護できない」（*WW*: 394）。

ミニマムの制度化は、一方で労働インセンティヴの弱化による［国民］分配分の減少、他方で貧者の人的資本強化による分配分の増加、という相争う二つの影響力をもつ。そして経済的厚生の見地からの最適なミニマムの高さは、「貧者への限界的移転の結果として生じる直接的善が、結果として生じる分配分の減少によって引き起こされる間接的悪とちょうど釣り合う水準」である。また同一水準のミニマムでも、貧国には救済すべき者が多く、分配分の減少は富国より貧国の方が激しい。つまり国富量に応じて最適ミニマム水準は変動し、今のイギリスは昔より豊かなのだから、より高いミニマムを保ちうる、とピグーは主張する。「［C・］ヘンダーソン氏は合衆国に関する書物を著し、実に次のように主張する。『社会的保護を、飢えによる惨めな困窮や死から、最弱の構成員を守る手段として捉えることは、われわれのような国には値しない』と。現代世界の豊かな国々はずっとこれ以上のことができるし、実に公的義務でもある」。このようにミニマムは単に防御的・固定的なものでなく、積極的・可変的なものとされる (pp. 395-8)[19]。ただし、ここでいう最適ミニマムとは、あくまで社会的（生存的ではない）セーフティーネットとしての最低限度に関する最適水準のことであるから、国民全体の一般生活に関する最適水準と混同してはならない。それは最低賃金論と一般的な最適賃金論とが異なるのと同じである。

なお、この可変的ミニマム論は、彼の雇用論でも独特の役割を果たしている。「ある社会で、もし富が、それゆえ労働需要が増大し、他方、その社会で受けいれられている賃金の人道的ミニマム humanitarian minimum が不変ならば、失業は必然的に減少するであろう。またもし人道的ミニマムが上昇し、他方、社会の富が不変ならば、失業は必然的に増大するであろう」。人道的ミニマムとは、社会通念から形成される賃金率の下限である。その形成、特に最低賃金法という形での法制化により、失業が降りかかるのは、生産性の最も低い労働階層である。ピグーは「もし、ほぼ同じくらい豊かで同じ人口をもつ二つの国があり、その一方の国で人口の比較的多くが労働効率の劣った低い階層に属するように配分されていれば、その国はより多くの失業を抱える傾向がある」とし、労働効率別の人口構成に注目する。最下層グループに集中するこのタイプの慢性失業では、教育訓練が究極的な解決策である。「……労働階級の教育的、肉体的、精神的、道徳的な発達は、若干の限界があるにせよ失業の真の救済策と言ってよい。基本能力、ときには特定産業のための特殊能力を向上させることで、教育はかつての不効率な非熟練労働者を、熟練労働者の階層へではないかもしれないが、少なくとも効率的な非熟練労働者の階層へと上昇させる」。ところが問題はさらに続く。すなわち「実質所得の増大はそれに伴って賃金の人道的ミニマムを高める傾向がある」。つまり彼は、国富に対するミニマムの「適応」(いたちごっこ)を指摘し、この種の失業が長期的に消滅すると楽観してはいない (Pigou 1913a : 66–8)。

6 まとめ

エドワード期の比較的安定した社会のなかで、ピグーは当時の画期的な社会改革に目を向けつつ、主に労働者の経済的福祉を研究していた。ここに彼の厚生経済学の最大のルーツがある。それは労働階級の漸進的な生活改善という前世紀以来の課題、すなわちミル、シジウィック、マーシャルたちが取り組み、イギリスの主流派経済学のなかにすでに深く浸透していた課題をさらに推し進めようとする試みである。

二〇世紀には右の課題の一層強力な実践的担い手としてフェビアニズムが台頭したが、ピグーはウェッブたちの議論を検討し摂取する一方、ピグーの議論もまたノエル・ベーカー(**1・3**)やドールトン(**3・1**)などの若い世代のフェビアン主義者たちに影響を与えている。

一方ケインズは、一九一九年の『講和の経済的帰結』において、第一次大戦以前のイギリスでは「多少とも平均以上の能力と性格をもつ人間ならば、誰でもその運命を逃れて、中流・上流階級に入ることが可能」であったと論じたが（*JMK*, II: 6）、ピグーやフェビアン主義者たちが、そのようには見ていなかったことは明白である。

リベラル・リフォームは、一九世紀の救貧思想と二〇世紀の福祉国家思想とを橋渡しするものであった。一八三四年以来の救貧法は、ワークハウスへの収容、劣等処遇原則などを柱とし、[20]それ以前のスピーナムランド・システムへの反省もあって自助を非常に重視した。本章でみたようにピグーはこのいわゆる「一八三四年の哲学」を乗り越えているが、その伝統をすべて否定したわけではない。「……この［劣等処遇］原則自体の重要性は当時以来減少した。経済進歩はより熟練的で高報酬の職業の人口比率を高め、非熟練労働者は当時に比べ相対的に減少した。ゆえにこれらの労働者が享受していた状態より高いミニマムを保証しても、それによる国民分配分への悪影響は、今では七〇年前ほど大きくない。だが……労働可能者についてはこの原則は依然極めて重要であり、破られるべきでない」（Pigou 1907h: 992）。

ところで本章での初期ピグーの考察、すなわち厚生経済学の形成過程の考察から明らかなのは、失業論がかなり大きなウエイトを占めたという事実である。実際、彼の最初の体系書たる『富と厚生』の執筆動機は失業問題にあった。本章ではもっぱらその政策面（公共事業や失業保険）をみたが、次章で考察する理論面（産業変動論）から、それは一層明瞭となる。

ロバートソンは次のように回顧している。「所得再分配のための課税、社会保障の諸制度、労働市場の整備、貨幣・銀行の中央集権化、経済活動の諸領域の公営、これらすべては一九二〇年代の、また実に一九一〇年代初めのケンブリッジ経済学者にとって、商いの在庫品のようなものであった。……不況の力を和らげる政府行動という考えでさえ……第一次大戦以前という遠い時代に、われわれには馴染みのものであった。仮にケンブリッジで学んだ一人の経済学者が、『それは、もしそうしなければ資本を生みだすために用いられたはずの貯蓄を、投資市場から引き出してしまう』こと［大蔵省見解］を根拠に公共事業政策に反対すれば、一九一四年頃の昔でも、ほかの一人は『一大論点は、好況なら［投資に］用いられたはずの貯蓄が、不況期には用いられないという点なのである』と答えたであろう」(Robertson 1952: 44)。

後年ピグーも一九四四年の有名な雇用白書にふれつつ、同様の指摘をしている。「……その型の［公共事業］政策はしばしば実に最近の発明のようにみられているが、実際には、その本質的諸要素に関する限り、……王立救貧法委員会の多数派および少数派報告書のなかで検討されている」(Pigou 1946a: 96)。公共事業論は、ピグーの教授就任後のケンブリッジではなかば定石的な政策論にすぎず、一九二〇年代にはイギリス経済学界および政界の共有財産、「スタンダードな見解」(Blaug 1962: 595, 訳 788) となった。

ピグーの失業への関心は第一次大戦後にさらに一層高まってゆく。失業保険法が全産業に適用されるに至り、初めてイギリス全土を含む公的失業統計が出現した（それ以前は各産業の組合——組合が存在するとは限らないが——の統計が主なデータであった)。「……失業者数に関する完全で権威ある月次報告が当時公表され始めたという事実は、失業問題への社会的自覚を計りしれないほどに高め」、その深刻さが再認識された。そして「ピグーとボーリーとの援助をうけた研究グループが二つの研究を、すなわち一九二三年には『失業の三度目の冬』、［翌年にはピグーも参加して］『失業は避けられないか』(Pigou 1924a) を作成した」のである (Hutchison 1953: 418, 訳［下］181)。

後年ピグーは王立経済学会の会長として、第一次大戦後の若い世代にむけて次のように語った。「当時［旧世代］の経済学者は政治的、経済的に安定した世界で育ち、彼らの全経験はそこに限られている。むろん局地的な政治的動乱や、いわゆる景気循環による好況や不況はあった。アメリカ農業、のちにはオーストラリア農業による、われわれの経済構造の根本的な大変化もあった。だが根本的変化は徐々にゆっくり作用し、そこに激変はなかった。今日の経済学者の経験といかに異なっていることであろうか！　戦争とそれによる荒廃、不均衡な予算の続く時代、天文学的インフレ、のろのろした調整、恐るべき不況への後退とそれによる政治的緊張！　私は、この基礎的経験の違いが、旧世代の経済学者と新世代の経済学者との間にみられる、問題への接近法の違いを、大部分説明すると思う。かつて『長期』がそうであったのに比べ、現在では不可避的に『短期』それ自体がずっと緊急のものとなった。例えば一八九〇年から一九一〇年まで[21]の経済学者はむろん、移行 transition の問題、すなわち雇用変動による大きな害悪を無視しなかったが、生産と分配とを支配する根源的諸力に比べ、これらのものは二次的であった。……実物経済への貨幣の影響が二次的に扱われていたのも同じ理由からであると思う。……貨幣の演じる役割は短期には支配的だが、長期的問題では二次的だからである。……穏やかな天候のもとでは、波への配慮なしに船の針路を計算すべきである。だが嵐のなかでは波がすべてである。移行の問題は焦眉の課題であり、もしそれらが解決されねば、移行どころか悲劇が訪れる。『長期』はけっしてこないのである」（Pigou 1939a：217）。

第4章　雇用理論（1）　産業変動論

われわれは前章で初期ピグーの公共事業論をみたが、それはあくまで雇用政策論であり、雇用理論ではない。本章の課題は、理論、なかでも特に彼の産業変動論を明らかにすることである。

そして、この第4章で次の引用の①を、そして第9章で②を考察する、というのが本書のプランである。「非自発的遊休の諸原因は二つに大別される。すなわち、①産業変動に関連するものと、②それに関連しないものとである。むろん具体上［現象上］は、両グループの諸原因は結合して現れる。だが分析上、それらは峻別される」(Pigou 1910a : 1–2)。

ケンブリッジ学派で用いられた「産業変動 industrial fluctuation」という概念は、短期的かつ循環的な労働需要の変動をいい、今でいう「景気循環」とほぼ同義である。ピグーは、救貧法委員会での議論を契機として、その本格的研究を開始し、その成果は「非自発的遊休の問題」(Pigou 1910a)、『富と厚生』(1912a)、『失業』(1913a) などにほぼ示されている。とはいえ本章は、その後の展開（乗数論など）にも目を向けるので、必ずしも初期ピグーに視野を限定するものではない。

前章でも述べたように、この産業変動論こそがピグー厚生経済学の源流の一つたることは、これまでほとんど理解されて来なかったように思われる。

1　賃金財基金説

初期ピグーの産業変動論には、後年（例えば一九二七年の『産業変動論』）に至るまで一貫してうけ継がれる、基本的な思考枠組みがすでに現れ始めている。本節ではまず、そのうちのピグー産業変動論の第一のエッセンス、すなわち賃金財基金説を明らかにしたい。

ピグーは一九〇八年の教授就任講演で、伝統的な賃金基金説を批判したが（**3・2**）、その意図は単なる破壊ではなく、むしろその再構築にあった。そもそも実質賃金と雇用との反比例関係を示す有名な鉄則は、過度に素朴とはいえ、労働需要曲線の形状に関する一つの具体的定式（この場合は直角双曲線）である。彼はこうした旧い賃金基金説を改良し、固定量でなく、「賃金財 wage goods」という実物的可変量で捉えられる新しい基金概念を用いた。のちにハロッドは、旧基金説と区別すべく、このピグーの立場を「賃金財基金説 wage-goods fund theory」と名づけた（Harrod 1934 : 21）。とはいえ初期のピグー自身は、賃金財基金を、単に賃金基金ないし労働基金と呼んでいる。

一九一三年の『失業』では、労働需要変動の主要因が、「総賃金基金の循環的運動 cyclical movement of the aggregate wage fund」に求められた。その変動の特徴として、①七〜一一年という周期（これは資本減耗に要する時間と、投資が生産力化するのに要する時間とによる）、②同じく循環的なものである季節変動に比べ、その影響範囲が広く、全産業にかかわる「一般的拡大と一般的収縮」であること、つまり一部特定産業のみに関わる特殊事情からおこるのではないこと、③その振幅は消費財部門より投資財部門の方が大きく、ゆえに「資本財生産に力を集中する国はより重い失業の負担を招く」こと[(1)]、等があげられる（Pigou 1913a : 109–12）。

労働需要は主に賃金基金の増減に応じて変動する。これこそが彼の産業変動論の根本命題である。そして賃金基金の変動は、(I)実物的要因、(II)心理的要因、(III)貨幣的要因、により規定される（図**4-1**）。以下ではこれら三要因を順にみてゆく。

(I)の実物的要因とは、「豊作」「技術革新・新商品の開発」「新資源の登場」「労働争議」などの実物的ショック、ないし客観的事実の総体である。そこではジェヴォンズの太陽黒点説にも一定の評価が与えられている。「結局、豊作は直接・間接にビジネス界の繁栄を促す限りにおいて楽観に拍車をかけよう。……そしてかなり多くの事例において、ビジネス上の確信の高まりは豊作にその起源を有した。もしそうならば、総賃金基金は上述の二つの拡張的要因［豊作と確信の高まりと］に同時に支配される。すなわち、実質所得の増大および所得を手元で蓄積するより投資に用いようとする意志の増大である。……とすれば、循環的運動の究極的理由が太陽黒点に見出されるというジェヴォンズの示唆は……真理の大きな側面を含む」（Pigou 1913a: 116，傍点原著者，傍線追加）。

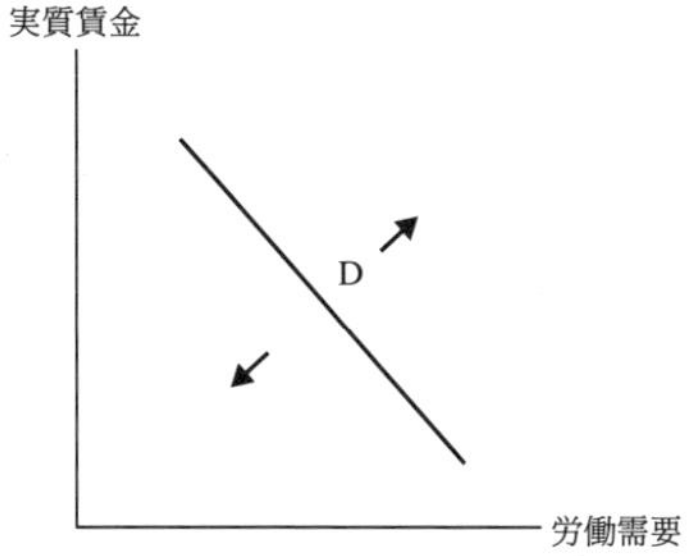

図 4-1　産業変動

注）産業変動（短期的・循環的な曲線Dの上下シフト）は，賃金基金の変動に由来し，その変動要因は「実物」「心理」「貨幣」の3つに分けられる。なお，もちろん曲線Dは必ずしも直線ではない。

(II)の心理的要因とは、実物的要因（客観的事実の総体）に対する実業家たちの反応、すなわち主観としての収益期待形成、ないし「確信の状態 state of confidence」である。投資から生産・販売までの時間の介在がこの期待形成を不可避とし、かつそれは強気・弱気をとわず伝染する力をもつ。喩えるなら、「船上の乗客が常に個々ばらばらに歩き回れば、船の均衡に大きな乱れのおこる危険はないが、もし彼らが一方から他方へと一斉に殺到すれば極めて危険である」（*WW*: 460）。ではなぜ彼らはこうした集団行動をとるのか。そこでピグーは、群集心理のような主観上の繋がりだけでなく、信用上の繋がり

（貨幣的要因）にも着目する。「この相互依存性はある程度は純粋に心理的なものである。……しかし信用という形式での実質的紐帯によって媒介される」（Pigou 1913a：117）と。

そこで、最後に(Ⅲ)の貨幣的要因について。ピグーによれば、前述の相互依存性は「現代ビジネス社会の組織における最も顕著で明白な特徴」であり、貨幣の作用によって著しく高められるこの相互依存性こそが、最大の経済不安定化要因の一つである。

第一に、信用という債務-債権の関係は、企業家と眠れる資本家 sleeping capitalist との間のみならず、製造業者、卸売業者、小売業者、消費者の間にも網の目のように広がっており、一主体の行動が実質的に他の主体の行動を制約する。連鎖倒産はその典型事例である。「彼らはある一群の人々から資材を信用で買い、他の一群の人々に製造品を信用で売る。それゆえわれわれはいわば、各メンバーが、直前のメンバーに対しては債務者で、後ろのメンバーに対しては債権者であるという系列A-B-C-Dをもつこととなる。この事実は、良きにせよ悪しきにせよ、何らかの出来事が彼らのうちの一人におこれば、その影響は他の者に波及することを意味する」（*WW*：461）。

第二に、株式会社 joint-stock company の普及により、事業上の専門知識をもたない一般の人々が株式市場、すなわち将来収益に関する期待形成に参加しているという社会的事実がある。「……投資に関する相場予測という活動は……職業的金融業者のみならず外部の人々にも開かれている。逆にそれらの［プロの］予測が、特殊な知識も能力ももたない多くの一般大衆によって強く左右されている」（p. 458）。広く大衆から資金を調達する株式会社制度自体が、のちにケインズが美人投票に喩えたような激しい浮き沈みをもたらすのである。

第三に、貨幣価値は信用の拡大や縮小によって変化しやすく、予期せぬ物価変動がおこると購買力の移転が生じ、それは物価上昇期には実業家たちへの補助金、逆に物価下落期には課税のような作用をもつ。「産業的活動期には、投資が銀行からの借入金でなされ、資材や労働の購入が増大するので、一般物価水準は通常水準より上昇する……。だが物価上昇は一般に完全には予見されず、借入れ条件においても適切に斟酌されない。それゆえブームの時期にはいわば運命的カラクリによって、企業家は眠れる資本家を犠牲にして過剰に繁栄する」(Pigou 1913a: 121)。

これはピグーが貨幣錯覚を重視したことを意味する。「……もし価格の諸変動が完全に予見され、考慮されれば、それらは……産業変動に何の影響も与えない。だが現実にはそれらは完全に予見されず、考慮されない。……調整の失敗は単に予見の欠如のみによるのではない。……事実を認知するのに時間がかかること、事実［そのもの］が生じるのに時間がかかること、の両方が作用する。その結果はよく知られており、フィッシャー教授が示したように、利子契約が適切に調整されないのである。もし物価上昇率が年五パーセントならば、五パーセントの実質利子をえるためには……約一〇パーセントの名目利子率で契約する必要がある。摩擦と無知とが妨げるので、現実にはわれわれはこのようにしない」(*EW* 初版: 853)。

第四に、のちのケインズの流動性選好説との関連で、初期ピグーの貨幣需要論をここで紹介しておきたい。貨幣需要の「二つの究極的要因」は、「国民分配分の大きさの変化」と「ビジネス世界の感情 sentiment における変化」である(*WW*: 425)。すなわち「第一に、財貨で測られた貨幣需要表は、財貨たる国民分配分の大きさが増減するに従って増減する。第二に、国民分配分の大きさが一定であれば、それは、第n番めの貨幣単位と第n番めの財貨単位とのそれぞれから人々が期待するところの満足の間の比率が増減するに従って増減する。……その相対的満足を変化させるもののうち……、最も重要なのは、一方では、投資の有効性をめぐる期待の変化であり、また他方では、まもなく満期となる債務に応じるさいに起こりうる諸困難に対する安全確保としての、貨幣保有の利益をめぐる評価の変化である」(p. 424)。

この引用中の第一のものは、現代の用語を使えば、いわゆる取引需要に相当するであろう。また第二のものは、

「投資の有効性をめぐる期待の変化」と「債務に応じるさいに起こりうる諸困難に対する安全確保としての、貨幣保有の利益をめぐる評価の変化」を含んでいるが、後者はいわゆる予備的動機に相当するであろう。そして前者については次のように述べられた。「……貨幣は財貨の一つではあるが、鉄や木材、あるいは労働階級によって賃金として受け取られうる諸財貨のようには、生産に投資できない。任意の第n番めのそれら財貨の単位から期待される満足に比しての、任意の第n番めの貨幣単位から期待される満足は、投資への願望が増大すれば減少し、その願望が減少すれば増大せねばならない」(pp. 424-5)。

『富と厚生』の序文では、「大変親切にも全部を読んでくれた」ケインズに対して謝辞が述べられているので、ケインズは前述の議論を知っていたと考えるのが自然である。

かくして経済は過度の楽観論と過度の悲観論との間、すなわち過剰な投資と過少な投資との間をゆれ動くが、ピグーはこれを「景況予測の誤り error in business forecast」とよび、その役割を常に強調した。以上の(I)~(III)を含むピグー産業変動論の本質的立場を「心理説」とみる通説的見解は、ここから生まれたと考えられるが、彼の立場はけっして狭義の心理面(II)に限られるものではない。心理的要因は実物および貨幣の両要因に依存し、これら三要因をどれか一つの要因に還元するのは困難である。その学説史的位置を考えるさい、この分野での伝統的アプローチが貨幣や信用からのものであったことを想起するならば[2]、ピグーの貢献は、そうした伝統をふまえつつ実物面との統合を試みた点に見出されるであろう。コラード(Collard 1996b)も、近年の実物景気循環論との関連でピグーの再評価を試みている。

ところで、賃金基金概念を復活させたことは、古い学説に執着するピグーの頑固さを示すものであろうか[3]。当時のケンブリッジの状況を一瞥すれば、必ずしもそうとは言えまい。例えば、ケインズは一九三〇年の『貨幣論』の第二八章第四節を「真の賃金基金」と題し、そこで「賃金基金説は重要な一真理を具体的に表す」と論じている。

要するに真の問題は、「基金」という語で何を意味するかなのである。もっと時代を遡れば、マーシャルは『原理』の付録J「賃金基金説」で、賃金基金説の提唱者たるミルの名誉が過剰に傷つけられたと主張していた。「彼［ミル］の友人ソーントンが……第二編の議論は支持できないと説いたとき、彼［ミル］はあまりにも譲歩し、過去の自分の誤りと批判者たちに対してなさざるをえなかった譲歩との範囲を過大に認めた」。「しばらくしてケアンズはその『主要原理』（一八七四年）において……賃金基金説を蘇らせようと努めた。だがそうすることで、古い落とし穴を避けるのに成功した一方、この学説の特徴の多くを捨ててしまったので、かかる名称を正当化する内容がほとんど残らない結果になっている」（Marshall 1961, vol. 1：825）と。

ミル『経済学原理』の公刊百年を記念して書かれた晩年の論文「ミルと賃金基金」（Pigou 1949c）の冒頭で、ピグーは「名高い celebrated 賃金基金説よりも良いものなど、ありうるであろうか」（p. 171）と問題提起を行ったが、むろんこれは基金説の評判の悪さを知りながら、あえて逆説的にそう述べたのであろう。同論文でピグーは、ミルの基金概念を固定的なものではなく可変的なものと解釈可能かどうかについて、この点をめぐるミル自身の両義的議論を引用しつつ検討している。明確な結論は下されなかったが、その文脈から、ミルの基金説とピグーの基金説との間に決定的差異もあることをピグーが自覚していたことは明白である。すなわち、次節でみるようにピグーの賃金基金概念は、「基金」という言葉が示唆するような純然たるストック概念ではなく、（新規に生産されつつある国民分配分の一部たる）賃金財フローと（過去に生産され蓄積された）賃金財ストックとの二つから成るが、一方ミル自身の立場を解釈するさいに前者を強調するのは困難である。

ピグーは賃金基金という古風な言葉であえて語っていたが、その名称の継承、先人への敬意にもかかわらず、その内容はもはや別のものになっていたとみるべきである。そしてそれが、まさに彼らしい意図なのである。

2 「湖」の喩え

本節では、前節とは異なる視点から、さらにピグー産業変動論を考えたい。ピグーは一九一二年の『富と厚生』で、経済を「湖」に喩え、国民分配分の流れを巨視的に捉えている。これもまた後年まで一貫してうけ継がれる重要な思考枠組みの一つであり、ピグー産業変動論の第二のエッセンスと呼びうる。

すなわち彼は同書で次のように論じた。「われわれは、国民分配分を商品の継続的な流れとみてよい。この流れは毎週、ある一定率で流れてくるもので、企業家や利子取得者の法的所有下にあり、彼らによって直ちに倉庫や商店からなる貯水池へ移される。この流れがYとして知られているとする。他方で、毎週の継続的な流出もおきている。すなわち商品の法的所有者による消費と、これら法的所有者が将来の財の生産を行うべく労働と引き換えにその権利を与えるところの労働者による消費である。これらの流れの前者がC_K、後者がC_Wとして知られているとする。C_Wが労働階級の実質所得をほぼ示すものであるのは明白である。定常状態ではこれら三つの流れの量は一定で、流入量Yは流出量の合計（C_K＋C_W）に等しく、さらに貯水池のファンド（*fund* in the shops）――これがKとして知られているとする――は一定を保ち、その構成各部が流転していても総量は一定である。定常状態でなければ、流入量Yの自生的変化と、資産を管理する人が即時的消費、保管storage、労働雇用への投資という三用途の間で感じる相対的魅力度の自生的変化とにより、C_Wの量はあらゆるときに変動を開始しうる。C_Wが変動し始める過程はこれ以外にはない」（*WW*：440-1, ただし原文では記号C_K、C_W、K、YはそれぞれA、B、C、Dである）。

「……次のように考えれば最も明快となる。すなわち……歪みをもたらす貨幣のヴェールのむこうを見れば、どんなときでも、産業を支配する人々の手元に入ってくる資源［Y］は、三用途、すなわち企業家および資本家の即時的消費［C_K］、保管［$\varDelta K$］、将来の財の生産のための労働購入［C_W］に用いられること。これが理解されれば、われわれはもはや、使用できる労働購入基金［C_W］がどんなときにも厳密に一定であるとみる必要はない。明らかにそれは、労働購入基金、企業家・資本家の消費基金、保管基金、の相互間での資源移転によって増減しうる。不況期のそうした移転は、慈善家ないし国家によって沈滞期に借りられ、繁栄期に利子をつけて返せば……効果を有する。この借りられる資源の一部が、通常ならば民間の人々によって労働購入を伴う投資に使われるはずであった基金から取りあげられるのは、なるほど真実である。だがほかの部分は、通常なら保管［退蔵］されていたか、比較的豊かな人々によって消費されるはずであった基金から取られる」(*WW*：477-8)。

これらの引用は次のように整理できよう。

$$Y \equiv C_K + C_W + \varDelta K$$

Y：フローとしての湖への流入。国民分配分

C_K：フローとしての湖からの第一の流出。企業家・資本家の消費

C_W：フローとしての湖からの第二の流出。労働雇用への投資＝労働者の消費＝労働者の所得

$\varDelta K$：ストックとしての湖の水位増減。その社会（倉庫、商店、工場など）に蓄積ないし保管された財の増減。定常状態では$\varDelta K=0$

前節でみた賃金基金はこうして、新規の流出フローたるC_W（これはのちにみるようにYのうちの賃金財産業の産出をさす）と、旧来からのストックたるKから調達された部分とから成る。そして賃金基金C_Wの変動は、①Yの自生的変化、②三用途（消費、保管、労働投資）について感じる相対的魅力度の自生的変化、という二原因から説明された。前節での用語と関連づければ、①は実物的要因、②は心理的および貨幣的要因、にそれぞれ対応するものと

考えられる。
伝統的な賃金基金論では、あるストックが雇用のために一時点で消費され、その後のある時点で補充される、だからその期間中、そのストックは減少していると理解されがちであったように思われる。しかしながら本節で述べた賃金基金論では、一方から流入し、他方から流出しつつある管のなかの流水のような同時性を強く意識すべきである。

以上のことから、賃金基金の変動が国民分配分の流れというマクロ的枠組みのなかで捉えられていたことは明らかであろう。この枠組みは『厚生経済学』初版の第六編第三章「蓄積と用いられない貯蓄の転換」でのツガン・バラノフスキー批判でも登場する。ここでいう「用いられない貯蓄 unused saving」とは、投資先を見出せない遊休中の財（Kの一部）を意味する。ピグーはツガン・バラノフスキーの議論を、「貯蓄が直ちに産業に向けられるのではなく、非産業的な資本の形でいったん蓄えられ、そして適当な時期がくると、産業活動の大きな拡大を伴う過程のなかでそれらが産業資本に転換するというもの」と要約し、そのうえでこれを次のように批判した。

「実際、用いられない貯蓄というものは、不況期に蓄積され、好況期に使い切られるわけではない。……用いられない購買力の蓄積は、自動的に、用いられない実物資源を蓄積することにはならない(4)」。蓄積されるのは実物資源ではなく、購買力にすぎない。「好況が頂点に達し、それがまさに終わったのち、あらゆる財への購買の抑制がおこるのは明らかである。工場からやって来た大量の生産物は、社会的需要が突如大幅に縮小したのに直面する。そして流入が不変であるにもかかわらず流出が突然抑制されれば、ちょうど湖の水位が上昇するように生産物は倉庫や店頭に積み上げられる。だがこれは第一段階にすぎない。……湖の出口の封鎖は、直ちに入口の封鎖も引き起こすであろう」。つまりピグーの反論は、消費（C_K+C_W）の減少がストックKに含まれる意図せざる在庫投資を増やすのみならず、国民分配分Yをも減らすというものであった（*EW* 初版：810–3）。

こうした貯蓄の問題について少し補足しておきたい。一九三二年、ピグーとケインズとを含む六名は『タイムズ』紙への連名書簡において、現状では「確信の欠如」のために資源が遊休し、しかも「節約」による過少消費が不況を深刻化させているとして、公共事業を唱えた。「第一次大戦中、……支出を可能最小限度にまで切りつめることは、国民一人一人の愛国的義務であった。……私的節約は、極めて重要な国家目的にこれら資源［労働力や機械］を譲ることを意味した。現在、状況はまったく異なる。一〇〇〇ポンドの所得をもち、通常ならその全部を支出したはずの人が五〇〇ポンドを貯蓄することにした場合、……それらが公的ないし私的な事業での新たな資本形成にむかい、投資先を見出すという保証はない。……ある人が消費を節約し、その節約の成果を銀行に預金する場合、また既存の証券を購入する場合でさえ、解放された実物資源はそれを受けいれる新たな受け皿を見出さない。現状では確信の欠如のために、それらが投資へむかうことは阻止されている。……ゆえに現状では私的節約は、不変の国民実質所得のもとで消費部門から投資部門へと資源を移すのではない。逆に、消費が切りつめられたのとほとんど同じだけ国民所得を減少させるのである。……個別に行動する個々人について真実であることは、地方自治体を通じて行動する個々人の集団についても等しく真実である。ある都市の住民が遊泳場、図書館、博物館を建てたいと願うならば、彼らは、それを差し控えることでは広い意味での国家利益を促進しないであろう」（*JMK*, XXI：138-9，傍点追加）。

従来この連名書簡は、ケインズが主導したもので、ピグーは受動的に名を連ねたにすぎないと見られがちであったように思われるが、前述のツガン・バラノフスキー批判などが示すように、書簡の内容はまさしくピグー的なものとも言えるのである。

さて、一九三三年の『失業の理論』第五章「雇用の数学」でも「湖」の枠組みは貫徹しており、そこでは賃金財基金説の基本形が次のように定式化された（Pigou 1933a：21-2）。

$$E = \frac{P + (I_1 + I_2 - M) - C + S - (G - B)}{w}$$

この式は旧基金説「E＝F／w」の発展形（Eは雇用、Fは賃金基金、wは賃金を表す）、すなわち右辺分子Fを可変的にしたものであり、任意期間内に利用しうる一国の賃金基金（賃金財は一種類のみとする）は以下の①〜⑤の和とされる。なお、①③④は先の「湖」のところですでにみた各要因であり、②と⑤はそれぞれ、国際貿易と社会保障を考慮して加えられた要因である。

① P ：自国での賃金財産出量

② $I_1 + I_2 - M$ ：輸出により獲得した外国産の賃金財への請求権（I_1）に、過去の海外投資の利子として獲得した外国産の賃金財への請求権（I_2）を加え、外国への新投資により失った自国産の賃金財（M）を引いたもの。これらはいずれも負となりうる

③ C ：非労働者の消費

④ S ：当該期間中に商店・倉庫のストックから引きだされた賃金財流出量

⑤ G－B ：労働者が獲得する養老年金・疾病手当その他の非賃金所得（G）から、それら制度のために労働者が支払った拠出（B）を引いたもの

『失業の理論』については**9・1**以降で詳しくみるが、周知のように同書の前半部分では、右の式から直接導かれる労働需要曲線の弾力性（PおよびI_1が実質賃金の関数）が緻密に考察されている。

3　乗数論

前節までの考察から、ピグー産業変動論の二つの基本的特徴が明らかとなった。さらに本節では、それらと関連する一つの興味深い分析、すなわち「産業循環の貨幣理論」(Pigou 1929b) で示された「萌芽的な乗数分析」(Collard 1981 : 121, 訳 128) の考察に進みたい。

このピグーの論文は、ホートレー『産業と信用』(Hawtrey 1928) への批判的論評であった[5]。ホートレーは同書において、「景気循環は純粋に貨幣的現象である」というテーゼを掲げ、前年に出版されたピグー『産業変動論』を批判し、公共事業の無効性を再び強調した。ホートレーはこの無効性論を第一次大戦以前から唱えていたのである (**3・3**)。これに対しピグーは、物価の安定をめざす銀行政策が産業変動をかなり抑制する点については「主要な経済学者たちの間で承認されている」(Pigou 1929b : 183) と同意しながらも、独自の乗数論によって公共事業の有効性を示したのであった。

ピグーはまず、ホートレーの議論を次のように要約した。「任意の日ないし年の社会には、貨幣額で示されるある一定量の消費者所得 consumers' income がある。貨幣残高および流通貨幣によって具現化された購買力の総額が一定である限り、この消費者所得は消費者支出 consumers' outlay をも形成し、一部は消費財に支出され、一部は機械や工場に投資される。かかる条件のもとで、もし生産サイドからの攪乱がなければ、物価水準は一定でなければならず、しかも――ここが根本的な点なのだが――賃金額および雇用も一定でなければならない。経済界の楽観も、利益ある投資機会を拓く新発明も、在庫を増やそうとする業者の願望も、政府による資本支出の決定も、雇用を増やし失業を減らすことはまったくできない。なぜなら総消費者支出が不変であるため、一方での拡大は、他方でのそれとまったく同じだけの縮小によってのみ可能だからである。ゆえに、名目購買力の総額――大雑把に言って銀行預金の総額――が一定に保たれれば、景気循環は全面的に消滅するであろう。なお、ここでいう景気循環とは……需要サイドから生じる産業活動上のあらゆる変動のことであるように思われる」。また「一般に、不況期の政府の公共事業支出は、その支出が銀行の信用創造を通じてファイナンスされる場合のみ、雇用量を増やしうる。そしてこれと同じ結果は、公共事業などという余計なことをせずとも、信用創造により果たされうる。ゆえに公共事業とは、『[不況を座視しているわけでなく]色々と努力しているのですよと言いたい人が、そう言えるようになるための単なる儀式にすぎない』」（1929b：184-5，『　』内はホートレーからの引用である）。

この議論に対し、ピグーは次のように反論した。「簡単な事例から始めよう。私が個人的消費として、食物と衣服とに一〇〇ポンド費やすかわりに、私の家を修理するために、今まで失業していたペンキ塗り職人と壁塗り職人とをその一〇〇ポンドで雇うことにし、これらの職人はそのお金を私が断念する食物と衣服に使うことにする。このとき貨幣単位 money units は、一年間にn回の所得ないし支出となるかわりに、今やn＋一回そうなる。すなわち貨幣流通速度Vは増大し、それゆえむろんV×Mも増大する。換言すれば、消費者の総貨幣所得および総貨幣支出は……私がこの人々に払った一〇〇ポンドだけ増える。私の貨幣所得および支出に変化はないが、彼らのそれは一〇〇ポンド大きくなる。この総貨幣所得・支出への追加のほかに、この人々の生みだした財・サービスで表される実質所得への追加もおこる。貨幣所得の増加とこれに伴う実質所得の増加との関係により、Pは変動するか、一定を保つかするであろう」（p. 186，傍点追加，なお，Mは貨幣ストック、Pは貨幣価値を表す）。

では具体的に、政府がRブッシェルの小麦を用いて失業者を雇うという形の公共事業を行えば、どれほどの雇用を創りだせるのであろうか。ただし、①週当たり実質賃金を一ブッシェルに固定し、②消費財生産部門（小麦生産が代表する）と資本財生産部門との二部門がある、と仮定する。

新規雇用の純増xは、政府支出Rによる雇用の増加分φ(R)から、Rを課税その他の方法で徴収することによる雇用の減少分（Rの一部は労働雇用に用いられていたかもしれないため）を差し引いた値で、次のようになる（p. 189, 数式はピグー自身のもの）。

$$x = \phi(R) - \psi\left(R - \frac{x}{h}\right) \cdots\cdots\cdots [\mathrm{I}]$$

右辺の第一項が雇用へのプラス効果、第二項がマイナス効果である。後者に現れるx/hについてだが、雇用が一人増えれば政府は失業手当を一人分節約でき、また失業手当は一ブッシェル（賃金の一〇〇パーセント）ではなく、一般にそれより少なかろう（これを1/hと示す）。ゆえにx人の雇用の純増により政府は手当を総額でx/h節約できるので、これをRから引かねばならない。

さて、まず［I］式右辺の第一項、すなわち雇用へのプラス効果について。「……一見すると雇用が創出される総人数は、賃金率が週当たり一ブッシェルに固定されるという仮定のもとでは、どんな状況下でも厳密にR人でなければならないようにみえる。だがそうではない。もし政府が毎週Rブッシェルを支出し、それを道路、橋、またその他あらゆる種類の資本財の生産のための雇用に直接用いれば、その場合、その数は実際R人であろう。だがもし彼らが消費財の生産（この単純な事例では小麦の生産）で雇われれば、これらの人々の生みだす小麦が反作用し、さらなる賃金支払いに使える。しかもこれらの追加的な賃金支払いを受けとった人々の生みだす小麦が再び反作用し、再び賃金支払いに使える、といった具合に。全部で何人が雇われるかは、労働者数によって［刻々と］変化する限界小麦生産力曲線の形状にかかっている。もしこのカーブが四五度の傾きをもつ直線ならば、雇われる総数はR（1＋1／2＋1／4…）、すなわち2R人であろう。もしそのカーブがもっと小さな傾きの直線ならば、就労せしめられ

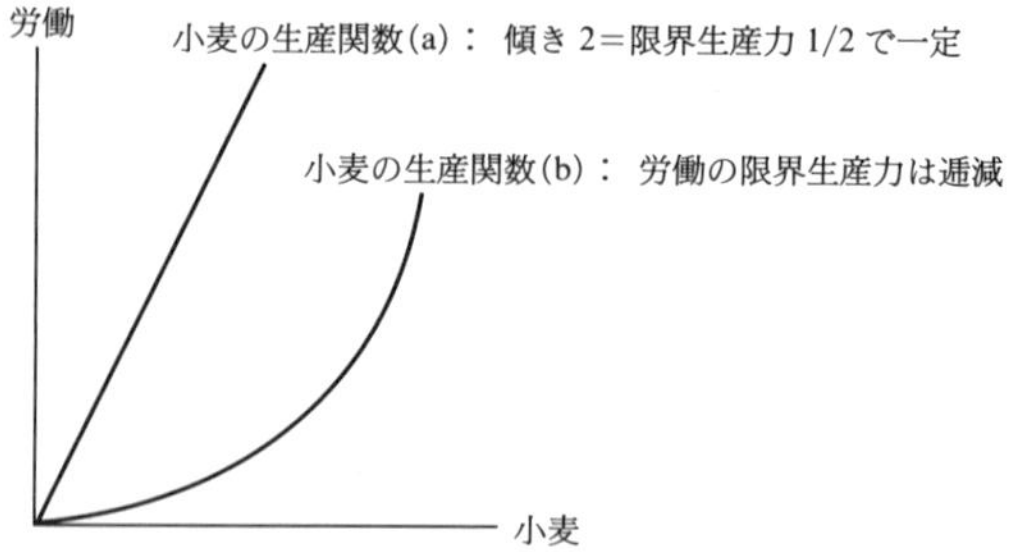

図 4-2

る総数は2Rよりも多いであろう。傾きがもっと大きければ、2Rよりも少ないであろう。不況期には消費財産業での労働の限界生産力曲線は傾きが小さい、と信じる理由がある。とすれば、毎週Rブッシェルの小麦を［不況克服］キャンペーンの基金として上述の方法で用いれば、雇用される人数はRの数倍となろう」（p. 190，傍点原著者、傍線追加）。

ピグーが言おうとしている事柄は文脈から明白である。すなわち、雇用量は（実質賃金率が一定ならば）賃金基金で決まるので、公共事業が賃金財産業に対してなされれば、そこでの追加的雇用が追加的基金を産出し、これがさらなる追加的雇用を生みだすという乗数効果であり、換言すれば、公共事業が最終的にどれだけ労働需要曲線を上方シフトさせるかを論理的に示そうとする試みである。

ただし不幸にも、右の引用文中の傍線部二カ所には、明らかな誤りがあると思われる。ホートレーはこの乗数論に対し、「根底にあるアイデアは明快であるが、定式化はまったく正しくない」と反論しており、ピグーも「彼［ホートレー］の議論は……その部分が不正確であることを私に納得させた」とミスを認めている（Pigou 1929b：641–2）[6]。

すなわち第一に、「限界小麦生産力曲線」は（限界ではなく単に）「小麦の生産関数曲線」、第二に「四五度の傾き」（傾き一）は「傾き二」、とそれぞれ解釈せざるをえない。この二点の修正が認められ、さらに図**4**-**2**のように縦軸と横軸とを逆にして生産関数を描けば、議論は一応整合的になると思われる。すなわち、ピグーのいう「R（1＋1／2＋1／4…）」という波及効果は、図**4**-**2**の生産関数(a)を前提し、その傾きが小さいほど乗数効果は大きい。かかる単純な生産関数が用いられたのは、説明を簡略化するためであろう。より一般的な生産関数はおそらく

(b)であるが、不況期には雇用量が比較的小さいから、傾きは小さく、乗数効果は大きい。

さて次に［I］式右辺の第二項、すなわち雇用へのマイナス効果について。「雇用から直ちに直接的に投げだされる人数は、$(R - x/h)$ブッシェルの小麦のどれだけが資本財生産のための労働投資から取り去られたかによる」（傍点追加）[7]。その比率を$1/c$とすれば、第二項はより特定化され、次のようになる（p. 190, 数式はピグーのもの）。

$$\psi\left(R - \frac{x}{h}\right) = \frac{1}{c} \cdot \left(R - \frac{x}{h}\right)$$

以上のようにプラス効果とマイナス効果を把握したうえで、雇用の純増xは次のように定式化された。

「こうしてわれわれは次式をえる。

$$x = \phi(R) - \frac{1}{c} \cdot \left(R - \frac{x}{h}\right)$$

もし$\phi(R) = m \cdot R$ならば、これは次のようになる。

$$x = R \cdot \frac{m - \frac{1}{c}}{1 - \frac{1}{c \cdot h}} \quad \cdots\cdots [II]$$

例証として、$1/c = 3/4$かつ$1/h = 1/2$とする場合、$m = 1$ならば$x = (2/5)R$であり、$m = 2$ならば$x = 2R$である。同様の計算はc、h、mに任意の値を入れてもできる。……かかる結果には二つの条件がある。①検討された政策が短期間のものであること、②実質賃金率が当初のまま、すなわち週当たり一ブッシェルのまま上昇しないこと、である」(p. 191, 数式はピグーのもの)。この二つの条件は、ピグーの乗数論にとって基本的に重要である。

ピグーの一九二九年論文は、大きな問題点もあるとはいえ、ケンブリッジ経済学における乗数論の展開の発端としての明確な資格をもちうると思われる。一九三一年に乗数を再定式化することになるカーンは、むろん『エコノミック・ジャーナル』誌を購読していたであろうし、それゆえ本節でみたピグー対ホートレー論争を知っていたであろう。カーンに対するピグーの影響がたとえ反面教師的なものであったにせよ、あるいはカーンがピグーを黙殺したにせよ、ピグーの定式化が彼に一定の影響を及ぼした可能性はあろう。ただし「乗数」という概念自体をケインジアンの立場から狭く定義すれば、ピグーの議論は「乗数」の名に値しないという主張も出てくるかもしれない。だがそうした定義は偏狭である。ピグーの議論がもし「乗数」論でなければ、一体それは何なのであろうか。乗数論にもさまざまなものがあり、その含意や社会認識は異なりうると考えるべきであろう。

なお、ピグーがこの乗数論文を『エコノミック・ジャーナル』誌に寄稿したとき、ケインズは同誌の編集者であった。

最後に、ピグーの乗数論の特徴(①②)とその後の展開(③)とを以下にまとめよう。

①「賃金(財)基金」がここでもやはり中軸を占める点(賃金財産業の限界労働生産力が乗数値mを決定する)。

②均衡予算乗数である点。そのため、財源としての小麦(賃金財)がどの産業から調達されるのか、また公共事業による総雇用の増大によって失業手当としての小麦がどれほど節約されるのか、等が考慮される。

③後年の『雇用と均衡』(Pigou 1941a)では多数の種類の乗数が示されるが、それらは「雇用乗数」と「貨幣乗数」とに大別され、前者は一定量の雇用を用いた公共事業が最終的にその何倍の雇用を生みだすかを、また

後者は一定額の貨幣を用いた公共事業が最終的にその何倍の貨幣所得を生みだすかを、それぞれ示すものである。本節でみたピグーの乗数は前者の実物的タイプ、『一般理論』の乗数は後者の貨幣的タイプである。『雇用と均衡』の乗数論はこれまで『一般理論』の二番煎じとみられてきたが、少なくとも雇用乗数に関する限り、必ずしもそうみる必要はなかろう。

4 まとめ

ピグーの雇用理論は体系的にみれば、労働市場の需給分析である。そして産業変動論は、その需要面の短期的・循環的変動の研究である（本章の冒頭で述べたように、その供給面については本書の第9章で扱われる）。ピグー産業変動論――初期ピグーに始まり、一九二七年の『産業変動論』と二九年の乗数論文によって一応の到達点に達する――は、少なくとも以下の三つの特徴をもつ。

第一の、そして最大の特徴は、賃金基金説の継承である。ただし、基金の概念そのものが変化しているため、この継承は、実質的というより形式的なものにすぎないとも言える。そのうえで、労働需要の変動は賃金基金の変動に主に帰せられ、また後者は、実物的要因、心理的要因、貨幣的要因という三要因に帰せられた。

第二の特徴は、そうした賃金基金説が、「湖」に喩えられる独特の巨視的国民経済把握のもとで論じられた点である。賃金基金（したがって労働需要）の変動は、①「国民所得Yの自生的変化」、②「即時消費、保管、投資という三用途間での相対的魅力度の自生的変化」、という二要因に帰せられた。

第三に、以上二つの特徴をもつピグー産業変動論からは、独特の乗数論が派生的に生まれてきた。この乗数論は、考察期間が短期であり、かつその期間の実質賃金が一定である、という二条件のもとでの、賃金基金の波及的増大に着目するものであった。

ところで初期のピグーが、また後述するように大恐慌期のピグーが、公共事業を唱えたことは今では広く知られている。大恐慌期に彼が賃金カットを唱えたという「神話」は消えつつある。だがそれに代わって新たにしばしば表明される疑問は、なぜ非自発的失業を認めないはずの彼の「古典派」モデルからそうした政策論が出てくるのか、という理論と政策との整合性を問うものである。この点は、ケインズも一九三七年のカーンへの手紙のなかで不満を述べていた。「デニスの場合と同様に、実際問題になると、われわれ［ピグーとケインズ］の間に事実上ほとんど異なるものはないのです。彼らはなぜ、たぶん自分たちの実践的結論を導き出せないような理論を堅持しようとこだわるのでしょうか。それは一種の古代遺跡保存協会のようなものです」（*JMK*, XIV: 259）。しかし本章の考察全体により、この新たな疑問もまた雲散霧消するはずである。

ピグーやロバートソンが第一次大戦以前から脈々と研究を続けてきたケンブリッジ産業変動論には、ケインズ『一般理論』に先駆ける幾つかの要素がはっきり見出される。産業変動論はこれまで「ケインズ革命」の陰に押しやられ、その理論史的意義がまったく過小評価されてきたが、これを正当に評価すれば、「革命」は少なくとも幾つかの点において連続的知的展開という色彩を強く帯びるはずである。

最後に、本書ののちの諸章にむけた準備として、以下では産業変動に対するピグーの基本的な政策スタンスをみておこう。

豊作、技術革新、新商品の登場などの「実物的要因」を、政府が管理することは難しい。「心理的要因」についても同じく難しいが、それは将来価格の予想と深く結びついているので、「貨幣的要因」の管理を通じてある程度は管理できるであろう。貨幣はしばしば波動の増幅装置となる。「一般物価が変動しやすいこと、すなわち購買力本位 standard of purchasing power の不安定は、総賃金基金に生じる変動範囲を拡大する一因である。ゆえにこの要因を弱めうる方策をとれば、それだけ労働需要や平均失業率の変動する傾向は弱まる」(Pigou 1913a：122)。

第一次大戦以前のイギリスの物価安定は、成功裏に運営された国際金本位制度のもとで保たれたが、それは次のような弱点をもつ。「それはイギリスの物価を世界物価の近傍に保つ傾向をもち、イギリスの物価が世界物価から離れて大きく上下動するのを防ぐ傾向をもつ。だが世界物価と一緒に上下動するのを何ら妨げず、むしろ促してしまう」(*EW* 初版：857–8)。そのため、『厚生経済学』初版の第六編第八章「貨幣システムの作用による景気波動の拡大」およびその他の著作では、実現可能性は低いとしながらも、フィッシャー (Fisher 1911) が唱えた技術的計画「補償ドル Compensated Dollar」[8] が詳しく論じられている (*EW* 初版：858–60；Pigou 1924a：118–22)。

またカンリフ委員会は、戦前の金本位制度の不均衡調整メカニズムを、①長期的にはヒューム的な自動的「物価・正貨流出入メカニズム」(金流出入→国内マネーサプライ変化→国内物価調整→貿易収支改善)、②短期的にはバジョット的な中央銀行の介入（公定歩合操作による短期資本移動のコントロール）、という二側面から捉えたとされるが (春井 1980：239)、第一次大戦後にピグーは、もし物価安定が唯一の政策ターゲットとなるならば、イングランド銀行の行動指針は戦前のそれとは異ならざるをえない、と主張している。「価格安定化を直接課題とする公定歩合政策は、この［戦前の同銀行の］慣行と異なるものになるであろうが、好況期に利子率を上げ、不況期に下げるという点は同じで、ただ利子率を変動させるタイミングと変動の幅に関してのみ異なるであろう」。「……中央銀行の金準備が減り始めたときに、公定歩合を引き上げるのでは不十分である。物価上昇の気配があれば、直ちにそれは引き上げられねばならない」。すなわち、より早いタイミングでの金融政策発動、より大幅な利子率の調整である。ただし当局の断固たる政策姿勢が示され、かつその力量が信認されれば、産業界は物価変動を期待しなくなり、利子率の変動は小さくてすむ (Pigou 1924a：115–7)。

このように、産業変動を貨幣面から予防するには、物価の安定（利子の安定でない）が重視される。とはいえ、極端な貨幣偏重観に反対する彼は、それだけで産業変動を除去できるとは楽観しなかった。産業変動に対するピグーの基本的対処法は、物価安定のための金融政策を一般的に重視し、なおも残る変動については公共事業などによる労働需要管理で対処するもの、と言ってよいと思われる。

第5章　ピグーの長期とケインズの短期

第2章でみたところのムーア解釈をめぐるピグーとケインズとの差異は、その後長きにわたる彼らの対立の初期の一局面にすぎない。この対立は、第一次大戦後には一層明瞭な形に発展してゆく。

本章の課題は、二人の各々の思想がどのように各々の経済学をも規定したのか、つまり思想と経済学との連関を示すことにある。彼らは経済学という規範論のうえで（彼らにとって経済学は確かに一つの規範論、すなわち果実の学問であった）、必然的にそれぞれ、シジウィック的「長期」とムーア的「短期」との観点に分かれたのであり、これが対立の第二局面を形成する。そしてそこでの新たな争点は、①功利主義の未来への適用（通時的効用最大化アプローチ、帰結主義など）の是非、②資本蓄積過程での人間のあり方、の二つに整理できる。

1　遺伝と環境

まず本節では、ピグーとケインズがあらゆる点で衝突したわけではないことをみるべく、またピグー将来世代論の展開の発端をみるべく、優生学をめぐる戦前の議論を取り扱う。イギリス経済学は伝統的に人口に関して大きな注意を払ってきたが、マーシャルやピグーの時代には人の「数」だけでなく「質」の視点が強く現れてくる。ここでいう「質」の概念とは、労働効率とも関わるが、むしろ優生学的なものである。[1] 当時、人口増加率の鈍化傾向が広く認められ始め、一方でそうした人口の動態がすべての社会階層で均一に生じておらず、豊かな階層ほど少子化の向きがあり、貧しい階層ほど多産であることに注目が集まった。

それは他の経済学者の著作にはあまりみられない特殊な問題であり、シュムペーターは次のように述べている。「人口の最低階層に好都合な諸政策が、人的資材の平均的質を堕落させるかもしれないとする議論は、むろんダーウィン説より遥かに古いものである。……経済学者はこれらの問題に対し、当然に値するほどの注意をまったく払うことができなかった。それへの賛否についての口の軽いスローガンだけが彼らの貢献の大部分であった。これらよりも多くの心労を重ねた唯一の指導的人物はピグーのみであり、より多くの情報をえたいと願う読者に対し、私は彼の名を挙げたい」(Schumpeter 1954 : 789-90)。

またヤングは、『富と厚生』に対する書評のなかで、収穫逓減産業に課税すると同時に収穫逓増産業に補助金を与えれば国民分配分を増しうる、とするピグーの産業政策論[2]を批判したことで知られるが、彼すらも一方では、「この論題［国民の質］について、この章ほどに鋭敏なものを私は知らない……」と述べていた (Young 1913 : 674)。

一九一〇年、親のアルコール中毒が子孫に影響を及ぼすか否かをめぐり、ケインズと生物統計学者ピアソン[3]との間で論争がおこる。親の飲酒習慣ではなく別の遺伝的要因から子の障害が説明されると主張したピアソンに対し、ケインズはその統計手法を激しく批判したのである。論争を避けるのを常としたマーシャルさえも『タイムズ』紙に三度投稿し、最後にピグーが『ウエストミンスター・ガゼット』紙上で、「燃え残る火のなかを用心深く歩むような言葉づかいの極めて慎重な文章で」ケンブリッジ経済学の立場を総括し、論争は終息した (Harrod 1951 : 155, 訳 180-1)。これは三人のケンブリッジ経済学者が一致団結して論争に参加した唯一の事例であろう。

争点は主に統計技術上のものであったが、三人が一致した理由はおそらくそれだけではなかろう。「ケインズは……ピアソンの努力の由来にも敵意をもっていた。ピアソンはゴールトンの優生学プログラムの継承者で、ゴールトンは一八六九年の『遺伝的天才』のなかで、知識階級の独身主義が人類の進歩を損なうと非難していた。ゴールトン＝ピアソン流の多産な知識階級という理想は、ケインズやマーシャルが……善き生活に至る手段として受けいれていた不妊の理想と対立した。知識人が家族をもつのは、善き状態をえることと善き行為をなすこととの両者を共に妨げることであり、少なくともこの点でムーア主義者とマーシャル主義者とは意見を一致させることができた」（Skidelsky 1983：226，訳 370）。

ダーウィン、ゴールトン、ピアソンが皆ケンブリッジの出身であったように、同地は生物学研究のメッカであり、またエンドウを用いたメンデルの遺伝研究の再発見が一九〇〇年であったように、生物学史を画する遺伝研究の躍進とその応用たる優生学は広く科学者の注目を集めた(4)。つまり当時のケンブリッジ生物学は日の出の勢いにあり、そのなかでゴールトン＝ピアソンは社会改良の道を模索したのである。生物統計学者やメンデリアンは、人類進歩の規定要因としてもっぱら先天的な遺伝を強調する。後天的に獲得された知識や徳性や趣味は遺伝せず、それゆえこれらの特性は長期的には無に帰し、かつピグー的再分配政策は自然淘汰を妨げて文明を衰退させる、と。当時の「流行の教義」（Edgeworth 1913：67）たるこの議論を、ピグーは真摯に受けとめざるをえなかったろう。

ピグーはアメリカの制度動向を紹介し、慎重な留保条件を設けながらも、その措置に賛意を表した。「堕落した人々が犯罪や痴呆のために、政府機関に強制収容される事態は、度々おこる。これがおこった場合には、注意深い調査がなされたのち、永久隔離によって、あるいはときにはアメリカの諸州の法律で認可されているような外科手術によって、繁殖が阻止されよう。われわれがもつ知識は、この方面で若干の慎重な処置をとることに、明らかに十分の保証をわれわれに与えると思われる。かかる政策が社会の一般的厚生および経済的厚生の双方に貢献することは疑えない。この結論とこの結論に続いておこると期待される大きな前進について、われわれは近代生物学に負うところ大である」(*EW* 第4版：110)。

彼はこのように優生学の応用を一部承認したが、他方で——こちらの方が一層重要なのだが——以下の①②の二つの視点を追加している。

まず①は、目的善たる厚生という視点である。「優生学と賃金問題」(Pigou 1923a, Ch. 8) では、われわれがめざす「善き社会」とはそもそも何であるのかが問い直された。例えば、人間の能力一般は目的善であろうか。もしそうならば、われわれのめざす「善き社会」には、能力のない人々(遺伝性の障害をもつ人々はここに含まれる)が占める場所はなく、われわれは常に、彼らを減らす政策を支持せざるをえなくなる。しかしピグーは、こうした偏見に陥らないように「厚生」を定義している。厚生とは「意識の諸状態と、おそらくそれらの諸関係」、すなわち心のあり方と、心と心との関係であり (*EW* 第4版：10)、また**2・3**の「善関数」論や**3・1**の「厚生の三層構造」論もこれと関連する。

前述の論文では、目的善の例として「開いた心、誠実さ、非利己性、めだたない美しさを見出すこと、親切さ、忠実さ、生における熱心さ、目的追求における熱心さ」が、また手段善の例として「鉄の鋭さをもつ知性、訓練された諸能力、何らかの目的を達するうえで驚くべきほどに効率的な機械」が挙げられている (1923a：80)。このようにピグーにとって、能力一般は手段善にすぎない。だから優生学の応用範囲は、目的善を阻害するような遺伝的要因だけに限られるのである。

またそこでは、個人の心のあり方のみならず、人間関係も尊重され、人の多様なあり方そのもの、つまり共生の意義が説かれた。「……多様性 variety はそれ自体の善であり、全員が完全であるが全員がまったく同質のグループよりも、全員が完全性から幾分劣っていても多様な人々のグループの方が善い、と十分主張されうる。……［また帰結においても」ニーチェの超人ばかりの世界は、戦争のなかで自滅するであろうし、一方アッシジの聖フランチェスコばかりの世界は、それみずからの憐れみでやはり自滅する」(pp. 81-2)。

次に②は、「環境 environments」という視点である。将来世代に関する考察は、遺伝視点と環境視点との双方からなされうるが、経済学者が力点をおくべきなのは後者であろう。ここでいう「環境」とは、人が後天的に影響をうけるあらゆるもの、家庭、公教育、社会通念、制度、資本蓄積などを含む広い意味内容をもつもので、狭義の自然環境にとどまらない。

「……ある世代の環境は永続的結果を生みだしうる。なぜならそれは、将来世代の環境に影響するからである。つまり、環境もまた民衆のように子どもたちをもつ(Environment, as well as people, have children)。教育などは、物質界では新たなものを生む力をもたないが、観念界ではそれをもつ。そして観念がひとたびある特定世代によって生みだされ承認されれば、それが機械的発明として具現化されうるか否かをとわず、その後の世代が享受する環境をまさに根底から作り変え、さらなる前進の道をも開く。……文明人の間では、書くことと印刷技術が、時間の経過のなかで思想が育ちうるようにした。こうして各世代に、その継承者の観念上の環境を形成し、また作り変える力を与えたのである」(傍点追加)。「これら二つの世界[物質界と観念界]での進化の過程を比べるのは興味深い。両世界においてわれわれは三つの要素を見出す。すなわち突然変異の発生、繁殖、相互闘争である」。また資本とはその重要な一面において「伝統」すなわち「社会的記憶 social memory」であり、「資本と社会との関係は……遺伝ないし生きた記憶 vital memory と生命体との関係に等しい」。つまりピグーは、遺伝と同じく環境もまた、永続的な影響力をもち、そして物質界と同じく精神界にも遺伝や生存闘争があり[5]、したがって個々の生物の肉体のみならずその共有財産たる環境もまた進化する、と考えたわけである(*WW*: 59-60)。

最後に、家庭での「子育て」は女性の責務であるというマーシャル=ピグーの見解は、前述の文脈のなかで理解されねばなるまい。

例えばピグーは次のように主張した。「……おそらく、［私的純生産物の］社会的純生産物に対するこの種の超過の最高の例証は、特に出産の直前および直後の、女性の工場での労働にみられる。この労働が、女性自身の収入のほかに、子どもたちの健康にしばしば重大な損害をもたらすことは疑えないからである。……こうした労働の禁止には、こうした禁止を必要とする［貧しい］家族への救済も伴うべきである」（*EW* 初版：162-3）。出産と育児に配慮した社会制度は当時なかったのである。世代の連鎖のなかでは家族という単位が重要な役割を担う。家事労働が次世代を育てるための必要物（有形無形をとわず）を生産する点に着目し、家計をある種の生産主体であるとピグーたちが発想した限りでは、現代的な人的資本論につながるものとして評価できる。

だが性という偶然的違いから家庭内分業を固定化し、社会的不平等の根拠とすることは、今日ではナンセンスである。ピグーはいわゆる「女嫌い」であって私的に女性を忌避したが、子育て論を別とすれば、公的に女性を差別した具体的事例――マーシャルが女子学生への学位授与に反対したような――はまったくない。むしろピグーは、女性の社会進出の遅れを偏見や男子の既得権に帰している。「もし女性が採用されれば、その労働の限界純生産物価値、それゆえその賃金が、女性が今従事している職業のそれよりも高かろうという職業は多い。だが女性は伝統や習慣のため、これらの職種から閉めだされている。……これらの職業への女性の進出が一九一四年以前に妨げられていたのは、キャナン教授が言うように『法律によるわけではなく、むしろ経営者の惰性と、現在雇われている男子の積極的抵抗によって生じる不利益への恐れのためであった』。この種の抵抗は世界大戦のような世界的動乱で打破されることもあろうが、一九一五～一六年の［人手不足の］軍需産業でさえその克服がいかに困難であったかという事実が、その根強さを証明している」（*EW* 初版：470-1）。こうした側面もふまえると、彼のめざす福祉社会が性差別に根ざすものであったとは必ずしも断定できないと思われる。(6)

本節では、ピグーが「遺伝」という視点を尊重しながらも、これに「厚生」と「環境」という二つの視点を加えることで、全体としてバランスのとれた議論を展開したことを明らかにした。次節では、この将来世代論の次なる展開に目を向けたい。

2　世代間正義

ピグーの将来世代論の意義を初めて強調したのは、コラード（Collard 1996a）であった。『ピグー経済学著作集』全一四巻の編纂者たる彼によれば、ピグーのその種の議論には、①遺伝、②資源保全、③資本蓄積（有形無形をとわず）、という三つの側面がある。そして将来世代の善が現代世代によって割り引かれて評価されることへの反対と、世代間正義を守るための国家介入の承認は、ケンブリッジでは「シジウィック＝マーシャル＝ピグー＝ラムゼー」という強固な伝統を有する主題であり、なかでもピグーはそれを「最も明示的かつ広汎に」扱った中心人物とされる。

これがピグーに対する過大評価ではないことを示すべく、本節では、前節でみた「環境」論（右の②③）をさらに掘りさげる。換言すればそれは、「世代間正義」論——異時点間の分配論——と呼んでもよい。[7]

『厚生経済学』初版の第一編第二章「願望と満足」では、人々が将来の満足を過大に割り引くことの弊害と、それへの対策が、異時点間効用配分の観点から論じられた（第四版では内容がさらに充実している）。この強すぎる時間選好の主因は、(i)「不十分な望遠能力 defective telescopic faculty」、すなわち未来の人々（未来の自分自身を含む）に関する想像力・共感力の不足、(ii)人間の死すべき運命、の二つである。そしてピグーは「未来の快楽を縮尺で眺めること」を戒め、環境分野での現在世代の責務を説いた（*EW* 初版：25）。

「人の命は限られ、仕事や貯蓄の成果がかなりの期間をへて生じる場合、その努力を報いられるべき当の本人がそれを享受することはない。これは彼の願望の向けられる満足が、自分自身の満足ではなく他人の満足であることを意味し、それは彼がその利害を自分自身の利害とほぼ同一視する彼の直接的後継者の満足であるかもしれず、あるいは彼がほとんどまったく気にも留めないような血筋的、時間的にまったく遠い人であるかもしれない」。「人はしばしば、その必要とするものを……破壊的方法でえようとする。上質の炭層を性急に掘り、上質ではなくともまだ価値のある層を埋没させ無駄にするような採掘法、特定魚種を絶滅に至らせるような繁殖期を無視した漁法、土壌の肥沃さを消耗させる農法などはいずれもその例である。またある世代の人々が……今豊富に存在する自然資源をつまらない目的に用い、将来世代の人々にとって稀少なものとし、非常に大切な目的のためにさえ容易に入手できなくする場合にも、［通時的］経済満足の総量を減らすという意味で浪費がある。高速船に大量の石炭を用い、すでに短い渡航時間をさらに少しばかり短くするのはこの種の浪費の一例であり、おそらくわれわれの子孫の渡航をまったく不可能にすることで、われわれはニューヨークへの渡航時間を一時間短縮できるのである」（*EW* 第4版：26–8）。

こうしたピグーの議論は、コラード（Collard 1996a）が指摘したように、また何よりも、右の引用の文脈においてピグー自身が『経済学原理』（Sidgwick 1883：410）を参照しているように、シジウィックの影響である。『経済学原理』は、特に四一〇～三頁で、資源枯渇や通時的効用最大化の問題を扱っている。「これまでのところ、今生きている人間の利害と遠い未来の世代の利害との区別をしなかった。だがもし、普遍的人類 universal humanity の見地から、純粋に個人主義的あるいは競争的な社会組織の長所と短所とを検討しているのであれば、その組織は、時間のうえで遠い効用のために十分な射程を必ずしも提供しないと言うべきである」。「将来世代の利害が今存在している人間の利害よりも軽視されるべき論理的理由は、まったくない。ただし、将来世代のために向けられた利益が実際に彼らに到達し、実際に利益になるかという、より大きな不確実性を考慮せねばならない」(p. 412)。

『倫理学の諸方法』でも、シジウィックは以下のような基本的な三原理を掲げていた。①「ある人のある行為が彼にとって正しいならば、同じ行為は同様な状態にある同様な人すべてにとって正しい」という正義justiceないし公平equityの原理、②「人は自分の全体としての善をめざすべきである。すなわち、人は現在の善と同様に将来の善にも(確実性の違いを考慮したうえで)配慮すべきである」という慎慮prudenceないし合理的自愛rational self-loveの原理、③「いかなる個人の善も、全世界の観点からすれば、他の個人の善より重要であるということはない。そして理性的な者は、自分の努力で達成可能な限り、一般の善をめざすべきであり、その特定部分のみをめざすべきではない」という合理的仁愛rational benevolenceの原理、の三つである(塚崎 1992: 160–1; 奥野 1999: 117–27)。先ほどのピグーの議論との関わりでは特に②が鍵となる。シジウィックによれば、「現在の小さな善が、未来の大きな善よりも、選好されるべきではない」。「前か後ろかという単なる時間の差異は、一時点の意識を他の時点の意識よりも尊重する合理的根拠にならない」のである(Sidgwick 1996a: 381)。

一方、ムーア主義者たるケインズの立場がこれと正反対のものであったことは、次節以降で明らかにされよう。

さて、未だ存在しない将来世代の利害を代弁し、世代間正義を確保する主体は、現在世代の個々人が自発的にそれをしない限り、国家以外にはありえまい。そこでピグーは一つの具体策として、貯蓄(資本蓄積)を優遇する租税の導入を検討する。「……われわれの分析は、ある適切な程度を選んで貯蓄に有利な差別化をすることで、[通時的]経済的厚生が増加されうることを示している。むろん国家がその市民を強いて、客観的なこれこれの量の富が現在および将来において正確に等しい重要性をもつように行動させるべきである、などとは誰も主張しない。……

だがわれわれが不合理に割り引いたり，われわれの子孫より自分自身を選好したりする影響から，国家が将来世代の利害をある程度守るべきであることは広く同意されている。アメリカでの『資源保全』のあらゆる運動はこの確信に基づいている。一国の限りある自然資源が性急かつ無謀な濫費をうけないように監視し，もし必要ならば法的手段によってこれを防ぐのは，現在の市民のみならず未だ生まれない子孫たちの受託者たる政府の明白な義務である」(*EW* 第4版：29-30，傍点追加)。

だがここでジレンマが生じる。厚生経済学の主要政策課題の一つは，現在世代の人々の間での富・所得の平等(世代内平等)の実現であり，その代表手段が相続税や所得税といった累進的直接税なのだが，しかるにピグーはこれらが貯蓄を抑制し，世代間不平等を拡大するとみた。逆に，内国消費税のような間接税ならば消費は抑制され，世代間正義に有利であるが，この種の逆進的ないし比例的租税は世代内正義にとって比較的不利である。[8] つまり課税論の次元では，世代間正義と世代内正義とは両立が難しい。

結局ピグーは世代内正義をまず優先し，ある程度，世代間正義に配慮するという妥協策を説くが，これは何ら彼の後退を示すものではない。これは本質的にバランスの問題であって，むしろ彼がそれら両方を視野に入れたこと，その問題設定の斬新さを評価できるからである。そして彼が望んだように，もし人々が自発的に望遠能力と自己犠牲能力とを発達させれば，将来世代の利害を代弁する国家の機能はそれだけ縮小できるから，このジレンマもその分だけおのずと消滅するであろう。

ところでピグーが資本蓄積を重視したことは，「国民分配分」概念そのものとも関係がある。すなわち，もし現在の経済的厚生しか視野になければ，国民分配分は経済的厚生の指標としてあまり優れたものではない。なぜならそれは貯蓄——現在の満足でなく将来の満足を生むもの——を含むからである。『厚生経済学』初版の第一編第三章「国民分配分」で，フィッシャー流の「所得」概念とマーシャル流の「国民分配分」概念とが比較検討されたのは、まさしくこの問題意識からであった。

フィッシャーの場合、今年作られた一つの楽器または一着のコートは、所得というより資本への追加であり、これらの財から今年中に人々が引き出したフローとしての満足のみが「所得」にカウントされる。こうした把握はピグーも認めるように、その年の経済的厚生を示す指標としては優れている。だが厚生経済学の「三命題」（成長、平等、安定）の規範的枠組みは、将来世代の利害も視野に入れているので、現在消費のみならず貯蓄をも含むマーシャルの「国民分配分」の方が都合がよい。「われわれが一九二〇年における彼［マーシャル］の意味での国民分配分に生じた影響を述べるとき、われわれは一九二〇年度およびそれ以後のあらゆる年度の消費に対する影響を、予想されうる限りで暗黙裏に含めている。なぜならこれらの影響は、工場に設置された資本価値のうちに初めから反映されているからである」（*EW* 初版：35）。こうして、通時的な経済的厚生を最大化するという見地から、年々の総消費ではなく年々の経済活動の総体が分析の要に据えられたわけである（Collard 1996a：587）。

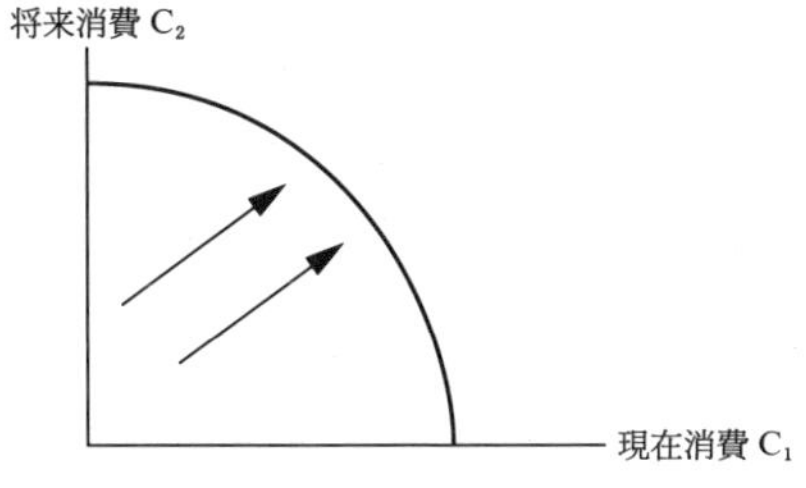

図 5-1　通時的な消費フロンティア

厚生経済学の三命題のうち、成長に関する「第一命題」と安定に関する「第三命題」との図解は容易である。前者は図**5-1**の矢印が示すようなフロンティアの拡大、後者は所与のフロンティア上でのC_1とC_2の均等、である。

世代内平等に関する「第二命題」は、C_1内部の分配状況に関わるのでこの図では示せないが、しかし無関係ではない。すなわち、フロンティアを広げるうえで、（技術革新や人口と並んで）貯蓄は重要な役割を果たすが、もし資本（K）成長率が人口（L）成長率を上回れば、それは資本深化（K／Lの上昇）を意味し、その結果、労働は相対的に稀少となり、限界労働生産力＝実質賃金は上昇し、利子率は下落する。これは労働者の所得増、資本家の所得減を意味する。

ゆえに資本蓄積は平等化を促すであろう(ただし逆は必ずしも真でない)。ピグーにとって貯蓄(資本蓄積)は、課税論上では両立困難であった世代内正義と世代間正義を、両立させるかもしれないキー変数である。「現在の条件下では……発明と改良を別にすれば、資本一般の供給を増やすことで国民分配分を増大させる要因が、同時に、労働の実質所得を減少させることは実際上不可能である。むろん同様に、資本一般の供給を減らすことで国民分配分を減少させる要因は、同時に、労働の実質所得を増大させえない……。つまりこの領域で不調和 disharmony はおこりえない」(*EW* 初版:707)。なお、「不調和」とは、ある経済政策が、第一命題にとっては有利であるが第二命題にとっては不利になるような、命題間のトレード・オフ関係の意である。

以上の考えは、のちのケインズの「金利生活者の安楽死 euthanasia of the rentier」論、すなわち資本蓄積を通じての利子所得消滅論に通じるものがある。ただピグーとは異なり、ケインズは貯蓄の徳を重視せず、有効需要論の立場から、C_1の増大という意味での世代的利己心が経済成長を促し、その意図せざる結果としてC_2も増大するとみる。ここに一つのアイロニーがある。

3　ピグー、ラムゼー、ケインズの三角関係

本節と次節とでなされる議論の流れを予め述べておこう。

前節ではピグーが貯蓄を重視した一つの理由をみたが、むろん貯蓄は多ければ多いほどよいわけではなく、最適な水準というものがある。ピグーとの協力関係のもとでこれを扱ったのが、功利主義者ラムゼーの「貯蓄の数学理

論」（一九二八年）である。そしてピグー＝ラムゼーのこうした研究活動を根底から批判したのが、ケインズの「わが孫たちの経済的可能性」（一九三〇年）である。ラムゼーの一九二八年論文とケインズの一九三〇年論文は、対立しあう一対のものとみてよい。本節では前者、次節では後者、の論文が主に扱われる。

　さて、一九二四年にキングズ・カレッジのフェローとなったラムゼーは、その優れた才能によってたちまちケンブリッジの哲学界の寵児となったが、三〇年、不幸にも二〇代半ばの若さで他界した。その短い学問的生涯は主に哲学方面に向けられたが、経済学方面でも二つの論文が残されている。一つは最適課税問題に関するもの（Ramsey 1927）[10]。もう一つは、最適貯蓄論ないし最適成長論の古典的定式化として、また「最適制御理論」と今日呼ばれている数学テクニックを経済学に初めて導入した最も初期の文献の一つとして有名な、「貯蓄の数学理論」（Ramsey 1928）である。

　以下で扱うのは後者の一九二八年論文に限られる。簡単に言うとそれは、効用の通時的最大化のための最適貯蓄率を定式化したものである。より多く貯蓄すれば、より速やかに資本が蓄積され経済が成長するので未来の効用は高まるが、現在の効用は減ってしまう。つまりわれわれは消費と貯蓄との間で、換言すれば現在と未来との間で、常に選択を迫られる。なお、資本の蓄積状態に応じて、したがって時点時点に応じて、最適貯蓄率が刻々と変わることは言うまでもない。彼の提示した解、すなわち資本蓄積の最適経路上を歩むための動学的条件式は、今日「ラムゼー・ルール」とよばれている[11]。

　この問題を論じるうえで、特に重要なものとして、ラムゼーは次の三つの仮定をおいた。

①効用関数は十分な強凹性、すなわち限界効用の逓減性をもつ（さもないと、できるだけ多く貯蓄することが最適であるという極端な結論に陥ってしまう）。

②人口増加および技術革新はない。

③未来の効用を割り引かない。すなわち「[未来を]割り引く行為は倫理的に考えて容認することはできず、それはただ、創造力の欠陥を源泉とするにすぎない」(Ramsey 1928：543, 訳 137)。「未来の割引」を禁じるこの仮定は、前節でみたピグーの立場を踏襲するものである。

①の仮定により、効用の値はある一定の最大値に収束することになる。ラムゼーはこの最大値、すなわち「獲得可能な限りでの快楽ないし効用のフローの最大値」を、「ブリス bliss」とよぶ。ブリスでは効用が飽和し、もはや経済成長するメリットはない。だからそれは資本蓄積の停止する定常状態でもある。そこへの到達について、戦争や地震の可能性がなければと前置きしつつ、彼は次のように述べた。「短期間に膨大な貯蓄がなされるのは不可能であるから、均衡に到達するには数世紀かかるかもしれず、均衡に漸近するだけで到達不可能であるかもしれない」(p. 556, 訳 157, 傍点追加)。

以上が、ラムゼー「貯蓄の数学理論」の骨子である。

さて、このラムゼー論文と対をなすケインズ「わが孫たちの経済的可能性」の考察は次節にゆずり、以下ではケインズのほかの文献に依りつつ、その対立を予備的にみておく。ケインズは一九二一年の『確率論』の第二六章「確率の行為への応用」で、「おおむね帰結の集計と関わりを有した功利主義倫理学」を批判していた。彼はムーア『原理』の第五章「行動に関する倫理学」から引用しつつ、われわれは「無限 infinite の未来」を知りえず、せいぜい「直近 immediate の未来」しか知りえないとし、そこから短期だけをもっぱら重視する規範論を展開するのである。

功利主義の「最も根本的な困難」としてケインズは、善の大小が数量的に測定可能で、算術的に足し算可能とされる点、確率の大小が数量的に測定可能とされる点、の二つをあげ、これらを前提した「数学的期待」はごく限られたケースにしか妥当しないと言う（*JMK*, VIII : 341-3）。ゆえに彼によれば、各期の善を各期の善が実現する確率でそれぞれウェイトづけて足し合わせ、その和を最大化するような行動規範は「正しい」とは言えない（p. 344）。すなわち、Gを各期の善の量を表すベクトルとし、Pを各期の善が実現する確率を表すベクトルとすれば、「max. Σ P・G」といったような通時的効用最大化の発想が拒否される。たとえ数学的期待値が等しくとも、不確かな大きい善より、確かな小さい善を選ぶのが「正しい」のであり、誤って前者を選ぶことは「『道徳的』危険'moral' risk」とよばれる。「……小さくとも比較的確実な善は、大きくともそれだけに不確かな善よりも、よい。これを主張するために、われわれは有機的善というこの一つの理論を受けいれさえすればよい」（p. 353）。

このようにケインズは『確率論』において、短期重視の思想をムーアから引きだしている。ピグー＝ラムゼーにとっては、現在を偏愛する近視眼性こそが危険とよぶべきものであるが、逆にケインズにとっては、長期的善のために短期的善を犠牲にしようとする発想こそが「道徳的危険」である。両者はまことに対照的である。[12]

ラムゼーは「貯蓄の数学理論」の末尾で、時間選好率の異なる、したがって貯蓄率の異なる二種類の家計を比較し、これらの家計の各々の運命――未来の効用の軌跡――を次のように示した。「……こうした場合、社会が二集団に分解することを通じて均衡が実現し、均衡では倹約する家族はブリスを享受し、将来に備えない家族は最低生存水準に陥る」（Ramsey 1928 : 559, 訳 162）。逆にケインズはこの種の倹約論に批判的である。例えば一九三〇年の『貨幣論』では、「将来を考えない浅はかな習慣をやめよと説き勧める」試みのもたらす悲惨な結末が、バナナ園の寓話として描かれた（*JMK*, V : 158-60）。[13] この点でもやはり両者は対照的である。

さて、『貨幣論』第三〇章「歴史的例証」では、一層本格的な節約批判がなされ、世界の富を築いたのは企業活動であること、活動をもたらすのは倹約ではなく消費であること、が強調された。ケインズはこの活動先行説

——活動が行われるから貯蓄が生じるのであり、その逆でない——に基づいて経済史を初めから書き直す必要性を指摘し、シュメール、エジプト、アテネ、カルタゴ、ローマなどの古代文明から、近代のスペインやイギリスに至る、そうした歴史のスケッチを描いている。そしてその文脈中に、次のような注目すべき章句がある。「……われわれが注意してよいもう一つの一般化 generalisation がある。それは経済学者のいう『短期 short periods』の長さに関わるものである。一つの『短期』a 'short period' は、一人の人間より長生きすることを何とも思っていないようにみえる。一つの『短期』は、偉大な一国民の興亡を含むのに、そしておそらくそれを企てるのに十分なほどに長いのである」(*JMK*, VI: 141, 傍点追加)。

つまり一般化された「短期」は、例えばローマ人の盛衰を含むほどに長いかもしれないのである。それは一つの文明の動的な成長・蓄積過程を含んでいる。ケインズのいう「短期」が、マーシャル流の時間区分に基づく「短期」とはまったく異質なのは明白である。

以上のことから、次のような結論を下せるであろう。すなわち、ケインズには「長期」の諸問題への配慮がないわけではなく(彼はピグー=ラムゼーに劣らずそれを強く意識している)、ただ彼はそれらを、逆説的ではあるが、あくまで「短期」の視点ないし「短期」の規範論によって扱おうとする。ここでいう「短期」とは、具体的な時間の長さとはほとんど関係がなく、むしろ一つの規範的態度、いわば今、今、今、という永遠の現在の目を示す概念である[14]。それは、ムーア主義的「短期」規範論に基づく、ピグー=ラムゼーの功利主義的「長期」規範論への対抗であり、アンチテーゼなのである。

ラムゼーは、ケインズと親密であったと同時に、『確率論』批判の急先鋒でもあったので、哲学分野でのこの二人の関係は従来から注目されてきた(伊藤 1999)。だが経済学分野での二人の対立は看過されてきた。ラムゼーは哲学および経済学の両分野でケインズと対峙していたとみるべきなのである。

最後に、ラムゼーとピグーとの関係について。①一九二〇年代後半に経済学論文の執筆をラムゼーに勧めたのはピグーである。[15] ピグーは将来世代に関するさまざまな問題を提起したとはいえ、その理論的コアともいえる資本蓄積の問題を厳密に扱う数学力をもたず、これを若きラムゼーに委ねた。なお、②ラムゼーはケインズ宛の手紙のなかでその執筆を「時間の無駄」と述べており、経済学論文二本の脱稿を喜んでいる。その理由は定かではないが次の二つが考えられる。

一つはピグーの協力要請が強引であった可能性、もう一つはそれがラムゼーの本来の関心たる哲学研究を妨げた事実である。大陸ヨーロッパの哲学者を積極的に訪ねるなど、この青年が若き日のピグーやケインズと同じく、経済学よりも哲学を真に重要なものと信じていたことは疑いがなかろう。あるいは、当時としては抜群の数学力をもっていたこの青年は、自分の経済学論文が理論的には卓越した功績であるとはいえ、政策論的にはほとんど抽象的な玩具にすぎないことを自覚していたのかもしれない。いずれにせよ、「時間の無駄」の一語をもって彼が自分の学問的立場を翻したとみるのは極端にすぎ、また奇妙である。

シジウィック、マーシャル、ピグー、ラムゼーといったケンブリッジ知識人を特徴づけた一つの伝統、すなわち将来世代への強い配慮は、一九三〇年代以降ほとんど忘れさられてしまったが、ロールズのような哲学者たちの関心[16]、またラムゼーの先駆的業績への数理経済学者たちの関心などの形で、歴史のなかに残っている。

4 ケインズのエセ道徳原理批判

前節でみたラムゼー論文（Ramsey 1928）に対し、ケインズは直ちに反撃した。ケインズの将来世代論「わが孫たちの経済的可能性」("Economic Possibilities for Our Grandchildren," 1930, 以下「わが孫たち」と略す)がそれである。これは「合理的にみて、今後一〇〇年間のうちに、われわれの経済活動の水準はどれほどに達すると予想できるであろうか。われわれの孫たちの経済的可能性はどんなものであろうか」という問題意識から書かれたエッセイであり、そこでなされた(約一〇〇年内における)経済的桃源郷の到来の予言は特に有名である。

けれども、なぜ彼が、この時期に、そのような大胆な議論をしたのかという点は従来まったく説明されてこなかった。実は「わが孫たち」は、けっして唐突なものでなく、一九二〇年代のケンブリッジの知的展開が必然的に生みだした議論であり、また実は『一般理論』を理解するうえでも重要な文献である。本節の課題は、前節までのピグー=ラムゼー的「長期」視点との対比によって、同論考の意義を明らかにすることである。

「わが孫たち」は大きくみて、①桃源郷の到来の予言、②「エセ道徳原理」批判、という二つの部分からなる。①の桃源郷をケインズは「経済的ブリス」(*JMK*, IX: 331)と呼んだが、この言葉はラムゼーの「ブリス」(効用の飽和する定常状態)から示唆をえたものであろうし、また②は、ピグー=ラムゼーの功利主義的「長期」規範論への批判である。以下ではこれら二つを順にみてゆく。

まず①について。ケインズによれば、一六世紀大航海時代以来の「複利の力」による幾何級数的資本蓄積は、それが惹起した人口増加にもかかわらず、欧米での平均的生活水準を「約四倍」に向上させた。未来に関する彼の展望もまた楽観的である。「私の結論は次の通りである。すなわち重大な戦争や著しい人口増加がないと仮定すれば、経済問題は一〇〇年内に解決されるか、または解決のめどがつくであろう。これは将来を見通す限り、経済問題が人類の永遠の問題ではないことを意味する」(p. 326)。

そしてケインズは、有史以来の人類の伝統的目的の一つたる経済問題が消滅する必然的帰結として、余暇の増大が大衆を「神経衰弱」に陥らせる危険を指摘する。[17]「……イギリスやアメリカでは、富裕な階級の妻たち、すなわち不幸な夫人たちの間で、すでにありふれたものとなっているような神経衰弱がそれである」。「……人生を耐えられるのは、歌うことのできる人々にとってだけであろう。われわれのうちで歌える者は何と少ないことであろうか！……自分の身を処することは、特別な才をもたない普通の人には恐るべき問題である」(pp. 327-8)。なお、ここで「歌える者」と述べられたのは、以下のエセ道徳原理批判から明らかとなるように、常に今を生きるムーア主義者たちのことである。

次に②について。①を論じたのち、ケインズは「エセ道徳原理 pseudo-moral principles」の批判へと筆を進めた。富の蓄積が意味を失う時代（経済的ブリス）に到達すれば、われわれの旧い道徳（エセ道徳原理）が廃棄される、彼はそう主張するのである。「われわれは二〇〇年にわたってわれわれを悩ませてきた多くのエセ道徳原理から解放されよう。このエセ道徳原理のために、われわれは最も忌み嫌うべき人間性の一部を最高の徳として崇め奉ってきたのである」。「『目的意識的な』人は、自分の行為についての自分の関心を将来に押し広げることで、自分の行為に、見せかけだけのごまかしの不朽性を手に入れようとする。彼が可愛がろうとするのは自分の猫ではなく、その子猫、いや実際には子猫でもなく、子猫の子猫という風に猫族の果てるまで永久に求め続けてゆく。……このように自分のジャムを常に将来へと押しやることで、彼はジャムを作る自分の行為に不朽性を獲得しようと奮闘するのである」。

そしてケインズは、経済的ブリスに達するまでは蓄積欲や慎慮がわれわれの原理でなければならないと認めながらも、経済的ブリス到達後の新しい道徳原理を次のように描いた。「われわれはもう一度、手段より目的を高く評価し、効用よりも善を選ぶことになる。われわれは、この時間、この一日の、高潔で上手な過ごし方を教えうる人、物事のうちに直接の喜びを見出せる人、汗して働かず、また紡ぎもしない野の百合のような人を尊敬するようになるのである」(pp. 329-31, 傍点追加)。[18]

以上が「わが孫たち」の骨子である。従来この論考はもっぱら①の桃源郷の予言のみが注目されてきたが、むしろそれが②のエセ道徳原理批判と表裏一体であることに注目すべきである。すなわち、一六世紀以来の資本蓄積の精神的原動力たる「慎慮（の徳）」その他の意義は、歴史的に相対化され、ある特定の歴史段階にのみ妥当する特殊なものとされる。経済的ブリスという高水準の定常状態では、もはや人は未来を思い煩わない（貯蓄の徳は意味を失う）からである。ただそこに至る過程でのみ、ピグー＝ラムゼーの功利主義的道徳はいわば必要悪として是認されるにすぎない。一言でいえば「わが孫たち」は、ムーア主義の最終的勝利を描いた経済的ブリス待望論である。

エセ道徳原理批判の経済学的含意は、マーシャル『原理』の次の章句を念頭におけばわかりやすい。「……資本の供給は、資本を蓄積するために人々は展望的 prospectively に行動せねばならないという事実によって支配される。すなわち、人々は『待た“wait”』ねばならず、『貯蓄』せねばならない。彼らは将来のために現在を犠牲にせねばならない」(Marshall 1961, vol. 1: 81)。つまり資本蓄積は、マーシャルにとって、またピグー＝ラムゼーにとっても、「歌う」ことでなく「待つ」ことで果たされる。ここでいう「歌う」とは、将来に目的善があるとみるのではなく、今現在の自分自身を目的善とみて生きる、活動するという意味である。

以上の考察から、ラムゼー「貯蓄の数学理論」（一九二八年）とケインズ「わが孫たち」（一九三〇年）とが密に関連することは明らかであろう。前者の「ブリス」論は、後者では「経済的ブリス」論とよばれ、また前者の通時的功利主義は、後者ではエセ道徳原理とよばれた。

なお、一九二八年論文を『エコノミック・ジャーナル』誌に投稿したラムゼーと、当時の同誌の編集者ケインズとの間には書簡のやりとりがあり（*JMK*, XII: 784-9）、そこから、①ラムゼーが自覚的に「功利主義」に依拠したこと、②ケインズが、ラムゼーに論文内容を修正させようとしてラムゼーをティルトンにある自分の別荘に招いたこと（だが結局ラムゼーは論文のなかでケインズのアドヴァイスを紹介しながらも、それを明確に拒んだ）、③この書簡中のケインズの文章の一部（イギリスの資本蓄積がドレイク船長によるスペイン船からの金略奪に始まるという話）が「わが孫たち」にパラフレーズすること、が明らかである。さらに④「わが孫たち」の公表は一九三〇年であるが、それは二八年に書かれた原稿を土台にしていたこと、つまり二人の論文がほぼ同時期に書かれたこと、を付言しておく。

　ところで、将来より現在を優先するケインズの思想は何に由来するのであろうか。シュムペーターはかつて、「彼［ケインズ］には子がなく、その人生哲学は本質的に短期の哲学であった」（Schumpeter 1951: 275, 訳 387）と指摘した。ここには子をもたない人々についてのシュムペーターらしからぬ偏った見方があるようにも思われるが、しかし彼の言おうとした事柄は重要である。

　第一に、その根底には、ムーア『原理』第五章（特に第九四節）における、帰結の推論に対する極度の懐疑がある。ムーアは「遠い未来」についてはむろん、「直近の未来」についても帰結を洞察するのは困難とし、それゆえ規範論のうえでは（個々人が自分の頭で考えて行動するという）理性主義を斥け、常識道徳＝一般ルールの遵守を説いた。ケインズは『確率論』で、①ムーアのこうした懐疑を踏襲したが（「道徳的危険」論）、他方、②常識道徳＝一般ルールの遵守を拒み、独自の理性主義の道を選んだ。『確率論』の一つの課題は、この独自の理性主義を打ち立てることにあったとみられる（**2・2**）[19]。

　第二に、『確率論』よりもさらに遡れば、われわれはケインズの学部学生時代の論文「エドマンド・バークの政治学説（"The Political Doctrines of Edmund Burke," 1904）」に辿りつく。スキデルスキーは、「ムーアがケインズの倫理学面での英雄であるとすれば、バークは彼の政治学面での英雄であると主張する資格をもつと言えよう。ケインズがこれほどその存在を重んじた人物は明らかに彼だけであった」と述べ、その短期思想に関連して、ケインズのバーク論から次のような章句を紹介している（Skidelsky 1983：154-7，訳 252-6）。

「われわれの予言力はあまりに乏しく，遠い未来の結果に関するわれわれの知識は不確実である以上，未来のあてにならない便益のために，現在の便益を犠牲にすることはまったく賢明ではない。バークは，一世代の間の一国民の福祉を犠牲にして社会全体を貧窮に陥れたり，比較的遠い将来の想像上の千年王国 millennium の実現のために有益な制度を破壊したりすることは，正しいとはほとんどまったく言えないと適切に主張した。……将来のために過大な危険を冒すのではなく，現状のもとで共同体の福祉を確保することこそ，政府および政治家の至高の義務である」。「彼［バーク］の善はすべて現在形である。……彼は民族というものを，遠い未来の崇高かつ荘厳な善にむけて，血と炎のなかを進軍する存在とはみていない。彼にとって，現在の努力や現在の犠牲によって促進される……ような偉大な政治的千年王国などまったく存在しないのである」。

5　まとめ

本章ではピグーとケインズとの知的対立の第二局面を考察した。ピグーの着手した将来世代論はラムゼーの手でさらに発展させられたが，彼らを特徴づけた功利主義思想に対し，ケインズは独自の立場を崩さなかった。特に注目すべきは，ケンブリッジ経済学のなかに定常状態という古典派的要素が新たな意味あいをもって復活した点であり，ケインズはそれに独特の思想的意義と現実性を付与したのに対し，**10・1**でみるようにピグーにとってそれはあくまで理論上の擬制にすぎなかった。

両派の角逐のなかで，功利主義の是非，資本蓄積過程での人の生き方，といった経済学的・思想的なさまざまな問題が提起され、しかも個々の問題が互いに深く関連している。それゆえ両派の対立の母体的本質を追求すれば、これら個別の問題よりも高い観点、それらを包摂し総合しうる観点を求めざるをえない。それは何かといえば、哲学である。

当時ケンブリッジには、少なくとも二つの対立しあう思潮が存在した。シジウィック以来の伝統的立場と、ムーア主義以後の反伝統的立場とである。ピグーは前者、ケインズは後者の系譜に位置づけられ、二〇世紀初め以来の二人の対立の本質は「シジウィック＝ピグー」と「ムーア主義＝ケインズ」との間のそれであったと把握される。すなわち彼らの対立領域は、経済理論や政策論に限られず、哲学を含むところのより広い、いわば重層的な対立であった。この認識は、マーシャル以後のケンブリッジ学派の展開を、とりわけ「ケインズ革命」という事件に至る長い知的対立のストーリーを明らかにしようとするわれわれに、考察上の基本的フレームワークを与えてくれる。

例えば、ピグーとケインズが長期・短期をめぐる規範的議論で対峙した理由についての、従来の通俗的説明法は、もっぱら経済理論や政策論の側面からのもの、つまり「古典派対ケインズ派」という構図からのものであった。だが、かつては盤石にみえたこの説明も、経済理論や政策論におけるピグーとケインズとの連続性ないし共通性を明らかにすれば、おのずと揺らぐことになろう。ここでは、①雇用理論のうえで二人の間に連続性が存在すること、②政策論のうえでも、例えば大恐慌期に二人が共に公共事業政策を支持したこと（後述）、の二つを挙げることができる。そして、そこから生じてくる新たな謎はむしろ、こうした連続性ないし共通性にもかかわらず、なぜ彼らは激しく対立し続けたのかということである。

対立の当事者たちにとって、経済学の背後にある思想的問題は常に重要であった。この思想的問題意識は、時事的な経済問題とは無関係に、通奏低音のごとく常に流れている。だがむろん、「シジウィック＝ピグー」対「ムーア主義＝ケインズ」という構図ですべてを説明できるわけではない。特に戦間期の時事的諸問題については、当時の経済・社会状況にてらして考えねばならない。ただし前述の本書の立場からは、あくまで思想論が骨格であり、経済論をめぐる諸対立は努めてその周囲に肉づけされねばならない。われわれは次章以降でその作業に入り、知的対立の第三局面、すなわち「ケインズ革命」とよばれるものへの道程を示す。だがまずその前に、ピグー厚生経済学の幾つかの側面をより詳しく明らかにしておきたい。

第6章　厚生経済学とその周辺

前章までの考察により、ピグー厚生経済学の形成過程と（ケインズとの対比のもとで）その思想的側面に関する若干の知見がえられたので、本章以降の各章では、厚生経済学の「体系」の考察に進むことにする。

本章ではまず、われわれの厚生経済学の理解を大局的に左右すると思われる周辺の諸問題を個別に考察する。すなわち第1～4節では、それぞれ独立したトピックとして、社会主義論、民主主義論、公民的義務論、ロビンズのピグー批判、を順に考察し、最後に第5節では、厚生経済学「体系」の形成と展開を概観する。

1　社会主義論――マーシャル、ピグー、ケインズ

本節では、社会主義的諸政策に対するピグーの姿勢がマーシャルのそれよりもかなり積極的であったこと、そしてピグーのそうした積極的姿勢がケインズのそれと対立すること、の二つを論じる。これらの比較により、ケンブリッジ学派におけるピグーの位置は一層鮮明なものになろう。

労働階級の生活改善、さらには不平等是正のための再分配、これらの改良主義的な実践課題はイギリスにおいて、一九世紀のヴィクトリア期（特にミルの議論が有名である）には遠い理想にとどまっていたが、二〇世紀のエド

ワード期に入ると大衆政党たる労働党の台頭でにわかに現実味を帯び、戦間期にはその傾向がさらに強まって、財産没収的な階級立法の恐怖さえ語られるに至った。現実的かつ本格的な平等化の時代がここに初めて訪れたのである。

例えば、労働党が初めて政権をとるのは資本課税を公約に掲げた一九二三年末の選挙によってである（**7・3**）。当時の同党のマニフェストには、累進的な直接税中心の税制への転換（逆進的な間接税のウェイトをさげる）、年収二五〇ポンド以下の者の所得税免除、の二つが含まれた。これらが合わされば労働階級の多くは事実上ほとんど無税となる。これに対してピグーは「同党の掲げる建設的提案の大部分を受けいれる」と述べながらも、「課税なくして代表なし」（Pigou 1922i）という見地から党指導部に再考を求め、また「不幸にも現状では、何らかの科学的計画……により、この［平等化政策の利益と弊害との］バランスを達成する諸手段は、経済学者には未だ知られていない。すべてが雑で、曖昧で、試験的であり、計測の問題というよりも印象や感情の問題である。かかる状況下では、細心の注意を払いながら一歩ずつ進むことが、明らかに労働党の責務である」（1922j）とゆるやかな改革を求めた。

ピグーの社会主義への態度は、漸進的であって革命的なものではない。だが彼はマーシャルと比べれば、①平等分配、②主要産業の国有化、のいずれの点でもより積極的である。例えば、両者の政策論上の差異を検討したAslanbeigui（1989）は、ピグーが「非マーシャル的」、しばしば「反マーシャル的」でさえあるとしている(1)。ただし両者を比べるさい、比較の軸たる社会主義そのものがこの時期にその性格を変貌させたことにも配慮せねばなるまい。ピグーは社会主義を「私的利潤の排斥」と「生産手段（人間以外）の集団所有」との二要素によって定義したが、ロシア革命を境に「中央集権的計画経済」という第三の要素が新たに加わったと指摘している（Pigou 1937a: 6）。つまり、初期のマーシャル(2)と後年のマーシャルとでは、社会主義に対する姿勢が変化した可能性、あるいはマーシャルの姿勢ではなく社会主義そのものが変化した可能性もあるのだが、それでもなお先ほどの①②は十分に主張できる。以下では『マーシャルと現代思想』（Pigou 1953a）——同書にはマーシャルの政策論に関する回顧的考察が含まれる——に主に依拠しつつ、それらを順に検討する。

まず①、すなわち平等分配について。ピグーによればマーシャルは平等化政策の必要性を認めていた。問題はその程度である。マーシャルにとって平等化には二つの弊害があった。第一に経済成長の鈍化である。貧者には蓄積する余裕がなく、蓄積はもっぱら富者に依存する、つまり資本主義的蓄積それ自体が不平等を前提しているからである。この見方は何ら珍しいものではなく、ケインズも第一次大戦以前のイギリスについて同じ見方をしていた。「……富の不平等こそが、あの時代を他のあらゆる時代と区別する、固定的な富と資本改善とのあの膨大な蓄積をまさに可能にしたのである。資本主義体制の正当化の主要根拠は実にこの点にあった」。「……あの膨大な蓄積は、富が平等に分配された社会ではけっして起こりえなかったろう」（*JMK*, II：11-2）。[3] だがピグーは、今日ではこうした見方は古くなったと言う。株式会社が現れ、広く薄く資金を集めうる点、株式会社は（借り入れではなく）自身の内部留保から資金を捻出できる点、経済全体に占める公共投資の割合の増加などをふまえれば、従来以上の平等化推進が可能だからである。

第二の弊害は、産業活動（企業精神や発明）に与えるディス・インセンティヴ効果であり、これに関してはマーシャルもピグーも共に、学問や芸術の領域では金銭動機が二次的であることをふまえ、産業界にもこの傾向が及ぶことを期待していた（Pigou 1953a：55-7）。特にピグーは、ソヴィエト共産主義における「スポーツ精神の産業への導入」あるいは「勤勉な生産への一つの刺激としてのスポーツ動機、すなわち共産主義的競争 *communist emulation*」など、非金銭的な動機づけの発展可能性に大きな関心を抱いており（1936c：92, 96；1937a：100）、『社会主義対資本主義』では、労働インセンティヴに関しては、資本主義経済よりも社会主義経済の方に軍配を上げるほどであった（1937a：101）。

以上のことからピグーは、平等主義に対するマーシャルの立場は両義的、すなわち原理上は高度な累進課税を必ずしも否定していないが、実際上はそうしたものを認めるか否かは不明と判定する。一方ピグー自身はそうした累進課税を説いている（特に**7・4**）。

次に②、すなわち産業国有化論について。ピグーはマーシャルの「経済騎士道の社会的可能性」から次のような厳しい章句を引用した。「中央政府および地方政府の諸部門は……高給をとる幾千人もの公務員を抱えているが、何らかの重要性をもつ発明は彼らによってごく僅かしかなされなかった。しかもそれらのほとんど全部が、W・H・プリース卿のような、公務につく以前に自由企業で徹底的に訓練された人々の働きである。政府はほとんど何も創造しない」（Marshall 1907：21）。マーシャルにとって、経済進歩の理想的担い手は小規模の個人企業であり、それは株式会社よりずっと優れた企業形態――生産の視点のみならず人間性の視点からも――であった。航空機やレーダーなどの戦時中の国家的創造力でさえ、この一九〇七年論文の考えを変更させるに至らなかったであろうし、マーシャルが国有化に懐疑的なのは明白である、とピグーは回想する（Pigou 1953a：59-61）。

一方ピグーは重要産業の国有化を説いている。「……この国の運命を定める力が私にあるならば、私はさしあたり資本主義の一般構造を受けいれるが、それを漸進的に修正するであろう。私は、累進相続税と累進所得税という武器を……われわれの今日の文明を醜くする、富と機会とのまぎれもない不平等を減らすという賢明な目的に用いるであろう。私は……すべてのうちで一番重要な投資が、人民の健康、知性、性格へのそれであることを忘れないであろう。私の政府のもとでこの分野に『倹約』を唱えることは、犯罪的行為であろう。公益に関わるか、あるいは独占力をふるいうるすべての産業は、少なくとも公共の監督と統制に服することになろう。その幾つかは、すなわち武器製造業は確実に、炭坑業もおそらく、鉄道もできれば、国有化されよう。……もしすべてうまくゆけば、重要産業国有化の歩みを一歩ずつ推し進めよう」(1937a：137-8)。

以上①②より、ピグーの社会主義的政策への関心がマーシャルよりも強いことは明白であり、また当時ピグーが周りからそうみられていた可能性も高い。例えばピグー自身、次のように述べている。「豊かな個人が［その寄付金により］大学の財政に影響力をもつ場合、彼らは経済学の教授を、科学的理由からではなく、その著作物が資本の利害に反する影響を及ぼすように彼らにはみえるので、辞めさせようと促されるであろう」(1923a：33)。さらにその後も、「大学が社会主義者の犬に導かれ」、「ケンブリッジの経済学者がその科学的信託を濫用している」という『タイムズ』紙上でのある告発に対し、ピグーは「ケンブリッジ大学では教員を任命するさいに、その政治的見解を問わない」と反論している(1926b)。

とすれば、一九世紀的資本主義への信頼がゆらぎ、社会主義かファシズムかと問われた戦間期イギリスの雰囲気のなかで、ピグーが「漸進的社会主義」を模索したのに対し、ケインズが独自の「個人主義」の道を模索したという把握の仕方は、一定の真理を含むのではあるまいか。すなわち、ケインズは『自由放任の終焉』(一九二六年)で一八世紀以来の政治思想の系譜を次のように定式化している。

I　ロック＝ヒューム＝ジョンソン＝バークの「保守的個人主義」の系譜

II　ルソー＝ペーリー＝ベンサム＝ゴドウィンの「民主的平等主義」すなわち「功利主義的社会主義」の系譜

III　経済学者によるIとIIの融合

ケインズはIを支持し、IIの功利主義的系譜を批判した。「それ［II］は長い不毛の論争の末に出現し、しかもずっと論破され続けてきた詭弁を弄し、これまで切り抜けてきたものである。この流れが第一の流れ［I］を駆逐したのではない。それと混じりあったのである」(*JMK*, IX：274)。彼によればIとIIを奇跡的に融合させたのが経済学者であり、これがIIIを形成し、そのさいに不可欠の役割を担った主要原則が「自由放任」原則である。ゆえにこの原則が無力化する時代（自由放任の終焉）にはIとIIの対立が再燃する。すなわちケインズの意図は、かつて経済学者によって曖昧模糊とされたI、すなわちバークで頂点に達した保守的個人主義の系譜を純化再生させること、またそのための国家機能の再規定、にあるとみられる。

最後に、ピグーの立場について以下の三点を補っておきたい。

第一に、「ウェッブ夫妻のソヴィエト共産主義論」（Pigou 1936c）について。これはウェッブ夫妻の『ソヴィエト共産主義――新たな文明』への論評である。ピグーは中央集権的計画経済の理論的可能性を承認しながらも、その実際的成功についてはまったく懐疑的であったが、「単なるモノではなく、人物を作ろうという国家的努力」などのソヴィエトのさまざまな良い面を認め、経済効率の問題は「二次的」重要性しかないとしている。これは、厚生が最も重要であるから、経済成長や効率は唯一の判断基準ではないという意味である。一方ソヴィエトの科学振興政策に関してピグーは、『マルクス＝レーニン主義自然科学雑誌』に書かれている「われわれは数学において党を代表し、……またわれわれは外科医学において、マルクス＝レーニン主義の純粋性を代表する」といった立場や「漁業における唯物的弁証法」といった論考などに言及し、こうした思想統制が「人間精神への恐るべき束縛」であると強く批判している（pp. 93–6）。

第二に、ピグーとハイエクが親しかったことは**1・4**でも述べたが、二人の交流は第二次大戦中に一層深まった（Kresge-Wenar 1994：137, 訳 173）。ピグーはハイエク『隷従への道』（一九四四年）を、「学術的かつ良心的な書物」であると同時に「［母国を侵略されたハイエクの］個人的書物」とみなし、次のように評した。「国家本来の機能に関するハイエク教授自身の見解は、リベラルなそれである。すなわち『われわれは社会の自発的諸力を最大限活用し、強制に訴えることを最小限にすべきである』と。だがむろんこれは、政府が何もすべきでないという意味ではない。逆に政府は多くの課題をもつ。何よりもまず、これらの力を有益に作用せしめるように法体系全般を整え、維持せねばならない。それが不可能であるならば、例えば私的計算に入らない諸項目があり、それらが社会的厚生と著しく相反するさいには、政府は直接介入せねばならない。また、理にかなった最低生活条件をあらゆる者たちに確保せねばならない。また、競争相手の排斥と生産の制限とをめざす独占的諸団体による社会収奪を防がねばならない。これらはハイエク教授が非難する計画ではない……。かくして彼の一般的姿勢は、マーシャルのそれと非常に類似している」(Pigou 1944 : 217)。さらにピグーは、①ハイエクが批判した社会主義とは「中央計画」ないし「コレクティヴィズム」である点（他の形態の社会主義もありうる）、②ハイエクにとって「自由」こそが目的善であった点、を指摘した。

第三に、本節での議論は、ピグーが労働党を支持したか否かとはまったく別次元のものである。ケインズとは対照的に、ピグーは自分の支持政党を一切公言しなかった。「研究者はけっしていかなる党派にも属してはならない」というマーシャルの警告は（Pigou 1925a : 89)、ピグー自身の警告でもあったに違いない。政治家に都合のよい議論をすれば「ケンブリッジの大学者」と賞賛され、その逆の場合には「単にアカデミックな理論家」と一蹴されるのが政治の世界であると、ピグーは自分自身の苦い経験を語り、また次のようにも語っている。「若い人にとって、国政に参与したいという野心は自然なものです。自分の経済学上の見解を、一つの政党、あるいは他の組織の政策に合致……させようという誘惑があります。保守党経済学者、自由党経済学者、労働党経済学者は、形容詞のつかない経済学者よりも、華やかな舞台にのぼるずっと多くの機会をもちます。けれども、その誘いにのるのは研究者にとっては知的犯罪なのです」(1935a : 9–10)。

一九三七年の『社会主義対資本主義』もまた、「何らかの政治的綱領を弁護したり、あるいはそれに反対する立場をとることは、学究的経済学者の任務ではなく、その能力の範囲内のことでもない」と序文で述べられたように、ピグーにとってはあくまで非政治的な学術的著作であった。同書については次のような指摘がある。「ユニオンの元会長［ピグー］は、政治への関心を保持していたが、党派的人物ではまったくなかった。小著『社会主義対資本主義』が社会主義擁護論として何人かの者たちから喝采されたとき、彼はいささか驚き、政治世界の策略とごまかしを軽蔑した」(Saltmarsh & Wilkinson 1960：14)。次節でみるように、彼は政治をあまり信用していなかったのである。

2　政治過程論

経済政策の提唱は本来、①政策理論、②政治過程論、の二つを前提するはずである。そして近年の政策論議を特徴づけているのは、いかにして政策が立案されるのかを問う冷徹な現実論たる②への関心の高まりであり、そのさい「政治過程 political process」という言葉はほとんど常に、政治家や官僚に対する不信を伴って使われている (Mankiw 2003：389-91, 424)。この問題意識は、**1・3**でみたように「哲人王」の幻想性としてピグーにもみられる。民主主義政体に対する彼の認識が、実は彼のさまざまな政策提言に深く影響を及ぼしていたのである。

二〇世紀前半のイギリスでは、「民主主義」の語と「社会主義」の語とはある程度重なりあっていた。というのも、最終的に一九二八年の成人男女普通選挙に結実する参政権の拡大（一八六七年、一八八四年、一九一八年、一九二八年）は政治過程の労働大衆への依存度を高めたが、当時の文脈ではしばしば、「主権在民」とはすなわち「主権、労働者に在り」を含意したからである。この大衆の発言力は、とりわけその組織化によって、すなわち労働党の台頭と歩調を合わせて、急激に高まってゆく。この意味では、民主的大衆社会のもつ潜在力が本格的に発揮されたのは戦後の一九二〇年代以降である。それは、戦時中の彼らの国家への貢献によって勝ち取られたものであった。一九一八年ならびに二八年の選挙法改正が一体いかなる社会変革をもたらすのかは、戦間期において未だ定かではなかった。

さて、初期ピグーには、経済学と政治学との関係を扱った二つの小論文、すなわち「経済理論と政治理論との類似性」(Pigou 1902b) と「政治科学と経済科学との統一」(1906b) がある。両論文のタイトルからおよそ伺えるように、ピグーはこの姉妹論文を通じて、経済学と政治学との方法論的共通性を考察している。より具体的に言えば、経済学でいう消費者主権と政治学でいう国民主権との類似性が説かれ、この類似性が、「需給の相互作用」と「長期・短期の区別」という二つの視点から考察された。以下ではまず、その概要をみておきたい。

ピグーによれば、人々の多様な願望は、自由経済世界では「購買力 purchasing power」を通じて、また民主的政治世界では「投票力 voting power」を通じて、「有効需要 effective demand」となって現れる。そして社会的な有効需要は、個々人のそれが合成されて生まれるが、その単純な総和ではない。なぜなら、①経済世界には消費外部性があり、また②政治世界にも「議会 assemblage of persons で生みだされる主張と、会に集う個々人の主張の総和とはまったく異なる――ときには良いものに、ときには悪いものになる――であろう」という問題がある[4]、からである (1906b : 373-4)。

さらに、政治と経済のいずれの世界でも一般に「需要が供給を喚起する」ので「供給は常に需要のあとに遅れてやってくる」が、経済世界では供給が連続的に生起するのに対し、政治世界ではそれが間隔をあけて不連続に生起する。なぜなら、①政治世界で供給される「法」は、「通過するか否決される」か、つまりオール・オア・ナッシングという供給方式であり（経済世界で供給される財・サービスではそうした供給方式は例外である)、また②「法」の生産者たる政治家を決める選挙、ないし参政権を拡大する選挙法改正が、日々連続的になされるのではない（経済世界では貨幣という投票券で常に連続的に選挙がなされる）、からである。「政治世界では、カースト制度的な性質を帯びたあらゆるもの、統治を行う家系 governing families への伝統的敬意、長期にわたる議員の任期は、……（供給体制の調整に要する）時間を大いに延ばす」。それゆえ政治世界の調整は、経済世界の調整に比べて急激なものとなりがちである（pp. 374-5）。

また、政治家と大衆との関係について。大衆は参政権を行使して政治の大局を決するが、逆の関係もある。すなわち短期的には、政治家による指導力や説得、成立せしめられた法が「人民の意志 will of the people」を変化させる。「短期の視点からは、特定の大臣たちの個人的資質が一般に立法過程での支配的要因となるであろう。それはちょうど、経済学において、しばらくの間は、一時的市場操作が正常価値を支配する深遠な要因を上回る重要性をもつのと同じである。だが内閣の意志 will of the Cabinet は現実の立法過程を決める主要因であるとはいえ、その内閣の意志自体が、それよりもゆっくりと変動する人民の意志に依存していることは、まったく明らかである。市場の供給が正常な供給から乖離してその周辺をゆれ動くのとまさに同じで、内閣の意志は人民の意志から乖離してゆれ動くかもしれない。しかし前者は、後者と固く結びついており、常に後者に引き寄せられる。その［内閣の意志の］変動が、ある特定の軸［人民の意志］の周囲のみに限られるのは、波の動きが海面の正常水位に制約されるというミルの対比とまさに同じである。内閣の意志がしばらくの間、人民の意志から大きく離れても、次の選挙ののちに内閣の人員は変わる傾向があり、前者は再び後者と一致せしめられる。……もし立法の一般的趨勢ないし長期的価値という広い視点に立っているならば、われわれが注意を集中せねばならないのは、前者ではなく後者である」（1902b：276）。

だが実際上、人民意志という緩慢で目立たない長期的作用は、機敏で目につきやすい短期的作用によって常に攪乱される。「……一般に、長期的諸力は変化を被りやすく、それが秘める影響力全部を出し尽くすことがない[5]」。そのため、いわゆる「実際家」は短期しか考えようとしない。同様にして経済学においても、「……真に分配問題の困難に立ちむかう著作は僅かな読者しか見出さず、一方、簡単で短く、わかりやすい誤った説明は熱心に熟読され、科学のお告げとして非常に注目される」(p. 275)。しかしピグーの立場では、文明の未来、人間性のゆくえを見通すには、長期的諸力こそが一層注目されるべきなのである。

以上のことから少なくとも次のように言えよう。すなわち、①上からの力と下からの力との相互関係については、短期的には上からの力が重要、長期的には下からの力が重要であり、ゆえに政治や経済の長期的ゆくえを決するのは「人民意志」すなわち大衆であること、②経済的変動に比べて、政治的変動は激しいものになりやすいこと、である。彼は来るべき大衆社会を予感していたのかもしれない。

ほかにも、次の二つの議論は注目に値すると思われる。第一に、供給が需要に先行するケースとして、経済世界での「宣伝」と政治世界での「扇動」とが、一対のものとして扱われている(1906b：378)。

第二に、「完全な産業的・商業的自由」と「完全な政治的自由すなわち純粋民主主義」との限界が論じられたことである。すなわち、(経済世界でも政治世界でも)「自由にしておけば各人が自分の利益を最も促進するから、それゆえ自由にしておけば全員が全体の利益を最も促進する」という自由放任＝最大満足の学説は、「二つの科学においてそれぞれ同じように失敗する」(pp. 379-80)。

失敗する理由は次の二つである。第一に、利益 interest という語は曖昧である。「利益という語で彼自身が事実として欲するものを意味するならば、個人が自分の利益の最良の判定者であるというのは真実かもしれない。だが彼が、自分の欲すべきものの最良の判定者であるというのは真実でない。この点は故シジウィック教授によって見事に論じられた。……それゆえ、たとえ各自の自由が全員の願望の最大満足を導くにせよ、それが最大の善ないし本当の満足を導くことにはなるまい」。これは、現実に観察された消費者の行動からその効用関数を導きうることを示すいわゆる「顕示選好理論」を、実証的文脈に限って認め、規範的文脈では拒否するという含意をもつであろう。第二に、経済世界では富者と貧者とで貨幣の限界効用が異なるので、有効需要を形成する購買力は、たとえ同一貨幣額であっても同一強度の願望を表さない。一人一票の政治世界ではこの問題はおきないが、「しかし市民の間での気質の多様性による不調和が残る。ある特定の『法』をほんの少し願望する者の需要と、それを大変強く願望する者の需要は、同じほどに有効である。また多数派の反感は、それが単に多数であるというだけで、少数派の側のずっと強い願望を無効化するかもしれない」(pp. 379–80)。

ところで大衆は一九二〇年代において、政治の帰趨を決しうる主人公となった。そこでは、大衆、政治家、知識人（経済学者を含む）の三者関係が時代の問題とならざるをえない。例えばケインズは一九二五年の『私は自由党員か』で次のように述べた。「その［経済問題の］正しい解決には、幾分無教養な投票者大衆の頭上を遥かに抜き出ていなければならない、知的で科学的な社会構成要素［たる人々］を必要とする……。今日の民主政治のもとでは、どの政党も同じように、この理解力に乏しい投票者の大群に依存せざるをえず、またどの政党も、あなた方の利益を助長するつもりですとか、皆さんの熱情に沿うつもりです、といった月並みな説得法でこうした投票者から信頼をえられない限り、政権をとれない」。「階級戦争がおきれば、私は教養あるブルジョアジーの側に立つであろう」(*JMK*, IX : 295–7)。

政治家と大衆との関係についてはすでにみたが、知識人と政治家との関係はどうであろうか。知識人も政治家も共に社会的リーダー（上からの力）の範疇に含まれるであろうが、これら二集団は異なる存在である。

ケインズに関してしばしば用いられる「ハーヴェイ・ロードの前提」という言葉は、政治家や官僚による理性主義的政策運営の意味で用いられることが多いが、むしろ知識人が彼らをコントロールする点に本質があると思われる。「彼［ケインズ］にとって政府関係者は低級な種類の人間で、彼らの役割は本質的に従属的なものであった。

たとえ人民の投票によって選ばれたにせよ、政府が社会のために価値判断を行うのを任されるべきであるという考えは、彼にとって呪わしいものであった」(Harrod 1951：191-2，訳 221)。またハイエクは晩年のケインズとの最後の会話を次のように回想している。「私［ハイエク］は、ロビンソン夫人とカーンとが貨幣政策の分野でしていたことに言及した。彼は笑いだし、こう述べた。『彼らはまさに愚か者なのです。あなたも知るように、私の着想は一九三〇年代には大変重要でした。そこではインフレと闘うことは問題にしていません。ですがハイエクさん、私を信じて下さい。私の着想は古くなりましたが、私は世論を変えてみせましょう、こんな風にね（と彼は指を弾いた)』。六週間後に彼は死去したが、［生きていれば］彼はそれをしたであろうと私は思う」(Kresge & Wenar 1994：92，訳 94)。ここには知識人の役割が端的に描かれている。世論を扇動することで、政治家や官僚を間接にコントロールするというそれである。

逆にピグーは、第一次大戦後、政策アドヴァイザーとしての経済学者の力に深い失望を感じていた (Hutchison 1953：284n，訳［下］9n；Johnson & Johnson 1978：176-7，訳 207-8)。「いかなる産業においても、そこで利己心が自由に働くと、投資される資源量が国民分配分を最大にするのに必要な量と異なるようになると信じられるならば、一見したところ公的介入のためのケースが存在する。だが、有益な介入を果たすために政府要員［政治家や官僚］が持つことを期待される資質を考察するまでは、そのケースは一見したところのケースでしかありえない。その不完全な［市場］調整……を、経済学者が机上で想像するような最善の［公的］調整と対比するのでは不十分である。その理想を達成すること、あるいは全力で追求することさえ、いかなる公的当局にも期待できないからである。かかる当局は等しく、無知、党派的圧力 sectional pressure、私益による個人的腐敗に傾きやすい。声高な一部の有権者たちが投票のために組織されれば、容易に全体［の利益］を圧倒するであろう」(*EW* 第 4 版：331-2)。

これとほぼ同じ章句は、『厚生経済学』初版 (pp. 295-6) のみならず、『富と厚生』(*WW*：247-8) にも共通して見られる。しかもこのいずれの著作でも、その章句のあとには、米国のある報告書からの次のような厳しい指摘が引用される。「『市営推進論者によって提案される新たな企ては、商人や建築業者や設計技師などとの何百万ドルもの規模の取引をもたらし、しかも重要な仕事を何百も増やして、何万もの役人の追加的雇用をもたらす。政党の指導者は、後援の増大の分け前をえるであろう』」。とすれば、この一貫した政治不信が、ピグーの実際の政策提言を幾らか左右したはずである。

一九三九年の王立経済学会での彼の講演は、ついに再びの戦争を回避させることのできなかったそうした無力感の極致を示すものと言える。経済学は果実を求める学問であるから、結局その「目的」は善き社会にむけての政策提言にあり、これをうけて「哲人王」たるべき政治家は行動すべきである。だが「現実はこの夢から何と異なることであろうか！　現実の政治家と哲人王とは何と異なることであろうか！」（1939a：220）。この認識こそが、理性主義的ないし裁量的な政策（管理通貨や国債発行など）への彼の慎重さを生みだす大きな一因なのである。それゆえ、ある政策の実施をめぐってピグーとケインズが対立したとき、その対立の原因が経済理論的次元にあるのか、それとも前述のような実務的次元にあるのかを見定めねば、真相を見誤るであろう。例えば、ピグーが主に後者の理由から金本位制度への復帰を支持したことを、**8・4**でみるであろう。

大衆迎合的な経済学者に対して、ピグーは次のようなマーシャルの警句を引用した。「社会科学研究者は大衆うけすることを恐れねばならない。皆が彼らを褒めるときにこそ、害悪が存在する。……研究者が自分の生きる時代にあって、真の愛国者となり、愛国者としての名声をえることはほとんど不可能である」（Pigou 1925a：89）と。

また政治家の下僕に堕した経済学者に関して、ピグーは、政府内で重要な地位にいた高潔な友のエピソードを語った。「政府はある問題の究明を望み、そして私の友人は、彼のもとに属したある経済学者に、その研究に着手するように依頼しました。するとその経済学者はこう返答したのです。『了解しました。で、その件ですが、政府が私に見つけだして欲しい答えをお聞かせ下さいませんか』と。ここには書けない言葉を沢山投げつけられ、その経済学者が部屋から追い出されたことを皆さんに語る必要はありません。むろん政府要員である経済学者とは、元来、大臣の求めに応じて、大臣がすでに――おそらく議論もなく――決定した諸政策に都合のよい議論を作りだすものです。それが彼の仕事、ときには苦しい仕事なのです」(1952a：83)。

以上のことから、ピグーは「ハーヴェイ・ロードの前提」とはかけ離れた位置にあったと言えよう。彼は、自由経済のもとで政府が果たすべき役割を体系的に考察し、厚生経済学という一つの政策論分野を確立したとはいえ、上からの力を過信していたわけではない。むしろ彼の政策論議は不信や無力感と表裏一体であり、換言すれば、「市場の失敗」と「政府の失敗」を比較し、そのうえで公的介入の実際的必要性が慎重に判断されたのである。

さて、次節では下からの力、すなわち市民的能動性に関するピグーの議論をみることにしよう。

3　市民的能動性――「貨幣の私的使用」と「雇用者と経済騎士道」

ピグーのめざす福祉社会では、市民は公的サービスの単なる受益者ではけっしてない。本節ではその例証として次の二つの論文、すなわち(I)「貨幣の私的使用」(Pigou 1922e)、(II)「雇用者と経済騎士道」("Employers and Economic Chivalry", 1923a：Ch.2)、を順にみてゆく。

(I)では、厚生経済学の「三命題」を実現するために、貨幣をもつ一人一人の市民は何をなすべきかが論じられている。ただし社会的な義務全体ではなく、貨幣の私的使用（使途）に関する義務のみが対象である。ピグーはそこで、「経済学は一つの実証科学であり、規範の集まりではないが、経済学者はいわば非公式の力能によって、[6] しばしば政府の義務［政策］を論じている。私はこの論文で経済学者があまり試みない事柄を扱おう。すなわち私的個人の義務を論じるのである」（1922e：452，傍線追加）と述べたが、こうした議論はいわばマーシャル経済騎士道（それは主に生産者に関するものであった）の消費者版とみることもできる。

貨幣で直接買えるのは、商品であり厚生（最高目的）ではない。「だが最高のものを買えないにせよ、最高のものはその土台として、安楽や体面といった明らかに低次の善のほかに、若干量の経済財 purchasable things も必要とする。……善き生活という花は、貧窮の妨げのもとでよりも、こうした適度な物質的条件の土台のうえに容易に咲く。貨幣は下僕にすぎないが、それなしではわれわれはほとんど何事もなしえない下僕である」（p. 453，傍点追加）。

さて、理想上、「われわれは行動指針として、われわれ自身の利益を、同じ大きさ・確実さを有する他者の利益よりも重視する権利をもたない」けれども（**5・2**でみたシジウィックの合理的仁愛の原理）、実際上、われわれはこれよりずっと低い理想で満足しており、他者の利益に少しでも配慮すれば、例えば少しでも寄付などすれば、周りから賞賛されるのが常である。だがわれわれは、自分たちの貨幣の使用がもたらす社会的帰結にもっと配慮すべきではなかろうか。「その行為によってもし誰かほかの者が大きな利益をうけるならば、われわれは自分自身をほんの少し傷つける義務がある」のではなかろうか。あるいは、たとえ他者の利益を十分の一に割り引いて考慮するにすぎないにせよ、もしそれが本当であり、言葉だけでないならば、われわれの経済行動は若干ながら変更されるはずである（p. 452）。

以上のような問題意識から、ピグーは可処分所得の私的使用を、(i) 贈与、(ii) 貯蓄、(iii) 消費、の三範疇に分け、順に検討してゆく。すなわち、われわれは自分の所得をどのように配分し、またそのさいに何に留意すべきなのであろうか。

(i)「贈与」について。富者は、彼らが豊かである（厚生の実現に不可欠な富を多く支配している）というその事実自体により、貧者への道徳的義務を負う。政府は課税などによって、富者にその義務の一部を果たすことを強制できるが、それが経済活動を抑制するかもしれないという懸念のため、その義務の全部を果たすことを強制できない。だから富者には「贈与」という自発的活動の余地がまだ残されている。所得のうちどれだけを贈与にふりむけるかは、本人およびその家族の事情、他者の利益を尊重する度合いなどによるが、結局は本人の自由意志による（p.453）。

ピグーは次のような贈与の三原則を掲げた（pp. 453–5）。

第一に「建設的 *constructive*」であること、すなわち一時しのぎの救済ではなく「新たな生活の開始」を目的とすることである。特に子どもは、その力を将来に開花させるべく慎重に扱われる必要がある。なお、ここでいう力とは、産業目的に合致した人材ないし人的資本となる力だけでなく、「楽しむ力 capacities of enjoyment」も含む。(7)

第二の原則は「協同 co-operation の精神」である。ピグーは学校に関する事例をあげ、学校と母親との精神的分離を戒めた。すなわち彼女は、自分がしなくても学校がしてくれるという思いから一方的な「受益者」の地位にとどまるかもしれず、あるいは逆に学校側の介入を敵視するかもしれないと。

第三に「友愛 friendship のコミュニズム」。贈与は、上から下へという形ではなく、「友から友へ」という形でなされねばならない。貧者の「友」となることが、最上の贈与方法の一条件である。もしわれわれ自身にそれができなければ、貧者の「友」である誰かほかの者を通じて贈与すべきである。さもなければ、助けられることが「恥」の感情を生む。なお、ここでの叙述には、「ソクラテスよ、私もあなたの祈りに加わらせて欲しい。というのも、友とはあらゆるものを共有する者であるから」といったような、おそらくはプラトンからとみられる引用が複数みられる。

(ii)「貯蓄」について。これは二段階の局面——まず①貯蓄量の決定、次いで②貯蓄内容の決定——からなる。①では、「貯蓄増→資本増→資本・労働比率上昇→労働の限界生産性上昇→賃金増→労働階級の実質所得増」(**5・2**) という理論的推論を根拠とし、私的最適額よりも多めの貯蓄が推奨される。

②では、もし銀行預金などの形で貯蓄すれば（いわゆる間接金融）、われわれは企業経営を左右する力を行使できないが、もし株式購入などの形で投資すれば（いわゆる直接金融）、われわれは一国の「生産力」をある程度方向づけうるとされる。例えば、ある種の企業に投資すれば、治安の悪化をもたらして警察予算を一層増加させよう。環境に配慮する企業に投資すれば、われわれはその努力を支援できよう。また**1・6**でみたような「金融家」に投資すれば、国際摩擦や軍拡競争を促してしまう (pp. 455-6)。

(iii)「消費」について。これも右と同じく二段階——①消費量の決定、②消費内容の決定——からなる。①では、先にみたように貯蓄は私的最適額より多めがよいので、当然、消費は私的最適額より少なめがよい。だから問題は②に絞られる。

②では「贅沢 luxury」が推奨された（この語が、①ではなく②の意味で用いられる点に注意）。「……われわれの消費額がすでに決定されているならば、いわゆる贅沢品は……公的観点からみて悪い支出対象であるとみる必要はない。実際、われわれはそれらを買うことで、貧者とではなく富者と競合し、それらの財の多くは税によってその価格が幾分上昇しているから、むしろそれらはまったく善い支出対象である」。すなわち、富者が必需品の代わりに贅沢品を購入すれば、必需品の需要減少によりその価格は下がり、貧者の実質所得は増加するであろう。また税のかかった贅沢品の購入は、税の支払いを通じていわば国庫に寄付をするのだから推奨されるべきであり、逆に、補助金で価格の下がった必需品の購入は控えるべきである (pp. 457-8)。

さらに、先ほどの貯蓄の場合とまったく同様に、外部性や、どんな生産者を育てるべきかという点も考えねばならない。ピグーは多くの事例を挙げたが、ここでは二つ紹介するにとどめる。第一に、「良好な［労働］環境が整えられ公正な賃金が支払われていると判明した店や工場から選んで購入する」ことで、われわれは「経営者による労働者の正当な扱いを奨励」できよう。消費者は、商品がどこでどのように製造されたのかを知ることは困難であるかもしれないが、消費者組合[8]の発行する「ホワイト・リスト」はその参考となる。第二に、われわれが消費のタイミングを工夫すれば、雇用変動は僅かながら抑えられよう。季節変動に左右される財、例えば「社交シーズンのドレス」は、もしその確実な必要性が予めわかっていれば、繁忙期を避けて注文することで雇用は安定する（p. 459）。

以上が「貨幣の私的使用」の概略である。その意義は、消費者経済論とでもいうべき議論を通じて市民的能動性の発揮を賞揚し指導する点にあり、当時にあっては比類のない、まことに経済学者らしいヴォランティア論と言える。また特に、(ii)と(iii)がいずれも二段階に分けて捉えられたことは、いわば有効需要の量だけではなくその内容にも踏みこむものであった。

次に(II)、すなわち「雇用者と経済騎士道」について。これはピグーが経済騎士道について詳しく述べている唯一の文献である。

前述の「貨幣の私的使用」と次にみる「雇用者と経済騎士道」は、形式的にも内容的にも一対の姉妹論文とみなせる。形式的には、前者は『応用経済学論集』（Pigou 1923a）の第一章、後者はその第二章をなす。また内容的には、前者は貨幣所有者の義務を主題とするが、たとえ等しく豊かな二人の人物がいたとしても、一方が労働者で、他方が雇用者である場合、これら二人の社会との関わり方は大きく異なってくる。とすれば、市民的義務論を拡張するには、貨幣面のみならず雇用面にも目を向ける必要があろう。人を雇うという地位そのものが、雇用者に（単なる富者としての義務とは異なる）特殊な義務を課すのである（pp. 14–5）。

「雇用者と経済騎士道」は大きくみて、①なぜ雇用者に特殊な義務が課せられるのか、②その義務内容はいかなるものか、という二つの議論からなる。これらを順にみる前に、予め二つの事柄を指摘しておく。一つは、「義務」という規範的概念についてピグーは、「私は幾つかの難しい問題を割愛し、シジウィックが常識道徳 morality of common sense とよぶレベルに立つ」(p. 13) と述べ、この論文での自分の倫理学的立場を示した点である。もう一つは、従わねば社会的に非難される義務と、従わずとも非難されないが従えば賞賛される義務が区別された点である。前者は「工場法」その他の最低限ルールの遵守、より一般的に言えばいわゆるコンプライアンス（法令に則った企業活動）に関するもので、後者は最低限を越える積極的改善に関するものである。ピグーの主題は後者、すなわち「より高い義務」の方である (p. 14)。

さて、まず①、すなわち雇用者に特殊な義務が課せられるのには二つの理由がある。第一に、労働する人間が雇用者に対して「ある非常に特殊な依存関係」におかれるという事実である。労働者は生活時間の大部分を、雇用者の管理する環境で過ごす。「実に、彼ら［労働者］の目覚めている時間のおそらく半分以上が、彼らの雇用者がおおむね管理している諸条件に緊密に依存している」(p. 13)。ゆえに雇用者は、労働者の福利を最も効果的、成功裏に高めうる特殊な立場にある。ピグーによれば、外部の人々（その地域の慈善団体など）はたとえ労働者の福利に強い関心をもつにせよ、必ずしも雇用者ほどには職場の内情に通じていない。職場条件を整えるうえで、「雇用者は、非常に大きな費用をかけてすら他の人にはできないことを、少ない費用で大きな成果を生む力をもつ。労働の雇用者に特殊な義務が課せられる第一の理由は、彼らがその立場上、特殊な機会をもつことにある」(pp. 15–6)。

第二の理由は、福利厚生が利潤を高めるという一定の傾向である。例えば、当局が都市景観の改善のために公費を投じれば、地価の上昇を通じて地主に利益を及ぼすのと同じで（ゆえにピグーはその費用の一部を受益者に負担させることに賛成する）、地域の慈善活動によって労働者の生活が改善すれば、労働効率の上昇を通じて地域の企業は外部経済の恩恵に浴するであろう。ゆえに企業は、地域に対して一定の社会的責任を果たすべきである（p. 16）。「……特にその企業が登録商標をもつ製品を作っている場合、模範的な労働条件を提供することは素晴らしい宣伝になる」。本節の前半でみたように、消費者はそうした企業の商品を好んで買うかもしれないからである。また登録商標をもたない企業にとっても、労働争議の減少、就業中の労働者の「誠実な感情」「規律」の高まりなどを期待できる。福利厚生費はこれらの対策費として一定の経済的合理性をもつ（pp. 17-8）。ピグーによれば、良好な労働条件がひとたび実現すれば、労働者は規律を守り、解雇されることをおのずと避けるようになる。その結果、雇用者は労働者の肉体面および精神面に配慮したさまざまな「就業規則」を設け、かつそれを遵守させる力をますます高めるであろう。こうした指導力は、外部の慈善家たちが労働者に与える助言などとは比べものにならないほどに強いものであろう（p. 21）。

次に②、すなわち雇用者は労働者のために何をなすべきなのか、あるいは何ができるのか。これは以下の四点にまとめられる。第一に、その基本的精神として、「労働者は単なる人材ではなく人間であり、そうしたものとして扱われるべきである」（p. 18）。第二に、職場環境の改善であって、法的ミニマムの確保はもとより、より高い目標をめざすべきである。そして衛生、健康、危険などの面での改善が果たされれば、さらには営利主義に「固有の醜さ」を除去すべく、絵画や花などを飾ることもできる（pp. 19-20）。

第三に、「就業規則」の整備である。前述のように、良好な労働条件のもとでは労働者はおのずと「規律」を守るであろう。ゆえに雇用者はおのずと、労働者の精神と肉体とに配慮した規則を定める力をもつ。とりわけ若い労働者に対する教育（体育を含む）や健康（健康診断など）に配慮すべきである（pp. 21-2）。第四に、高賃金。貧者にとって、慈善家に助けられることは「威信の高まるものではなく、……人格や勤労に対して容易に有害な反作用を与えうる」が、高賃金の方法による所得移転であれば、「威信」「勤労」に対してプラスの効果をもつかもしれない

(p. 22)。

最後にピグーは、この四項目を実践しようとする経営者に対して、労働者を「単なる受動的な受益者」に堕落させる温情主義的「圧政 despotism」を戒めている。「パトロンの役割には魅力的な何かがある。だがこの誘いにのった経済騎士道はその栄冠を失う」。労働者は「活動的パートナー」として参加する主体であり、「善き生活が営まれるのは、独裁ではなく同僚関係を通じてである」(p. 23) と。

以上が「雇用者と経済騎士道」の概略である。ピグーのめざす福祉社会において、職場における経営者の役割は大きく、しかもそれは、政府および慈善団体によって代替的に果たすことが難しい独自の役割なのである。

ところで、経済学者による従来の「福祉国家」論では、福祉国家という名称そのものが示唆するように、社会保障の整備、完全雇用の達成などの国家的政策に関心が集中しがちであった。[9] その一つの弱点が、市民的能動性に関する議論の不足にあったことは否めない。しかし本節でみたように、また前節の政治過程論でみたように、ピグーがめざしたのは、むしろ福祉社会とでも呼ぶべきもの(「社会」という言葉に政府と市民を含めて)であった。だからこそ、本節の冒頭で述べられたように、「政府の義務」のみならず「私的個人の義務」も論ぜねばならないのである。換言すれば彼は、社会科学のもつ市民教育的側面も重視したのである。[10] なお、「私的個人の義務」はあくまで自発的なものであるから、これを重視する問題提起自体が、政府による介入の必要性を説くことにつながるのではないか、という批判はあたるまい。公教育の重要性と義務遂行の自発性は、何ら矛盾しないからである。

かかるピグーの議論は、成熟社会のなかでその意義を一層高めつつある(Robson 1976)。「公」の領域を「私」の働きでは解決困難な領域に求める点で、今日のわれわれは広範なコンセンサスをもつ。だがそれは「公」と「私」の各領域、ないしフォーマルとインフォーマルの各部門が、無反省的に固定されることを必ずしも意味しない。厚生の経済学にとって、市民が単なる受益者の地位にとどまり続けるということは、一つの甚だしい矛盾なのである。

4 ロビンズの批判——旧厚生経済学は乗り越えられたか

ピグーのいわゆる旧厚生経済学は、ロビンズの『経済科学の本質と意義』(Robbins 1932, 2nd edn., 1935, 以下『本質と意義』と略す)による方法論的批判をうけ、新厚生経済学に道を譲った、というのが通説である。ピグー厚生経済学への追悼論文ともいえるMishan (1960) はこの線に沿った代表的サーヴェイであり、その叙述は厚生経済学の冬の時代の雰囲気をよく示している。彼によれば厚生経済学とは、「[経済学者が] 道楽半分に手をだし……、やがておそらく良心の痛みを感じながら立ちさってゆく研究主題」(Mishan 1960 : 197) であった。分配政策論は、アカデミックな正統的見地からは幾分愚かなことと考えられてきたのである。

だが近年状況はやや変化し、ロールズの正義論をへて、センによる分配論の復権が大きな関心を集めている。本節では近年の議論もふまえ、右の通説を再考する。[11] だがこの論題はあまりに大きく、包括的に扱うことは不可能なので、ここでは以下の三点を順にみるに留めざるをえない。

Ⅰ　ピグーとロビンズとの「経済」概念の差異
Ⅱ　ピグーとロビンズとの「効用」概念の差異、また効用関数についてのピグーの諸仮定
Ⅲ　福祉理論のうえでのピグーの位置づけ

まずⅠについて。ロビンズは「稀少性 scarcity」を軸に経済学を定義する立場から、キャナンたちの「物質主義

的materialist」定義を批判した。すなわちロビンズは、経済economy概念を目的-手段の関係のうちに現れる合目的性（効率性）と捉え、この関係の形式を重視し、目的の内容をとわない。だから経済学は、「どんな目的にせよ、目的自体にはまったく関心をもたず」、「諸目的と代替的用途をもつ希少な諸手段との間の関係としての、人間行動を研究する科学」である（Robbins 1935：16, 30, 訳25, 47）[12]。

それゆえ、「もし戦争に必然的に伴う全結果と全犠牲とに関して、期待される結果が犠牲に値すると決意されれば、戦争しようとすることが非経済的であると言うのは正しくない。この目的の達成が不必要な大きさの犠牲をもって企てられるときのみ、そう言うのが正しい」（p. 145, 訳219）。この引用の「決意されれば［ひとたび目的が所与となれば］」以降の部分に力点をおけば、効率的な戦争遂行の意ととれる。ここではその意味に解する（のが彼に対して公正だと思われる）。これに対して、キャナンは「ロビンズ教授は、われわれが経済的観点から第一次大戦が誤りであったと言うのを許すまい」（Cannan 1932：425）と不満を吐露したが、ピグーも同感であったろう（**1・6**）。

なぜロビンズとピグーとで立場の違いが生じたのであろうか。それはピグーが「経済」という概念を、高次の善を育てるためのいわば低次の善と捉えるからである。ピグーは経済学の厳密な定義を示してはいないが、おそらくマーシャルのそれと同じであろう。とすれば、経済学とは「生活の普通の業務ordinary business of lifeにおける人間研究であり、人間の個人的・社会的活動のうち、福祉の物的諸条件の獲得と使用とに最も緊密に結びついた部分を究明する」ものである（Marshall 1961：vol.1：1）。これがロビンズのいう「物質主義的」定義であろうし、その限りでは彼の批判は的を射ぬいている。

つまり経済における効率主義（ロビンズ）と人間主義（ピグー）との違いである。ピグーは生涯、人間本位の経済学把握を捨てなかった。「経済学は現実に起こり、あるいは起こる傾向をもつ事柄に関するものであり、起こるべき事柄に関するものではない、と普通言われる。何が正しいか、何が公平か、という問題はその範囲を越えており、遵法精神の強い経済学者はこうした他人の領分の問題には侵入するまい、と。だが定義は人のために作られるのであり、人が定義のために作られるのではない。だから私は遵法的であろうとは思わない」（Pigou 1955a：77）。

この点ではケインズやマーシャルも、ピグーと同じ立場であるように思われる。ケインズは「……ロビンズが言うのとは逆に、経済学は本質的に道徳科学であり、自然科学ではない。すなわち経済学は、［目的の］内容と価値判断とを用いるのである」（*JMK*, XIV：297）と述べ、マーシャルも『産業と商業』（一九一九年）で「経済学の問題は厳密に科学的に扱える問題のみに限るべきではない」（Marshall, 1997：660, 訳［I］236）とし、そのうえで事実と規範との違いを明確にする必要性を説いた。ピグーが一九〇八年の教授就任講演で、（経済学は一つの実証科学なので）実践的経済学には倫理学が不可欠であると述べたのも、この必要性によるものであろう。

次にIIについて。「経済」概念に関する以上の二つの立場は、「効用」概念に関する以下の二つの立場を生みだした。センは次のように指摘している。「……効用という用語は、功利主義者によって定義された固有の意味をもち、エッジワース、マーシャル、ピグー、ラムゼー、ロバートソンといった功利主義経済学者たちによって極めて厳密に用いられた。それは効用を（古典的功利主義にならい）満足ないし幸福、また（もっと現代的な功利主義にならい）願望充足とみる立場である。だが現代経済学の多くの文献は、『効用』を別の目的にも役立てている。すなわち、その内容をとわず人が最大化するもの……や、その判定方法をとわず単に人の福祉や優位を表すものは、どれも『効用』と称される。この散漫な用語法は、経済分析に異質なものを混在させる結果をもたらしてきた。形式面での数学的厳密さと、内容面での非常な不正確さが、手を携えあって進んできた」（Sen 1985：2–3, 訳 12–3）。

例えばロビンズにおいては、目的達成手段が稀少であれば、殺人であれ（前述の戦争の事例）、おそらく逆に自殺であれ、そこには経済問題があり、「効用」最大化の観点から理解されうる。もっともこの立場が、人間行動を合理的・因果的に理解するうえで、一定の有効性をもつことは認められるべきである。だがその反面、福祉という規範的議論のうえではまったくそうではない。「効用」の高まりが「福祉」の高まりを必ずしも意味しないからである。センの指摘はこの点を衝くものである。

同様に、ピグーの「効用関数」を考える場合にも、彼自身は詳しく述べていないが、実証的文脈と規範的文脈との区別は重要であると思われる。**2・6**でみた「効用に関する考察」(Pigou 1903b) において彼は、①「願望多様性」と「消費外部性」とを論じる一方で、②これらが「効用」概念の規範的意味あいを曖昧にすると指摘し、その解決として「消費者余剰」概念を主に必需品と関連づけた。②は規範的議論をするための工夫である。この問題を通じて、ピグーは両者の違いを意識していたと考えられる。

さて、平等分配に関するピグーの「第二命題」は規範的議論である。それは、(i)すべての者は同一の気質(効用関数)をもつ、(ii)限界効用は逓減する、という二つの仮定に依拠する。「……相対的富者から同様の気質をもつ相対的貧者へのどんな所得移転も、それはそれほど激しくない欲求を犠牲にして激しい欲求を満足させることを可能にするのだから、満足の総和は増えるに違いないことは明らかである。かくして旧来の『限界効用逓減の法則』からは、第二の主要命題が確かに導かれ、これは次のように述べられるであろう。すなわち、貧者が取得する国民分配分の割合を増加させるどんな原因も、もしそれが「国民」分配分の縮小をもたらさず、かつその変動に対して有害に作用しないのであれば、一般に経済的厚生を増大させることになる」(*EW* 初版:52-3)。(ii)については、その主要関心が厚生の必要条件たる商品、つまり必需品にあったのではないか、という点のみを指摘するにとどめ、以下では(i)の意義を考えたい。

ロビンズは、(i)がフェビアン社会主義を正当化するものであるとし、次のように批判した。「……もしほかの文明世界の代表が……私のカーストないし人種に属する者は、一定の所得から、下級カーストないし『下級』人種に属する者の一〇倍もの満足を感じうるのであると自信をもって言えば、われわれは彼を反駁できまい。……そして密かにわれわれは、同じ手段からえられる人々の満足を、等しく重要であるとはみていないのであるから、もしわれわれが自分の立論を正当化するさいに科学性を装い続ければ、実際それは少し愚かなことであろう」(Robbins 1935：136–41, 訳 205–11)。[13] 一方ピグーによれば、「現実生活において二人の個人はけっしてまったく同質ではない」のであるが、「……さまざまな人々の享楽能力の違いを考慮することは不可能であり、その考察は無視されねばならず……すべての租税負担者の気質は同じと仮定される」(***PF*** 初版：8, 76)。

要するにピグー自身も、(i)について、ロビンズが言うような「科学性」を認めておらず、この仮定は実際上の必要性からおかれた便宜的なものにすぎない。例えば、法は基本的には、万人を等しく扱わねばならない。それは、ある罪を犯せば、被害者ないし加害者の気質・嗜好にかかわらず、所定の罰に処せられるのと同じである。また環境や資源などの世代間正義を考えるさい、将来世代が未だ生まれておらねば、世代間の比較はもとより不可能である。また国家が個々人の気質や嗜好を詮索すると、プライヴァシー侵害という別の問題もおこる。ゆえに、仮に政府がこれらの問題に対処しようとひとたび決断すれば、必ず何らかの思想的仮定を必要とし、その最も簡潔なタイプの仮定として、(i)は一定の実際的意義をもつはずである。

新厚生経済学派といえども、思想的仮定、すなわち「パレート最適性」をおかざるをえない。それは「ほかの人々の効用を低下させることなく、もはやある任意の一人の効用を高めることができない状態」と定義され、その規範的含意は効率性を追求するということである。パレート最適性は、貧者の効用を一定に保ちつつ、富者の効用を一層高めることでも達成できるが、「厚生の三層構造」(**3・1**)に含まれた人間関係論の見地からは、それは嫉妬を生みだして、厚生と経済的厚生を共に悪化させるかもしれない。[14]

仮定の便宜的性格が明確に自覚されてさえいれば、その仮定のインプリケーションを究明することは、シュムペーターも認めているように重要な経済学的課題である。「所与の［倫理的］至上命令の意味内容を分析することで、その合理性いかんを決することこそ、彼［経済学者］の仕事であるのは確かである。……かかる問題その他は、多数の著述家によって明瞭となされたが、そのうちで私は、エッジワース、バローネ、ピグーの卓越している貢献をあげる」(Schumpeter 1954：946)。

以上のことから、倫理的仮定の意義は、その含意、実際性（数学上の扱いやすさも含む）、常識性などから、総合的に判断されるべきものであるように思われる。そして、そうした仮定が厳密に科学的なものではないことは、ロビンズが批判するずっと以前から、マーシャルやピグーも自覚していたはずである。

最後にⅢ、すなわち福祉理論上のピグーの位置づけについて。近年のピグー擁護派（Cooter & Rappoport 1984；Aslanbeigui 1990）は、ロビンズの「物質主義的」経済学批判の語法を踏襲し、キャナンとピグーを一括して「物質主義的厚生学派」と呼んだ。しかしこれに対してHennipman（1992）は、ピグー自身の定義では厚生は物的要素を含まない点、ロビンズが『本質と意義』においてピグーではなくかつての恩師キャナンを攻撃している点などから、「ロビンズの批判は主にキャナンに向けられたのであり、ピグーではまったくない」と反論し、この論争はやや奇妙な方向に進んだ。だがロビンズが、ドールトン（LSEでの初期ロビンズに最大の影響を与えた人物）を通じてピグー厚生経済学に「さらされて」いたのも事実であろう（Aslanbeigui 1992a）。

この論争を終息させ、福祉論上のピグーの位置づけに関する現在の通説となったのは、おそらくセン（Sen 1989）による以下のような三分類であろう。

①スミスの「富アプローチ」

②ピグーの「効用アプローチ」

③センの「ケイパビリティー capability・アプローチ」

ただしセン自身も認めたように、ピグーは①②の間で両義的であり、「実際ピグーは、経済的厚生、生活水準 standard of living、実質所得水準 standard of real income、物質的繁栄 material prosperity などを同義に用いている」(p. 107)。なるほどピグーは次のように述べており、しかもそれは彼の研究計画上の大前提でもあるだけに(この命題は彼の「三命題」の前提である)、その意味は重い。「……経済的諸原因は、一国の経済的厚生に直接作用せず、経済的厚生の客観的対応物 objective counterpart、すなわち経済学者が国民分配分ないし国民所得とよぶものの稼得と支出を通じて作用する。経済的厚生が全厚生のうち貨幣尺度と……関連づけられうる部分であるのと同じで、国民分配分も……社会の実体的所得のうち貨幣で測定されうる部分である。……経済的厚生と国民分配分という二概念は、かくして同格であり、一方の内容のどんな叙述も、それに対応する他方の内容の叙述を含意する」(*EW* 初版：30, 傍点追加)。

センがその論文の冒頭で、「『厚生経済学』は新しく変装した『国富論』である」というヒックスの謎めいた章句(Hicks 1981：223)を掲げたのは、こうした両義性をふまえつつも、ピグーの純貢献が②に見出されることを主張するためであったに違いない。だがピグーの思想全体をみれば、センのピグー評価には一定の留保を設けねばならない。というのもセンの三分類のうち、①②はある種の受動性を前提している。市民は富や効用を与えられることで福祉が増すのであり、市民の要求は経済発展に応じて多様で高級なニーズへとおそらく変化するが、やはり一方的要求であることに変わりはない。かかる受動的市民像は、ミルのいう「満足した豚」のような存在かもしれない。この見方を仮に「受動的福祉観」とよぼう。これは、市民パワーのような下からの力に力点をおくものではない。

一方センが提唱する③の一つの特徴は、人間の能動性を重視した点である。ケイパビリティーは「自由 freedom」と関連づけられ、社会参加への道が開かれていること、権利が行使できることなどのうちに、福祉の不可欠の要素が求められた。こうした見方を仮に「能動的福祉観」とよぼう。そのうえで、**2・3**でみた「善関数」や前節でみた市民活動論などに目を向ければ、能動的福祉論者としてのピグーの一面——少なくとも彼は受動的福祉論者ではなかろう——を主張できると思われる。

最後にもっと根本的な問題がある。それは「厚生」と「経済的厚生」との関係である。両者の違いは、後者が操作可能（指標化可能）な概念、すなわちそれを組みこんで理論を定式化したり、政策結果を評価したりできる価値概念であるという点にある。後者の概念の存在意義はまさにここにある。倫理学と経済科学を内的に架橋するには、倫理学が指し示す目的を、そのままの形で用いるのではなく、経済科学で扱えるように操作可能な形に変換せねばならない。この作業なしに、倫理学と経済学をただ合わせればそこに厚生経済学が成立すると考えるのは、あまりに素朴な考え方であろう（そうなると歴史上のほぼすべての経済学者は厚生経済学者と呼ばれうるであろう）。だからこれは、厚生経済学という分野そのものの定義に関わる重要問題である。ピグーが「経済的厚生」を主要な研究対象とした点は、しばしば批判されてきたが、むしろ評価できる点なのであり、それは厚生経済学にとって不可欠な、目的概念の操作化の手続きなのである。厚生全体を考察する経済学などというものは不可能であろう。ピグーが厚生から「経済的厚生」を抽出し、これに主な考察を絞ったのと同様に、センもまた「ケイパビリティー」を抽出したのである。ケイパビリティーが操作可能な価値概念なのか否かは、ここでは結論を下せないが、その試みは大いに注目されるべきである。

旧厚生経済学は新厚生経済学によって乗り越えられた、葬りさられた、と単純には言えまい。仮にそう言える場合でも、特定の限られた意味あいでしかない。「彼［ピグー］は根底において人物への強烈な関心を有した。彼にあって科学と人間は分かちがたく溶接されていた。彼の著作の最大かつ最良のものが *The Economics of Welfare* と名づけられたのは偶然でない」(Gaunt 1959a：14) と述べられるように、厚生の経済学とは、人間のあり方を向上させるための経済学である。この意識は、新厚生経済学の系譜を代表する論者たちよりも、むしろセンによって継承されている。

5　ピグー厚生経済学の体系

本節では、次章以降での財政論や雇用論の考察に先立ち、ピグー厚生経済学の「体系」を概観する。『厚生経済学』が含む個々の重要論点は、本書のなかのそれぞれの適当な場所で扱われているので、かなりの大著たる同書全体をここで要約する必要はなかろう。『厚生経済学』第四版に関する優れた概説には、千種 (1979)、『ピグー経済著作集』冒頭のコラードによる解説、Aslanbeigui (2002) がある。ここでは新たな光にてらしつつ、その「体系」の形成と発展の過程を鳥瞰し、その基礎的諸概念について論じたい。

ピグー厚生経済学は、一九一二年の『富と厚生』によって初めて体系的な姿となった。それはエッジワース[15] (Edgeworth 1913) やJ・M・クラーク――「動学経済理論への羨むべき大貢献」(J.M. Clark 1913：625) ――からの高い評価をえたが、その後、戦時統制から示唆をうけたこと、戦後に予想される諸問題に対処する必要などのために大幅な改訂がなされ、こうして誕生したのが、今では経済政策論の古典とされる一九二〇年の主著『厚生経済学』である。「本書はもともと……『富と厚生』を書き直して改訂版とするつもりであった。だが……著作が非常に大きくなり、ずっと広範囲に及ぶに至ったので、事実上独立の著作となった」(*EW* 初版序文)。

『厚生経済学』初版は、ピグー厚生経済学が扱う全分野を含む最も体系的な著作である。さらに一九二〇年代を通じて各分野の研究が深められ、三〇年代初めには「体系」は以下の三著作①～③に分割された。すなわち『厚生経済学』初版の第四編（雇用論）と第六編（財政論）が分離し、それぞれ②③という独立著作となる。いわゆる「三部作」であって、この言葉は彼が③の序文で「本書は私のほかの二冊、すなわち『厚生経済学』と『産業変動論』を補うことを意図し、私が一般経済学 general Economics について論じなければならない主要部分は、これらの三冊が示している」と述べたことに由来する。

① 『厚生経済学』第四版（一九三二年）
② 『産業変動論』（1927a）
③ 『財政の研究』（1928a）

三部作構成となった理由は、本文だけで一〇〇〇頁近くある『厚生経済学』初版に対して「マルサスの『慎慮的抑制』が少しでも効いていれば」（Cannan 1921：206）と苦情が述べられたように、純粋に分量的なものとみられる。誤解してはならないのは、『厚生経済学』第二版（一九二四年）で雇用編が削除されたのは、それが厚生の観点から軽視されたからではなく、②の序文が示すように「より包括的な景気変動の研究を行う」ためである。

だが「三部作」という通俗的把握法は、一九三〇年代以降には通用しない。というのも、詳しくは本書の第9章でみるが、一九二七年の『産業変動論』と三三年の『失業の理論』は互いに補いあう雇用論上の姉妹作だからである。それゆえ「ケインズ革命」の頃には「四部作」構成（三部作＋『失業の理論』）である。さらに心臓病と「ケインズ革命」とで精根尽き果ててなお、『雇用と均衡』（Pigou 1941a）——「近年の最も重要な著作」（Samuelson 1941：552）——が戦時下に出版された。要するに「三部作」成立後も、特に雇用論の分野でピグーは前進し続けたのである。

さて、彼の体系を構成する全領域が出揃った『厚生経済学』初版（全六編）の陣容は、（総論的な第一編を除くと）第二編以下の編別構成に従い、およそ次のようなものである。

第二編　資源配分論：不完全競争、摩擦要因、外部性など
第三編　労働経済論：産業平和、労働移動、公正賃金、最低賃金など
第四編　財政論　　：各種租税の効果、公債など
第五編　分配論　　：「不調和」の発生、人為的高賃金、必需品への補助金、ナショナル・ミニマムなど
第六編　雇用論　　：産業変動、公共事業、失業保険など

これら五領域における彼の取り組みを、時系列的にまとめたものが表**6-1**である。これは彼の主要著作のタイトルおよび編名に基づく配置づけにすぎず、厳密なものではまったくない。例えば『産業平和論』で労働問題が扱われるさい、また『失業』で雇用問題が扱われるさい、そこに資源配分や分配などの視点がないとはまったく言えないからである。

「体系」の形成と展開は、およそ以下の三期に分けられる。その歩みは失業論に始まり失業論に終わる、と言ってもけっして過言ではない。

第一期＝初期ピグー（一九一四年以前）。背景として、リベラル・リフォーム期に整備された福祉諸法が特に重要である。マーシャルの指導もあり、研究の重心は労働階級の貧困に関わる諸問題にあった。彼の失業論はここから派生している。初期ピグーの集大成たる『富と厚生』について、その執筆動機が失業の究明にあったこと、編別構成上は独立の労働経済編をもたないが、同書が当時第一級の労働経済論であったこと、はすでにみた。

表 6-1

	資源配分論	労働経済論	財政論	分配論	雇用論
		『産業平和論』（1905a）			
『富と厚生』（1912a）	第 2 編	——	——	第 3 編	第 4 編
			『戦争の経済および財政』（1916a） 『資本課税と戦時利得税』（1920b）		『失業』（1913a）
『厚生経済学』初版（1920a）	第 2 編	第 3 編	第 4 編	第 5 編	第 6 編
			『財政の研究』（1928a）		『産業変動論』（1927a）
『厚生経済学』第 4 版（1932）	第 2 編	第 3 編	——	第 4 編	——
					『失業の理論』（1933a） 『雇用と均衡』（1941a） 『完全雇用からの乖離』（1945a） 『貨幣のヴェール』（1949a）

注）「——」は該当する編のないことを意味する。例えば，（『財政の研究』および『産業変動論』の公刊後の）『厚生経済学』第 4 版には財政論と雇用論は存在せず，その編別構成は，第 1 編が総論，第 2 編が資源配分論，第 3 編が労働経済論，第 4 編が分配論である。

第二期＝中期ピグー（第一次大戦〜一九三二年）。中期ピグーは、エドワード期の社会的安定とは正反対の、戦間期の社会的激動をふまえて理解されるべきである。背景として、総力戦（国民的経済力の戦争）としての第一次大戦がもたらした諸問題、とりわけ労働問題（雇用や賃金の問題を含む広い意味での）と財政問題が重要である。その結果、『富と厚生』はさらに領域を広げ、『厚生経済学』初版では労働および財政に関する二つの編が追加された。その後これが「三部作」へと分解してゆく。

従来の『厚生経済学』の評価のなされ方は、もっぱら資源配分論（特に外部性の問題）や分配論に重心をおくものが多く、甚だアンバランスなものとなっている。しかも考察が初版ではなくもっぱら第四版に向けられるため、雇用論や財政論が最初から『厚生経済学』研究の視野外におかれがちであった。これでは中期ピグーを初期ピグーと区別して捉えるのが難しい。また何よりも、資源配分や分配に関わる諸問題はすでにシジウィックやマーシャルなどによってある程度は踏み固められていたため、これらの領域に限られた考察からはピグーの独自的貢献が摑みにくい。ゆえに、その時代背景を強く反映するのみならず彼の純貢献をもより明確に示すところの、労働経済、雇用、財政に関する各編の動きを軽視すべきではない。

第三期＝後期ピグー（一九三三年以降）。二〇年代不況および三〇年代恐慌によって、戦後の諸問題のなかでも失業は一層の深刻さを帯びた。三部作の完成後、直ちにピグーは研究の重心を雇用論に移し、以後、この問題が彼の最大の関心を占めた（表6-1）。ただし他の分野に目を向ければ、純理論的な『定常状態の経済学』(Pigou 1935b)[16]、『社会主義対資本主義』(1937a)、『イギリス経済史の諸側面 一九一八〜二五』(1947a)、またピグー経済学の特徴を手軽に知ることのできる教科書『所得』(1946a)、その続編『所得再論』(1955a)、等がある。

最後に、『厚生経済学』の基本的諸概念と「三命題」について簡単に述べておきたい。『厚生経済学』の議論は、厚生（厚生一般ないし社会的厚生ともいう）および経済的厚生の概念規定から始まる。

「厚生」はピグーのめざす究極的な政策ターゲット、すなわち「最終目的 final end」「それ自体としての善」であり、彼の福祉観そのものを示している。だが『厚生経済学』第四版での厚生の定義は、やや曖昧なものと言わざるをえない。すなわち、「厚生とは……非常に範囲の広いものである。その内容について、ここで包括的に論じる必要はない。やや独断的ながら二つの命題を定めておけば十分であろう。第一に、厚生は、意識の諸状態 states of consciousness と、おそらくそれらの関係 their relations とから成る。第二に、厚生は大小の範疇のもとにおかれうる」（*EW* 第4版：10）。「厚生」概念をより詳しく知るには、**3・1**でみた「厚生の三層構造」論と、**2・3**でみた「善関数」論との二つが欠かせない。

また「厚生」の定義は、そこに人間関係を含めるか否かという点で、『富と厚生』、『厚生経済学』初版、『厚生経済学』第四版でそれぞれ異なっている。この人間関係という要素が、当時一つの論争点であったことについては**7・1**でみる（ピグーは「厚生」の一要素としての人間関係を認めたいとする立場であった）。

ところで、「厚生」に影響を及ぼすあらゆる要因を経済学で扱うことは不可能である。政府は、個々人の内面の奥底――これらは厚生の主要要素である――に立ち入ることはできない。そこでピグーは、間接的な政策ターゲットとして「経済的厚生」、すなわち厚生のうち「直接・間接に、貨幣尺度と関連づけうる部分」をあげた。量的分析が可能なこの経済的厚生を高めることが、厚生経済学の主要課題である（*EW* 第4版：10-1）。経済的厚生は厚生の三層構造のうちの一つであり、功利主義の快楽や満足とほぼ同義（貨幣尺度と関連づけられる限りで）とみてよい。

しかも前節でみたように、経済的厚生は国民分配分と「同格」とされる。それは後者が増えれば直ちに前者もまた増えるという単純な意味ではなくて、あくまで後者に関するいわゆる「三命題」との関わりにおいてである。『厚生経済学』の規範論の中軸をなす「三命題」とは次のようなものである。「①国民分配分の平均量が大きいほど、②貧者に帰属する国民分配分の平均取得分が大きいほど、③国民分配分の年々の量と貧者に帰属する年々の取得分との変動が少ないほど、社会の経済的厚生はますます大きくなるらしい……」（*EW* 初版：v）。今日でも政府の経済的役割として成長、平等、安定の三つがよく挙げられるように、「三命題」は政策論上の基本的枠組みであり続けているが、ピグーの場合、その視座があくまで相対的貧者たる労働階級に据えられている点に（②③）、重要な特徴がある。貧者の支出は主に必需品に向けられるからである。

厚生は究極の目的ではあるが、経済学によってそれを直接に究明し追求することはできない。だから、「厚生の増大」→「経済的厚生の増大」→「国民分配分を軸とした三命題」という一連の変換がなされたのである。

また社会状態に応じて、三命題のそれぞれの優先度は変化するとみるべきである。例えば、すでに一定の経済成長をとげた社会では、第一命題の意義は薄れ、ときには成長がわれわれの目的を堕落させるかもしれない。ピグーは、ディキンソンの本から引用しつつ、次のように述べている。「『あなたがたはその仕事で世に知られよう。だが機械技術におけるあなたがたの大勝利の裏側には、精神的洞察を要するあらゆる事柄における敗北がある。あなたがたはどんな種類の機械でも、完璧に作ったり使いこなしたりできる。だが家を建て、詩を草し、絵を描くことができない。ましてや信仰や大志を抱くことなどできない。……あなたがたの人生のすべては、自分たちが吟味していない前提に始まり、自分たちが予期もせず望みもしない結論に至る、無限の三段論法である。手段ばかりで目的がどこにもない。……これが私のイマジネーションに映ったあなたがたの文明である』。この告発にはむろん誇張もあるが、真理もある。……すなわち善い道具たる人々を生みだすための努力は、善い人間たる人々を生みだすのに失敗するかもしれない」(*EW* 初版 : 13-4) と。また晩年にも、「皆に公正な分け前を」と題された章のなかで、「結局、技術進歩が続く限り、生産はともかく増大すると予想される。分配の平等化の副作用は、生産の破局ではなく、せいぜいその増加率の若干の低落であろう。それは厄災ではない」(Pigou 1955a : 87) と述べられたことを考えると、当時のイギリスについては、第二命題の方が優先されていたようにも思われる。

最後に、ハチスンは『厚生経済学』について次のような総括を下した。「この書に帰せられるかもしれない理論的統一性が、概して幻想的なものか否かを一切とわず、この書がそれとは別の種類の統一的意義をもつことは確かである。すなわちそれは、この時代の啓蒙的な社会自由主義 social-liberal の経済思想による諸政策の再検討である」(Hutchison 1953 : 293, 訳［下］21)。なるほどピグー厚生経済学は多彩な議論からなり、それらの間の論理的整合性については今後さらに検討する必要がある。福祉国家思想に至る過渡期に現れた種々の進歩的提案に対して、党派的立場や「温かい心情」だけから安易に賛同するのでなく、「冷静な頭脳」によりこれを分析し、さまざまな含意や副作用の究明に努めたという意味で、ハチスンの評価は端的である。

第7章　財政論

ピグーの財政論は、戦費調達問題に強く影響されながら形をなし、『厚生経済学』初版で初めてまとまった全体像が現れ、さらにそこから分離して『財政の研究』に結実する（表**6-1**）。同書はこの分野での当時の代表的教科書の一つとなったが、その出版の経緯は次の通りである。「……彼は所得税に関する王立委員会の一員［一九一九～二〇年］で、内容豊富で包括的な報告書の執筆者の一人であった。その報告書にてらしてイギリスの所得税法は実に多くの改正を行った。さらに数年の思索ののち、彼は一九二八年に『財政の研究』を刊行した」（C. Clark 1952：789-90，訳 282）。

ケインズやロビンズとの論争では旗色の悪かったピグーも、その反面、財政学の分野では際立って高い評価を従来からえており、公共部門の役割を体系的に究明した彼の議論は、近年、公共経済学 public Economics とよばれる分野の一源流ともみられている。ほかのケンブリッジ経済学者たちと比べても、ラムゼーを除けば、この領域で彼に比肩する者は皆無であり、実際ピグーは当時の英米圏では最も優れた財政理論家の一人であった。

本章では、厚生経済学「体系」の一翼たる財政論について、①財政学史上および思想史上でのその位置、②時代背景、③課税論の諸相、の順に考察してゆく。

1 財政学史上のピグー

財政public financeはその語義自体から、課税などの方法による「資金調達」のみを暗示させるが、むろんそうではない。財政は予算の収支両面を扱うのである。有名なMusgrave (1959) の序文で述べられた次の言葉は、財政学史上でのピグーの位置をよく示している。「偉大な経済学者のうちのある人々、特にリカード、ヴィクセル、エッジワース、ピグーは、課税理論およびそれほどしばしばではないが公共支出理論の樹立を試みた。だがこれらは程度の差はあれ、孤独な企てであった。財政学プロパーの研究の主流は、歴史的・制度的な分析に関するもので、財政法や財政行政のより実際的問題に主要な関心がよせられていたからである」。すなわち当時、ドイツ財政学の歴史的・制度的アプローチに比べ、理論的研究は遅れており、また理論的研究のなかでも、課税論に比べて支出論はあまり扱われない傾向があった。本節で示すように、これら二点においてピグーは開拓者の一人に数えられるのである。

マスグレイヴは、財政学史上の二大思想潮流として、利益説 (benefit approach, 応益原理ともいう) と能力説 (ability-to-pay approach, 応能原理) をあげ、ピグーを後者の総括者と位置づけている。(1) 利益説は、公共サービスの受益者がその対価として税を払う市場重視 (交換的正義) の考え方、能力説は、支払能力に応じて富者ほど重く課税する平等重視 (分配的正義) の考え方である。利益説は、サービス提供と費用負担とが表裏一体なので、予算の収支両面をおのずと包含するのに対し、能力説は、①「支払能力」という言葉が暗示するようにもっぱら課税面に主眼をおき、支出論を論理必然的に導きにくく、支出の原理が別途必要となりがちであり、くわえて、②課税の強制性を重視する点、③論者ごとの社会哲学に大きな開きがある点、等に特徴がある。

こうした多様な能力説のなかで、能力説論者としてのピグーの独自性はどこにあるのであろうか。それは彼が、経済的厚生の最大化という功利主義的枠組みのもとで予算の収支両面を統一的に扱ったという一点である。「予算は、［経済的］厚生を最大化するための……一般的な計画と見なされるようになった。ピグーやドールトンによって展開されたかかる定式化が、この系統の見解をまとめ上げたのである」。「ピグー、それに続いてドールトンは……予算政策に関する二原則を提案した。第一の原則は、それぞれの型の支出に対する満足の限界報酬を均等化するように、資源が種々の公共用途に配分されるべきであるというもの。第二の原則は、支出される最後の一ドルによって得られる満足と、租税として取られる最後の一ドルによって失われる満足とが等しくなる点まで、公共支出がなされるべきであるというもので、それにより公的セクターと私的セクターとで得られる限界満足は均等化される」(Musgrave 1959 : 91, 113, 訳［I］134, 169)。

この引用に該当するピグーの議論は、『財政の研究』初版の第七章「政府支出の範囲」に見出される。それは最適予算規模、いわば最適政府規模を決定する費用-便益分析であり、支出論を含むこうした包括的論議は従来の能力説論者には見られないものであった。

ピグーの所論をみる前にまず用語を解説しておこう。政府の収入は次の三つのいずれかに支出される。①②は実物資源を費消ないしその支配権を外国に譲渡するので、一括して「実物的ないし費消的支出 real or exhaustive expenditure」と呼ばれ、③は自国の実物資源を自国民の間で再分配するだけなので「移転的支出」と呼ばれる(*PF* 初版 : 19–20)。

①公共財の供給 : 郵便、ガス、教育、軍隊など

②外国への債務の支払い

③自国民に対する移転支出：公債利払い、年金、いわゆる「ピグー税」など

そのうえでピグーは言う、「……個人は、種々の支出の間で、あるバランス［加重限界効用均等］を保つことでその所得からより多くの満足をえるであろうように、社会もまた、政府を通じて同じことをする」。「裁量的な移転的支出のさまざまな形態の間でも、明らかにこの同じ原理が妥当する。しかもそれは……裁量的な費消的支出一般と、裁量的な移転的支出一般との間にも妥当する。……この接近法が、政府支出総額をどれほどにすべきかを決定する比喩的テストを提示するのである」。社会状態に応じた最適予算規模が常に追求されるのであるから、原理上は、ピグーは「大きな政府」論者でも「小さな政府」論者でもない（だが当時の歴史的状況下では前者であろう）。予算規模の増大が求められるのは次のような場合である。第一に「大きな便益を得るか大きな悪を除去するための、新たな政府支出の機会が出現し、しかも私人によるそれに対応した支出の機会がないとき」（不況、災害、戦争など）、第二にその社会が不平等社会であればあるほど（*PF* 初版：50–52）。

さて、財政学史上でのピグーの位置が明らかとなったので、次に、課税の「公平性」をめぐるその思想的な位置を考えたい。当時、公平とは「均等犠牲（equal sacrifice, 犠牲の公平）」のことであるという一定の合意があったが、それは少なくとも以下の二義に解釈でき、それによって課税の仕方も異なってくる。

(i) 均等限界犠牲　$dU(Y-T)/d(Y-T)$

(ii) 均等絶対犠牲　$U(Y)-U(Y-T)$

U：ある個人の効用関数

Y：ある個人の所得

T：ある個人に対する課税

マスグレイヴによれば、シジウィックとマーシャルは(ii)に賛成し（Sidgwick 1883：562；Marshall 1961, vol. 1：135n)、ピグーは(i)に賛成したが、ピグーの立場は「公平」のためというよりも、むしろ「最小総犠牲という厚生上の目的にかなうため」であった（Musgrave 1959：98，訳［I］145）。ピグーが「公平 equity」よりもむしろ「最小総犠牲 least aggregate sacrifice」の立場を採ったというこの指摘は、彼の課税論の背後にある思想をみるうえでの、したがって彼の厚生経済学の背後にある思想をみるうえでの重要な一論点なので、これに関するピグー自身の説明、すなわち『財政の研究』初版の第二編第一章「課税の原理」の内容をみておこう。

さまざまな租税システムを評価するには二つの原理――「最小総犠牲」と「公平（均等犠牲）」――がある。すなわち「第一に、課せられる総犠牲の大きさ。第二に、この総量を構成する個々の諸項目［諸個人］の間の関係の性質」であり、だから「歳入をえるのに伴う総犠牲をできるだけ最小にすることが究極原理であると説く権威者もいれば、社会のすべての個々の構成員が負う犠牲を均等にすることが究極原理であると説く人もいる」（*PF* 初版：57-8)。これら二原理を対置したピグーは、結論を先に言えば、①万人の気質が同一であるという仮定のもとでは二原理が調和することを示し、そのうえで、②「公平」という論争の多い原理を避け、「最小総犠牲」の原理を採るのである。実に回りくどい論法、真意の摑みにくい論法ではあるが、実はここに重要な問題――ケンブリッジの思想対立――が反映している。

まず最小総犠牲原理について。「……あらゆる政府活動がその市民の厚生を最も高い可能限度にまで推進するという見地から規定されるべきことには、一般的合意がある。これこそが試金石であり、これにより法体系全体（税法はむろんその一部である）が評価されねばならない。一部の階層の市民の厚生が、ほかの階層の市民のそれよりも、もっともらしく優先されえた時代は過ぎさった。今ではあえて誰も、例えば、農夫に与えられる大きな厚生よりも貴族のえる小さい厚生を選ぶべきであるとは主張するまい。政治理論に関する限り、最大総厚生は、政府の正しい目標としてどんな場所でも承認されている。……この一般原理は、課税という特殊領域では最小犠牲原理と同一であり、その正当性は直覚によって与えられると思う」(p. 59)。

一方、公平原理について。「均等犠牲［すなわち公平］が課税の究極原理であるとする主張には論争が多い」(p. 60) のであるが、その論争とは次のようなものであった。「シジウィックはこの知識［公平原理］が直覚によって与えられると主張した。この見解は、二人ないしそれ以上のまったく同じ人間の間に、分配可能な一定総量の私的善 private good……があるとき、彼らの間でそれが公平に分配されれば、公共善 public good という追加要素が生みだされることを意味する。だが現在、ある倫理学者によって、善の唯一の要素は意識の諸状態であると主張されている。とすれば、意識の諸状態の間の関係たる公平は、明らかに善の要素たりえず、その帰結を別とすれば、何ら倫理的価値をもちえない。このように指摘された問題は重要であるが、われわれは現在の目的上、これに従う必要がない。なぜなら、公平がそれ自体善であるというシジウィックの見解がたとえ否定されても、公平の原理を経済政策のために打ち立てるうえで利用できる別の論法があるからである。……［例証の提示］……これらの全考察により、公平の原理が本研究の目的にとって堅固な土台の上に打ち立てられることは、一般に同意されよう」(*PF* 初版：8, 傍点追加)。

つまりピグーによれば、シジウィックは「公平原理」の立場をとり、したがって関係実在論の立場をとり、個人の各々の意識状態（私的善）に還元されえない「公共善」の存在を示唆した。だがピグーは、「善の唯一の要素は意識の諸状態である」と主張したある倫理学者（ムーアとみられる）に配慮して、慎重に、人間関係という論争的要素を表面にださないように努めている。

では、具体的にはどうやって公平原理を擁護するのであろうか。それはシジウィックの公平原理――「類似した状況下の類似した人間は、等しく扱われるべきである」――を解釈し直すことによってである。ピグーは次のように問うた。「そうした意味または程度の公平がそれ自体善であるという主張を、私は否定しない。だが類似した状況下の類似した人々の間での公平と、すべての人々の間での公平はまったく異なる。この［後者の］広義の均等犠牲は課税における一つの究極原理たりうるであろうか」(p. 60, 傍点追加)。

そしてピグーは、シジウィックの「公平」をいわば水平的公平（同じ豊かさの者の間での公平）と解し、これを承認しつつ、「広義の均等犠牲」たる垂直的公平（富者と貧者との間での公平）と区別し、後者を問題とする。さらにそのうえで、万人の気質は同一であるという仮定を置きつつ、最小総犠牲を追求すれば（裏から言えば経済的厚生最大化）、①当然ながら、完全なる平等を追求することになるし（垂直的公平の達成）、②「実際上……最小犠牲原理と合致する税制は、常にまた必然的に、類似した状況下の類似した人間の間での均等犠牲原理とも合致する」ことにもなる（水平的公平の達成）。

かくして公平原理は、それが垂直的であれ水平的であれ、「最小犠牲の原理から演繹できる」、つまりそれは派生的原理なのだから「必要でない」とされる（p. 61）。なお、社会が同質の人々からなるとみる仮定はここで決定的に重要である。これこそが、通常は対立しあう二原理を架橋しているからである[2]。

このピグーの立場で所得税を徴収すれば、社会で最高の所得をもつ者から順に課税されてゆき、極限状態では彼が「均等限界犠牲[3]の教義が指し示すもの」とよぶところの完全平等に至る。それこそが「分配側面 distributional aspects」での彼の理想であるが、しかし「告知側面 announcement aspects」を無視するのは「ばかげた想定」であり、実際の課税政策は両側面のバランスで決せられる。告知面の理想と分配面の理想との間でバランスをとらねばならないのである（*PF* 第3版：55-8)。

「告知側面（効果）」とは、課税がもたらす資源配分の歪み（これは国民分配分の減少の度合いで測られる）に関するもので、厚生経済学の第一命題に対応する。また「分配側面（効果）」とは、人々の間の満足の平等に関するもので、第二命題に対応する。ピグーはさまざまな課税政策の是非を、これら二つの視点から論じるのを常とした(**7・4**と**7・5**)。[4]「告知側面」という言葉を初めて経済学に導入したのはおそらくピグーであるが、その語義はのちに変化し、現在では当局の政策姿勢表明(それが民間の期待形成を左右し、一定の社会的効果を発揮する)の意に用いられている。

最後に、ケインズとの関係について考えよう。本節でみたように、当時シジウィックの「公平の原理」は、善の唯一の要素は意識の諸状態であると主張した「ある倫理学者」によって批判されており、ピグーもこれに十分配慮して「公平の原理」を再解釈したのであった。断定はできないが、もしこの「ある倫理学者」がムーアであるならば、あるいは「公平の原理」をケインズが拒否していたならば、ムーア主義者であり、しかも「保守的個人主義」(**6・1**)を支持したケインズの分配原理は、ピグーのそれとはかなり異なるはずである。

2 租税制度の展開

前節ではピグー財政論の経済学的・思想的な背景をみたので、本節ではイギリスの実際の租税制度の展開のなかでの彼の位置を明らかにしよう。そのためにはまず、一九世紀半ばからの直接税(とりわけ所得税と相続税)の発展をみる必要がある。

イギリスの自由貿易体制は、第二次ピール保守党内閣のもとでの関税改革(一八四二年、四五年、四六年)で確立したが、関税は内国消費税と並ぶ財源の柱であったから、その歳入の減少を補うために所得税が時限的に導入された(一八四二年)。しかしその後も財政難のため、それが反復更新され、この背信は議会で非難された。一八五三年に自由党蔵相グラッドストンが所得税廃止を議会に約束するも、クリミア戦争（一八五三〜五六年）による戦費激増で計画は頓挫。一八七四年の総選挙では自由党も保守党も共に所得税廃止を公約に掲げたが、七〇年代のいわゆる「大不況」による歳入の減少と、いわゆる「帝国主義時代」の到来による海軍費増大のために、所得税を一挙に廃止できず、結局、政権についた保守党ディズレーリは、その税率を一ポンド当たり二ペンスに下げるにとどまったのであった。

要するに一九世紀後半、イギリスの伝統に反する所得税への反感は根強く、その廃止は同国の財政家たちの一つの念願であった。そもそも所得税を生みだしたのは関税改革に伴う赤字補塡にすぎず、その撤廃を阻んだのもまた単なる国庫的事情にすぎない。そこには所得税を通じて所得再分配を図るなどという精神はほとんど見出せない。こうした状況を知ることは、課税政策論のうえで例えばミルとピグーを比べるさいには大きな意味をもつであろう。所得税を廃止せよという逆風のなかで比例所得税を唱えたミルと、その追い風のなかで累進所得税を唱えたピグーでは、平等指向という点ではどちらが進んでいるのか、単純には比較できまい。

さて、前述のディズレーリの時代の財政難のなかで、新たに注目されたのが相続税である。実はここにこそ、イギリスの租税制度のうえでの、再分配という理念の黎明がある。動産に不利で不動産に有利な相続税制度は、貴族制度存続の経済的支柱でもあった。この不公平是正と歳入確保をめざし、その改革が幾度と企てられ、そのたびに地主層の抵抗によって葬りさられたが、ついに一八九四年、自由党蔵相ハーコートによって画期的な改革が断行された[5]。それは、イギリス初の累進課税（ただし相続税のみ）を導入し、また動産・不動産間の不公平を一掃するものであった。

その後の大きな一歩は、リベラル・リフォームのなかで踏みだされた（**3・1**）。自由党蔵相ロイド・ジョージは、所得税の累進化、「土地税 land tax」の新設（ハーコート以来の自由党土地重課政策の継承として）という平時としては前例のない大増税、すなわち社会政策と海軍拡張との費用を主に富者に負担させた「人民予算」を成立させたのである（一九一〇年）。

以上、われわれは一九世紀半ばから第一次大戦以前までの税制改革を、直接税に絞って概観した。それは、再分配を意図した財政政策が国家の新たな役割として認知されてゆく過程であると同時に、伝統的階級構造の経済制度基盤が次第に崩されてゆく過程でもある。ピグー財政論の時代精神はこの延長線上にあると言ってよかろう。

しかし、第一次大戦以後の累進課税制度の発展は、そうした理念の力もさることながら、むしろ戦費という焦眉の問題によるものであったとみるべきである。所得税の標準税率は一九一四年の七・五パーセントから二一年の三〇パーセントへと急上昇した。以下では、当時のピグーの論文「所得税の強化を求む」(Pigou 1918a) の内容を概観し、この問題についての彼の立場をみておきたい。

当時の有力な見方——**7・3**でみるようにこれはケインズの見方にやや近い——は、所得税率がさらに上昇すれば、産業活力の深刻な低下、資本の海外逃避、貯蓄抑制などを惹起し、国民分配分を害する、したがって戦費調達は所得税増税ではなく国債発行によるべきである、というものであった。ピグーはこの見方に反駁すべく、次の四つの観点から所得税と国債を比較した。

①即時的な経済活力への影響
②節約意識への影響
③将来（戦後の経済活力）への影響
④公平性

まず①についてピグーは、人々がこの所得税を「恒常的 permanent」なものとみれば、先の懸念はある程度正しいが、それを前代未聞の大戦争のためだけの「一時的temporarily」なものとみれば、事態はまったく異なると指摘する。なぜなら、フローへの恒常的課税はストックへの課税と同値とみなせるが、フローへの一時的課税はそうではないからである（7・4）。また、戦時には資本移動が厳しく規制され、しかも愛国心の高揚もある。ゆえに①において所得税と国債は優劣なしとされる。

②は、国の生産力が私的な財・サービスの生産に向けられると、戦争遂行に向けうる生産力が減るので、国民の節約意識を高めねば総力戦には勝てないという議論である。だがピグーによれば、所得税は負担感が大きく、したがって節約を促すが、国債とはつまり将来の課税（先延ばし・分割払い）だから負担感が小さい。しかも国債の場合、人々はそれを担保にして銀行から借り入れ、消費を行うこともできる。ただし、この銀行信用の生みだす需要増加が物価を押し上げ、実質所得を減らすことで節約が強制される向きもある。だがこれを強調するのはあまりに逆説的であろう。これらを全体的にみたうえで、ここでは所得税が優越するとされる。

③について。国債はそれが償還されるまでの間、利払いのための課税を伴う。すべての国債をイギリス人が所有しているならば、それは国民間での移転にすぎず、国富が減るわけではない。むしろ問題は、利払いのための課税が戦後に恒常化することによって①でみた弊害が生じることである。しかも戦後には、海外投資の規制は撤廃され、国民の愛国心も弱まるであろう。かくして戦後の再建期も視野に入れれば、所得税の方が大いに勝るとされる。

最後に④について。所得税は相対的富者を主な課税対象とする（戦費の大部分は富者の所得に頼らざるをえないので）。一方、国債の利払いは相対的貧者も課税対象に含まれうる（年々の少額の分割払いとなるので）。しかし国債を購入し利子を得るのはもっぱら富者であり、さらに②でみたインフレによる強制貯蓄（「隠された課税」）により、労働者その他の実質所得は一層減少するであろう。かくして国債の方法は貧者にとって二重苦となり、ここでも所得税が優越するとされる。

そして以上の①〜④を総括し、ピグーはできる限りの所得税による戦費調達に軍配を上げたのである。彼はその増税を訴える手紙を四度にわたり『エコノミスト』誌や『タイムズ』紙に寄せた（Pigou 1916e, 1916f, 1916g, 1917d）。平時においてマーシャルがピグー流の課税政策に賛成するか否かは疑問であるが（**6・1**）、このときはマーシャルもピグーに賛同している（*The Economist*, 1916. 12. 30）。

またピグーはこのとき、増税だけではなく制度の改良も唱えていた。当時の所得税においては各種の「控除」は未だ整備されていなかったからである。「私は独身ですが、現行システムのもとでは、私と、妻および四人の幼い子どもをもつ私の同僚とは、同じ程度に課税されます。これほどの不公正はありません。……私の所得は彼よりも高率の課税をうけるべきであり、これによりわれわれの間での正義が守られるのです」（Pigou 1916e：1003）と。[6]

3　一九二〇年代の正統財政と資本課税論

「戦費調達の源泉と方法」（Pigou 1915b）、『戦争の経済および財政』（1916a）、「戦債処理のための特別課税」（1918c）、「戦費負担と将来世代」（1919b）、「国債問題」（1919c）、『資本課税と戦時利得税』（1920b）など、ピグーは戦中から戦後にかけて熱心に戦時財政を論じた。なるほど、予想外に長期化した第一次大戦の戦費は膨大なものであり、その債務は戦後の一九二〇年代を通じてイギリス経済の重い足枷であり続けた。「移転的支出」――この用語は**7・1**で説明された――の大部分は国債利払費と年金支給費が占めていたが、（郵便事業費と地方政府への補助金を除く）イギリス中央政府の全支出に占めるその割合は、一九一三年の二一パーセントから二三年の五三パーセントへ高まり（*PF* 初版：23）、しかも金本位制度復帰にむけた高金利政策が国債保有者を潤した。こうした状況が、労働党の「資本課税 capital levy」論を台頭させたのである。

「公債および租税に関する委員会（Committee on National Debt and Taxation, 一九二四～二五年）」、通称コルウィン委員会では、当時の財政運営のあり方が論議され、ピグーもその公聴会で意見を述べた（一九二四年五月と二五年五月）。そこでの彼の証言は、「完全な議論としてではなく自説を dogmatic form で述べるもの」であると彼自身が予め述べたように、明快かつ端的なものである。本節では、この委員会証言もふまえ、一九二〇年代の緊縮財政に関するピグーの立場を考察する。

さて、一九二〇年時点、すなわち『厚生経済学』初版の第三編第一一章「戦時国債と特別課税」で、彼は資本課税に賛成していた。「国民分配分の観点からは、その採用が有利であることはまったく疑いがない。新たな努力と貯蓄とを抑制する、年々の重税への期待という阻害的効果が減るからである」。「……一度の課徴によって債務を一掃する純効果は、生産の大車輪に注油し、国民分配分を増大させるものであると正当に結論できる」（*EW* 初版：678-9）と。

しかし、終戦直後のブーム期には、資本課税によって債務を一挙に処理するのが得策とみたピグーではあったが、二〇年代不況が次第に深刻さを増すなか、減債基金によるゆるやかな償還に傾いてゆく。「戦後すぐの時期、私は……戦債の大部分を処理する大規模な特別課税を準備する法案を通過させうるならば、これは全体的にみて国益になるであろうという意見であった。［だが］現在、また近い将来について、私は……そうした法案を提言しない」。「私は減債基金を通じてのゆるやかな債務返済がよいと思う。もし将来に戦争の危険がなければ、この手段での返済をあまり急ぐべきではない。減債基金が大きくなればなるほど現在の課税も大きくなるからである。だが戦争の危険を考えれば、減債基金を大規模にすべきであると私は思う。どれだけ大きくすべきかは、ヨーロッパ平和の持続可能性に関するわれわれの推測にかかっている」（Colwyn Committee 1927, vol. 2：436–7）[7]。

最大のポイントは「ヨーロッパ平和の持続可能性」であり、結局これをどうみるかで、景気に配慮して小幅な増税にとどめるか、戦争勃発に備えて大増税を行うかの二つの道がある（いずれにせよ増税は不可避である）。彼はその選択を政治的判断に委ねた。

ピグーは外国人（特にアメリカ人）が保有するイギリス国債を gold debt、イギリス人が保有するイギリス国債を sterling debt とよび、両者を峻別する（Colwyn Committee 1927, vol. 1：39）。戦争の危険さえなければ国債償還を急ぐべきではないと彼が考えた一つの理由は、イギリスの債務の大部分が sterling debt であったからである。「……この問題は世代間正義 justice between generations の問題ではなく、むしろ技術的便宜と政治的実行可能性との問題である」（***PF*** 第3版：38）[8]。

だが「それにもかかわらず現状では、債務はイギリスにとって不利である。その大部分が国内で保有されているにせよ、それは深刻な脅威である。なぜならもし新たな戦争が起こったさい、そうした巨額の債務があると、巨額の資金を集めその信用を維持するのは政府にとって極めて難しくなるであろう。この考慮が、例えば二〇年間以内というような急を要するかなり大規模な債務返済を指し示すのである」（Colwyn Committee 1927, vol. 2：436）。

もう一つ困難がある。減税は歓迎されるが増税は厭われるという政治的バイアスがそれである。「もし実行可能ならば、不況の年は好況の年より少ない返済がよかろう。だが政府の現状ではこの種の政策の採用は、おそらく実際上、不況期における返済の縮小が好況期における適切な増加で相殺されない結果となろう」（p. 436, 傍点追加）。これはけっして気まぐれに指摘された事柄ではない。民主主義、あるいは大衆社会化が進展すれば、政治家は大衆に迎合せざるをえず、理性的政策運営は必ずしも容易ではないというピグーの洞察（**6・2**）は、一九二〇年代以降の彼の政策論議を顕著に特徴づけるものである。

一九二八年時点、すなわち『財政の研究』初版の第三編第六章「内国戦時債と特別課税」でも、その政策的立場はコルウィン委員会証言と変わらない。そこでは、①債務破棄、②通貨膨張、③巨額の特別課税、④減債基金の積立て、の四つの方法のうち、①②が一蹴され、やはり③④の二者択一とされた。そしてピグーの選択は、彼が「『正統』財政政策 "orthodox" financial policy」とよぶところの④であった。「巨額の債務は国家の財政的立場を弱め、直面するかもしれない何らかの緊急事態［戦争］を賄うために国家が資金を集めることを難しくする。それゆえ平時に着実に債務を減らすことが、常に、慎慮ある政府の政策であり続けてきた」（*PF* 初版：286-7）と。

最後に、ピグーの立場をケインズのそれと比べよう。

前述のようにピグーの立場は二〇年代不況に配慮して変化したが、実はケインズも同じく変化しており（ただしその方向は異なる）、彼はコルウィン委員会で次のように述べた。「重要かつ明確な目的のない限り、資本課税のような新規の攪乱的形態の租税を導入することは合理的ではなかろう」。「税負担を変化させるという目的は、私が一九二〇年に資本課税に賛成したさいの理由であった。あのときは所得税と付加所得税［累進税の一種］が、私には許容限界と思えるところにまで達し、たぶんそれを越えていたのである。同時に私は、何らかの追加的課税なくしては予算をバランスさせられないとも考えた。……私は所得税の標準税率を下げるために資本課税に賛成した。資本課税の税収がこの方法で用いられれば、その効果は、資本課税の時点での既存の富の所有者への租税負担を重くし、現期の利益または現期の勤労の果実へのその負担を軽くすることになる」（*JMK*, XIX：839-40, 傍点追加）。つまりケインズの狙いは、ストックに重く、フローに軽く、換言すれば、不活動者に重く、今を活動する者に軽く、課税することである。これは前節でみたピグーの所得税増税論とは明らかに逆であり、ここにケインズの課税原理（分配原理）の一つの特徴があると思われる。

またケインズは、累積した債務を減らすのは望ましいか否かという委員の問いに対し、「私はそれを、ほとんどどっちでもよいことだと思います」。「私は国債を消滅させようという議論は、一部には美学的論議で、クリーンなバランス・シートは見てくれがよいということだと思います。また一部にはそれは、個人の家計からの誤った類推だと思います。個人は債務のない方を好みますが、国民全体にとってそれはただの簿記にすぎません」と述べ、減債基金案にさえ反対した（p. 847）。ケインズは、本節の冒頭でみたような財政の硬直化に対して、何ら懸念を示していない。すなわち赤字財政容認の立場であり、ここにもケインズの一つの特徴があると思われる。

さらに、sterling debt の処理は国内分配問題にすぎない、ゆえに必ずしもその処理を急ぐ必要はない、という認識でピグーとケインズは一致したが、ピグーが戦争を意識して着実な返済をめざしたのに対し、ケインズは「私は戦争の再発を予想しません」（p. 845）ときっぱり否定した。この点はかなり重要である。実際、**1・3**の「対独講和論」でみたようにピグーには第二次大戦を懸念する理由があったが、一方ケインズは一九三〇年代に至っても（二〇年代については疑問の余地はない）、『一般理論』のドイツ語版序文などからみて、平和を前提して議論していたように思われる。要するに、(i)資本課税の税収を主に所得税の減税にあてるというコルウィン委員会での証言や、(ii)『一般理論』でのピグー的「正統財政」運営（減債基金政策）への激しい批判など、ケインズにあって、平和への楽観と赤字財政への楽観とは表裏一体であったとみられるのである。

4　所得税と人的資本論

前節までの考察によってピグー財政論の時代背景も明らかになったので、本節からはピグーの課税論を個別にみてゆきたい。一九世紀末以来の税制改革の方向性をさらに推し進めようとした彼にとって、所得税（フロー面）、相続税その他（ストック面）はその主要武器であった。本節ではまず所得税を扱おう。

『厚生経済学』初版の第四編第六章「所得税」では、支出税と所得税が比較検討された。最終的にピグーが支持するのは所得税であるが、消費を課税ベースとする支出税には資本蓄積を促すという大きな利点もある。「この二形態の租税の対比の本質は、後者［所得税］が貯蓄を抑制するのに対し、前者［支出税］はそうならない点にある」。支出税は、貯蓄者に有利、消費者に不利な税である。しかも所得税は、所得をえた時点で一回、それを貯蓄して利子をえた時点でまた一回というふうに、同一対象への多重課税の問題を孕み、人々がこれを理解する限りで貯蓄は減少するはずである（*EW* 初版：632）。

だが告知面のみならず分配面にも配慮すべきであろう。「実践上、所得税か支出税かの選択は、国民分配分への影響のみならず、さまざまな状況下にある個人間の公平も考慮せねばならない」。個々人の支出額の捕捉が不可能であった当時、支出税の累進化は不可能であるから、分配面では明らかに所得税が有利である。しかもピグーは租税体系全体としての累進性を強調する。すなわち、支出税は逆進的（ないし比例的）なので、かかる性格をもつ税が税体系の一要素に含まれる場合、体系全体として累進化するには、支出税の逆進性を相殺すべく、所得税の累進性を強めねばならない。ゆえに所得税の望ましい累進度は直間比率に依存する。「近代国家の租税体系において、財への課税［支出税］からなるどんな部分も、富者からよりも貧者から所得の大きな割合を徴収するという意味で、逆進的となる傾向がある。もし……全体系が累進的であるべきならば、その部分［所得税］の累進性をかなり強めねばならない。……公平な所得税の累進性の度合いは、租税体系の他の構成部分を考慮するまでは決定できないのである」（pp. 632-8）。

なお、『財政の研究』初版で「租税体系 tax scheme」や「租税式 tax formula」などの新語が登場したのはこのためであろう。例えば「赤毛の者」「所得をえる者」「支出する者」「地代収入をえる者」などの条件を満たせば所定額の税が課せられるわけだが、これら課税条件と課税額との一対を「租税式」または「租税関数 tax function」という。租税体系とはこれら租税式の集合である（*PF* 初版：62）。

能力説論者であるピグーは、累進課税の一根拠として、人的資本論に由来する「支払能力」を重視する。彼は（古典派の生存費賃金のような）最低限必要なある消費水準を想定し、賃金にはたいていそれを超過する部分（マージン）があると考えた。このマージンから税が負担されれば労働効率への悪影響はないが、さもなければ（古典派の議論のように人口が減少しないまでも）効率単位での労働量が減少する。「衣・食・住への支出は通常、資本への投資とは呼ばれない。だがもしある人のこれらのものへの支出がある水準まで減少すれば、彼の効率は悪化し、国民分配分への彼の貢献は減少する。ゆえに……われわれはすべての『効率のための必需品』への支出を投資と同一視すべきであり、……そして消費は、効率のために要する部分を超える分の消費を意味すると解されるべきである」。そして必要消費水準は、高所得階層ほど高いとみるのが自然だが、彼らの所得に比例して高まるわけではないので[9]、高所得者ほど支払能力は高いのである（*EW* 初版：595）。

なお、マーシャルは必需品に関して、「……一方では単に成員数を保つのに必要な、多少とも明確に規定された所得が存在し、また他方では効率を十分に保つのに必要な、より大きな所得が存在する事実が明らかにされている」（Marshall 1961, vol. 1：68）と述べていた。つまり生存的必要と効率的必要である。人的資本論はケンブリッジ学派の伝統であった。

ピグーはコルウィン委員会でも、「人間能力という資本」を「機械よりも重要な形態の資本」とし、さらにその後の『財政の研究』初版でも、「物的資本 material capital への投資と同様に、人的資本 human capital への投資というものがある。……なぜなら消費はある点までは人間の生産能力への投資だからである。これは子どもとの関連で特別に重要[10]」としている。国民分配分の趨勢はこれら広義の資本により規定されるので、資本に打撃を与える政策は「未来に打撃を与える hit the future」政策であり、世代を通じて一定の資本を保つには、物的資本のみならず、死その他による人的資本の減耗分も補わねばならない（*PF* 初版：29-30）。

ところが税法上、「資本」とは物的資本を意味し、ゆえに人的資本は資本課税を免れる。「従来広く提唱されてきた特別課税、すなわち物的資本への課税という形態だけでは、物的資本の所有者と大きな稼得力をもつ非物的資本の所有者との間に、深刻な不公平がある」(p. 302)。財産の一部を人的資本（技術、学歴、人間関係など）の形で子どもに投資しておけば、相続税を事実上節約しうる可能性があることは現代でもときおり指摘されるが、おそらくこの問題を最初に提起したのはピグーであろう。このように彼の人的資本への強い関心は終始一貫しているのである。

最後に、コルウィン委員会証言から彼の所得税論を補足しておこう（Colwyn Committee 1927, vol. 1：41）。

①「所得税は物価に直接影響しない」。

②「それゆえ所得税は、国際価格をめぐる競争で輸出業者を直接不利にしない」。

③「間接的には所得税は、人々をより少なく働かせ、より少なく貯蓄させる限りで、生産を抑制する」。だが現状では統計データがなく、その程度を知ることは不可能とされる。

④「イギリスの所得税は、貯蓄と消費とに対して一見中立的にみえるが、実際は……貯蓄に不利である。なぜなら消費される所得は一度しか課税されないが、貯蓄される所得は二度課税される。それ自体として一回、そしてその投資が生む将来の所得においてもう一回。人々がこれを理解する限りで、イギリスの所得税は貯蓄を抑制する」。「だが貯蓄の大部分は多かれ少なかれ習慣的になされ、それらが将来生みだす見返りは十分に考慮されない。私自身はその抑制があまり大きくなるとは思わない」。

⑤「……深刻な実務的困難と分配面からの幾つかの反対論とを乗り越えれば、貯蓄される所得部分を所得税から控除することを強力に主張できる」。

①②は一九二〇年代の失業の過半が輸出産業でおきていたことに関連する（**8・1**）。最も懸念されているのは未来への打撃③④であり、貯蓄控除⑤はその緩和策である。⑤は貯蓄優遇策なので消費は減る（物的資本蓄積の促進）。しかるに消費は「広義の投資」なので人的資本蓄積を鈍化させる。些末にすぎる感もあるが、ピグーは⑤を勧告しつつ、この点も付言している。なお、この⑤は初期ピグー以来の主張でもあった（*WW*：371）。

5　相続税と土地税

前節ではフロー面における「所得税」をみたが、本節ではストック面における「相続税」と「土地税」を考察する。ストックの分配状況に関するピグーの認識は、彼が紹介したある統計に示されている。調査は一九二四〜三〇年のイングランドおよびウェールズにおける二五歳以上の人々を対象とし、それによれば、上位一パーセントの富裕層が社会全体の私有資本の約六〇パーセントを所有し、下位七五パーセントの人々はその五パーセント未満を所有するにすぎない。しかもここには家屋や一部耐久財が含まれ、これらを除外すれば格差はさらに広がるであろう（Pigou 1937a：12-3）。近年でさえも、貴族制度を維持してきたイギリスは、フローでみればアメリカよりも平等であるが——労働党政権のたまものであろう——、ストックでみればアメリカよりずっと不平等な社会であると言われている（Samuelson & Nordhaus 1989：648）。

まず相続税 death duties について。

①「相続税」は「財産税」の特殊ケースである。「……これらの税［相続税］は不定期な財産税であり、ゆえに年々の財産税とは対照的な位置にある。……相続税は、毎年それぞれの財産から比較的小さな額を集めるのではなく、およそ三〇年ごとに所有者の死亡時にそれぞれの財産から大きな額を集める。これが本質的な点である」。

②さらに「投資所得への課税」と「財産税」は理論的に同値とされる。資産ストックの価格は、資産がもたらす年々の所得フローを利子率で割り引いて算出されるため、例えば年々一〇〇ポンドの収益を生む一〇〇〇ポンドの財産に対する五パーセントの［年々の］財産税と、五〇パーセントの所得税は、同じ分配効果をもつであろう。したがって「分配問題に関して、相続税と投資所得課税とは非常に類似した諸結果を発揮しうることは明白」である（*PF* 初版：158）。

①と②によって、相続税、財産税、投資所得課税の三者関係を明らかにし、どれも同じ分配効果をもちうることを確認したのち、ピグーは相続税の告知効果の検討に進んだ。

彼はいわゆるバロー的中立命題を拒否している。「……すべての人が個人的な死について完全に無差別で、すなわち彼ら自身について関心をもつのとまったく同じほどに、彼らの相続人についても関心をもつとまず仮定しよう。この仮定のもとで、もし各人が完全に合理的 rational であれば、二つの制度［相続税と財産税］は貯蓄総量に正確に等しく影響する。だが実際、人々は完全に合理的ではない。彼らはぐずぐずしがちであり、例えば自分自身の寿命を長く見積もり、将来におきる出来事から目をそらす。これらの出来事のおきる日時が不明な場合には特にそうである。これらの理由から彼らは、毎年少額を支払うために節約するのに比べ、不定期な巨額の一括払いのためにはそれほど節約しない。しかも大多数の人々は個人的な死について無差別ではないこと、すなわち自分自身についてとまったく同じように相続人について関心をもつわけではないこと、は明らかにこの結論を強める……」(p. 162)。

不完全な合理性と不完全な利他心のために、一括払いたる相続税の方が資源配分を歪ませて（資本蓄積を阻害して）しまうのだが、しかしその程度はあまり大きくない。遺産動機は多様であり、富者と貧者とでも異なるからである。「資本保有の願望は単純ではない。それは人々の間でさまざまな要素がさまざまに混ざりあって形成される。ある要素は、強力な人間が自分自身のうちに見出す建設的な力を行使しうることへの願望であり、大規模な企てと結びつく。巨富が与えてくれる社会的おそらくは政治的な権力への願望もある。名声や評判への願望もある。非常に裕福に生を終えることによる死後の栄光への願望もある。大所得の全部を消費できないという単なる惰性もある。……これらと並んで、蓄積者の死後に、蓄積された資本を自分の子どもに残したいという願望もあり、この願望は子どもをもつ家族が、その財産によらず父親の勤労所得で養われるさいに最も切迫する。父親は、自分が死ねば子どもたちが大変貧しくなること、また彼らのために蓄えた財産のそれぞれの限界的一ポンドが高い限界効用をもつこと、を知っているからである」(p. 163)。

『厚生経済学』初版の第四編第七章「財産税と相続税」にも同様の議論がある。「蓄積への刺激の一部は、富が与えてくれる権力や威信からなる。平均的財産をもつにすぎず、子どもをもつ、またはもつことを望むにすぎない人にとって、この動機は実際支配的な役割を演じそうにない。子どもを扶養するという願望が主な動機である。仮にその願望がなくなれば、彼らは現状よりずっと早く仕事から引退する道を選ぶであろう。だがカーヴァー教授が言うように『ある人の蓄積が、彼の子孫を守るための、また彼の家族に真の繁栄を与えるための必要量をこえて増加したのち、さらなる蓄積を支える動機は変質する。そのとき、活動への愛着 love of action、権力への愛着 love of power のゆえに、彼は実業に従事する。そのとき、蓄積資本はゲームの一道具と化す』」。「ゆえに巨額な遺産については、おそらく貯蓄や国民分配分に何らたいした抑制をもたらさずに、非常に重い相続税を課せるであろう。特に直系以外の遺産についてはそうである」（*EW* 初版：642）。

以上のようにピグーは相続税に関して、(i)告知面では、人間の合理性と利他心との欠如によるその弊害を認めながらも、願望の多様性をふまえて弊害のほどは小さいとし、(ii)分配面では、それは財産税および投資所得課税と同じ効果をもつ、とした。さらに、相続が典型的な不労所得である点、しかも費用のかかる人的投資は裕福な親をもつ幸運な子どもたちに集中し、これが富の集中を加速する点（大なる相続が大なる所得を可能とする点、貧困が貧困を再生産する点）にも鑑み、相続税には所得税以上の累進化が妥当と結論されたのである。

さて次は、土地税に目を向けよう。かつての「人民予算」案が地主貴族の牙城たる上院で激しい抵抗をうけた一つの理由は、ハーコート以来の相続税改革によってすでに揺らいでいた貴族制度に追いうちをかけた「土地税」の導入にあったのであるが、それでもなおピグーは、イギリス本国の土地税制の相対的遅れを指摘している。「一九〇九年予算［人民予算］による少額の未開発地税を別にすれば、大ブリテンでは従来、この課税可能な対象に頼ることがまったくなかった。だがニュージーランドやオーストラリア植民地では、それは長年、地方および中央政府の財政のうえで重要な役割を果たしてきた。西カナダの諸市は地方の目的のためにそれを大いに活用している」（*PF* 初版：169）。

税には、告知効果を伴わない税、これを伴う税、の二種類がある。ピグーによれば、純地代 true rents、予期せぬ収入 windfalls、独占収入などへの課税は前者に属し、相続税、所得税、物品税などは後者に属す。「前者の種類の租税は告知面で理想的であるが、どの程度それらに頼るかは、この長所とそれらが税体系全体において分配効果を悪化させるかもしれないという短所とのバランスによって解決されねばならない……」(p. 94)。

一般に、供給の固定性に由来する独占的要素所得（先ほどの純地代のような）は、重税を課せられても資源配分を歪めない「剰余」の性質をもつ。需要側からみれば生産物価格に影響しないからであり——地代が価格に影響するのでなく価格が地代を規定する——、供給側からみれば供給が固定されており反応できないからである。かかる対象への課税は「その告知面において人頭税 poll-tax のように作用し……最小総犠牲の観点からは理想的な税である」(p. 168)。

英米圏では、一九世紀後半のH・ジョージの土地単一課税論などもあり、土地税への関心は高かった。一言で土地税といってもさまざまなものがあるが、ピグーが提唱したのはキャピタル・ゲインの一種たる「公共価値 public value」への課税である。公共価値とはマーシャルの用語で、地価上昇分のうち地主の勤労によらない部分を意味し、土地投資による地価上昇分は含まれない。当時の税制では前者を「未改良価値 unimproved value」、後者を「改良価値 improved value」とよび、この区別は「……経済学者には長らく馴染みのもので、それはリカードの純経済地代 true economic rent と、土地に投下された資本からの利潤との区別に対応する。未改良価値は純地代を資本還元した価値で、改良価値は利潤を資本還元した価値である」(p. 172)。

公共価値への課税は告知面では理想的であるが、分配面ではどうであろうか。公共価値とは純地代を資本還元した価値なので、公共価値に課税するか純地代に課税するかは、理論上同値であることに注意せねばならない。だが、同じ年収の二人がいて、一人はその大部分が地代収入、もう一人には地代が含まれないとすれば、このとき、公共価値への課税（ないし純地代への課税）が水平的不平等を惹起することは明白である。しかし「……この国では地代をえるのは、かなりの程度、裕福な人々に集中している。ゆえに所得の異なる人々の間におけるのと同様に、この種の税は分配的に善である。おそらくイギリスの現行の累進度での所得税よりもかなり善いであろう」(p. 173, 傍点追加)。

以上のようにピグーは公共価値への課税について、(i)告知面では理想的、(ii)分配面では当時の累進所得税よりも効果的であるとし、結論として純地代への「適度な」増税を主張したのである。

実はそれもまた、前節の貯蓄控除論と同じく、初期ピグー以来の主張であった。すなわち、ロイド・ジョージの「土地税」を論じた一九〇九年の小冊子『土地課税政策』の結論部では、「今や、われわれの到達した結論のうち最も重要なものは、次のように簡潔に要約できよう。すなわち、土地の未改良価値ないし公共価値は、経済的には絶好の課税対象である。もし課税が量的に適度ならば、公平性を根拠に非難することもできない」(Pigou 1909a : 32) と述べられている。イギリスが不平等な階級社会から脱皮するうえで、土地税制の改革はじっくりと取り組むべき歴史的課題の一つであったに違いない。

6 まとめ

厚生経済学「体系」の一翼たるピグーの財政論は、マスグレイヴに代表される多くの論者が認めてきたように、当時にあって極めて優れたものであり、多くの先駆的論点を含んでいる。だが大局的見地からみて最も重要なことは、ピグーが、歳入面における限界犠牲の均等と歳出面における限界満足との均等という根本原則によって、予算の収支両面を結びつけ、これを経済的厚生最大化という一般的計画として捉えたという一点である。

また思想的見地からみて興味深いのは、ミル以降のイギリスの主要経済学者たちを比べると、どの論者も「快楽」「満足」「効用」といった用語を用いながらも、具体的な課税政策では大きな違いが生じた点である。その原因は彼らの「功利主義」にさまざまなヴァリエーションがあるためとみられる。これはかなりの難問であり、ピグーを含む各論者について、①その思想と課税政策との整合性、②継承や批判などの相互関係、が今後さらに研究されねばなるまい。

さて、ピグー厚生経済学が分配論を重視することは従来から十分に、ときにはそれのみが切り離され偏って、強調されてきた。これに関連して次の二点を述べねばならない。まず第一に、その内在的究明には財政論プロパーの考察――それは『厚生経済学』第四版には含まれていない――が不可欠であることである。そこで初めてわれわれは、分配面と告知面の（少なくとも）二つが結合された具体的議論を見出すのである。第二に、その時代背景と歴史的意義が、ハーコート以来の平等化政策の流れのうちにあることである（一九二〇年代には債務処理が焦眉の時論課題として急浮上するが）。その意味では、ピグーの所得税、相続税、土地税などはいずれも、新たな平等社会建設にむけて、旧い階級社会に最後の一撃を加えんとする試みであった。

彼の「正統財政」の立場については、そこにピグーのアキレス腱があるという意見もあるかもしれない。もし問題を、いわば「ピグーの（単年度の）均衡予算主義」対「ケインズの裁量的予算主義」という誤った対立図式で捉えるならば、なるほどそうであろう。だが一九二〇年代半ばにおける二人の実際の対立はそうしたものではまったくない（**7・3**）。「正統財政」という言葉は、国の借金を返済しようという継続的努力を意味するにすぎない。返済期間と年々の返済額とは経済状況に応じて決めればよいのであって、単年度ごとの厳格な予算均衡を含意するのではけっしてない。仮に「ケインズの裁量的予算主義」という言葉が中・長期的な予算均衡を暗黙裏に前提しているならば、これこそがまさにピグーの立場なのである。むしろわれわれは、右の対立図式とは別に、債務の累積を「ほとんどどっちでもよい事柄」、「一部には美学的論議」、「個人の家計からの誤った類推」、「［国民経済上の］ただの簿記」とみるケインズの赤字財政容認論（*JMK*, XIX: 847）が存在したことを見落とすべきではない。真の対立軸はここにある。

大衆の公民意識の成熟度の低い民主主義の初期の時代にあって、「正統財政」は慣習的な一つの知恵であったというほかない。大衆迎合的政治家によるあらゆる近視眼的試み、公的部門の安易な膨張と、安易な国債発行（ただし世代間正義の問題がおきるのは、外国人が国債を購入した場合のみ）、政治的景気循環といったものへの防御として、その単純なルールは一定の有効性をもつであろう。新たな公的サービスには新たな負担が伴う可能性があるからこそ、その計画の必要性が厳しく吟味される。その本質は不断の予算チェック機能であり、今なおわれわれは「正統財政」の意義を一蹴しうる高みには至っていない。くわえて、ピグーとケインズとの財政運営上の対立の一因として、「ヨーロッパ平和の持続可能性」に関する見解の違いがあった。総合的にみてピグーの正統財政は、従来言われてきたような硬直的ドグマではなく、むしろ優れた現実感覚と良識を示すものであると結論できる。

なお、正統財政論に関連して、コルウィン委員会でピグーが「概して、課税および公債の状態は、雇用および失業の決定因とみなされるべきではない。……失業が生じるならば、それは主として種々の職業間での労働需給の不調整の帰結であり、需要の大きさの帰結ではない」と証言したことは（Colwyn Committee 1927, vol. 1：39）、二〇年代構造不況に関する診断として決定的な重要性をもっている。彼が一九二〇年代にほとんど公共事業政策を唱えなかった理由もここにある（彼が公共事業を唱えたのは三〇年代に入ってからである）。

次章以降では、理論と政策の両面でのピグーとケインズとの雇用論争の考察に進むが、イギリス戦間期の難問は、狭い意味での財政・雇用という二分野にとどまらない。ほかに特筆すべき周辺諸問題として、①国際自由貿易体制の再建、すなわち金本位制度復帰（一九二五年）――これは財政・金融政策とも連動している――、②労働党政権誕生（一九二四年）に象徴される労働階級の台頭、すなわち労働争議と賃上げ圧力、③既存の政策論を支えた社会通念の転換[11]、等がある。ゆえに、これらにも目を向けつつ考察を進めてゆく。

第8章　雇用政策

――ピグー神話――

一九〇八年以来、ピグーは公共事業政策をたびたび論じている。主なものを挙げれば、①教授就任講演（Pigou 1908b：27-9）、②『富と厚生』（1912a：477-8）、③『失業』（1913a, Ch. 11）、④『厚生経済学』初版（1920a, Part 6, Ch. 11）、⑤「景気循環の是正策」（1924a：128-31）、⑥『産業変動論』（1927a, Ch. 12）、⑦『タイムズ』紙への手紙（1930a, 1932c, 1933f, 1933g）、⑧『失業の理論』（1933a：250）、等がある。ただし、②③④⑥は体系的叙述の一部分として論じられた可能性もあり、それらの時期に彼がそうした政策を実際に唱えたとは必ずしも断定できない。一方、①⑤⑦⑧は時論的色彩が濃い。なお、彼のいう公共事業とは「ある一群の者たちが塹壕を掘り、ほかの一群の者たちがそれを埋める」ような類いのものではなく、あくまで「資本蓄積のための有益な計画」のことである（1933g）。

かつてのケインズ全盛時代の反動として、近年、修正主義的見解が理論、政策論、経済史、伝記といった各領域で盛んに現れている。例えば、「ケインズ革命」を政策面から精査したP・クラークは次のように述べた。「[かつて］ケインズはいつでも正しいのみならず、大蔵省とピグーは単に愚か merely silly にみえた。だが近年の幾つかの修正主義的な歴史資料編纂の成果は、この見方をまったく逆立ちさせてしまった。そのため今日ではケインズが単に愚かにみえる」（Clarke 1988：5）と。閲覧規制の時効をむかえた公文書など新資料の登場により、かつて old dogs と蔑まれた大蔵官僚さえ、単なる保守的集団と一蹴できない状況に移りつつあるのである（Peden 1988：13-4,

訳 11)。

本章以降の諸章では、こうした研究潮流もふまえ、ピグー厚生経済学体系の、財政論と並ぶ一翼をなす雇用論を考察する。まず本章では主にその政策面に光をあてよう。

1　戦間期のイギリス経済

過去の経済政策（経済理論についてもある程度そうであるが）に関する評価は、当時の経済実態をどう捉えるかという経済史の認識にかかっている。それゆえ戦間期の大量失業に関するピグーの所論を考えるには、まず当時のイギリス経済の状態をみる必要がある。

イギリスは、一九一九～二〇年の短い戦後ブームののち、二〇年代全体を通して持続的不況を経験した。さらに世界恐慌の大波をうけた三〇～三二年には、戦間期を通して最も深刻な状況に陥った。戦間期イギリスにはひどく暗いイメージがつきまとい、従来の通説では、そうしたなかからケインズの画期的な総需要管理論がいわば必然的に生まれてきた（かつての救貧法委員会の議論をひとまず無視すれば）とされるのである。

だが近年では、一面的な「暗い」戦間期イギリス経済観は修正を迫られている。一九二〇年代の高失業率の原因として総需要不足、特に二五年の金本位制度復帰（以下では金復帰と略す）に伴うデフレーションはむろん重要な一因であるが、当時の経済パフォーマンスはもっと多面的に捉えられねばならない。そこで本節では、むしろ総需要不足以外の三つの要因に目を向ける。すなわち、(I)「旧」産業群と「新」産業群との併存、(II)労働運動と戦間期デモクラシー、(III)国外要因としての新興諸国の台頭、である。

まず(I)、すなわち当時のイギリス国内には、斜陽化しつつある「旧」産業群と台頭しつつある「新」産業群が併存していた。それぞれの特徴は次のように整理できる。

「旧」産業群：具体的には造船、鉄鋼、綿、石炭の四つ。戦時の貿易縮小に苦しんだ綿業を除けば、これらはいずれも第一次大戦中に膨張した産業であった。またいずれも平時にはおおむね輸出に依存するところ大であり、実際それらは、ヴィクトリア期の同国の経済的繁栄を支えたいわゆるステープル・インダストリーであった

「新」産業群：戦中・戦後の技術革新のなかから生まれ、その後に急成長をとげる、電気製品（ラジオや蓄電器）、自動車、レーヨンなどの諸産業であり、国内向け産業という性格が比較的強い

この構造的特徴については、ピグーのみならず、わが国のケインズ研究者たちも指摘し（福岡・早坂・根岸 1983：149–54）、同じくテイラーも次のように指摘している。「……百万人以上が失業していた。その四分の三は、かつてイギリスの繁栄が依存した古い輸出産業で生じた。国内市場向けに生産する産業は回復した」（Taylor 1965：238, 訳 216）。そのことは、今日ではもはや教科書的（湯沢 1996）な知識と言ってよかろう。このように一九二〇年代の失業問題は、人類初の総力戦のもとで特需に沸いた諸産業の、戦後における再編の問題でもあったわけである。四年に及ぶ総力戦の遂行が、その経済構造に残した傷跡は大きかった。

ピグーも次のようにみていた。「輸出産業、石炭採掘、造船業などでは、戦前に必要とされたよりもずっと少数の人々しか必要とされなかった。……戦後、需要条件の変化したなかで、むろん人々は人の多すぎる産業から移動する傾向があった。だが調整は、ある場合には非常に緩慢であった。炭坑夫が自分の村を去って仕事をどこかほかの場所に求めるのは大変困難で、彼らは自分たちの熟練している類の仕事への需要がまもなく回復すると望みを抱

表 8-1　失業率の地域間格差

地　　域	1929	1932	1936	平均（1929–36）
ロンドン	4.7	13.1	6.5	8.8
南東部	3.8	13.1	5.6	7.8
南西部	6.8	16.4	7.8	11.1
ミッドランド	9.5	21.6	9.4	15.2
北東部	12.6	30.6	16.6	22.7
北西部	12.7	26.3	16.2	21.6
スコットランド	11.2	29.0	18.0	21.8
ウェールズ	11.8	38.1	28.5	30.1

注）なお，ここでの失業率は失業保険登録者ベースでのそれである。
出典）Aldcroft（1970 : 80）.

いてとどまっていた」（Pigou 1946a : 86–7）。「要するに、休戦から一九二〇年四月末までの期間に……男子で六〇万、女子でも六〇万、計一二〇万人前後の雇用の減少があったのを見出す」（1947a : 21）。戦時に膨張した「旧」産業群は、平時への移行後も、多くの余剰労働者を抱えながら、その産業規模を保っていたのである。

それゆえ失業は、全産業に均一に現れたのではなかった。「旧」産業群に依存した地域で際立っていたのである（表**8**-**1**）。

次に(II)、すなわちイギリスの民主主義は一九二〇年代に確立したが、これに呼応して労働運動の未曾有の高揚がおきていた。ロシア革命の影響もあろうが、労働大衆の発言力は、戦時中の政府への協力の結果、戦後にとみに高まり、一九一八年には三〇歳以上の女性に参政権が付与され、二八年には成年男女普通選挙が実現する。この過程において、二四年にはイギリス史上初の労働党政権が誕生し、二六年には未曾有のゼネストが発生した。

さらに、雇用に関わる制度面では次の二点——最低賃金制度と失業保険制度との改正——が特に重要である。第一は、**3**・**1**でみたように、一九〇九年の「賃金委員会法」（イギリス初の最低賃金法）が一九一八年に改正され、その対象となる職業を拡げたことである。「もとの法律では、ある産業に賃金委員会を設置する条件は、そこでの賃金率が例外的に低いことであったのに対し、新たな法律では、その職業が組織されておらず、したがって不当に低い賃金を受けとる傾向があることだけで、それは十分である」（*EW* 初版 : 540）。これは当初の意図からの大きな前進あるいは逸脱であって、その結果、新法は「委員会の数の大きな増加」をもたらし、より高い労働階層も組み入れて、それぞれの労働階層ごとに異なる最低賃金率を定め、「ときには、週に四ポンド一〇シリング以上を稼ぐ監督者にさえも」定められた。ケーブ委員会は一九一八年以後のこうした状況を調査し、賃金委員会の活動領域の縮小を勧告したのであった（Pigou 1922c：321-2）。このように当時の最低賃金制度が、最下層のみならず、より上層の未組織労働者をも対象とした点には注意せねばならない。

第二に、**3・5**でみたように、労働階級の政治力増大を背景として当時繰り返された、失業保険制度の改正（加入者の大幅拡大と給付条件の緩和）による失業コストの低下がある。失業者は公的に手当――軽蔑的に「施しdole」とよばれた――を与えられ、こうして組合員に対する手当負担を免れた労働組合は、労使交渉において、その姿勢を強硬なものに変質させた可能性がある。[1] 組合の士気の高さは、少なくとも主張できるであろう。ただし実際に賃金交渉に勝利したのは、比較的順調な発展を続けていた「新」産業群においてであり、のちにみるようにこのことが「新」「旧」両産業群の間での賃金水準のアンバランスを惹起すると同時に、「新」産業群による失業の吸収を妨げることになる。

最後に(III)、すなわち「旧」産業群の国際競争力の低下の問題がある。イギリスは戦勝国でありながら、戦時中に漁夫の利をえた後発諸国の追いあげをうけ、戦後、世界各地の市場で苦戦を強いられた。それはいわゆる労働集約型産業で著しく、例えば一九一九年時点で日本は、石炭業でその黄金期を迎え、造船高でも米・英について第三位。綿織物業でも日本やインドがイギリス植民地市場を浸食した。この問題は、**8・5**でみる「経済学者委員会」（ピグーもケインズもその委員であった）でも取りあげられることになる。

以上(I)～(III)から次のように言えるであろう。すなわち、この時代は一面的に「暗い」「停滞した」時代などではけっしてない。その社会気運にてらせば、それは一面において、まさに政治経済の舞台に労働階級が躍りでた時代であった。二〇年代構造不況もまた「明」と「暗」、すなわち「新」産業群と「旧」産業群との両面から把握されねばならない。この時代は、かつて七つの海を支配する原動力を提供した一九世紀型産業構造からの脱却期であると同時に、二〇世紀の新たな産業構造にむけた大規模な変革期であり、まさに現代イギリス社会建設の槌音の聞こえる時代であったのである。

ところで以上の考察では、実は二つの論点にあえてふれなかった。一つは一九二五年の金復帰問題、もう一つは「二〇年代不況」と「世界恐慌」との概念的峻別である。前者は**8・4**で扱うので、ここでは後者のみを一瞥しておく。

ウォール街でのバブル崩壊（一九二九年秋）に端を発する世界恐慌がイギリスを巻きこむのは翌三〇年以降である。ゆえに戦間期イギリスの経済停滞を、「二〇年代不況」と「三〇年代恐慌」に二分するのが便利であろう。前者の慢性的失業と後者の突発的失業とではまったく性質が異なるからである。ピグーによれば、前者はイギリス固有の社会問題の色彩が濃く、いわば自然失業率[2]の上昇が問題なのであって、景気循環のうえでの単なる一局面（底）とみることはできない。一方後者は、イギリスにとってはニューヨーク発の外来不況の感さえあり、本書の第**4**章でみた「産業変動」の特に大きなものとみることができる。本節での議論はあくまで前者に関するものである。またこの峻別は政策論のうえで大きな意味をもち、したがってピグーは一九二〇年代には産業再編や労働移動促進というミクロ的論議にほぼ終始し、三〇年代に入ってから本格的な公共事業政策を唱え始めることになる。

彼の雇用理論上の優れた着想が従来まったく評価されてこなかった一因、また雇用政策論上の「ピグー神話」が長らく消えなかった一因は、当時のイギリス経済が多面的に把握されず、有効需要という一面的把握が支配的であったことにある。

ピグーは当初、二〇年代不況の原因を、戦時中に肥大化した諸産業が平時の需要条件に適合できなかったことに求めた。しかし実際の不況を観察したのち、彼の認識は変化する。そこで本節と次節では、この二段階の認識局面にそれぞれ対応するところの以下の二論文を取りあげる。

2 「戦後の労働諸問題」

「戦後の労働諸問題」(1916d)

「賃金政策と失業」(1927d)

本節で扱うのは、前者の一九一六年論文である。それは、(I)労働運動の高揚、(II)産業調整の必要、(III)公共事業の一時凍結、という三側面から戦後の諸問題を予想し、また警鐘を鳴らすものであった。(I)～(III)を順にみてゆこう。

まず(I)について。「[第一次大戦が終わり]平和が到来したとき、われわれが直面することになる主要な危険の一つが、広範囲にわたる産業争議の発生であることはまったく明白である。かかる争議は、ある場合には、産業上の方法や熟練労働の希薄化[非熟練労働者の参入]といった問題をめぐっておきるであろう。だが争いの一般的源泉は、ほぼ確実に、賃金率の問題のうちに見られよう。もし重大な災いが避けられるべきならば、事前に国家自身がこれらの争議をとり扱う機構を提供すべきである」(1916d : 334)。

ピグーの提案は、一九〇七年のカナダの産業争議調査法 Industrial Disputes Investigation Act に範をとるもので、公の調整機関による一連の作業(①調査、②報告書の公表、③妥協案の公示)が済むまでは、ストやロックアウトなど労使双方の実力行使を違法とするものである。ただし③に強制力はなく、その後に当事者双方は実力行使の道を選んでよい。だが同法により、冷静な交渉のための時間的猶予の確保、またその間に世論の注目が集まれば（双方にその支持をえようとする誘因が働き）強硬な姿勢がおのずと軟化すること、の二つが期待できる。ピグーはその立法化を「緊急の事柄」とし、講和後に直ちに全重要産業を対象に実現されるべきであると説いた。この洞察の適切さは**3・4**でみた図**3-1**からも明らかであり、『厚生経済学』初版の第三編に産業平和論が再録された主な理由はここに見出されよう。

さて、賃金率が一大争点となるならば、公の調整機関にとっては、どんな賃金率を提案すべきかが問題となる。そこでピグーは戦後の労働需給の予想を試みた。労働需要については、限界生産力理論に基づき、(i)限界労働生産力、(ii)企業家の収益期待、の二つが着目される。(i)はもっぱら資本・労働比率K／Lの観点から眺められ、戦時中の資本の破壊や減耗にもかかわらず、当時本格的に導入され成功裏に機能したシフト制［機械の連続稼働を可能とする交代勤務］の定着などを考えると、K／Lが戦前より大きく低下するとは必ずしも言えないとされる。(ii)については、戦時中の節約生活から解放された人々が耐久財を一斉に買いかえるなど、一時的には消費が増え、楽観的期待が支配的となろう。結局(i)(ii)から、労働需要は戦前より若干減る程度と予測された（pp. 335-8）。

他方、労働供給についても、人口の自然増による男子労働者の増加、戦死や負傷による男子労働者の減少、戦後の兵員増強による男子労働者の減少、女性の社会進出などをふまえ、全体としてあまり大きな変化はないと予想された（pp. 338-9）。

以上のことからピグーは、戦後の基本賃金 basis wage は戦前と大差なしと予想し、そのうえで戦中・戦後の物価上昇に注意するように促した。「戦後数年間、世界的な通貨膨張は一般に続くと予想され、このことは名目賃金の一般水準が戦前のそれよりかなり高くなることを意味する」。また、講和直後に突発的需要が見込まれる産業（耐久消費財産業）とそうでない産業とがあるので、基本賃金は各産業の事情にあわせて修正されねばならない（p.

340）。

次に(II)の産業調整について。「戦後の需給の一般諸条件がどうであれ、多くの労働者が今の仕事を解雇され、ほかの仕事に移らねばならなくなるのはまったく確実」である。除隊兵士をはじめ、皆が戦前の自分の仕事に復帰し始めると、戦時中そこで働いていた者は押しだされ、大規模な労働移動が発生するであろう。この過程は、もし「無知と移動費用とによって邪魔され妨げられる」ならば長期化するおそれがある。

これに対処すべくピグーは、その行き当たりばったりの放浪的性質を除去する工夫（一九〇九年以来の職業紹介制度への登録）、過程が長期化した場合の安全網の整備（失業給付）、の二つを説いた。勤労意欲の確認という意味では、前者は後者の条件でもあった。「……すべての除隊兵士と軍需産業労働者は、彼らが失業するであろう講和後の半年か一年かの間は、『失業給付』をうける権利のある保険加入者として扱われる必要があると思う。除隊兵士でない者、軍需産業労働者でない者についても、自分が職を失うのは、戦前に元々その場所にいた人が復帰したからであることを示せるならば、同じ特権が与えられるべきである。あらゆる場合、給付はその地域の職業紹介所を通じてなされるべきであり、かつ同紹介所が彼・彼女に対してその産業での公認賃金率で仕事を紹介できない期間のみ、給付は続けられるべきである」（pp. 340–3）。

最後に(III)の公共事業の凍結について。戦後に企業家たちの間に過剰な悲観論が広まるならば、景気対策としての公共事業は効果的であろう。だが「平和に伴う心理的反動として、過剰な悲観論より過剰な楽観論の方がずっとありえそうに思う。もしこの予想が的中するならば、政府が直面する課題は……凄まじい産業的ブームを抑えることであろう。何とかして管理されねば、ブームは大量の資源を浪費的な方向にむけ、これによって数年後の深刻な不況の種をまくことになろう」（p. 344）。

特に注目すべきは、戦後の大量失業の本質を政府が誤認するのではないかとピグーが懸念していた点である。

「この失業は、産業の実質労働需要の何らかの不足をけっして含意するものではなく、そうみる必要もない。それは単に大量の移動を示すにすぎないかもしれず、私はそうみるからである。だが公共事業の観念に憑かれた中央政府および地方政府は、その意味を誤認し、それを需要が本当に不足している徴とみてしまう危険がある。もしかかる誤認の影響のもとで彼らが公共事業を始めれば、社会に重大な害を与えるであろう」（p. 345，傍点追加）。

戦後、人々が老朽化した耐久財や資本財を一斉に買いかえれば、それらの産業での一時的ブームが予想される。「だが公共事業が主に影響するのは、まさにこの類の業種なのである。それは農業者やパン屋や砂糖菓子業者よりも、むしろ土木業者や建築業者に雇用を与え……、彼らは二、三年後に、自分たちが深刻な不況に直面していることと、［再び］ほかの職業を探す必要があることに気づくであろう。もし平和が宣言された時に公共事業が開始されれば、この害悪は大いに悪化させられるであろう。もし本稿の一般予測が正しいならば、正しい政策は、不可避的な大衆の要求の叫びにもかかわらず公共事業計画を数年間凍結することであり、そして……民間産業のブームが消えうせるにつれ、それらへの公共事業を徐々に開始することである」（p. 345，傍点追加）。

大規模な労働移動は、戦時から平時への転換のための一つのプロセスであり、それはマクロ的というよりミクロ的政策によって対処されるべきものであろう。このプロセスを速やかに終えることが課題であり、これをいたずらに攪乱し長期化すべきではない。公共事業の凍結を要するのは、ピグーによれば、それが人々に誤ったシグナルを与えて資源配分を攪乱するからである。

以上が「戦後の労働諸問題」（1916d）の概略である。そこでのピグーの予想をどう評価するかについては、さまざまな見方があろう。しかし次の二点は確かに指摘できる。第一にこの時点で彼は、戦後に現れるであろう大量失業を、もっぱら産業再編の問題として、つまり大規模な摩擦的失業として捉えたという点である。彼にとってこれは、公共事業によって解決すべきタイプの失業ではなかった。第二に当時すでに、公共事業とは何ら新奇なものではなく、警鐘が鳴らされるほどに常識化した一選択肢であった点である。

　ちなみにその後一九二四年には——おそらく金復帰をにらんで——ピグーは公共事業に傾いたように思われる。「その需要の一部を好況期から不況期へと移すことで、かかる団体［中央および地方当局］が産業安定化に非常に大きく貢献できることを、多くの著作家が主張している。軍備、学校、道路、街路舗装、市街電車、照明設備、その他無数のものへの実に膨大な支出があり、それらは特定一時点に緊急のものではなく、主に好況期に集中させるかわりに好況期と不況期との間で容易に均等に割りふられよう」（Pigou 1924a：128）。

　エドワード期の救貧法委員会以来の需要管理政策は、一九二〇年代半ば頃には多くの者が主張するようになっていたと考えられる（**3・6**）。政治世界において公共事業に熱心であったのは（ケインズが支持した自由党というより）労働党であり、その政権が実現するのは一九二四年であるが、ピグーはそれがもっと早く訪れるとみていたのかもしれない。ウェッブの起草した有名なマニフェスト『労働党と新社会秩序』（一九一八年）は、政権獲得への強い意欲を示すとともに、雇用政策を重視するものであった[3]。

　最後に、前節でみたように、戦後の労働運動の高まりは戦間期デモクラシーとも結びついた一つの社会変動ともいうべきものであり、その勢いは本節でみたような一九一六年時点でのピグーの予想を遥かに越えるものとなった。すなわち歴史家たちによれば、「イギリスでは週平均［名目］賃金は、一九二一年一月と二二年一二月の間に三八パーセント（生計費は五〇パーセント）下落した。この賃金圧縮の大部分はスライド制賃金協定の結果であり、これらの賃金協定は急速に人気を失った。若干の産業部門で実質賃金が戦前水準に達すると、労働組合は戦時中の物価上昇期に採用されたこの方式に反対するようになった。経済システムはここで初めて実質的に非対称性をみせた。すなわち完全雇用下で景気が拡大すると製造業の価格や賃金は上昇し、景気収縮のさいには価格や賃金の引下げが頑強な抵抗をうけ失業が生じた。イギリスの例が最も顕著であった」（Kindleberger 1973：32-3，訳 14-5）。だがこれは週平均賃金だけの問題ではけっしてない。第一次大戦以前の四〇年間のイギリスの週平均労働時間は五六時間であったが、戦後には四八時間となった。この「二〇世紀の労働様式における最大の変化の一つ」がもつ含意も考慮せねばならないであろう（Clarke 2004：108，訳 102）。

こうしたなかで産業再編は円滑には進まなかった。次節ではこれに対するピグーの反応をみることにしたい。

3 新しいタイプの失業

前節でみた一九一六年論文では、戦後の大量失業は主に摩擦として捉えられたが、本節でみる「賃金政策と失業」（Pigou 1927d）では、ピグーは新たな難問に直面する。本節の課題は、この一九二七年論文の考察を通じて、二〇年代不況に関する彼の認識の深まりを明らかにすることである。一つの背景として二六年のゼネストに留意すべきであろう。(4)

一九二七年時点でのピグーの診断は次の通りである。「第一次大戦以前には、イギリスの賃金率が需給諸条件におおむね調整されていたことに、ほとんど疑いはない。むろん調整は完全なものではなく、不況期には特にそうであった。……だが賃金率の総体が雇用を閉ざしてしまうほどにあまりにも高く上昇させられ、景気変動がまったくおきていないにもかかわらず、多くの健康な人々が常に仕事をえられない、というようなことは指摘されなかった。だが戦後、この点に重大な諸変化がおきたと信じる強い理由がある。すなわち、一つには政府の直接行動を通じて、一つには失業保険制度の発展によって労働組織に付与された賃金交渉力を通じて、(5) 賃金率は広範な領域において上述の意味で高すぎる水準に設定されている。この六年間を通して変わらない非常に高い失業率は、かなりの程度、われわれの経済生活におけるこの新要因によるものである」(p. 355, 傍点追加)。

戦前に比べ、戦後の平均失業率は倍増し、「疑いもなく、この追加的な失業の一部は戦時中に異常に膨張した鉄鋼業によるもので、またさまざまな職業間での労働者の配分が未だに平時の諸条件に調整されていないことによる」。だがこの大量失業の「支配的要因」が、前節でみた一九一六年論文で言われたように、労働移動不足すなわち摩擦にあるならば、不況産業での人員過剰は好況産業での人員不足により、いずれ相殺されるはずである。けれどもそうした兆しはほとんどない。「ゆえにわれわれは、何らかの他の変化がおきない限り、戦争で膨張した諸産業から労働者を単にほかに移すだけでは、彼らの大多数が仕事を見つけるであろうとは考えられない。労働配分の不調整ではない別の要因が働いていると考えられる」(p. 356)。すなわち、労働移動の必要性は前節ですでに十分述べられたが、この一九二七年論文の新たな課題は、移動しても移動先で仕事に就けないという謎の究明にある。そこで彼が新たに着目したのは、主に好況産業で生じていた高賃金現象であった。好況産業が失業を吸収しないのは、そこでの「賃金政策」のためである。

「もし次のことが正しければ、すなわち、他の要因によって通常引き起こされる失業の量にさらに五パーセントほど[の失業]を追加している原因が、戦後の賃金政策にあるということが正しければ、わが国は戦前の経済学が研究することをまったく求められなかったタイプの問題に直面しているのである」(p. 359, 傍点追加)。一九二七年論文の意義は、この新しい未知の難問を提起した点にある。

この新しいタイプの失業こそが、その後のピグー雇用論の一大テーマとなるのである。われわれは本書の第4章で初期ピグー以来の産業変動論をみたが、一九二〇年代の持続的失業はそれによっては説明できない。労働需要側の産業変動ではなくて、労働供給側の賃金政策こそが、労働移動を阻み、持続的に失業率を五パーセント上昇させている——いわば自然失業率が五パーセント上昇した——と彼はみたのである。ここで提起された問題は一九三三年の『失業の理論』で詳細に扱われることになるが、そこでのテーマはまさに、長期失業率の究明にほかならない（9・2）。

好況産業での（産業全体ではない）賃金上昇圧力が労働市場再編を阻んでいると診断したピグーは、さらなる賃金上昇には反対したであろうが、けっして現行賃金のカットを主張したわけではない。当時の社会状況（8・1）でそれは実行不可能であり、真の政策問題は、現行賃金を既成事実として認めたうえでの労働市場再編である。「……私は次のように結論する。すなわち労働者が非経済的高賃金を要求するのは、大きな失業とそれに関連した社会的害悪を伴わざるをえず、しかもわが国のような民主主義のもとではこれらの害悪は効果的に相殺されえない。……このことは……何らかの形での富裕者からの所得移転の利益を、労働者が断念せねばならないことを必ずしも意味しない。依然として同量の貨幣が、例えば大家族への手当支給という政策のもとで……労働者に手渡されよう。また実質賃金の一般水準を現行より下げることを必ずしも意味しない」（p. 366）。

賃金問題だけが分配問題ではない、視野を広げるべきである、おそらくピグーは労働界の指導者たちにそう言いたいのであろう。「もし労働の実質需要が増えるたびに、直ちにそれに応じて実質賃金率が上昇したならば、賃金率と需給諸条件との間の不調整が是正されることはなかろう。賃金は高まるであろうが、他方では百万人以上の人々が職を求め、そして毎日また毎年それを見つけられないであろう」（p. 368）。

以上が「賃金政策と失業」（1927d）の概要であり、それは賃金政策が戦後の産業再編を阻んでいること（戦前にはなかった新しいタイプの失業）を指摘するものである。この点はピグーのマクミラン委員会証言――「神話」によればピグーはそこで賃金カットを唱えたとされる――を再検討したハチスンによっても明快に論じられている。一九三〇年五月に証言を行ったピグーは、一九一四～二九年の間に一人当たり産出高に比べて一人当たり実質賃金が大幅に上昇したと指摘した。だがハチスンが言うように、そこでピグーが語っていたのは、深刻な構造不況下にあった石炭業との対比における比較的良好な状態にあった諸産業での賃金切下げの効果であり、しかもそれは診断であって提言ではなかった（Hutchison 1978：179-83，訳 201-5）。

この議論は、後年の『イギリス経済史の諸側面　一九一八～一九二五』でも繰り返されている。「もし外国から競争をうけない［国内向け］諸産業での賃金率の切下げが実行可能であったならば、より大量の労働がそこで需要されたであろうし、それゆえ人員過剰な諸産業にいる人々にとって、どこで仕事を見つけるべきかもっとわかり易かったであろう。彼らのうちのもっと多くが産業間を移動したであろうとわれわれは推測するのであり、［国内向け産業と輸出産業との］二組の産業をあわせた雇用は、当時実際にそうであったよりもっと大きなものとなったであろう。また人々が流出する［輸出］諸産業での賃金率は、当時それが実際に被ったほどには低下しなかったであろう」（Pigou 1947a：55，傍点追加）。

最後に、以下の二点を補っておきたい。

第一に、ピグーの賃金論の中軸をなす「公正賃金」論である。それは次のように定義される。「もしあらゆる地域および職業において労働者に支払われる賃金が、彼らの労働の限界純生産物に等しいならば――私的および社会的な純生産物の間の乖離は当面の目的上これを無視する――、かつ、もしさまざまな地域および職業におけるあらゆる等級の労働者の配分が、……広義の国民分配分を最大化するような配分であるならば、そこではさまざまな人々の賃金の間に一定の関係が成立するであろう。この関係を私は公正 *fair* と定義する。……私の定義はマーシャルのそれに合致する……」（*EW* 第 4 版：549-50，初版から引用しなかったのは第四版での定義の方がより完全だからであり、骨子はいずれも同じである）。そして不公正な低賃金には次の二種類があり、この峻別は重要である。一つは、社会的に最適な労働配分がなされないときに一部で生ずる低賃金――この場合、各々の労働者は賃金としてその限界純生産物価値を取得する――であり、もう一つは、労働者がその限界純生産物価値よりも少なく支払われるという意味での「搾取」による低賃金である。「これら二種類の不公正に対する政策介入の効果は、けっして同じではなく、それらの議論は峻別せねばならない」。後者の場合、これを人為的に引き上げても国民分配分を害さず、逆にそれを増大させうる。「搾取」が懸念されるのは主に、労働組合がない職業である（*EW* 初版：506, 514)。**3・3**でみた高賃金擁護論も、また本節での賃金政策論も、この公正賃金論を軸として整合的に理解されねばなるまい。

第二に、ピグーと同じく、ケインズもまた一九三〇年の「高賃金の問題（"The Question of High Wages"）」のなかで、高賃金の弊害を述べていることである。「私［ケインズ］の現在の目的は……次の事柄について真剣な疑問を提示することにある。すなわち、可能となれば常に賃金の上昇に賛同するみさかいのない世論が、はたしておそらくその目的とするもの、すなわち労働階級の物質的諸条件改善の達成の、既存の社会的枠組みのもとでのわれわれの最善の方法なのか否かである。というのも高賃金党［the high-wage party, 労働党の意］は、われわれが閉鎖的体系ではなく国際的体系に属していることを忘れているからである」（*JMK*, XX：8)。

次節で論じる金復帰によるデフレ・バイアスにも目を向ければ、ピグー一九二七年論文およびケインズ一九三〇年論文が共に、みさかいのない高賃金政策を戒めたのは自然であり——ただし彼らはいずれも賃金カットを提唱したのではない——、この点に限れば二人は一致していたのである。

4 一九二五年の金復帰

一九二〇年の金銀（輸出禁止）条例は二五年末までの時限立法であったから、その期間内に新たな施策が出されることは大方の予想したところであり、当時としてはカンリフ委員会（ピグーはその一員であった）およびバルフォア委員会の勧告に沿う金解禁こそ、至極当然のなりゆきとみられていた。一九二五年春、蔵相チャーチルは旧平価「一ポンド＝四・八六ドル」での金復帰を発表し（Pigou 1925e）、ここにいわゆる「再建金本位制度」が打ち立てられた。この金復帰は二〇年代不況を論じるうえで避けられない問題であるが、その評価については今日でも論争がある。それゆえ本節では、それに総括を与えることよりも、むしろ金復帰に関するピグーのスタンスを明らかにすることを主な課題としたい。

　この問題に関する一つの代表的見方は、金復帰はシティーの金融利害のために産業利害を犠牲に供したものである、とするケインズのそれであった。だが金融史家セイヤーズ[6]は、この見方に真正面から反論する。「われわれは貨幣史をまったくもたないのではなく、論争という蛇のぬけ殻から大部分が成る膨大な偽の貨幣史をもつ。……だがそれが健全な見方であることはほとんどない。……有能な論争家の一つの資格は、印象的な言葉を作りだす能力である……」。「要するに［イングランド銀行総裁］M・ノーマンが、ランカシャー市街や南ウェールズ渓谷地帯の布帽子より、シティーの絹帽子に多く配慮したという考え……、これ以上に真実と異なるものはありえまい。金本位政策は本質的に雇用政策であったからである」（Sayers 1970: 85-9, 訳 49-55, 傍点追加）。

　すなわち、バルフォア委員会（一九二四〜二五年）は、輸出が困難であった原因を、①恒久的要因（外国産業の競争力向上）、②一時的要因（通貨や為替の混乱）、に大別した。そして同委員会が勧告した金復帰の狙いは、産業利害を無視するどころか、投機業者を跋扈させる一方で貿易業者に深刻な不利益を与えた②を除去し、自由貿易を回復させることを通じて失業を緩和することにあった。この明瞭な意図があったからこそ、金復帰はイギリス国内の圧倒的支持をえたのである。例えば、イギリス産業連合は一九二五年三月の公開書簡のなかで金復帰を擁護し、『タイムズ』紙（四月二九日）も経済界の大部分が金復帰を歓迎するであろうと論評したほか、『エコノミスト』誌

（五月二日）、『ヨークシャー・ポスト』紙（五月二日）、『マンチェスター・ガーディアン』紙（五月五日）などいずれも好意的であった（Sayers 1970：87，訳 51–2）。

またブラッセル会議（一九二〇年）やジェノバ会議（一九二二年）などの国際会議でも、各国の速やかな金復帰は、最も重要な懸案であった自由貿易の回復――経済面での国際協力――として支持された。ピグーは国際連盟主催の前者の会議に参加して『信用・貨幣・為替変動に関するメモランダム』（Pigou 1920c）を書き、また「各国中央銀行の協調行動」という後者の会議の方針にも賛同している。

以上のように金復帰が内外の大多数の賛同をえたことを考えると、それがイギリス産業を犠牲にしたものであったという見方は幾分奇妙である。金復帰は、明々白々な大失策として一蹴できるようなものではけっしてない。

この問題は、それがもたらしたデフレ圧力という一つの観点だけで評価されてはならない。それはピグーも早くから予想したことである。「これらの方法［カンリフ委員会などが示した貨幣・信用政策］はいずれも、貨幣サイドから物価下落をもたらす方策である。それゆえこれらはある程度、産業を意気消沈させるに違いない。また物価下落に応じて賃金を下げようとする試みがなされれば、摩擦や争議により、その意気消沈は一層大きくなろう。戦前平価復帰への旅路は、雇用者および労働者の双方にとって平穏無事なものではなく、前者の利益は減少し、後者の雇用は脅かされるであろう」（1921a：176）。ここで述べられた内容は、経済学の初歩的知識にすぎず、特に注目すべき点は何もない。

金復帰による悪影響はしばしば誇張され、ときには二〇年代不況の最大要因ともみられてきた。だが**8・1**でみたように、もとよりイギリス輸出産業は産業再編の問題をひきずっていたのである。ケインズが『チャーチル氏の経済的帰結』（一九二五年）のなかで金復帰の最大の犠牲者として描いたイギリス石炭業も、ドイツのルール地方が麻痺した一時期を除き[7]、一九二〇年代初めから慢性的な失業を抱えていた。つまり、金復帰だけがイギリス輸出産業の停滞の原因ではないのであり、仮にもしチャーチルが切下げ平価「一ポンド＝四・四〇ドル」を受けいれていたとしても、どれほどの期間、どれほどの程度、これら「旧」産業群の衰退を阻止できたかは定かでない。

では、金復帰がもたらすデフレ圧力を認めながら、なぜピグーはあえて金復帰の道を選んだのであろうか。彼は、平価の政治的操作が際限のない国際対立を生むことを懸念し、それゆえ不換紙幣に基づく管理通貨構想を理想論として斥け、より現実的な方策として金復帰を選択したのである。「もし……あらゆる国が、ドルに対する何らかの平価水準を選択し、そして国内通貨の管理によってそれを保てば、われわれはかなり安定した外国為替システムを復活させることになろう。理論上、この種のシステムはいかなる意味での金本位制度の回復をも要せず、しかも基軸国の通貨が金本位制度のもとにある兌換通貨である必要すらない。各々の不換紙幣をもつ全世界の各々の国民は、彼らの政府が十分に意志堅固かつ有能であるならば、ほぼ安定的な外国為替システムを保ちうるのである。だが実際には、現在の世界の状況下でこの種のシステムを可能にするほどには政府は十分強力ではなく、また十分信頼されてもいない。政治家の行動に直接依存することの少ない何か［自動システムないしルール］が求められるのである。為替変動を抑える現状での最善の方法は、できるだけ多くの国々が有効な金本位制度の回復をめざすことであると私は思う……」（1921a：168–9，傍点追加）[8]。

この点はハチスンも次のように指摘する。「ピグーについて言えば、第一次大戦後に確かに彼は、経済・財政の分野を含むすべての政策領域での政治家たちの動機と能力にひどく懐疑的となった。この懐疑主義は彼に旧平価での金復帰を支持する気をおこさせ、また政治家による貨幣管理への深く長期にわたる懸念を抱かせるに至っていた」（Hutchison 1978：119，訳 135）と。

ピグーが、フィッシャーの「補償ドル」構想のような自動システムには賛同しながらも、ケインズの「管理通貨」構想のような人為システムを斥けたのは、パワー・ポリティックスの国際政治のもとでの各国政治家の行動にあまり信をおかなかったからである。国家利害の絡むこうした問題が、民族主義的偏狭さにとらわれることなく、早期に、かつ円満に処理されると期待するのは、ヴェルサイユ講和会議の結末を例にだすまでもなく、楽観にすぎ、ときには危険でさえある。

平価に関する思惑は、イギリスのみならずほとんどすべての関係国が有し、例えばフランス銀行総裁モローの日記から、フランスはポンドとの相対関係のなかでその平価を決めていたことがのちに明らかにされている。とすれば、ポンドの切下げはフランによって追随され、さらにフランにペッグしていた諸通貨（例えばベルギー・フラン）も同様に切り下げられたであろう（Sayers 1970：93, 訳 59）。実際、次節でみるように再建金本位制度崩壊（一九三一年）以後には、今や古典的ともいえる最も凄まじい保護貿易、いわゆる近隣窮乏化政策が行われることになる。「武装した平和」（Pigou 1923a：38）とも表現しうる戦間期の疑心暗鬼の国際情勢のもとで、一九二五～三一年の再建金本位制度は、ともかくも自由貿易体制を回復し維持することに成功した。それは、すべての関係国を満足させるものではなかったが、一定の評価を与えられるべきであろう。対外均衡よりも国内均衡を重視したケインズの管理通貨論は、比較的平和な時代の目からみれば実り豊かなものを含むが、それが戦間期の現実的政策として優れていたかどうかは別の問題である。厳しすぎる表現ではあるが、シュムペーターはケインズのナショナリスティックな一面を次のように強調している。「他国民に呼びかけられた場合でさえ、ケインズの忠告が常に何よりもまず、イギリスの問題から生じたイギリス的忠告であったことは、いかに強調しても強調しすぎることはない。その芸術趣味の若干を別にすれば、彼は驚くほどに島国的 insular であった。哲学でもそうであったが、経済学ではほかのどんな面よりそれが著しかった」（Schumpeter 1951：274, 訳 385-6）。

なお、一九三一年の再建金本位制度の崩壊を、ポンドの過大評価という当初の誤りによる必然的自壊とみるのは困難であろう。例えばケインズでさえも金復帰後には、「私は……イギリスが……世界金融界の指導者の地位に復帰すべく、何よりもイギリスの今の為替相場の状態を断固守りぬかねばならないと考える」(*JMK*, IX : 236)と述べ、旧平価の死守を説いたのである。むしろその崩壊は、大恐慌という大波がもたらした結果にすぎない。再建金本位制度のもとで生じた「金の偏在」を大恐慌の主要因とする見方——いわゆる米・仏責任説——もあるかもしれないが、ピグーによればこの見方は島国的である。「多くの人によって、金の偏在、すなわちフランスおよび合衆国での金の膨大な蓄積が世界恐慌の真の原因とみられている。猛り狂う貨幣は手に負えない悪党だというのである。金の海外流出により経済が破綻させられた[イギリスのような]特定諸国の観点からは、これは正当な見方である。だが世界全体の観点からは、金の偏在は、賠償や関税などの国家政策、あるいは対外貸付などの経営方針、等々の結果である。確かに金の偏在は非常に破壊的な二次的諸結果の原因である。だが大恐慌について広い見方をとろうと努める者ならば、おそらく誰もそれを一次的原動力とはみなせないであろう」(Pigou 1933a : 218)。

以上の考察から次の二点が言える。

第一に、比較的早い時期からピグーが、金復帰がイギリス経済にもたらすデフレ圧力の弊害をはっきり予想していた点である。

第二に、同じく早い時期からピグーが、管理通貨制度を意識し、それを理想論として斥けた点である。管理通貨というアイデア自体はとりたてて新奇なものではない。この問題に対する彼の基本的スタンスは、あるべき国際通貨システムというような理想指向的なものではなく、はるかに現実的で妥協的なもの、苦しまぎれのものであり、これは戦間期の国際情勢を強く反映している(**7・3**でみた「ヨーロッパ平和の持続可能性」をめぐる認識とも関わるが)。理想的な管理通貨制度と実際的な金本位制度を比較するのは、当時の人々にとっても、今日のわれわれにとっても、生産的議論ではなかろう。

5　経済学者委員会

前節までの考察によって二〇年代不況期におけるピグーの雇用政策論の幾つかの側面が明らかとなったので、本節では三〇年代恐慌期のそれを考察しよう。

ピグーは一九三〇年のマクミラン委員会での証言のなかで、①失業の原因を「賃金率の高さ」に帰しながらも、賃金カットを実行困難とし、②むしろ需要状態の改善を主張した。①については、「……彼［ピグー］が、自分は賃金カットを唱えているのではないことを、現に繰り返し述べたよりもさらに頻繁に繰り返し述べることはほとんど不可能であったろう」（Hutchison 1978 : 181, 訳 203）という指摘があり、②についても、「……確かに彼［委員会証言でのピグー］は非常的手段として『真に有用な公共財への大規模な政府支出』を支持していた」（Howson & Winch 1977 : 66）という指摘がある。また、ピグーが委員会証言のわずか一週間後に『タイムズ』紙上で公共事業を説いていることも看過すべきではない（Pigou 1930a）。だからもし「ピグー神話」を主張するならば、それと同時に、わずか一週間のうちにピグーが立場を翻したことも主張せざるをえまい。

さて、一九二〇年代に主に労働市場再編を模索したピグーは、三〇年代恐慌期にはついに初期ピグー以来の「雇用の人為的創出」すなわち公共事業政策に回帰し、その推進にむけてケインズと協力しあう。だがむろん彼らは政策論全般において完全に一致したわけではない。これを明らかにするには、「経済学者委員会 Committee of Economists」に目を向けるのがよいであろう。

「経済諮問会議 Economic Advisory Council」は、第二次労働党政府の首相マクドナルドを支えるべく一九三〇年一月に設置された。その主要メンバーたるケインズは首相を説き、経済学者からなるさらに専門的な小委員会を作ることに成功する。それが同年七月に設置された「経済学者委員会」であり、ケインズ（議長）、ピグー、ロビンズ、スタンプ、H・ヘンダーソンの五名で構成され、一三回の会議（七月一〇日〜一〇月二三日）をへて、一九三〇年一〇月二四日に報告書を提出し、解散した。Howson & Winch（1977）はこれらの委員会に関する詳細な研究であり、種々の公文書を収録している。なかでも「経済学者委員会報告書」は、一九三〇年時点でのピグーとケインズとの各々の政策論を如実に示すものとして重要である。同報告書の課題は二つ――(i)当時の不況の原因究明、(ii)その処方策の提言――であった。

(i)については、国際経済情勢の変化とそれに対する国内調整の欠如という両側面からバランスよく論じられており――これは委員たちの対立の反映であろう――、例えば、戦時中の特異な需要構造により国内産業構造が大きな歪みを被ったにもかかわらず、戦後の需要構造に応じた速やかな産業調整がなされなかったこと、アジア綿工業の勃興、世界的な農産物価格の下落によるイギリス工業製品への需要の減少、石炭から石油への代替が進み、世界の石炭需要が趨勢的に減りつつあること、金復帰以来のポンドの過大評価、等があげられた。

以下では(ii)について詳しくみてゆこう。これまでにも王立委員会などを通じて経済学者が国政に関わることはあったが、専門的経済学者のみからなる諮問機関の設置はイギリスには前例がなかった。経済学者委員会はそれゆえ「実験的」意味あいを帯びており、ここにその制度的意義がある。ピグーもケインズも、これを政策立案への経済学者の影響力を強める好機、力量を問われた試金石ととらえ、委員たちの対立が露呈しないように努めたが、貿易政策をめぐる二人の衝突は避けられなかった。

第一に、ケインズはセーフガードとしての一時的関税を提案し、ピグーは次の理由からこれに反対した。保護のもとでは産業再編が阻止されがちであること、この種の関税は一度導入されるとさまざまな理由づけによって延長されがちであること、関税以外にも輸出産業の競争力を回復させる方策があること、等である（Howson & Winch

1977：66, 209–10）。

第二に、ケインズは収入関税を提案し、ピグーはやはりこれに反対した。かかる関税は永続化する向きがあり、当初低い税率でもいずれ税率は上げられることになろう。これは歴史[9]が雄弁に物語っていると（pp. 210–1）。

第三に、ケインズは関税と輸出補助金との併用政策を提案し、ピグーはこれに反対した。関税への反対論はすでに示されたので、輸出補助金への反対根拠だけを述べよう。すなわち輸出補助金はフェアーな競争を損ね、（反ダンピング法のもとで）ダンピングとして直ちに報復される。とすれば当初の目的が果たされても、それは束の間にすぎず、結局、当初より状況は悪化することになろう（pp. 212–5）。

第四に、二人は共に当時の再建金本位制度のもとでの平価切下げに反対している（p. 212）。

第五に、ピグーは賃金政策として追加的雇用に対する賃金補助政策を提言した（pp. 196–7. 報告書のこの項は彼自身が書いたもの）。失業手当を支払うより雇用に補助金を与える方が生産的であるというわけだが、輸出産業への賃金補助は事実上の輸出奨励金となるので、給付は追加的雇用のみに限られる。[10] なお、委員のうち賃金カットを唱えているのはヘンダーソンのみで、彼はこのピグーの賃金補助政策にも反対している（pp. 70–1）。

以上の三〇年代恐慌期の考察から言えるのは、①マクミラン委員会（一九三〇年）その他において、ピグーが公共事業政策を提言したこと、②「経済学者委員会報告書」（一九三〇年）から明らかなように、賃金に関するピグーの政策提言は賃金カットではなく賃金補助であること、③同じく「経済学者委員会報告書」から明らかなように、ピグーとケインズとの政策上の真の対立軸は、賃金カットか公共事業かの対立ではなく、自由貿易か保護貿易かの対立であること、である。

6　まとめ

二〇年代不況と三〇年代恐慌との峻別は、本章の大前提である。それぞれの時期の失業は性格が大きく異なり、したがってそれぞれの対処策も異なる。そのうえで、ピグーの雇用論をこの二つの時期に分けて整理すれば次のようになる。

二〇年代不況について。不況産業は慢性的失業を抱えながらも、好況産業への労働移動はあまり進まなかった。その原因は、労働運動の全般的高揚、好況産業での実質賃金上昇、の二つに求められる。ピグーはこの慢性的失業を、新しいタイプの失業と捉え、これを主に「賃金政策」との関連で研究し始めた（この線に沿った研究は一九三三年の『失業の理論』に結実する）。一方ケインズは、金本位制度の批判など、失業を主に総需要不足に帰していたように思われる。

三〇年代恐慌期には、①ピグーもケインズも共に、公共事業による需要刺激策を活発に唱え始め、②同じく共に、賃金の上昇傾向を懸念しながらも賃金カットに反対したが、③国際貿易をめぐっては決裂した。

ケインズは一九三〇年の経済学者委員会で保護貿易を主張し、翌三一年にはこれを一般読者にむけても説いた（*JMK*, IX：231-8）。「ケインズによる輸出奨励金と包括的関税との提案はスタンプたちからは賛同をえたが、輸出奨励金は反ダンピング法のもとで諸外国から報復されるであろうし、しかも国際的な経済的信義に反するという理由でヘンダーソンやピグーたちから反対された」（Skidelsky 1995：377）。またロバートソンやＬＳＥのほとんどの経済学者も反対したのであった（Robbins 1971：133）。

三〇年代恐慌期におけるピグーとケインズとの政策対立は、「賃金カットか公共事業か」という神話的図式では捉えられない。むしろ「自由貿易か保護貿易か」，これが真の対立図式である。

第二次マクドナルド労働党政府は，金本位制度維持，すなわち自由貿易維持のために，関税やポンド切下げなどの貿易収支改善策をとらなかった。これに続いて一九三一年に発足したマクドナルド挙国一致内閣は，金本位制度から離脱しポンドを切り下げたが，同時に緊縮財政に努めた。ケインズはこれについて，『繁栄への道』（一九三三年）のなかで次のように述べている。「国際収支を保護する措置を何もとらなかった労働党政府と，公債支出を削減した挙国一致内閣の政策が合わされば，われわれがどんな窮地に陥ったか，神のみぞ知るである。……他方，われわれはまだ試みられていないもう一つの組み合わせをもつ。すなわち，国際収支を保護する政策と，同時にわれわれの総力をあげて公債支出を奨励する政策との組み合わせである」（*CWK*, IX：365-6）。つまり，対外的には保護貿易，国内的には赤字財政を行うという意味である。

右のことと『一般理論』第二三章の重商主義擁護論とは無関係ではない。というのも，失業の大部分が輸出産業で生じていた戦間期イギリスにとって，公共事業の提唱は次のような問題を孕むからである。すなわち「……閉鎖経済から開放経済へと――特にイギリスのように国際経済取引が極めて重要な役割を果たすような開放体系へと――考察を進めよう。……［輸出の低迷にもかかわらず，拡張政策によって輸入は増えるので］……輸出に対する輸入の超過を改善することはできまい。つまり，閉鎖経済にはまったく縁のない『貿易収支問題』がある。……ケインズ的救済策［公共事業政策］は少なくともほかの何かで補われる必要があろう，ということは明らかである」（Pigou 1950a：59-60，傍点追加）。ピグーはケインズの保護貿易論を仄めかしているのである。

経済面での国際協調の象徴であった再建金本位制度は一九三一年に崩壊した。国際対立の時代が再び到来したのである。近隣窮乏化政策が吹きあれ，各国は関税や数量制限に訴えて為替管理を強化してゆく。ポンド・スターリング・ブロック体制は，(i)キューバやラテンアメリカ地域を含むアメリカのドル・ブロック，(ii)フランスとその植民地を含む金ブロック、(iii)中東欧を勢力範囲としたマルク・ブロック、等々を生みだす嚆矢となった。[11] この悲劇こそが、苦い歴史的教訓として、第二次大戦後の国際協調を可能にするコンセンサスをもたらし、そしてアメリカの強力なリーダー・シップが、これを実現させたのである。

第9章　雇用理論（2）　賃金政策論

本章では前章にひき続き、厚生経済学「体系」の一翼たる雇用論を考察する。前章では主に雇用政策を扱ったが、本章では雇用理論を扱おう。

ピグーの雇用理論の最も基本的な特徴の一つは、それが労働市場の需給分析であることである。ゆえに非自発的な失業は、摩擦要因を除外すれば、以下の①と②に大別されうる。そして本書の第4章冒頭でプランとして述べたように、第4章で①を論じたので、本章では②を論じることにする。

①労働需要側の諸要因による失業。すなわち「産業変動」に関連づけられる短期的・循環的な失業。公共事業などの需要管理政策は、このタイプの失業に有効である。

②労働供給側の諸要因による失業。すなわち「賃金政策 wage policy」に関連づけられる長期的・趨勢的な失業。例えば、国家の最低賃金法や労働組合の賃金交渉などの諸問題がここに属する。のちにみるように、ピグーの議論はいわゆる自然失業率論に類似している。

一九二七年の『産業変動論』は①を、また一九三三年の『失業の理論』は②を、それぞれ主題としたため、ピグー雇用理論を代表するこれら二部作は分析方法をまったく異にし、互いに補完的な関係にある。ピグー自身はこれを『失業の理論』の序文で次のように説明している。「かくして本書は……誰よりも私自身がよく知るように、多くの点で不満足である。多くの関連問題――そこには需要の変動を規定するもっと広い影響力の幾つかを含む――についてほとんど述べなかった。その理由は、それらが『産業変動論』ですでに十分論じられたからであり、本書と『産業変動論』とは互いにある程度補いあう」と。

また形成史的にみれば、①の研究は、救貧法委員会の議論を契機として一九〇八年頃に始まり（**3・2**）、『産業変動論』に結実する。また②の研究は、特に最低賃金法の展開との関連で初期ピグー以来なされてきたが、本格的には**8・3**でみた「賃金政策と失業」（Pigou 1927d）以後に始まり、[1]『失業の理論』に結実する。これらの補完的な二著作があわさり、（ケインズ『一般理論』公刊時点での）ピグー雇用理論が形成されていたわけである。

本章の課題は、『失業の理論』の意義を再評価することである。

1 逆L字形労働供給曲線

本節では準備作業として、(I)『失業の理論』が想定した労働供給曲線の形状を考察し、次いで(II)同書の編別構成を簡単にみておきたい。

まず(I)について。『失業の理論』は労働市場の需給分析の書であり、雇用は労働需要曲線と労働供給曲線との交点で決まる。需要曲線は図**4-1**のように右下がりであり、賃金財基金の変動、すなわち産業変動に応じて上下にシフトする。

一方、供給曲線は一般的な右上がりのそれではなく、逆L字型のそれが想定されている。後述するように、ピグー自身が逆L字型の曲線を描き、これこそ自分が『失業の理論』で用いたものであると主張しているのであるが、ほかにも注意すべき点があるので詳しくみてゆきたい。

『失業の理論』の冒頭で、ピグーは労働供給について次のように論じていた。第一に、「任意の職業における、任意の定められた期間中の雇用量とは、明確には、その期間に遂行された労働の、労働者時間 man-hour の数である、と定義される」。また「……失業を測定するという目的のためには、一日の正常労働時間は一定であるとみなされねばならない」。なぜなら「ある特定工場の正常労働時間が八時間であって、特別に強壮な者が九時間働くことを好んだとしても、それゆえに彼が一日当たり一時間『失業している』とは誰も言わないであろう」からである(Pigou 1933a: 3, 傍点追加)。したがって、労働時間は一定なので、同書では、労働供給はもっぱら労働希望者数で決まることになる。

第二に、実質賃金の上昇は、一方では労働人口を増大させるが、他方では「……若干の者は週のうちのより少ない日数の雇用を求めるようになる」かもしれず、また「一層重要なのは、……夫は妻の労働がなくともその家族を支えうるようになり、一定数の女性が労働市場から退出する傾向がある」かもしれないということである(p. 6)。結局ピグーは、こうした後方反転型労働供給の可能性や当時の女性労働の実情をふまえ、労働希望者数、したがって労働供給は、実質賃金から独立であると仮定する。「本書において私は主に、一定の情勢のもとでは、労働希望者 would-be wage earners の数は固定された与件とみなす。それゆえ失業量と雇用量は、単純に相互に補完しあうことになる」。すなわち、労働人口P(一定)は、失業量と雇用量との和である。Pは、退職年齢の低下、学校教育年齢の上昇、移住、人口増大などにより変化するが、これらは『失業の理論』では考察外とされる(pp. 7-8)。

この議論は、逆L字型の労働供給曲線を含意している。これをまず論理的に説明しよう。右の議論からは、一見するとピグーが「(完全雇用水準Pを通る)垂直の労働供給曲線」を設定したようにみえるかもしれない。だがこの垂線が直ちに労働供給曲線となるのではない。もしそうならば、いかなる労働需要曲線に対しても、交点では常に完全雇用が成立してしまうからである。とすれば労働供給曲線は、垂直ではなく、どこかで折れ曲がっていると考えざるをえない。実質賃金がある限界をこえて低下すれば、（労働争議の発生、あるいは最低賃金法のために）労働供給はそこで突如ゼロとなる、逆L字型のそれが最も自然であろう。なお、完全雇用に達するまでは（水平ではなく）右上がりとなる可能性は、前述の労働供給一定の仮定と矛盾するので斥けられる。

次に同じことを、文献的に説明しよう。ピグーは『産業平和論』（Pigou 1905a）――その序文では、団体交渉による賃金決定を扱った数学付録における学部学生ケインズの「貴重な助力」に対して謝辞が述べられている――以来、一貫して労働市場を、人為的・制度的な要素に強く支配される市場とみなしてきた。確かに二〇世紀初頭以来、労働が組織されたところでは団体交渉がますます常態化し、労働が組織されないところではその各階層ごとに最低賃金が設定された。そこでは硬直的賃金――協定賃金や最低賃金――が支配的となる。彼が一九二〇年代の社会気運をふまえて用いた「賃金政策」という言葉は、これらの事柄を意味している。

とすれば、労働供給に関するケインズ『一般理論』の「古典派の第二公準」は、ピグー批判としては、Aslanbeigui（1992b）が主張したように、単なる誤解であることになる。例えば、『失業の理論』の労働供給論をめぐって、①ホートレーとケインズとの間で交わされた書簡、②ピグーとケインズとの間で交わされた書簡、が存在する。これら一連の書簡のやりとりは次のように要約できる。「ホートレーは、ケインズがピグーをまったくひどく誤解していると論じた。ピグーはその分析のなかで労働供給量を一定と仮定したから、それはけっして実質賃金の関数ではない。ではピグーをどう解釈するのか。これに続く書簡のやりとりは［ケインズにとって］一層の苦痛を伴うものであった。すなわちケインズはついにピグーと直接連絡をとり、その真意を尋ね、ピグーは返答の書簡のなかで逆L字型労働供給曲線を示したのである」（Deutscher 1990：137）。

まず①について。周知のように「古典派の第二公準」は、労働供給を「労働の限界不効用」に関連づけるもので

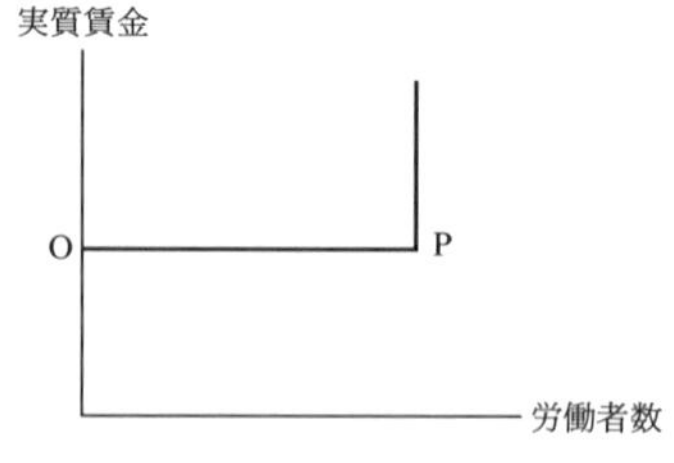

図 9-1

ある。ホートレーはケインズに対して、労働人口Pを固定したピグーの議論は、そのようなものではまったくないと批判した。これに対してケインズは、ピグーが固定したのは労働人口であり、労働時間や労働日数ではないと反論し（労働人口一定でも各人が多く働いたり少なく働いたりするという意味）、感応的な右上がり労働供給曲線こそがピグーの立場であると主張した（*JMK*, XIV：36）。しかしそうした解釈の理論的意義は別として、それはけっしてピグーのものではない。なるほどピグーは、後方反転型労働供給の可能性、夫婦の労働の代替性など、個別主体の労働供給を可変的とみなした。しかし、こうした個々人の選択にもかかわらず、すでに述べたように、ある市場全体としては労働供給は一定である。

そこで次に②、すなわちピグーのケインズ宛返答書簡（一九三七年五月）についてだが、ピグーは次のように返答した。「私の仮定は、『失業の理論』の七頁の制限のもとで、労働希望者の数は協定賃金とは独立に一定であるというもので、それゆえ労働供給曲線は次のようになります。労働移動が完全ならば、失業者の量は［ここには描かれていない］需要曲線が**OP**と交差する点と**P**点との距離で測られます。もし協定賃金が変化すれば、曲線の水平部分が上下の水準にシフトしますが、垂直部分は依然**P**点を通るでしょう」（*JMK*, XIV：54，図**9-1**はピグー自身が描いたもの）。

図は一九三七年時点のものであるから、前年に出版されていた『一般理論』を意識したピグーが、にわかに考案したものではないか、という疑いは残る。しかし、この三七年書簡におけるピグーの誠実さを信頼してよいことは、すでに十分示されたと思われる。『失業の理論』の七頁における労働供給の短い定義は、実は「逆**L**字型供給曲線」を意味している。なお、この定義は後年の『雇用と均衡』でも用いられている（*ACP*, X：14）。

さて以下では(II)、すなわち『失業の理論』の編別構成を一瞥しておきたい[2]。同書は全五編からなり、第一〜三編は労働需要の弾力性の分析に主に費やされ、第四編で貨幣的要因が検討され、第五編で（第一〜三編と第四編との）両者が総合される。この「総合」とは次のような意味である。

第一〜三編の弾力性の分析は、賃金政策に対する労働需要量の変化のほどをみるものであるから、言葉のうえではなるほど労働需要サイドの考察なのだが、しかし弾力性を論じるには労働需要曲線を固定せねばならず（シフトしていては弾力性を定義できない）、均衡点の変化はすべて労働供給側の変化からもたらされたものとみなされる。つまりそれは労働供給サイドにおける賃金政策の帰結の考察なのである。そして第四編で導入される貨幣的要因は、労働需要曲線のシフト（産業変動）に関わるものである。したがって第五編による「総合」では、労働供給曲線と労働需要曲線とが共にシフトしうる状況が想定されている。

ピグーは同書の序文で、第二〜四編を「ある意味で準備的考察」とし、「最後に第五編で、えられた諸結果が、総括され、失業とその変動との原因に関する直接的議論のなかで用いられる」（Pigou 1933a：vii）と述べており、したがって、われわれは同書の核心部分である第五編に考察を絞ることが可能である。しかし次節以降でみるように、核心部分が第五編にあるとするこの見方は「ケインズ革命」の評価を左右するほどの非常に大きい含意をもつため、第五編だけでなく第四編も考察すべきであるという批判があるかもしれない。以下では、予めこの批判に答えておきたい。

第四編では「貨幣」が扱われる。それは第五編のための準備的議論にすぎない。すなわち、第四編に登場する有名な「標準貨幣制度 standard monetary system」および「適正利子率 proper rate of interest」という概念は、貨幣的攪乱を除去するための中立貨幣構想[3]、ないし同書が主題とした非貨幣的要因の考察のための理論的工夫なのである。ピグーは同書の序文でその執筆動機を次のように述べている。「近年では、貨幣的無秩序の時期には当然予想されるように、経済学者は貨幣面に注意を集中しがちであった。その結果、私の意見では、彼らは貨幣がより正常な時期に演じる役割をやや強調しすぎ、非貨幣的性格をもつかなり重要な要因［賃金政策論］を背後に押しやってしまっている」（p. v）。彼は自覚的に当時の研究潮流に逆らおうとしたのであり、同書の主題を産業変動論的な貨幣論、すなわち第四編に求めることは到底困難である。

それゆえ次節では、主に第五編に注目しつつ、経済理論史上での『失業の理論』の位置を再検討しよう。

2 『失業の理論』と自然失業率論

ピグーが『失業の理論』第五編で次のように述べたのは、他を批判したというよりも、みずからを批判したのであろう。「第一次大戦以前のわが国のこの問題［失業］の研究者は、賃金政策と結びついた長期的性格の調整不良が失業を惹起する要因の一つであることを認識していたが、これが果たす役割は小さいとする一般的見解をとっていた。これら著者にとって失業は主に、産業変動と労働移動性欠如との関数、すなわち長期的傾向の関数であるよりは短期的摩擦の関数であった」。「失業の長期的決定因となるかもしれない賃金政策は、現在、二〇年前に必要と考えられた以上の、さらに詳しい研究を求めている」（Pigou 1933a：255-6，傍点追加）。彼は、短期的・循環的な労働需要側の「産業変動」ではなく、失業率の長期的水準に関わる労働供給側の「賃金政策」の解明をここで意図している。

さて、前節でみた逆L字の労働供給曲線の水平部分は、完全雇用水準よりも相当に高い水準にまで不断に上昇するのであるが、ピグーは一九二〇年代の経験をふまえ、その原因として以下の三つを挙げた（Pigou 1933a：253-

5)。

「第一に、外国から競争をうけない産業、特に交通や運輸のような基軸産業では、労働の停止が社会全体に大打撃を与えるため、賃金労働者は非常に強力なバーゲニング・ポジションにある。たとえ労働需要の弾力性が一より大で、それゆえ賃金率が高まればその産業の総賃金所得が減るにせよ、労働者は高賃金を成功裏に強要するであろう。失業への副作用は目に入るまいし、たとえ目に入ったにせよバーゲニングにあたる指導者たちは、多数の労働者に低所得をもたらす比較的大きい総賃金所得よりも、少数の労働者に高所得をもたらす比較的小さい総賃金所得を選ぶかもしれない」。

第二に、「時給制賃金体系のもとでの団体交渉では……個人間の能力の小さな差異を十分勘案できない。……より有能な労働者は彼の限界価値より相当に少ないものを受けとるであろうし、これが憤りを生むのは自然かもしれない。共通標準という条件のもとでの賃金交渉では、賃金率は有能な労働者と有能でない労働者との限界価値の中間のどこかで妥結されるであろう」。だから比較的有能な労働者は、賃上げを要求するか、より賃金の高いほかの産業に移ろうとするであろう。

「第三に、近代文明国家の世論そのものが、道理にかなう生活賃金の程度についての大雑把な推定額を作りだす。これは半ば意識的、半ば無意識的に、大体『平均的』な労働者が享受する実際標準についての情報から導きだされる」。

かくして賃金政策のめざす目標値は、完全雇用水準を上回りがちである。「もし賃金政策のめざすゴールが、競争で定まるそれと異なるならば［つまり人為的ならば］、その結果は時期を異にすれば相当に異なると予想するのが自然ではなかろうか」。ピグーは、戦前と戦後とでは、賃金政策の時代的変化によっていわば自然失業率が変化したとみるのである（p. 256）。

彼は「自然失業率」という言葉を用いなかったが、次の引用中の「越えがたき最小限 intractable minimum」という言葉は、その文脈とともに注目に値する。「イギリスの失業統計の示すところでは（一般に同じことは他国にも当てはまることが知られている）、失業率は、季節ごとにやや異なり、年度ごとにかなり異なるが、長い期間を通じてそれ以下にはけっして下がりえない、失業量の、あるいはより適切には失業率の、ある特定の最小限が常に存在する。しかもこの越えがたき最小限は、必ずしもすべての期間を通じて一定ではない。それゆえ大戦前の三〇年間の年々の失業率の最低値は二パーセントであったが、戦後ブームに続く一〇年間［二〇年代不況期］の最低値は八・一パーセントであった。これらの事柄は、失業の原因究明の試みが、単一の目標［産業変動論］ではなく、二つの目標に向けられねばならないことを意味する。できることならわれわれは、任意の時期になぜ失業がそこに存在するのかという答え［産業変動による短期的失業］と、時期を異にすればなぜ失業量が異なるのかという答え［賃金政策による長期的失業］との両方を発見しようと望むのである」(Pigou 1933a : 26)。

さて、『失業の理論』の問題関心の所在——自然失業率論と類似したもの——が明らかとなったので、また**8・3**でみた一九二七年論文の問題関心との共通性も明らかと思われるので、次に同書の具体的分析に目を向けよう。経済理論史的にみて最も重要なのは、次の①②のような議論である。

①「労働者の求める実質賃金率が、実質労働需要の平均状態から独立ならば、実質労働需要関数が高い国ないし時期には失業率が低く、実質労働需要関数が低い国ないし時期には失業率が高い、とわれわれは期待してよかろう。だが入手しうる統計的情報は、高い雇用と高い需要状態とが互いに相関関係にあることを示さない。貧しい国より豊かな国において、雇用状態が全体的にみて良好であると信ずべき理由はない。わが国で実質所得と実質労働需要とが人口に比べて著しく増大した戦前の六〇年を通じて、雇用統計の一般的趨勢はほとんど改

善を示していない。ゆえに実質労働需要の平均状態――その状態の変動［産業変動］と区別した意味で――は、雇用の状態とそれほど有意味な関係をもたない、と推測される。需要状態の変化［産業変動］はむろん関係がある。だがある需要状態がひとたび十分確立すれば、労働者の求める実質賃金率が新しい状況にそれ自体適応する。……この包括的結論が受けいれられれば、計画的にであれ偶然的にであれ、労働需要の状態を（そうしない時より）恒常的に高めたり低めたりする政府の長期的政策は、それがひとたび確立されれば、失業の原因にも救済策にもならないということになる」（Pigou 1933a：248-9，傍点原著者、傍線追加）。

②「……労働需要の状態――その状態の変化と区別した意味で――は、失業と無関係である。なぜなら需要の状態がどうであれ、それがひとたび確立されると、結局同じような平均失業率を伴うに至るように、賃金率が自分自身を適応させるからである。長期の観点に立てば、このことは、人々の求める実質賃金率が実質需要からけっして独立ではなく、非常に特殊な形で実質需要関数の関数であることを意味する」（p. 252）。

図9-2を用いて敷衍すれば、つまり曲線Dの右シフトで示される労働需要の改善は、短期的に雇用を改善するが（i→ii）、曲線Dの恒常的な右シフト、すなわち労働需要の平均水準の上昇は、曲線Sの上方シフトによって適応されるため（ii→iii）、長期的失業水準とは無関係である。この「適応」を通じて成立する長期失業率の決定こそが、『失業の理論』の主要テーマである。

ピグーは次のようにも論じている。すなわち、公共事業政策は曲線Dの一時的な右シフトを引きおこすので、一時的に失業を減らす。だが翌年に公共事業を打ち切れば、曲線Dは再び元の位置に戻ってしまう。それゆえ需要状態を恒常的に高めるには、年々の永続的な公共事業を必要とする。けれどもそうした恒常的刺激によって新たな高い需要水準がひとたび確立すれば、これに適応すべく賃金率は上昇し、結局、長期的には公共事業を行う以前の失

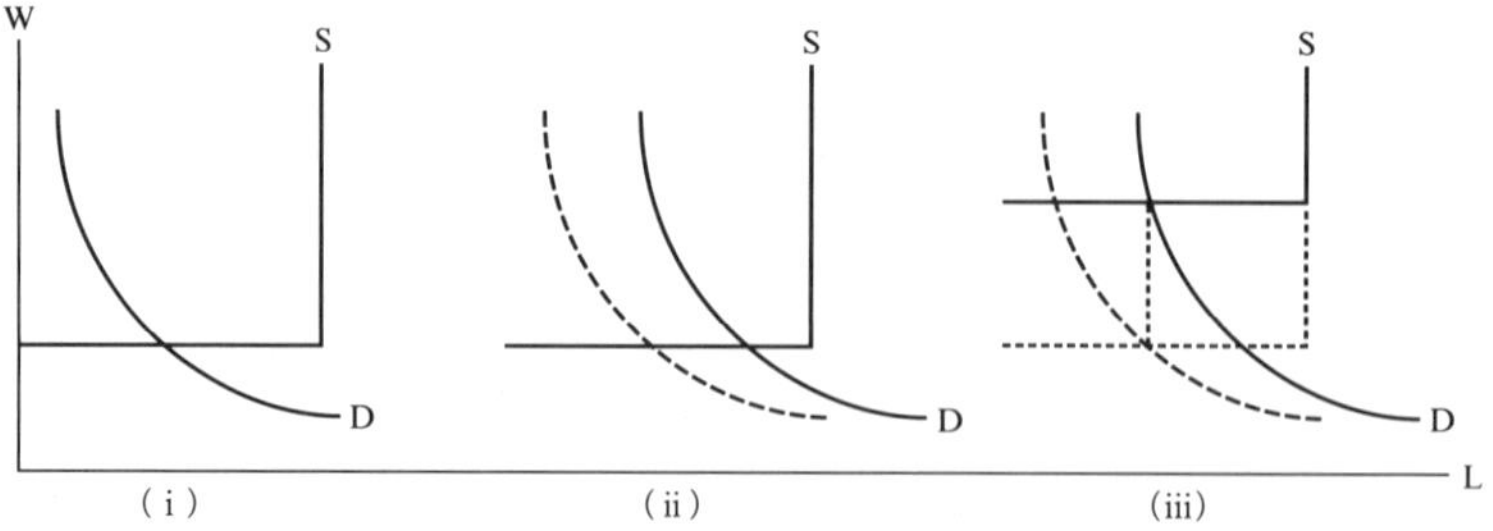

図 9–2

注）W：実質賃金率。L：労働雇用量。D：労働需要曲線。S：労働供給曲線。

業率に戻ってゆく。長期失業率を低下させるには、供給サイドの「適応」を常に上回る（裏切る）ように公共事業額を年々加速度的に増やすほかないが、これは政府自身を財政的に破綻させるであろう。かくしてピグーは、需要管理政策は短期的には有効であるが、長期的には無効であるという一般的結論を下したのである（Pigou 1933a：250–1）。

　ところで、ピグーの議論と自然失業率論との類似性を主張するには、物価論にも目を向けねばならない。彼は一九三三年に『タイムズ』紙上で、物価、賃金、雇用の三者関係を次のように述べている。「もし卸売物価が上昇するのと同じ程度に、貨幣賃金が上昇するならば、その変化の過程で雇用が改善することは疑いがないが、その過程の完了時にはこれ［雇用改善］は容易に消滅するであろう」（Pigou 1933h）。こうした洞察はその後も深められてゆく。一九四一年の論文「戦時インフレの諸類型」では、インフレが、需要サイドからの「赤字 deficit-induced インフレ」と供給サイドからの「賃金 wage-induced インフレ」に大別され、「……赤字インフレは赤字をなくせば止めうるが、賃金インフレは、賃金が物価を追うのを阻止しない限り、どんな手段によっても止められない」と主張された（1941d：442）。さらに一九四五年の『完全雇用からの乖離』でも次のように主張された。「……完全雇用を維持するには、貨幣表示の労働需要曲線が、ただ高水準にあるだけではなく、たえず上昇し追いかけてくる賃金率に常に先んじるように、スパイラル的にたえず上昇する必要がある。これは進行性のインフレをもたらし、もし生産技術がそれに見合った速度で進歩せねば、物価は永続的に上昇する」(1945a：39)。なお、ドーマーはその書評のなかで、このスパイラルを避けうるか否かを、「『自由社会における完全雇用』の基礎的テスト」と位置づけている (Domar 1947：363)。

とはいえ、ピグーは公共事業に反対したのではない。一九三三年の『失業の理論』で示されたその基本的姿勢は次の通りである。「政府の拡張的政策——このなかには大規模な公共事業のみならず、補助金、利益保証、またその目的に適するならば保護関税も含まれねばならない——の雇用に対する長期的効果は無効であるというわれわれの結論は、もちろん、例外的不況期［当時の大恐慌を含む］における失業救済策として、これらの政策を一時的に適用しようとすることへの反対論とはならない。なぜならここで重要なのは長期ではなく、短期の帰結だからである。またここでわれわれは、『例外的不況』という言葉で、正常な景気循環の底についてだけを述べているのではない。第一次大戦後のブームに続く一〇年間にわが国に広がった大量失業は百万人という手に負えないものであったが、それは狭い意味での循環的不況とは関係がなかった。だがそれが短期的な社会の弊害であり、困難な数年間に限り対策を要するものであったと信ずべき若干の理由があった」(Pigou 1933a：250, 傍点追加)。なお、この引用からは、①（産業変動ではない）二〇年代不況と（産業変動である）三〇年代恐慌とが峻別されていること、②三〇年代恐慌には拡張的政策で対処すべきであるが、二〇年代不況には特に困難な一時期だけにそれを限るべきであると考えられていたこと、が伺えるであろう。

『失業の理論』は二〇年代構造不況の解明の書である。そして同書は、賃金政策の観点から当時の失業を次のように総括した。

「しばしば言われてきたところでは、この［失業率の］超過分は主として、あまりに賃金率が高く保たれ、生産および需要の現状下で正常の雇用を許容できないことに帰せられるという。他方［の意見］では、ある幾つかの賃金率は上述の意味で疑いもなく高すぎたが、［社会全体の］平均賃金率が高すぎたのでなく、失業という名のこの害悪は、労働の誤った配分と結びついた賃金率の高低の誤った配分によると言われており、ゆえにもし賃金率が均等化され、労働が適切に配分されておれば、少なくとも現在支配的な平均実質賃金率と同じ水準でも、戦前の雇用水準は保てたであろうという」。まずこのように、失業を、高すぎる平均実質賃金に帰す見解と、（平均水準は適正であるが）産業間の賃金格差に帰す見解があげられた。

そのうえでピグーはこれら二見解を止揚し、次のように結論する。「賃金率の相対的下落を被ったのは、外国との競争にさらされる産業 unsheltered industries で……労働需要は極めて弾力的である。また賃金率が相対的に上昇したのは、主に国内向け産業 sheltered industries で、その労働需要はかなり非弾力的である」。それゆえ、一方で輸出産業の賃金率を上昇させ、他方で国内向け産業の賃金率を同じだけ下げるという賃金平準化政策は、両者の弾力性の差異をふまえれば、一国全体での失業を増やすことになる。したがって賃金政策の面から言えるのは、労働需要の状態が不変である限り、失業を減らすには、産業間の賃金率を平準化すると同時に、産業全体の平均賃金率の低落が不可欠であったということである。ただしこれは、あくまで傍点部分の枠組みのなかでの結論である(Pigou 1933a：269–70)。

彼は二〇年代構造不況の主因を、主に国内向け産業で生じた適応的賃金政策が輸出産業からの労働移動を長期にわたり阻んだことに見出した[4]。失業を減らすには国内向け産業の組合指導者たちを説いてその賃金政策を再考させねばならない。またもし失業を増やさずに、当時惨めなほどに低落した輸出産業の賃金を上昇させることを願うならば、国内産業の賃金はそれ以上に低下させねばならない。なお、繰り返しになるが、これはあくまで拡張的政策を用いない場合の結論である。

以上の考察によって、『失業の理論』に対するハロッドの賞賛――「最高度の知的偉業、綿密かつ一貫した推論のマスター・ピース」「多種多様な宝物のつまった豊かな源泉」（Harrod 1934：19）――が、あながち大げさなものではないことがわかるであろう。同書は理論的にも政策論的にも、一九七〇年代に現れた自然失業率論に類似した論点を含んでいる。これを生みだした源は、従来型の労働需要サイドからの考察（産業変動論）では一九二〇年代の持続的失業が説明できないというピグーの問題意識であった。こうした研究プログラムが、『一般理論』以前に試みられていた事実は、けっして看過されてはならない。

最後に、本節でみたようなピグーの雇用理論に対して、すなわちホートレーのそれ（いわゆる大蔵省見解）とも異なるピグーの公共事業論（長期的無効論）に対して、はたして従来そう見られてきたように、『一般理論』は真正面からこれを取りあげ、これを論破したであろうか。次節でみるように、ケインズはそうした横綱相撲をとってはいない。

またこのことは、従来のケインズ解釈、したがってピグー解釈についても同様である。例えば次の①②は、従来の定説と言ってもよかろう。しかしこれらは誤りである。

①「古典派経済学者」たるピグーは、市場の価格調整能力に比較的大きな信をおくから、長期的には完全雇用が、おのずと達成されると考えた。彼の雇用政策論にもこの立場が反映しており、『一般理論』が『失業の理論』に痛撃を加えたのはかかる理論的、政策論的立場のゆえである。

②ピグーは、利子率の調整を通じて貯蓄と投資とが常に均衡するという、いわゆる貸付基金説の立場をとった。

まず①について。『失業の理論』の主題は長期失業率の決定であり、しかもそこから導かれる政策論は、短期的救済策としての公共事業政策を否定するものではない。

次に②について。『失業の理論』では次のように論じられている。利子率には原理上その上限がないので、「総貨幣所得を増大させる実物側の諸要因がいかに強力であれ、〔中央〕銀行はこれに対抗する武器〔金利引上げ〕を常にもっている。だが実物側の諸要因が総貨幣所得を縮小させる場合はそうではない」。なぜなら貨幣は「ゼロの費用で貯蔵できる」ので、「現実の銀行利子率はゼロ以下に下がりえない」からである。したがって実物的要因が強力な不況期には、貨幣的手段ではこれを十分に相殺できない。「つまり適正利子率、すなわち標準貨幣制度を維持する利子率は、負の利子率となるので導入できない。……だがもし銀行システムによって低金利政策が続けられると同時に、政府が公共事業政策を採用すれば、失敗のリスクはかなり減る」。ただし固定為替相場制をとる国の場合、かかるポリシー・ミックスを行うのは対外不均衡の心配のために難しい。だが「……一国のみならず金本位制度をとる国々が協調し、もし一丸となって信用拡大政策と公共事業を結合して行う」ならば、困難は乗り越えられたであろう（Pigou 1933a：213-4，むろんこの時点で再建金本位制度は崩壊していたのであるが）。

こうしたピグーの先駆的側面がなぜこれまで評価されなかったのかという謎は、「古典派対ケインズ」という通俗的思考枠組みがもたらす強力な先入観によるところが大きいと思われる。

3 『一般理論』のピグー批判――わら人形の形成

「ケインズ革命」を理解する一つの鍵は、ピグーが失業研究の重心を産業変動論から賃金政策論に移したそのタイミングにある。「革命」の好機が到来したのである。本節では、ケインズ『一般理論』のピグー批判について再考する。これは、ピグーさえもそれを率直に認めた、同書の大きな積極的貢献を否定することではけっしてない

（10・3）。だがいわゆる「わら人形[5]」の形成とも関わる同書の批判的側面、あるいはケインズらしい「意図的危険球」「決闘の作法」（Pigou 1935a：24）については再検討を要する。

すでにみたように、ピグーが産業変動と賃金政策のどちらを究明しようとしていたかは、時期によって異なり、その政策提言もまた時期によって異なる。誤解であるにせよ意図的であるにせよ、ケインズが批判の対象として『産業変動論』（一九二七年）ではなく『失業の理論』（一九三三年）を選んだことはまことに不可解である。彼は『一般理論』の準備段階で、「私には彼が書いたその代物［『失業の理論』］が、若干の点で、この主題の歴史のなかで最も途方もないものに見えます。ですが私には、それが恐ろしく魅力的なので放っておけません」と述べていた（*JMK*, XIII：525）。そして『一般理論』では、『失業の理論』は「現存する古典派雇用理論の唯一の詳細な記述」ないし「古典派の失業理論を正確に記述しようとした私の知る唯一の試み」と位置づけられている（*JMK*, VII：7, 279, 傍点追加）。

しかしこの主題の歴史にてらせば、右の位置づけも同じく不可解である。例えば、ピグーとロバートソンとの招きで一九三五～三八年にケンブリッジ大学にいたヒックス――彼は三二年に『賃金の理論』（Hicks 1932）を公刊していた――は、IS-LM分析を示した有名な一九三七年論文の冒頭で次のように述べた。「疑いもなく、こうした［混乱的］事態をもたらした主因の一つは、ケインズ氏がピグー教授の後期の著作、特に『失業の理論』を古典派経済学の代表作とみなす事実にある。……ケインズ氏がこれらの事柄を彼自身信奉してきたと述べても、普通の経済学者はただ当惑するばかりである」（Hicks 1967：126, 訳 172）。サミュエルソンも、『一般理論』を南海の孤島を襲う熱病に喩えた有名な追悼論文のなかで次のように不満を述べている。「それ［『一般理論』］は、傲慢、不機嫌、論争的であり、他者からの学問的恩恵に十分な感謝を表さない。そこには多くの期待外れと混乱がある……。なるほど一番の問題は、彼が先人たちとの関係を説明するときである。……要するにそれは天才の作品なのである。将来の経済学説史家たちは、まさに同書の曖昧さ、論争的性格こそが、結局その長きにわたる影響力を最大化したのであると結論することであろう」(Samuelson 1946：190)。

ところで一つの根本的な疑問は、ピグー雇用理論の構成、すなわち産業変動論と賃金政策論との補完関係を、ケインズが正しく理解していたのか否か、換言すれば、彼のピグー批判は誤解によるのか、それとも歪曲(黙殺という言葉では弱すぎる)によるのかである。

①『一般理論』を草稿段階で読んだロバートソンは、ケインズに対して「『産業変動論』や『失業の理論』の貨幣論的部分は、有効需要の研究でなければ一体何なのですか」と注意を促していた(*JMK*, XIII：505)、すなわち以下②③のstrangeの問題をケインズは事前に指摘されていた。

②しかしケインズは『一般理論』で次のように指摘した。「ピグー教授が……(例えば)利子率や確信の状態の変化から生じる投資量の変化……にまったく言及しない失業理論を提示できると考えたことは、実に奇妙strangeである。ゆえに彼の著書の『失業の理論』というタイトルはいささか羊頭狗肉である。彼の著作は、実際にはこの問題にふれていない」(*JMK*, VII：275)。

③ピグーは当然これに反論した。「ピグー教授が本当にこんなことをしたならば、strangeというのはあまりにも弱すぎる言葉であろう。だが実際には、これらの問題は『失業の理論』の後半部で論じられており(特に第三編第一五章と第五編第九章)、それ以上の詳しい議論は、序文で説明したように、私の『産業変動論』ですでに十分なされているから割愛したのである」(Pigou 1936b：118)。しかもそれらの問題は『産業変動論』よりずっと以前から論じられてきたのであり(**4・1**と**4・2**)、ケインズもそれをよく知っていたはずである。

一部は誤解により、一部は戦術的な歪曲による、すなわち両者は混ざりあっている、とみるのが自然であろう。すべてを誤解に帰せば、ケインズを不当に愚かな人物とみることになる（だが**9・1**の労働供給曲線の一件は、手紙でピグーに確認したほどなので誤解の可能性が高い）。また戦術という言葉の意味を考えれば、その混合したものを再び分けることは本質的に困難であり、しばしば不毛である。

『一般理論』のピグー理解は確かに歪んでいる。推測の域を出ないとはいえ、『一般理論』の幾つかの叙述には、ピグーをいわば挑発するようなところがある。例えば、「非自発的遊休」の概念（Pigou 1910a）、ケンブリッジ貨幣論の伝統（**4・1**）、「乗数」のアイデア（**4・3**）はいずれもその装いを新たにし、同書の新機軸を構成している。一方では、ピグー自身の公共事業論など、「古典派対ケインズ」という対立構図をぼかす諸要素は黙殺され、ピグーはさながら自由放任主義者のように描かれている。かくして「わら人形」が作りだされたのである。『一般理論』にみられるこうしたレトリックは、事実よりも勝利が求められたことを暗示するように思われる。

現代の目からみればそうした論争的諸側面は、『一般理論』の理解にとって不要なものである。だが当事者たちの目からみれば、それらは「革命」にとって不可欠なものであったかもしれない。その一つの政治的理由として、ケンブリッジ内部での主導権争いもあろう。[6]だが一層重要なもう一つの学問的理由として、長きにわたる二人の知的対立があった。われわれは「革命」を論じるうえで、後者に焦点を絞ることにしたい（**10・1**）。

最後に、ピグーは「古典派経済学者」なる集団を、彼らしい謙虚さで次のように擁護した。『『リカード、マーシャル、エッジワース、そしてピグー教授』。これらすべての人を皆ひとまとめにするのは創意に富む発明である。なぜならそれは、一人の欠点を全員に帰すことを可能にするからである。例えばピグー教授は、『古典派雇用理論の現存する唯一の詳細な記述』とされる失業に関する著書でさまざまな過ちを犯した。ピグー教授は古典派経済学者である。ゆえに古典派経済学者たちはこれらの過ちを犯したのである！　と』。彼は次のようにも反論したが、そこには単なる「古典派経済学者」の見解として片づけにくい論点が含まれている。「たとえケインズ氏の完全雇用が果たされたにせよ、賃金労働者たちは、高い実質賃金を伴う少ない雇用か、それとも低い実質賃金を伴う多い雇用か、という二つの［賃金］政策のいずれかをなおも選択する。後者のタイプの政策を選好することが必ずしも、彼ら自身の利益になるわけではなく、また社会全体の利益にさえなるわけでもない。だがともかくその選択は、中央銀行や政府にではなく、彼らに属するのである」(Pigou 1936b : 115-6, 131)。

『一般理論』はその積極的側面において、産業変動論を発展させることで大きな貢献をなしたが、その非学問的な批判的側面において、経済学の発展を阻害した――ケンブリッジの雇用および貨幣の理論の伝統を忘却させることによって――と結論される。文字通りの論争の書『一般理論』の成功は、大きな犠牲を伴ったのである。この犠牲に目を向けずして、ケンブリッジ経済学の展開を知ることは不可能である。

4 まとめ

『一般理論』以前のピグー雇用理論は二つの流れからなる。一つは一九二七年の『産業変動論』に結晶した労働需要サイドからの「産業変動論」であり、これは短期的・循環的な失業を扱う。もう一つは一九三三年の『失業の理論』に結晶した労働供給サイドからの「賃金政策論」であり、こちらは長期的・趨勢的な失業を扱う。前者は初期ピグー以来のもの、後者は次に述べるような問題意識から一九二七年頃を起点として本格的に取り組まれたものである。

ピグーによれば、二〇年代不況の発端は、第一次大戦という総力戦によってアンバランスに肥大化した一部産業が、戦後、平時の需要条件にみずからを適合できなかったことにある。そのため一九二〇年代を通じて百万人以上が失業しつつ、しかも沈滞する産業と繁栄する産業との奇妙な併存がみられたのである。なぜ前者の人員過剰が後者の人員不足によって吸収されず、三〇年代に至るまで大量失業が存在し続けたのであろうか。

ほぼ二〇年間の研究歳月を費やした短期的・循環的雇用理論は、一九二七年の『産業変動論』によって確かに一応の到達点にあった。しかしピグーはこの従来のアプローチでは二〇年代不況を説明できないと痛感し、また労働世界に生起しつつあった新展開――労働階級の政治的・経済的な躍進――に注目し、同年の「賃金政策と失業」によって失業率を長期的に規定する労働供給側の諸要因の究明にむかった。[7] その成果が一九三三年の『失業の理論』であり、彼はこうして自分の雇用理論の体系を拡げ、二〇年代不況の鍵を、主に国内向け産業でみられた強気な賃金政策に見出したのである。ピグー雇用理論のこうした展開は、従来まったく注意が向けられてこなかった。ケインズが『貨幣論』公刊後に直ちに『一般理論』へと向かったのと同じく、ピグーもまた『産業変動論』公刊後に直ちに『失業の理論』へと向かったのである。こうした知的動態を知ることが、『一般理論』の理解を深めるのと同じく、『失業の理論』の理解をも深めるであろう。

ところでこのピグーの方向転換は、ロバートソン、ホートレー、ケインズといった当時のイギリス経済学者たちの進んでいた方向（貨幣的アプローチ）とは逆の、いわば流行に逆らうものであって、大恐慌のもとで『失業の理論』のような賃金政策を主題とする著作を公刊する時事遊離性は、賃金切下げ論者とみなされる危険をあえて冒すものであったろう。だが『失業の理論』は、その序文が示すように、政策の書ではない。「本書は経済学研究者のために書かれたものである。その目的は思考を明瞭にすることにあり、政策を唱えることにはない。現在の嘆くべき世界の状況に鑑みれば、多くの経済学者がその処方策を指導するのに一役買うことは自然であり、また正しいことでもあろうが、それをするのは経済学者の第一の仕事ではない。……彼らが望むそうした貢献の主要部分は間接的なもの、すなわち学究のうちにあり、新聞紙上にはなく、政策委員会の会議室内にもない。ゆえに私は失業の悲劇が未曾有の深刻さを示す時期に、この問題に関して、その基調と内容において純粋にアカデミックな書を出版することを、何ら弁解しようとは思わない」(傍点追加)。また同書は、その内容とそこに至る経緯からみて、大恐慌を論ずるものではなく、一九二〇年代の持続的失業の謎を解明しようとしたものである。

こうして浮かび上がるピグーの像は、挑戦的かつ前衛的な一学究のそれである。表面だけをみれば、なるほど彼にはケインズのような批判精神がない。しかし、少なくともケンブリッジにおいて、かつて最初に公共事業論を提唱し、最初に産業変動論の研究に取り組んだ彼は、世評は世人の語るにまかせ、再び他に先駆けて二〇年代不況解明の先陣をきったのである。『失業の理論』に結実するその研究が、一九七〇年代に現れた自然失業率論と幾つかの類似性をもつことは明らかである。第一に、産業変動による短期的失業とは自覚的に区別された意味において、賃金政策による長期的失業こそが、ピグーの問題関心であったことであり、そのため彼の考察は労働需要サイドから労働供給サイドに移った。第二に、公共事業政策の短期的有効性と長期的無効性とが、理論的に示されたこと。第三に、物価と賃金とのスパイラル的上昇の認識である。

にもかかわらず、『一般理論』によって彼は矮小化され、「神話」と「わら人形」が創りだされた。これらは同書の批判的側面がもたらした害悪である。また同書の積極的側面については、ピグー産業変動論に対する「革命」というよりもむしろ「発展」と捉える方が真相に近いように思われる。

終章　ピグーから眺めた「ケインズ革命」

本章では、ピグーとケインズとの知的対立の最終局面たる「ケインズ革命」について、また『一般理論』以後のピグーの議論について、考察する。

『一般理論』におけるピグー批判の厳しさの由来は何であったのか。この問題はけっして単純ではない。例えば、第一に政策面では、大恐慌のもとで二人は共に公共事業政策を支持していた。ゆえに次のような最も通俗的な説明、すなわちピグーの自由放任を打破し、イギリス経済を救うために、やむをえず『一般理論』は論争的なものになったという説明は（当時の保護貿易政策について言っているのでなければ）ほとんどナンセンスである。第二に理論面でも、産業変動論、乗数論、ケンブリッジ貨幣論などをふまえると、ピグーが言うように『一般理論』の貢献的側面は「（断絶的）革命」というより「（連続的）発展」という性格の方が強いと思われ、またそうした解釈が近年有力になりつつある。第三に、ケインズらしい批判的気質、学内の権力闘争といった甚だ非学問的な諸要因もあろう。例えば、ピグーはケインズ追悼論文のなかで次のように回想している。「彼ら［マーシャルとケインズ］はその気質を著しく異にしていた。マーシャルは先人たちに負うことを強調しがちで、先人たちの文章を、実際にそこに書かれてあるよりも深読みした。一方ケインズは他者に負っていないことを強調し、自分自身の思想を際立たせることに熱心で、自分の思想と他者の思想を過度に対比しがちであった。『一般理論』には、マーシャルへの不当な批判が幾つか含まれると思う」（*PJA*, II：566）。

経済学史上最大の事件の一つとみられ、「革命」とまで呼ばれてきた厳しいピグー批判の原因は何であったのか。『一般理論』の内在的理解のためにも、この謎を解く必要がある。ただしここでは、考察に値しないような消極的側面を除外し、「革命」の積極的側面だけを追求しよう。

われわれは、ケインズの「革命」を経済理論的挑戦であると同時に思想的挑戦として重層的に捉え、ピグーとケインズとの長きにわたる知的対立のクライマックスと位置づける。スキデルスキーは端的に述べた、「哲学がケインズの生き方の拠りどころであった。哲学は経済学より上位に位置し、目的の哲学の方が手段の哲学よりも順位が上であった」(Skidelsky 1983 : 133, 訳 218) と。

1 「革命」の重層構造 (1) ——最後の審判

本節の課題は、**5・4**でみたケインズの経済的ブリス論と『一般理論』の社会哲学との連関を明らかにすることである。一九三〇年の「わが孫たち」で示された経済的ブリス論は、『一般理論』の最終章「一般理論の導く社会哲学に関する結論的覚書」(以下「結論的覚書」と略す) に再現されている。

すなわち「……私 [ケインズ] は次のように推論する。近代的な技術的資源をもち、人口増加が急速ではない、正常に運営される社会は、均衡における資本の限界効率を一世代のうちにほぼゼロにまで押し下げることができよう。その結果、われわれは準定常的社会状態に達する。……資本の限界効率がゼロになるほどにまで、資本財を豊富にすることが比較的容易であるとする私の仮定が正しければ、それは資本主義の好ましくない特徴の多くを徐々に除去する最も賢明な方法と言えるかもしれない。……利子生活者は消滅するであろうが、それにもかかわらず、人によって見解の異なりうる予想収益の推定をめぐり、なおも企業と熟練とが活動する余地は残されるであろう」。「……私は資本主義の金利生活者的側面を、それが役割を果たせば消えさる過渡的な局面とみる。そして金利生活者的側面の消滅と共に、資本主義に付随するほかの多くのものも一新されるであろう」（*JMK*, VII : 220-1, 376）。

「結論的覚書」で示された思想的実践目標は、「役割を失った投資家がもはや特別報酬を受けぬよう、資本量を稀少でなくなるまで増やすこと」、「一〜二世代のうちに資本から稀少価値を奪うこと」である（pp. 376-7）。すなわち、**5・4**でみた「わが孫たち」におけるエセ道徳原理批判では、歌うこと——未来のために現在を犠牲にせず、今を生きること——が賞揚され、待つことが批判されたが、『一般理論』ではそれは、金利生活者（待つ人々）の、安楽死の予言という形で述べられている。エセ道徳原理と同じく、金利生活者もいずれ消滅するのであると。

だが、「わが孫たち」では一種類の定常状態（経済的ブリス）しかなかったのに対し、『一般理論』では二種類の定常状態（以下の①②）が登場するという大きな違いがある。ピグーの比喩表現に従い、①を「天国」、②を「地獄」とよぶことにしよう。

①投資の社会化によってのみ到達可能なケース。すなわち先の金利生活者安楽死の世界

②自由放任のもとで総貯蓄がゼロになるまで社会が貧しくなるケース（*JMK*, VII : 217-8）

ピグーはこれを「最後の審判のヴィジョン vision of the Day of Judgment」と名づけた。「ケインズ氏の最後の審判のヴィジョンは次のように素描されよう。すなわち、もし賢明な政策がなされれば、資本設備は急速に蓄積され、おそらく一世代のうちに、もはや正の純収益を生む投資先がなくなるであろう。それゆえ大所得をもつ人々には投資しようとする誘因がない。だが彼らはその全所得を消費してしまおうとは思わない。その結果、ほかに何もすることがないという単なる機会の欠如から、彼らは貨幣を退蔵する。なぜなら銀行は負の利子率では貸し出せ

ず、それ［退蔵］を相殺するように投資を誘いだせもしないからである。その結果、所得と雇用は累積的に縮小し、この過程は『貯蓄をゼロにするのに十分なほど雇用量が小さく、生活水準が悲惨な状態』に至ってのみ停止する」(Pigou 1936b : 129)。

右の引用でピグーは、天国から地獄への転換を描いているが、これはある意味では自然なことである。なぜなら天国は政府介入を、地獄は自由放任をそれぞれ前提し、それゆえ通常の意味で「均衡」と呼べるのは後者の方だからである。要するに「最後の審判のヴィジョン」とは、公共事業を行えば天国に昇り、さもなければ地獄に墜ちる、というものであった。

ピグーは次のように述べた。「ケインズの強力な望遠鏡がわれわれに啓示したこの起こりうる終末の状況を、彼はアカデミックな慰み事としてではなく、非常に真剣なものとみていた。……だが過去にそうであったように将来にも科学的発見がなされ続け、それゆえ収益性のある新たな投資の道が拓かれると期待する多くの理由があるのだから、どんな類の定常状態も、天国も地獄も、けっして達成されまい。経済人はむしろ彼の残りの人生を、煉獄のなかで過ごし続けるであろう」(1950a : 37-8)。けっして終わることのない蓄積過程は、なるほど「煉獄[1]」と表現されるにふさわしい。

ところでなぜ、『一般理論』のような短期モデルによって、これほど遠い未来を論じることができるのであろうか。それは、「短期」という概念の一般化によってはじめて可能となる。**5・3**でみたようにケインズは次のように述べていた。「……ついでながらわれわれが注意してよいもう一つの一般化 generalisation がある。それは経済学者のいう『短期』の長さに関わるものである。一つの『短期』は一人の人間より長生きすることを何とも思っていない……。一つの『短期』は偉大な一国民の興亡を含むのに、そしておそらくそれを企てるのに十分なほどに長い」(*JMK*, VI : 141) と。

以上のように「定常状態」という伝統的概念は、ラムゼー以後、理論的かつ思想的な新たな意義を帯びて現れたのである。ラムゼーは「倹約する家族はブリスを享受し、将来に備えない家族は最低生存水準に陥る」(Ramsey 1928 : 559, 訳 162) と主張したのに対し (**5・3**)、ケインズはそれを逆転させて「最後の審判のヴィションン」を示した。そして天国では、蓄積は意義を失い、純貯蓄と純投資がゼロになると共に、利子率の可能なまでの低落を通じて、エセ道徳原理と資本主義の金利生活者的側面が廃棄される。ゆえに「結論的覚書」は、最終的なラムゼー批判、功利主義批判と位置づけられる。

数世紀かかっても実現不可能かもしれないとされたラムゼーの「ブリス」が、一〇〇年（「わが孫たち」）、また一～二世代（『一般理論』）のうちに実現しうるケインズの「ヘブン」へと転化してゆく。ムーア主義はケインズに、キリスト教に代わる、ある種の「宗教」を提供したのである。ケインズにとってそれは、ピグーが回想したように「非常に真剣なもの」、合理的信念を伴う実践課題である。「わが孫たち」のエセ道徳原理批判では、経済的ブリスに達するまでは蓄積欲や慎慮（いずれも貯蓄に対する精神的態度）がわれわれの原則であり続けるという留保が設けられたのに対し、『一般理論』にそうした留保がないのは、公共投資という代わりの武器が完成したからであろう。

ところで、（公共投資をしないという意味で）自然に実現する定常状態としては、①ラムゼー的ブリス（ピグーはこれを「完全均衡 thorough-going equilibrium」とよぶ)、②ケインズ的地獄、の二つがあるわけだが、では両者はどんな関係をもつのであろうか。「安定的な環境のもとでの経済進歩」(Pigou 1947b) の主題は、まさにこの問題であった。この論文は、亡きラムゼーと亡きケインズとの止揚を意図したもののように思われ、そのタイトル、公表年、共に意義深いものがある。そこでは二つの定常状態は、貯蓄動機に関する次の二つの仮定にそれぞれ対応するものとされた (1947b : 180, 184)。

①ラムゼーの仮定：貯蓄は「それが将来に生みだすと期待される物的収益のためだけになされる」。ゆえに期待収益がゼロなら純貯蓄もゼロとなる

②ケインズの仮定：貯蓄の一部は「その保有に由来する快適さ amenity」を求める願望による。ゆえに期待収益がゼロでも純貯蓄は正となりうる

ピグーによれば、①の主要含意は次の三つである。第一に、「利子率 r = 時間選好率 tp」が満たされると蓄積が停止する。もし r と tp が乖離すれば、正ないし負の純貯蓄・純投資が生じ、完全均衡にむけて資本ストックが変動を始める。第二に、労働ストックが一定で、しかも技術革新がなければ、ブリスへ向かう過程で r は漸次低落し、一方賃金率は漸次上昇する（資本は稀少性を低下させ、労働は稀少性を高めるので）。第三に、「……近代におきた累積的資本成長は、労働時間の短縮傾向を伴っていた。また周知のように貧国に比べて豊国は、一般に短い労働時間を享受している」。そして余暇の増大は成長を鈍化させるが、マイナス成長を惹起するほどではなかろう。ゆえに成長過程では、労働時間が漸次短縮し、かつ国民分配分は漸次増大する（pp. 181-2）。

以上のようなラムゼー的世界に、貯蓄動機としての「アメニティー」を付加すれば、つまり均衡条件を「r = tp」から「r + a = tp」（a は限界貯蓄のアメニティー価値）に置きかえれば、ケインズ的世界が現れる。そこでは、もし tp が比較的小で a が比較的大ならば、条件式を満たす r の水準は負となる。しかるに負の利率で預金する者はいない（退蔵すればゼロの利率を確保できるので）。ゆえに貨幣は流通過程から引きぬかれ、貨幣縮小により（r の上昇を通じて）均衡回復が図られる。この過程で貨幣賃金が硬直的ならば失業は増大するであろう。これがピグーによる「地獄」の解釈である（pp. 184-6）。

最後に、改めて系譜的にまとめるならば、①初めにピグー将来世代論が存在し（**5・2**）、②これにラムゼーは

通時的効用最大化の観点から、最適貯蓄論・資本蓄積論の厳密な定式化を加えた（**5・3**)。③これら二人の議論は、ムーア主義的「短期」思想を掲げたケインズにとって乗り越えるべき一つの課題となり、「わが孫たち」でのエセ道徳原理批判をへて（**5・4**)、『一般理論』の社会哲学「最後の審判のヴィション」に至る。④ピグーの「安定的な環境のもとでの経済進歩」は、そこで示された解釈が適切か否かは別として、以上の一連の流れを締めくくるものである。

2　「革命」の重層構造（2）——ムーア主義の経済学

ケインズは一九三八年にムーア主義を回想して次のように述べた。「われわれは信条によって行動が左右される年頃であった。それは中年の人々には忘れられがちな若者の特性であるが、当時形成された物事の感じ方の習性は、今もなお顕著な形で残っている」。「……今日私はベンサム主義の伝統こそ、近代文明の内部をむしばみ、その現在の道徳的荒廃について責めを負うべきうじ虫であると考える。われわれは常にキリスト教徒を敵とみなしていた。彼らは伝統、因習、ぺてんを代表する者に見えたからである。ところが正しくは、世間一般の理想の本質を破壊していたのは、経済的基準の過大評価に基づくベンサム主義の功利計算であった」（*JMK*, X：435, 445–6, 傍点追加）。彼がキリスト教を敵視しなくなった理由は、定かではない。

しかしピグーとは対照的に、ケインズはまことに一貫した反功利主義者であった。そしてこの基本的スタンスは、短期主義、反帰結主義などの形で彼の著作物を特徴づけている。本節の課題は、その幾つかの具体例を示すことである（I～IV)。

Ⅰ　ケインズは徹頭徹尾、ムーア主義的「短期」論者であった。『一般理論』は短期の経済学であるとよく言われるが、けれどもそれは一〇〇年先をも展望しうる短期の経済学である。ここでの「短期」とはマーシャル的時間区分に依拠したそれではなく、むしろ「今、今、今……」という物事の見方そのものであり、ピグー＝ラムゼーの功利主義的「長期」思想へのアンチテーゼとしての一つの思想である。

一見機会主義的とさえ思われるケインズの政策的臨機応変性の一因も、ここにあるとみられる。「経済学者は四つ折判の栄誉をひとりアダム・スミスだけに任せねばならず、［今日という］日を摘みとり、パンフレットを風に吹きとばし、常に時間の相のもとで sub specie temporis ものを書き、たとえ不朽の名声に達するにせよ、それは偶然によらねばならない」(*JMK*, X：199)。「日を摘みとれ pluck the day」とは、ラテン語の格言 carpe diem の直訳と思われ、出典はラテン文学の白眉とされるホラティウス『歌章』の次の章句である。「……酒を濾せ。そして短い時間で、長い期待を切り刻め。我らが話している間にも、嫉妬深い時は逃げさりゆく。［今日という］日を摘みとれ carpe diem。明日という日に、できる限り信をおかずに」(Haratius, *Carminvm*, I, 11)。

一方ピグーは、短期を究明する必要性を認めたが、体系書の不要性を認めなかった。「われわれの科学［経済学］はまだ幼い科学である。……われわれは長期的趨勢［定常状態］の一般的特徴を、おそらくかなりよく知っている。だが変化の過程を……ごく僅かしか知らない。便宜的にしばしば短期経済学と呼ばれている分野は、まだ十分耕作されておらず、収穫逓増を十分期待できる」。「われわれが互いのために最も一般的な諸規則を立てることさえも賢明ではなかろう。というのもわれわれは、いずれすぐにそれを破らざるをえなくなるからである。それほど昔の話でもないのだが、大変優秀な私の同僚は『体系書 Treatise を慎んで、日を摘みとり、パンフレットを風に吹きとばせ』と主張しながら、数年後、Treatise というタイトルの浩瀚な二巻本の著作を（われわれはそれを喜んで受けとるのであるが）、自分で出版した」(Pigou 1935a：21-3)。

II　経済学の議論は通例、消費者の行動、企業の行動、政府の役割という三つに分けられる。そしてピグー厚生経済学の場合、功利主義的要素が現れるのは、このうちの第一と第三の分野である（利潤最大化原理に従う第二の分野は、功利主義とは関係がない）。すなわち、消費者は効用最大化原理に基づいて、①労働供給量、②各財への需要・消費を決定し、また政府の経済政策は、③社会的効用（経済的厚生）の最大化を課題とする。

ところが『一般理論』では、①は「古典派第二公準」として斥けられ、②でも、異時点間最適化の見方が斥けられ、いわゆる「ケインズ型消費関数」（利子率は変数に含まれない）が採用された。消費とは裏を返せば貯蓄である。③についても、特に分配政策のうえでピグーとケインズを比べれば顕著であるが、ケインズは功利主義に依拠していないと考えられる。

②について付言すれば、ピグーやラムゼーは消費-貯蓄の決定を「異時点間の効用最大化」で捉えたのに対し、ケインズは「消費性向」、すなわち過去からの心理的惰性で捉えている。「個人の貯蓄行為は、いわば今日は夕食をとるのをやめようと決意することを意味する。だがそれは一週間後ないし一年後に夕食をとるとか、一足の靴を買うとか、特定の日に特定の買物をする決意を要するものではない。……貯蓄とは、現在の消費需要の代わりに将来の消費需要を選ぶことではない」（*JMK*, VII: 210, 傍点追加）。「C = C(Y)」という定式化（ピグーは利子率が無視されたことを繰り返し批判している）には、思想的意図があったとみられる。

要するに、『一般理論』は反功利主義の経済学である。[2] かくして本節の冒頭で引用した章句は、同書の精神であったとも言えるのである。また①②からは、ケインズは消費者行動に関する（功利主義的な）ミクロ的基礎づけを意図的に回避したとも言えるであろう。これは次の二つの含意をもつはずである。第一に、『一般理論』は消費者が功利主義的行動様式をとらない世界（いつかそうした日がくるかもしれない）にも通用する、ある意味では一般的な経済学であると言えよう。また第二に、後年のケインジアンによるケインズ経済学のミクロ的基礎づけの作業は、『一般理論』本来の精神にとって、まったく異質なものをそこに接ぎ木する作業であったかもしれない（だからといって、その経済理論上の大きな貢献は否定されるべきではない）。

Ⅲ　企業行動の分野でも、「投資」という行為は、未来の展望に深く関わるので否応なく帰結主義的な行為になりがちであるが、『一般理論』第一二章「長期期待の状態」によれば、その決断は慎慮によらず、「アニマル・スピリッツ animal spirits、すなわち不活動より活動を欲する自生的衝動」によるとされている。このアニマル・スピリッツ論は、「待つ」ことより「歌う」ことを重んじる彼の基本的姿勢からの一つの派生物とみられる。ただしこうした方向性そのものは、**2・6**の「願望多様性」論でみたように、マーシャルやピグーにも共通してみられるものである。

Ⅳ　貨幣論において。有名な「不確実性 uncertainty」は、時間軸上のいわば強力な煙幕である。それはピグー＝ラムゼーの異時点間最適化論を不可能とし、そうした世界で慎慮を美徳として讃えるのは、なるほど不合理である。ケインズによれば、利子は流動性という安全を手放すことの報酬であり「待つ」ことの報酬ではない。

ムーア『原理』に端を発するピグーとケインズとの思想対立は、二人の経済学の基本的性格を規定しつつ、一九三〇年代に至るまで通奏低音として流れ続けている。思想の対立こそが根底にあり、これが二人の経済学の対立の多くを派生的に生みだしてきた。本節でみたⅠ〜Ⅳは、この命題から説明しうると思われる若干の事例である。

前節と本節との考察からえられる結論は、以下の通りである。

「ケインズ革命」とは、経済理論ならびに政策論上のものであると同時に、「いかに生きるべきか」という思想上のものでもあった。「革命」はこの二つの面を併せもつわけであるが、この二つは並び立つものではまったくない。後者こそが目的であり、前者はそのための手段にすぎない。すなわち「革命」は重層的な内部構造をもつ。かかる重層的対立の構造のうちに、ケンブリッジの知的展開の必然性が見出されるのである。(3) 二〇年代不況と三〇年代恐慌は、彼らの知的対立を生んだ母というより、むしろその対立の「場」を思想から経済へと移した産婆とでも言うべきである。

3 『雇用と均衡』

前節までの考察により、重層的対立のなかでの「革命」の意義は十分明らかになったと思われるので、本節以降では、ピグーが『一般理論』を経済学的にどう受けとめたかをみる。彼は自分のためだけではなく、マーシャルやラムゼーのためにも筆を取らざるをえなかったに違いない。

まず本節では、『雇用と均衡』(Pigou 1st edn., 1941a, 2nd edn., 1949) の第二版に依拠し、ピグーのマクロ経済モデルを検討する。同書の主題は『一般理論』と同じ、すなわち「全体としての経済体系」の動きの解明にあり、ピグーはその序文で、当初の自分 (Pigou 1936b) がケインズの建設的貢献の評価に失敗したことを率直に認めた。「他者への彼の批判の価値、また彼自身の示した解決について、どんなことが考えられようとも、ともかく重大な諸問題を問うた点で、『一般理論』の著者は経済学に極めて大きな貢献をしたのである。かかる諸問題に答える仕事は、一度それがなされたあとには、比較的平凡なものとなりがちである。それゆえ、ケインズ氏はこの分野の真の開拓者なのである」。ただしピグーはケインズの貢献的側面を承認しながらも、「古典派経済学者」に関する不正確な叙述などの論争的側面を斥けている。

「近年の最も重要な著作」(Samuelson 1941: 552)、あるいは「[ピグーの著作のなかの] 最良のもの」(Kaldor

1941：473）とも評された『雇用と均衡』の意義は、カルドアが指摘したように、ケインズ的分析装置を用いずに伝統的道筋を通り、にもかかわらずケインズと類似した帰結を導きだした点にある。この意味で同書もまた、ピグーによる総合の試みの一つに数えられよう。まず予備的な説明を二点しておきたい。

第一に、同書の中心概念たる「フロー均衡 flow equilibrium」について。これは単位期間あたりの需要量と供給量との均衡である。それゆえ一時点ごとに実現する単なる「市場均衡」とは区別され、市場均衡のみならずフロー均衡もまた成立するのは、単純再生産過程たる「ラムゼー的均衡」すなわち「長期フロー均衡」においてのみである。

一方、この厳密な意味でのフロー均衡のほかに、仮説的な均衡概念、すなわち「短期フロー均衡」も考えうる。そこでは「……個々の産業であれ産業全体であれ、［純］投資がゼロである必要はなく、一定でさえあれば正の率でもよい」（十分短期をとれば投資の生産力効果は無視できる）。短期フロー均衡が長期フロー均衡と異なるのはこの一点のみであり、この短期フロー均衡こそが「『一般理論』の主題」である（*ACP*, X：43）。

第二に貨幣所得関数について。ある期間中に生じる総貨幣所得Ⅰは、貨幣総額Mにその期間中の貨幣の所得速度Vを乗じた値に等しい（I＝M・V）。Vは、実質所得フローのうち人々が貨幣形態で保有しようとする比率の逆数、つまり「マーシャルのk」の逆数である。貨幣形態で保有する実物資源の各単位からえられる利便性や安全性などの収益表が一定ならば、Vは利子率rに依存し、それゆえ$V = \varkappa(r)$である。[4] また後述する「正常銀行政策」のもとでは、Mはrの関数である。かくしてVとMはいずれもrの関数であるから、貨幣所得関数は$I = g(r)$と表される（内容的にはケンブリッジ数量方程式と同じ）。

なお、ピグーは少なくとも四種類の「銀行政策」を区別する。「まず第一に、中央銀行は利子率の騰落に従ってMの増減を許すように行動するかもしれない。これを正常銀行政策 normal banking policy と呼ぼう。第二に、中

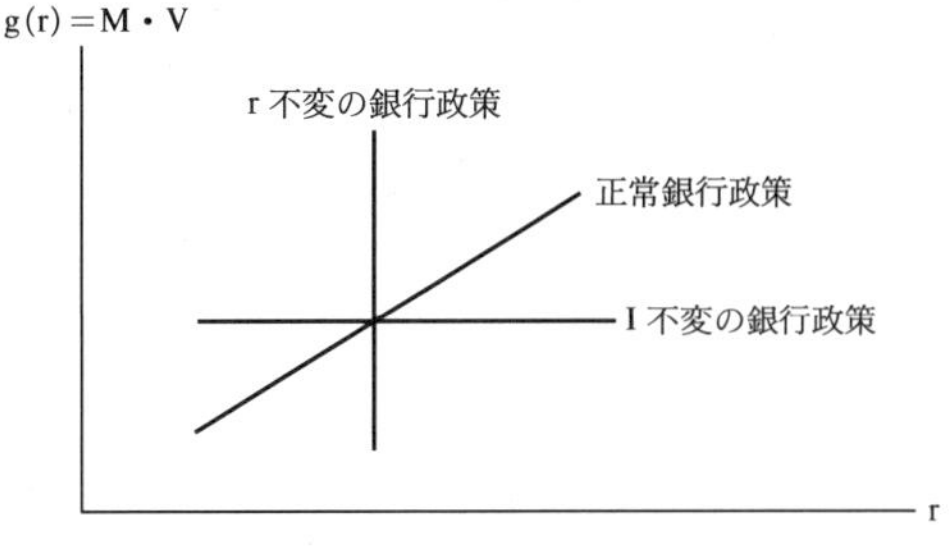

図 10-1　銀行政策の例

央銀行は貨幣所得［I］を一定に保とうと努めるかもしれない。第三に、中央銀行は消費財の価格水準［P_1］を一定に保とうと努めるかもしれない。最後に、中央銀行は利子率（r）を一定に保つ政策を採用するかもしれない。むろんほかにも多くの銀行政策がありうる」（p. 62）。

このうちの若干を図示したのが図**10-1**で、g′は、正常銀行政策では正、貨幣所得不変の場合はゼロ、利子率不変の場合は無限大となるが（p. 64）、いかなる銀行政策が採られるかは、国際通貨制度その他の要因をうけてモデルの外部で決定される。また、いずれのケースでも、その曲線上では貨幣市場の均衡が成立している。

周知のようにピグーは、モデルの各変数を変化させたさいの比較静学的帰結を考察し、また多くの乗数を導きだしているが、彼が以前から「銀行政策について何も知られていなければ、どんなことでも起こりうる可能性がある」（Pigou 1937b：408）と指摘していたように、結局、公共事業や賃金カットなどの効果如何は、いかなる銀行政策を仮定するかにかかっている。

以下ではKaldor（1941）を参考にしつつ、最も標準的なピグー・モデルとして、正常銀行政策のそれを示そう。それは閉鎖経済を前提し、二部門（消費財産業・投資財産業）からなる同時決定モデルである。

x, y　：　消費財産業および投資財産業で雇用される労働量
r　：　名目利子率

w　：名目賃金率。均衡において両産業でのwは一致する
W_1, W_2　：消費財産業と投資財産業のそれぞれの実質賃金率
「$W_1 = w / P_1$」「$W_2 = w / P_2$」と定義される
P_1, P_2　：消費財と投資財のそれぞれの貨幣価格
$F(x), \psi(y)$：消費財産業と投資財産業のそれぞれの生産関数
η_1、η_2　：消費財産業と投資財産業のそれぞれの需要の価格弾力性
それぞれ$F(x)$と$\psi(y)$の関数である
$\phi(r)$　：「投資のための労働」を示す投資関数
$f\{r, F(x)\}$：「貯蓄のための労働」を示す貯蓄関数

未知数はx、y、r、wの四つ、均衡条件式は以下の四つ（[I][II][III][IV]）である。

まず第一方程式は、「投資のための労働」と「貯蓄のための労働」が一致せねばならないというものである。

$$\phi(r) = f\{r, F(x)\} \quad \cdots\cdots [\mathrm{I}]$$[5]

「投資のための労働」という概念は説明を要するであろう。というのも通常、投資は貨幣でなされ、その貨幣の一部が労働雇用に用いられるにすぎないからである。ピグーによれば短期フロー均衡のもとでは「投資貨幣」と「投資労働」との間に必然的関係があり、一定量の貨幣が投資されることは一定量の労働を投資にむけることを含意する。投資労働y単位の投資貨幣は、投資財の総生産価値である$P_2 \cdot \psi(y)$ないし以下の[i-I]式で表される。[6]

$$\left[\frac{\psi(y)}{\left(1-\frac{1}{\eta_2}\right)\cdot\psi'(y)}\right]\cdot w \quad \cdots\cdots\cdots [\text{i-1}]$$

次に、投資財産業で雇用される労働量（「投資のための労働」）はyであるから、第二方程式をえる。

$$y = f\{r, F(x)\} \quad \cdots\cdots\cdots [\text{II}]$$

第三に、周知の限界生産力理論に基づき「$W_1 = F'(x)$」「$W_2 = \psi(y)$」の二式が成立するが、独占のケースを考慮し、それぞれ次のようになる。

$$W_1 = \left(1-\frac{1}{\eta_1}\right)\cdot F'(x)$$

$$W_2 = \left(1-\frac{1}{\eta_2}\right)\cdot\psi'(y) \quad \cdots\cdots\cdots [\text{iii-1}]$$

第四に、消費財および投資財の総販売価格と、総貨幣所得Iとは等しい。

$$P_1\cdot F(x) + P_2\cdot\psi(y) = I \quad \cdots\cdots\cdots [\text{iii-2}]$$

第五に、二種類の産業において貨幣賃金率wが同一でなければならない。

$$\frac{w}{P_1} = W_1$$

$$\frac{w}{P_2} = W_2 \quad \cdots\cdots\cdots\cdots\cdots\cdots\cdots \quad [\text{iii-3}]$$

さて、［iii-1］［iii-2］［iii-3］の三式から次式をえる。

$$\left[\frac{F(x)}{(1-\frac{1}{\eta_1})\cdot F'(x)} + \frac{\phi(y)}{(1-\frac{1}{\eta_2})\cdot \phi'(y)}\right]\cdot w = I \quad \cdots\cdots\cdots\cdots \quad [\text{iii-4}]$$

また正常銀行政策のもとでは　I ＝ g(r)　であるから、［iii-4］式は以下のようになる。

$$\left[\frac{F(x)}{(1-\frac{1}{\eta_1})\cdot F'(x)} + \frac{\phi(y)}{(1-\frac{1}{\eta_2})\cdot \phi'(y)}\right]\cdot w = g(r)$$

右の式の［　］内の二つの項はそれぞれ次のように簡単に示すことができる。なお、もし「$\eta_1 = \eta_2 = \infty$」（つまり完全競争）なら「$K_1 = x$」「$K_2 = y$」である。

$$\frac{F(x)}{\left(1-\frac{1}{\eta_1}\right)\cdot F'(x)}=K_1(x)$$

$$\frac{\psi(y)}{\left(1-\frac{1}{\eta_2}\right)\cdot \psi'(y)}=K_2(y)$$

ゆえに第三方程式は次のようになる。

$$(K_1+K_2)\cdot w = g(r) \quad \cdots\cdots\cdots\cdots \text{[III]}$$

前述の方程式［I］［II］［III］を連立されると、四個の未知数x、y、r、wに対し、方程式が一本不足する。体系を閉じるには、①総雇用が利用可能労働量Qに等しい（$x+y=\bar{Q}$つまり完全雇用）か、②当局ないし労働組合の賃金政策により、名目賃金率が固定している（$w=\bar{w}$）か、のいずれかの条件が［IV］としてモデルの外から追加されねばならない。

ピグーは「古典派的見地 classical view」について次のように述べた。「［ケインジアンによれば］『古典派』は論理上、公共事業で不況を緩和しようとする政府の試みに反対し、不況期の節約キャンペーンを歓迎せざるをえない［という］。節約運動は減耗した資本ストックを回復するのに役立ち、しかも古典派的見地からは雇用は常に、かつ必然的に完全なので——統計上はその逆であっても！——、雇用を害しえないというのである。むろんこれはコジツケである。古典派的見地とは、完全雇用が常に存在し、われわれの第四方程式が常に『$x+y=\bar{Q}$』の形をとることを主張したり含意したりするものではない」。古典派的見地とは「……最も厳密な形でいえば、実際に完全雇用が常に存在するのではなく、それが成立する傾向があるということである。……実際には攪乱をうけ、また貨幣賃金率もある程度粘着的であるので、短期に関する限り、この方程式は『w＝w̄』という代替的な形をとる傾向がある。だが『x＋y＝Q̄』を成立させようとする強い力が常に存在する」（*ACP*, X：86)。

戦間期イギリス経済では、第四方程式は「w＝w̄」の形をとったと見るべきである。「[賃金]下落の動きが抵抗をうけ……急激な下落がおきないという意味では、誰もわが国の貨幣賃金が硬直的であることを疑わない。また一九一八年以後の時期には、失業保険や扶助が労働組合の立場を大いに強め、この硬直性が以前よりずっと顕著となったことに多くの者が同意するであろう」。「戦間期の平均失業率の非常な高さは、一九一四年以前と一八年以後との経済事情の大きな相違から容易に説明される。すなわち（失業を擁する）困窮地域の特殊事情、輸出貿易の荒廃、労働移動の困難、失業保険の発展による労働組合の交渉力増大である」と（pp. 93, 97)。

当時の一部の経済学者は、失業の一因としての賃金問題を避ける向きがあったようであるが、後年ピグーが巧みな表現で抗議したように、賃金論なき経済論議は「亡霊の登場しない『ハムレット』」（Pigou 1955e）と同じほどに不十分なものであると言わざるをえまい。

最後に、いわゆる「ピグー効果」（実質残高効果）について触れておきたい。周知のようにそれは、不況下でのデフレーションによって人々の保有する実質貨幣残高が増えれば、それに伴って有効需要が増え、したがって経済は自動的に不況から脱するという議論である。『雇用と均衡』はこの自由放任的議論との関わりで言及されることが多かった。ところが同書において、それは何ら重要な役割を演じていない。「ピグー効果」についてピグー自身に尋ねられた、という同時代人の証言さえ残っているほどである（Collard 1981：120, 訳 127)。「ピグー効果」の過剰な重視は、あくまでケインジアン的問題関心の産物であって、ピグー研究の立場からみてあまり重要ではない。

4 『ケインズ一般理論の回想』

前節ではピグー自身のモデルをみたが、本節ではケインズ死後のピグーの述懐、すなわち『ケインズ一般理論の回想』（Pigou 1950a）に主に依拠し、(I)ピグーがケインズ・モデルをどう理解し、(II)その業績をどう評価したか、を考える。

ピグーはここでも、『一般理論』の批判的側面ではなくその貢献的側面に考察を絞ったが、ケインズ主義の流行には冒頭で釘をさしている。「……苦しみなきケインズ主義 Keynesianism without tears が今や新たな正統派教義となる危険を孕んでいる。ケインズ自身はたえざる探求精神の持ち主であり、それを好まないであろう。彼は批判的コメントの方をずっと好んだに違いない」。

まず(I)について。ピグーは『一般理論』の体系をI S-L Mモデルの一つの変種とみなし、「最も簡潔かつ集約的」には以下の［i］［ii］の両式で示されるとする（p. 69）。ただし名目値を実質値に変換するさい、ケインズの方法に従って「賃金単位で測る」、すなわち変数の貨幣価値を貨幣賃金で除している。

$$I(i) = S(i, Y(N)) \quad \cdots\cdots [i]$$

$$Y(N) = k(i) \cdot M / w \quad \cdots\cdots [ii]$$

N：労働　　Y(N)：労働で評価した生産
i：利子率　　I(i)：労働で評価した投資
w：貨幣賃金率　　S(i, Y(N))：労働で評価した貯蓄

M：貨幣の物理的存在量　　k(i)　：マーシャルのkの逆数

［ii］式を次のように整理すれば、左辺は貨幣供給、右辺は貨幣需要と解釈される。

M／w＝Y(N)／k(i) ……………………………………………… ［ii-1］

また［ii-1］式の右辺をより一般的に表せば、われわれに馴染みのものとなろう。

M／w＝L(i, N) ……………………………………………… ［ii-2］

L：貨幣需要

ケインズはヒックスのIS-LM論文の草稿を読み、「大変興味深く思いました。批判として言うべきことは実際ほとんどありません」（*JMK*, VIV：79）と返答したとはいえ、ケインズ自身は『一般理論』において「実物市場と貨幣市場との同時均衡」を意図していなかったという意見も多い。それゆえ、ここで定式化されたようなピグーのケインズ理解は誤りであるとの批判がなされるかもしれない。それゆえこの点について、予め二点を述べておきたい。

第一に、ピグーは［i］式の右辺の変数に利子率を加えるべきであると主張し、実際それを加えたように（Pigou 1950a：14-5）、あくまで自分の立場から同書の貢献を要約し評価したのである——しかし利子率に関するこの修正は、ケインズ自身にとっては文字通り蛇足であったに違いない——。その意図は、ケインズのオリジナル・モデルを忠実に示すことにはない。『ケインズ一般理論の回想』は、二人の知的対立の継続という見地から読まれるべきである。ピグーは、ケインズ自身のモデルがIS-LM型のそれとは異なっていることを、わかっていたのかもしれないし、わかっていなかったのかもしれない。

第二に、ケインズのオリジナル・モデルとされるものは複数存在する。ミクロ的基礎をもたなくてよいということになれば、方程式体系を閉じるなど論理的に完結させさえすれば、たとえ恣意的な仮定に基づくとしても、多くの型のマクロ・モデルを作ることが可能である。だがそれらのうちで歴史の試練を乗りこえて生き残るのは、何らかのミクロ的基礎をもつ体系だけであろう。IS-LM型モデルは、かなりの程度、この条件を満たしている。ピグーが言うところの『一般理論』の貢献的側面とは、そうした意味であると考えられる。後述するようにピグーは、「流動性選好は、実質所得が与えられた場合、他の条件が一定ならば利子率に依存する」(1936b：120-1)と述べたが、これに対しては、(i)「実質所得が与えられた場合」というのは、『一般理論』解釈ではけっして置くことのできない条件節である、あるいは(ii)「流動性選好は……利子率に依存する」というのは因果関係が逆であり、『一般理論』では貨幣供給が外生的に与えられるので、流動性選好が利子率を決めるのである、といった批判もあろう。だが、『一般理論』の貢献的側面を抽出、すなわちケインズの着想に長い学問的生命を吹きこむには、そうしたオリジナルな要素にこだわらないことも、ときには必要である。この見地からみれば、ピグーのケインズ解釈は賢明、ないし最も無難ではなかろうか。

次に(II)の評価について。ピグーによれば、『一般理論』の構想は同書の次の章句に集約されており、ここに「ケインズの主要な、しかも大変重要な貢献」(Pigou 1950a：20)がある。すなわちケインズによれば、究極的な独立変数は以下の三つである「①三つの基本的な心理的要因、すなわち心理的消費性向、流動性への心理的態度、そして資本資産から生じる将来収益に関する心理的期待、②雇用者と労働者との交渉で決定される賃金単位、③中央銀行の行動で決定される貨幣量。それゆえ以上にあげた諸要因を所与とすれば、これらの変数が国民所得(または分配分)と雇用量を決定する」(*JMK*, VII：246-7)。

ピグーは「……ケインズの分析は普通に考えられているより、その視野と範囲とにおいてずっと限られたものと私には思える」(Pigou 1950a：61) と述べながらも、『一般理論』の主な貢献として実物分析(ＩＳ)と貨幣分析(ＬＭ)との統合を挙げ、次のように結論づけた[7]。「ケインズの経済学的貢献の核心は……彼の書物の二四六頁から引用された短い一節に見出される。そこに具現化された彼の苦心の成果たる基本構想にたとえ不完全な部分があるにせよ、構想自体は極めて実り豊かな萌芽的思想である。『一般理論』に対する私の最初の書評では、私はその意義を理解するのに失敗し、その当然の功績をケインズに帰しえなかった。私の知る限り、彼以前の何人も実物的要因と貨幣的要因とを一つの形式的枠組みのなかに総合し、それを通じてこれらの要因の相互作用を首尾一貫して研究したことはなかった。だが私の考えでは、彼のこの仕事は革命をなしたわけではない。前代の経済学者が貨幣の役割を無視したとか、しかも雇用の変動を論じるときでさえ、そこに貨幣的要因など存在しないと暗に彼らが仮定したとかいう神話――私は神話とみる――を受けいれる場合にのみ、この言葉［革命］は適切なものとなろう。むしろケインズはその基本構想を打ち立て発展させることで、経済分析の武器庫に非常に重要で、独創的で、価値あるものをつけ加えた、と私は言いたい」(p. 65, 傍点追加)。ピグーの『一般理論』解釈は一貫していわゆる連続説である。

この連続説は本書全体にとっても極めて重要なものであるから、ここで改めて補強しておきたい。シュムペーターは一九二〇年代までの既存の景気循環論を総括し、次のように述べている。「どんな主要な事実も説明されぬままにはおかれず、また後日の研究調査の優れた基礎となるであろう相当に満足な総合は、『客観的には』その当時でもすでに可能であったはずである」。「第一次大戦後の期間において、ピグーは、この離れ業を成就するのにおそらく最も近づいた者であった」(Schumpeter 1954：1135)。近年では Laidler (1999) によって、マーシャル的伝統を共有するピグー、ケインズ、ロバートソン、ラヴィングトン[8]の景気変動論がその相互影響関係のなかで研究されたが、そこでも『一般理論』は、当時の既存の理論からの断絶ではなく、その取捨選択による統合とみなされた。こうした連続説は近年有力になりつつあると言ってよい。ただし、「連続」か「断絶」かという問題は、ケインズをどう理解するかにもかかっている。ピグーの主張する連続説も、あくまで本節でみたIS-LM型解釈を前提するものなのである。他方、ケインズの何らかの型のオリジナル・モデルを信奉する立場からは、ケインズが伝統的議論を全面否定したとみて、断絶説を主張することも可能かもしれない。ところが、現在そうしたオリジナル・モデルを信奉する者は、ケインジアンのなかでも少数である。とすれば、そうしたモデルをもって、「古典派」を真に乗り越えた一般理論、経済学上の一大進歩とみなすのは奇妙である。それゆえ、ケインズ自身の意図とその後の経済学への彼の大貢献とを、分けて考えることは許されよう。

ピグーには、ケインズ以前のケインジアンといった面が確かにある。彼は、『一般理論』の形成において本質的貢献を行った先駆者の一人なのである。したがって彼は、ケインズのなしとげた「(実物世界と貨幣世界の)統合」を評価しながらも、乗数その他の個々のツールについてはその独創性をあまり認めず、このことが彼の『一般理論』評価の基調をなしている。例えば、先の［ii-1］式は伝統的なケンブリッジ数量方程式にすぎず、ピグーは流動性選好説をマーシャル的伝統からの発展にすぎないと確信していた。「流動性選好は、実質所得が与えられた場合、他の条件が一定ならば利子率に依存する。それは実際マーシャルのkと同じである。……かくしてマーシャリアンkのウサギがケインジアン［流動性選好］のキツネに化けたとき、狩人は……それが突然分裂して二匹に殖えたのをみる！」(Pigou 1936b: 120-1)。「ケインズの意図が、彼の流動性選好関数をマーシャルのそれ[9]と同じものにすることであったのを、私は疑わない」(1950a: 17)。

次のようなピグーの主張は大変興味深いが、それが具体的に論じられなかったことは残念である。それとも彼はどこかですでに論じていたのであろうか。「ケインズは、マーシャル的諸公準の上に樹立された体系が、彼自身の体系の特殊ケースとして包含されると主張する。だが……この関係はけっしてそれほど単純なものではない。……二つの体系はむしろ共通の祖先をもついとこであり、両者ともにそのいずれよりも一般的な何ものかの特殊ケースなのである」(p. 24)。

最後に、ケインズについて知ろうとする人々に対してピグーは次のように助言した。

「もしあなたが経済学者としてのケインズを評価しようと欲するならば、かなり広角のレンズを必要とするであろう。あなたは『一般理論』以外のすべての著書と、戦間期に実務的エコノミストとして彼がやった膨大な仕事を考える必要があろう。彼は第一次大戦時には大蔵省の高官、次にイギリス政府の経済顧問、その後はイギリス政府のための交渉人であった。この最後の仕事は常に病身という悪条件のもとで果たされたが、彼は驚くべき勇気と執念をもってまったくそれを気にかけなかった。彼は錆びつくよりも、むしろ摩滅したいと言っていた。またあなたが知識人としての彼を評価しようと欲するならば、さらに広い視野を要するであろう。……［芸術、伝記、カレッジの財政および建築、彼の趣味であった農業などのほかに］何よりもあなたは『確率』に関する彼の初期の著作を思い浮かべねばなるまい。……もしあなたが、知識人という範囲をも越え、彼の家族、友人、学生たちが見ていたような、すべての人間的特性を備えた一個の人間として彼を評価しようと欲するならば、それは一層困難な仕事となろう。それは私の仕事ではない」(pp. 67-8)。

この『ケインズ一般理論の回想』という本は、亡き友人を想うという情愛に満ちた本としてのみならず、二人の知的対立の継続という見地から、その終止符として読まれるべき本なのである。

ああ、君はかつてしたしくシェリー(10)に会ったというのか
彼は立ち止まり、君に話しかけたのか
そして君は彼に答えたか？
それはなんと不思議で、素敵なことであろう！

私は荒野をこえていった、名前をもつその荒野
きっと何かこの世の役に立っていたろう
だが何もない広がりのなか
ただ手のひらほどの一画だけが輝く

ヒースのうえで拾ったのだ
そしてその場で私は胸のうちにしまった
ぬけおちた羽、鷲の羽！
残りのことは
みな忘れた

ピグー『ケインズ一般理論の回想』の末尾に付せられた詩（Pigou 1950a：68，訳 98–9）

結び

序文で述べた通り、私は本書の議論全体を二つの根本命題によって秩序づけようと努めた。一つめの命題は、厚生の経済学とは人間を育てるための経済学であること、もう一つは、ピグーとケインズとの知的対立は段階的かつ重層的なものであること、である。

かつてC・クラークは、「師弟関係として、マーシャルとピグーとの間にあったほど密接なものは稀であり、また一教授としても、その前任者の学説をかくも忠実に、徹底的に、頑強に教えた者も稀である」（C. Clark 1952: 780, 訳 268）と述べた。この指摘は重要だが、それはピグーが単なるマーシャルのエピゴーネンにすぎないという意味ではけっしてない。

前述の第一の命題と関連するが、ピグーはマーシャリアンであると同時にシジウィッキアンでもあった。マーシャルに対する「革命」の起こる前に、いわばシジウィックに対する「革命」（ムーア主義の台頭）が起こっていたが、このいずれにおいてもピグーは先人たちを基本的に擁護した。シジウィック、マーシャル、ピグーというケンブリッジの思想的・経済学的デルタのもとでこそ、厚生経済学における思想と経済学との強固な結合が、歴史的に明らかにされうるのである。確かにシジウィックとマーシャルは、経済学トライポス設立（この問題はいわゆる経済学の「独立」の問題に関わる）その他をめぐって衝突したが、ピグーが一方を擁護した形跡はまったくなく、むしろこれら先人の業績を継承するなかで、彼は自分の進むべき総合の道を必然的に見出したと思われる。ピグーは経済学の実証的側面と規範的側面を等しく承認しつつ、マーシャルの鍛えあげた「手段」を用いてシジウィック（とムーア）の示した「目的」を追求したのである。そして彼らすべての関心の中心には、常に人間があった。

もっと一般化して言えば、それはピグー厚生経済学だけに限られることではない。マーシャルもピグーもケインズも、元来の関心は人間であった。この三人のケンブリッジ経済学者たちはいずれも、最初から経済学者であったわけではない。この三人はいずれも、哲学や倫理学、あるいは心理学に向かい、そこで理想の人間像をそれぞれ見出し、それを義務として背負って、その実現に必要な社会的条件を整えるべく経済学にやって来た。要するに、ピグー厚生経済学のみならず、ケンブリッジ経済学そのものが、元来、人間を育てるための経済学という性格を自覚的に帯びていたとも言えよう。

また前述の第二の命題と関連するのだが、ケンブリッジ哲学の展開（シジウィック→ムーア）は、ケンブリッジ経済学の展開（ピグー→ケインズ）の一般的性格を解明しうる重要な知的背景である。ピグーとケインズとの知的対立は、ケンブリッジ学派の展開を論じるさいの一大テーマたることは言うまでもないが、その内在的解明は、「ケインズ革命」と呼ばれる事件の周辺の経済理論および政策論の考察だけでは不可能であり、より広い知的パースペクティヴのもとでなされねばならない。

本書では、その対立を以下の①〜③の三局面に大別し、そして「ケインズ革命」を、シジウィック＝ピグーの系譜とムーア主義＝ケインズの系譜との角逐のクライマックスと位置づけた。これらの全局面を通じ、両系譜の思想対立がその根底を貫いている。思想の「革命」が経済学の「革命」に先立ち、前者はヴィジョン――分析以前の認知行為（Schumpeter 1954 : 41）――となって各々の経済学説の方向性を規定した、と結論しうる。

① ムーアをめぐる思想対立

②短期・長期をめぐる思想対立（資本蓄積と人間精神との関係を含む）
③「ケインズ革命」以降の経済学対立

長きにわたるこうした対立関係のもとでの、ピグーの生涯を特徴づけた知的態度は、総合の一語によって最もよく示されよう。みずからの独創性が曇るほどに先人との差異を隠そうとし、常に、新しいものを旧いものからの連続的発展として捉えようと努めたという意味で、彼は「自然は飛躍せず」というマーシャルのモットーに忠実であった。知識人としてのピグーは、白か黒か、敵か味方かといった思考法や、「革命」といった大胆な試みから距離をおき、地味ながら終始自制の利いたアカデミックな態度を保った。

このピグー的総合の事例は、ムーア主義への対応の仕方、賃金基金説の継承の仕方など、本書のなかで繰り返しみてきたが、翻ってこのことは、「革命」に向かわざるをえなかった好敵手ケインズの姿を理解するうえで反射鏡的な意義を有するに違いない。いわば「包みこもうとするピグー」とそれを「突きぬけようとするケインズ」との対立である。多くの場合、彼らは共にそれぞれ半真理を確かに有したのであるから、それゆえわれわれもまた、アカデミズムとは縁遠い単なる勝ち負けの図式的理解に止まって思考を停止させる必要はない。いまや、二人のいずれが正しかったのかという判定自体にはさほどの意義もなく、むしろ大事なのは、二人を含むケンブリッジ学派がもっていた独自の問題意識やその多様な展開を内在的に再検討することで、現代的なインプリケーションをひきだすことである。

本書はピグーに対して過度に擁護的である、という批判がなされるかもしれない。私としては、いわばピグーの大義を明確化することが、現状では避けられない研究史上のファースト・ステップなのであると弁明するほかない。実際、従来のピグー（やロバートソン）研究の多くは、いわばケインズ『一般理論』の前史的研究、すなわち最初から強いバイアスのかかった研究であったと言わざるをえない。ケンブリッジ学派の展開、特にピグーからケインズへの連なりに関するわれわれの理解は、十分であるとは到底言えず、その一因がピグーの内在的研究の遅れにあったことは、多くの人々が一致して認めるところである。ピグーの側に立ち、その積極的側面を強調すること、「革命」の陰で忘れさられた価値ある議論を救いだすこと、こうしたいわば弁護士的情熱が本研究の最大の推進力であった。それゆえ同学派の展開をバランスよく総合的に描くというさらなる課題は、本書の範囲をこえており、将来に託された課題である。以上のような意味で、本書はリヴィジョナルな性格をもつ不可欠の第一歩にすぎないのである。

ところでピグーとケインズは、クイーン・ヴィクトリアの黄金時代が終わり、イギリス経済の相対的地位が低下してゆく、そうした時代を生き抜いた。そこでなされた彼らのやりとりは、現代のわれわれをも啓発するところ大である。右肩上がりの経済を頼りにほかのものを犠牲にして進まざるをえなかった国々にとって、その頼りとしたものが衰え始めるとき、それまで押し隠すことのできた人間の貧困が、はじめて顕わとなり眼前に現れることになろう。新たな価値が模索されることになろう。そうした時代において、経済学者のなすべき多くの仕事があった。ピグーもケインズも、今こそ目的と手段との逆転を問い直すときであると訴えたのではなかったか。かかる考えは、古き良き時代をとり戻そうと奮闘し、成長を前提に社会の諸問題を解決しようとする発想とは逆をゆくものである。社会問題というものは、単純な目的-手段パターンに従うことはほとんどないが、その問題意識は時代と民族を越えた普遍性をもっている。

厚生の経済学とは、人間のための経済学、人間の価値を実現するための手段である。本書を閉じるにあたり次の章句を掲げたい。「それは人間生活の改良の道具である。われわれの周りの貧苦と惨めさ、数百万のヨーロッパ人の家庭で消えようとする希望の明かり、一部の豊かな家庭の有害な贅沢、多数の貧しい家庭をおおう恐るべき不確実性、これらは無視するにはあまりにも明白すぎる悪である。われわれの科学が追い求める知識によって、これらを統御することが可能である。暗黒から光を！」（*EW* 初版：vii）。

あとがき

本書は、二〇〇三年に関西学院大学に提出された博士学位論文を加筆修正したものである。研究を進めるにあたり、多くの助力と励ましに支えられたことを、私は強く自覚せざるをえない。

まず、本書の草稿を通読され、有益な批判と助言をなされた次の経済学史研究者に対し、あらためてお礼を申しあげたいと思う。これらの方々のおかげで多くの誤謬をとり除くことができ、叙述が改善されたことはまったく疑いがない。伊藤宣広氏（立教大）、井上琢智氏（関西学院大）、江里口拓氏（愛知県立大）、斧田好雄氏（弘前大）、小島専孝氏（京都大）、小峯敦氏（龍谷大）、近藤真司氏（大阪府立大）、下平裕之氏（山形大）、竹本洋氏（関西学院大）、中井大介氏（近畿大）、西岡幹雄氏（同志社大）、姫野順一氏（長崎大）、福田進治氏（弘前大）、松本有一氏（関西学院大）。

京都大学の八木紀一郎教授、関西大学の橋本昭一教授は、当時他大学の院生であった私に対し、大学院のゼミナールに出席することを許された。これらは大変貴重で、思い出深い武者修行となった。

西宮の経済学史研究会（旧堀研究会）、大阪の近代経済学史研究会ならびに仙台の経済思想研究会における討論と友好的批判に対して、またケンブリッジ大学マーシャル図書館のローレンス・トマス氏、キングズ・カレッジ図書館のパトリシア・マグワイアー氏、その他多くの大学図書館とその職員の方々の御厚意に対して、深く感謝する。

なお、ピグー研究にあたって、日本学術振興会（特別研究員、一九九九〜二〇〇〇年度）と関西学院大学（奨励研究員、二〇〇一年度）から助成を受けた。記して感謝したい。またこの研究成果の出版を快く引き受けられ、いろいろとお気づかい下さった名古屋大学出版会の橘宗吾さんと長畑節子さんに、あらためてお礼を申しあげたい。

最後に、母校の学部ならびに大学院にて御指導いただいた井上琢智先生と田中敏弘先生に、言葉ではまったく表し難いが、感謝と尊敬の念を表したい。

本書に含まれるかもしれない誤りについての責任は、もとより私にある。

本書を妻恵美子、弘太郎、凛々子にささげる。

二〇〇七年八月

弘前にて　本郷　亮

《著者略歴》

本郷《ほんごう》　亮《りょう》

1972年　大阪府生まれ
2004年　関西学院大学経済学研究科博士後期課程修了。博士（経済学）
2008年　第5回経済学史学会研究奨励賞受賞
現　在　弘前学院大学社会福祉学部講師

ピグーの思想と経済学

2007年11月10日　初版第1刷発行
2009年9月10日　初版第2刷発行

定価はカバーに
表示しています

著　者　本　郷　　亮

発行者　石　井　三　記

発行所　財団法人　名古屋大学出版会
〒464-0814　名古屋市千種区不老町1名古屋大学構内
電話(052)781-5027/FAX(052)781-0697

印刷・製本 ㈱クイックス　ISBN978-4-8158-0574-6

人名索引

ア 行

アインシュタイン　Einstein, Albert (1879-1955)　19-20

アスキス　Asquith, Herbert Henry (1852-1928)　68

アトリー　Attlee, Clement Richard (1883-1967)　69, *34*

アフタリオン　Aftalion, Robert (1874-1956)　79, *48*

イエス（・キリスト）　Jesus Christ　33, 37, 50-2, 54-5, 57, 261, *33, 47*

ヴィクセル　Wicksell, John Gustaf Knut (1851-1926)　181

ウェッブ夫妻 Webb, Beatrice (1858-1943) & Sydney (1859-1947)　38, 69, 73-4, 78, 83, 89, 93, 148, 217

ウルフ　Woolf, Adeline Virginia (1882-1941)　39

エッジワース　Edgeworth, Francis Ysidro (1845-1926)　ii, 6, 86, 121, 167, 170, 173, 181, 251, *28*

エリオット　Elliott, Claude　26-7, *31*

カ 行

カーヴァー　Carver, Thomas Nixon (1865-1961)　201

カニンガム　Cunningham, William (1849-1919)　11, 14-5, 23, *29-30*

カーライル　Carlyle, Thomas (1795-1881)　iii

カルドア　Kaldor, Nicholas (1908-86)　21, 265-7

カーン　Kahn, Richard Ferdinand (1905-89)　19, 26, 114, 116, 155

カント　Kant, Immanuel (1724-1804)　40, 52

キャナン　Cannan, Edwin (1861-1935)　124, 165-6, 170, 174

クラーク，コーリン　Clark, Colin Grant (1905-89)　84, 180, 280

クラーク，ジョン・モーリス　Clark John Maurice (1884-1963)　173, *43*

グラッドストン　Gladstone, William Ewart (1809-98)　188

クラパム　Clapham, John Harold (1873-1946)　16, 22-4, *30*

グラント　Grant, Duncan James Corrower (1885-1978)　39

グリーン　Green, Thomas Hill (1836-82)　35

ケアンズ　Cairnes, John Elliott (1823-75)　103

ケインズ，ネヴィル　Keynes, John Neville (1852-1949)　8-10, 14-6, 56, *29-30*

ケインズ，メイナード　Keynes, John Maynard (1883-1946)　iii-iv, 1, 8-11, 13-4, 16, 18-21, 25, 31, 36-47, 49-50, 55-8, 93, 100-2, 107, 114, 116, 119-21, 127, 130, 132-41, 143, 145, 147-8, 154-6, 167, 180, 187, 189, 194-5, 205-7, 209, 217, 222-6, 228-32, 237-9, 247-66, 271-83, *29-30, 32-5, 37, 40-2, 44-5, 47-8*

ゴドウィン　Godwin, William (1756-1836)　147

ゴールトン　Galton, Francis (1822-1911)　121, *38*

サ 行

サッチャー　Thatcher, Margaret Hilda (1925-)　*48*

サミュエルソン　Samuelson, Paul Anthony (1915-)　174, 199, 249-50, 265

ジェヴォンズ　Jevons, William Stanley (1835-82)　35, 99, *34, 40*

シェパード　Sheppard, John Tressider (1881-1968)　42-3

シジウィック　Sidgwick, Henry (1838-1900)　i, 7, 31-7, 45, 47-50, 55-60, 93, 119, 125-7, 135, 141, 153, 158, 162, 177, 184-7, 280-1, *28, 31-4, 40, 44*

シュムペーター Schumpeter, Joseph Alois

(1883-1950)　83, 120, 139, 169-70, 226, 276, 281, *38, 43, 47*
ショーヴ　Shove, Gerald (1887-1947)　42
ジョージ　George, Henry (1839-97)　203
ジョンソン　Johnson, Samuel (1709-84)　147
スタンプ　Stamp, Josiah (1880-1941)　229, 231
ストレイチー　Strachey, Lytton Giles (1880-1932)　38-9, 42
スミス　Smith, Adam (1723-90)　170, 262
スラッファ　Sraffa, Piero (1898-1983)　24
セイヤーズ　Sayers, Richard Stanley (1908-)　223, 226, *30, 45-6*
セン　Sen, Amartya Kumar (1933-)　165, 167-8, 171-2
ソクラテス　Sōkratēs (470-399B.C.)　7, 159
ソーントン　Thornton, William Thomas (1813-80)　103

タ　行

ダーウィン　Darwin, Charles Robert (1809-82)　120-1, *38-9*
ダンテ　Dante Alighieri (1265-1321)　14, *47*
チャーチル　Churchill, Winston Leonard Spencer (1874-1965)　223, 225
チャンパーナウン　Champernowne, David Gawen (1913-)　2, 21
チェンバレン　Chamberlain, Joseph (1836-1914)　*28*
ツガン・バラノフスキー　Tugan-Baranovskiy, Mikhail Ivanovich (1865-1919)　79, 106-7, *37*
ディキンソン　Dickinson, Goldsworthy Lowes (1862-1932)　3, 30, 38, 42-3, 179, *28, 32*
ディズレーリ　Disraeli, Benjamin (1804-81)　188
テニソン　Tennyson, Alfred (1809-92)　33
デューゼンベリー　Duesenberry, James Stemble (1918-)　62
ドーマー　Domar, Evsey David (1914-1997)　245
ドールトン　Dalton, Edward Hugh John (1887-1962)　6, 37-8, 43, 57, 69, 93, 170, 182, *44*
トレヴェリアン　Trevelyan, George Macaulay (1876-1962)　12, 42

ナ　行

ニコルソン　Nicholson, Joseph Shield (1850-1927)　11
ニーチェ　Nietzsche, Friedrich Wilhelm (1844-1900)　50, 53-5, 123, *40*
ニュートン　Newton, Isaac (1642-1727)　20
ノイス　Noyce, Wilfrid (1917-62)　20, 25-6, 42
ノエル・ベーカー　Noel-Baker, Philip (1889-1982)　ii, 12, 24, 26, 30, 93, *29-30, 32*
ノーマン　Norman, Montagu Collet (1871-1950)　223

ハ　行

ハイエク　Hayek, Friedrich August von (1899-1992)　18, 24, 148-9, 155
バーク　Burke, Edmund (1729-97)　139-40, 147-8
ハーコート　Harcourt, William (1827-1904)　188, 202, 205, *44*
バジョット　Bagehot Walter (1826-77)　117, *37*
パッテン　Patten, Simon Nelson (1852-1922)　35
パレート　Pareto, Vilfredo Federico Damaso (1848-1923)　169
バロー　Barro, Robert J. (1944-)　200
ハロッド　Harrod, Roy Forbes (1900-78)　1, 39-40, 56-8, 98, 155, 246-7
バローネ　Barone, Enrico (1859-1924)　170
ピアソン　Pearson, Karl (1857-1936)　120-1, *38*
ビスマルク　Bismarck, Otto Eduard Leopold Fürst von (1857-1936)　68
ヒックス　Hicks, John Richard (1904-89)　171, 249, 274, *47*
ヒッグス　Higgs, Henry (1864-1940)　11, *29*
ヒューム　Hume, David (1711-76)　117, 147, *37*
ヒラリー　Hillary, Edmund Percival (1919-)　25

ピール　Peel, Robert (1788-1850)　187
フィッシャー　Fisher, Irving (1867-1947)　iii, 35, 79, 81, 101, 117, 128-9, 225, *38*
フェイ　Fay, Charles Ryle (1884-1961)　11
フォックスウェル　Foxwell, Herbert Somerton (1849-1936)　8-11, 15, 23, *29*, *46*
ブラウニング，オスカー　Browning, Oscar (1837-1923)　3, 42, *28*
ブラウニング，ロバート　Browning, Robert (1812-89)　5, 33, *33*, *47*
プラトン　Platōn (428/427-348/347B.C.)　17, 42, 159, *49*
フランチェスコ　Francesco (1181/1182-1226)　123
ブレリオ　Blériot, Louis (1872-1936)　66
ベヴァリッジ　Beveridge, William Henry (1879-1963)　68, 78-9, 81-2, *35*, *45*
ペーリー　Paley, William (1743-1805)　147
ベル　Bell, Quentin Claudian Stephen (1910-96)　*32*
ベンサム　Bentham, Jeremy (1748-1832)　32, 35, 147, 261
ヘンダーソン　Henderson, Charles Richmond (1848-1915)　92
ヘンダーソン　Henderson, Hubert Douglas (1890-1952)　229-31, *48*
ホートレー　Hawtrey, Ralph (1879-1975)　42, 79-80, 109-10, 112, 237-8, 247, 253, *37*
ボーリー　Bowley, Arthur Lyon (1869-1957)　95
ホワイトヘッド　Whitehead, Alfred North (1861-1947)　42, *29*

マ　行

マクドナルド　MacDonald, James Ramsay (1866-1937)　69, 228, 232, *36*
マーシャル　Marshall, Alfred (1842-1924)　i-iii, 1, 6-11, 14, 23, 32, 34-6, 43, 60-4, 68-70, 72, 80, 83-4, 86, 93, 103, 119-21, 123-5, 128-9, 134-5, 138, 141, 143-7, 149, 156, 158, 166-7, 170, 175, 177, 184, 191, 197, 203, 221, 251, 255, 262, 264-6, 276-7, 280-2, *28-9*, *31-2*, *34-5*, *38*, *40-2*, *44*, *46*, *48-9*
マスグレイヴ　Musgrave, Richard Abel (1910-2007)　181-2, 184, 204
マックスウェル　Maxwell, James Clerk (1831-79)　5
マロリー　Mallory, George Leigh (1886-1924)　25, *30*
ミッチェル　Mitchell, Wesley Clair (1874-1948)　79-80, *48*
ミード　Meade, James Edward (1907-95)　26
ミル　Mill, John Stuart (1806-73)　32, 93, 103, 143, 171, 188, 204, *41*, *44*
ムーア　Moore, George Edward (1873-1958)　31-2, 36-42, 44-50, 52, 55-9, 69, 119, 121, 127, 132-4, 137-9, 141, 185, 187, 259, 261-2, 264, 280-2, *32-4*, *47*
メンデル　Mendel, Gregor Johann (1822-84)　121
モバーリー　Moberly, A.H.　24

ヤ・ラ行

ヤング　Young, Allyn Abbott (1876-1929)　120
ラヴィングトン　Lavington, Frederick (1881-1927)　276, *48-9*
ラウントリー　Rowntree, Benjamin Seebohm (1871-1954)　*34-5*
ラッセル　Russel, Bertrand Arthur William (1872-1970)　14, 38, 41-2, 57, 65-6
ラムゼー　Ramsey, Frank Plumpton (1903-30)　125, 130-6, 138-40, 167, 180, 259-60, 262-6, *39-40*
リカード　Ricardo, David (1772-1823)　181, 203, 251
ルソー　Rousseau, Jean-Jacques (1712-78)　147
ルター　Luther, Martin (1483-1546)　51
レイトン　Layton, Walter Thomas (1884-1966)　*29*
ロイド・ジョージ　Lloyd-George, David (1863-1945)　68, 188, 204
ロストウ　Rostow, Walt Whitman (1916-2003)　26
ロック　Locke, John (1632-1704)　147
ロバートソン　Robertson, Dennis Holme (1890-1963)　14, 20-2, 26, 42, 79, 94, 116, 167, 231, 249-50, 253, 276, 282, *30*, *36*, *45*, *48*

ロビンズ　Robbins, Lionel Charles（1898-1984）　iv, 18, 143, 165-70, 180, 229, 231, *42*
ロビンソン，オースティン　Robinson, Edward Austin Gossage（1897-1994）　2, 5, 7, 19-20
ロビンソン，ジョーン　Robinson, Joan Violet（1903-83）　19, 22, 155, *41*, *47*
ロールズ　Rawls John（1921-2002）　135, 165, *40*
ロレンス　Lawrence, David Herbert（1885-1930）　39

参考文献

外国語文献

Aftalion, A., *Les Crise Pēriodiques de Surproduction*, M. Riviere, 1913.

Aldcroft, D. H., *The Inter-war Economy : Britain 1919–1939*, Batsfond, 1970.

Ambrosi, G. M., *Keynes, Pigou and Cambridge Keynesians : Authenticity and analytical perspective in the Keynes-classics debate*, Palgrave Macmillan, 2004.

Arrow, K. J., "A Difficulty in the Concept of Social Welfare", *JPE*, 58, 1950 : 328–46.

Aslanbeigui, N., "Marshall's and Pigou's Policy Prescriptions on Unemployment, Socialism and Inequality," in D. A. Walker (ed.), *Perspectives on the History of Economic Thought, vol. 1, Classical and Neoclassical Economic Thought*, Elgar, 1989 : 191–204.

———, "On the Demise of Pigovian Economics,"*SEJ*, 56, Jan. 1990 : 616–27.

——— (1992a), "More on the Demise of Pigovian Economics," *SEJ*, 59, July 1992 : 98–103.

——— (1992b), "Pigou's Inconsistencies or Keynes's Misconceptions ?," *HOPE*, 24, 1992 : 413–33.

——— (1992c), "Foxwell's Aim and Pigou's Military Service : A Malicious Episode ?," *Journal of History of Economic Thought*, 14 (1), 1992 : 96–109.

———, "Introduction to the Transaction Edition," in A. C. Pigou, *The Economics of Welfare*, with a new Introduction by N. Aslanbeigui, Transaction Pub., 2002 : xxix–lxvi.

Aslanbeigui, N. & Madema, S. G., "Beyond the Dark Clouds : Pigou and Coase on Social Cost," *HOPE*, 30 (4), 1988 : 601–25.

Ball, S., "*Wealth and Welfare* by A. C. Pigou," *Economic Review*, April 1913 : 215–20.

Barber, W. J., "From the Economics of Welfare to the Economics of Warfare (and Back) in the Thought of A. C. Pigou," *HOPE*, Supplement to vol. 23, 1991 : 131–42.

Bell, Quentin, *Bloomsbury*, Weidenfeld & Nicolson, 1968 (出淵敬子訳『ブルームズベリー・グループ』みすず書房, 1972).

Benham, F. C., "*Economic Essays and Adresses*. By A. C. Pigou and D. H. Robertson," *Economica*, May 1932 : 247–50.

Benjamin, B. & Kochin, L., "Searching for an Explanation of Unemployment in Interwar Britain," *JPE*, 87, 1979 : 441–78.

Beveridge, W. H., *Unemployment : A Problem of Industry*, Longmans, Green & Co., 1909.

———, "*Unemployment* by A. C. Pigou," *EJ*, 1914 : 250–2.

———, *Voluntary Action*, Allen & Unwin, 1948.

Bharadwaj, K., "Marshall on Pigou's *Wealth and Welfare*," *Economica*, 39, Feb. 1972 : 32–46.

Bickerdike, C. F., "*Protective and Preferential Import Duties* by A. C. Pigou," *EJ*, 1907 : 98–102.

Blaug, M., *Economic Theory in Retrospect*, Richard D. Irwin, Inc., 1962 (杉原四郎・真実一男他訳『経済理論の歴史』上・中・下，東洋経済新報社，1966–68).

Boulding, K. E., "*Income : An Introduction to Economics* by A. C. Pigou," *JPE*, Dec. 1947 : 492–3.

———, "*Alfred Marshall and Current Thought* by A. C. Pigou," *JPE*, Aug. 1954 : 354–5.

Bowers, E. L., "*The Theory of Unemployment* by A. C. Pigou," *AER*, June 1934 : 282–3.

Brady, M. E., "A Note on the Keynes-Pigou Controversy," *HOPE*, 26–No. 4, 1994 : 697–706.

Brahmananda, P. R., "A. C. Pigou," *Indian Economic Journal*, 6, April 1959 : 466–87.

Bridel, P., "Lavington, F.," *The New Palgrave : A Dictionary of Economics*, Macmillan Reference LTD, 1998 : vol. 3, 142–3.

Cannan, E., "*The Economics of Welfare* by A. C. Pigou," *EJ*, 1921 : 206–14.

———, "*An Essay on the Significance of Economic Science*. By L. Robbins," *EJ*, 1932 : 424–7.

Champernowne, D. G., "A. C. Pigou," *JRSS*, Series A 122, 1959 : 263–5.

Clapham, J. H., "Of Empty Economic Boxes," *EJ*, 1922 : 305–14.

———, *An Economic History of Modern Britain*, 3 vols., University Press, 1926–38.

———, *The Bank of England : A History*, 2 vols., Cambridge Univ. Press, 1944 (英国金融史研究会訳『イングランド銀行――その歴史』ダイヤモンド社，1970).

Clark, C., "On Pigou," in H. W. Spiegel (ed.), *The Development of Economic Thought*, John Wiley & Sons, 1952 : 779–94 (越村信三郎・伊坂市助他監訳『経済思想発展史』東洋経済新報社，1954).

Clark, J. B., *The Distribution of Wealth, A Theory of Wages, Interest and Profits*, Macmillan, 1899 (田中敏弘・本郷亮訳『富の分配――賃金，利子，利潤の理論』日本経済評論社，2007).

Clark, J. M., "*Wealth and Welfare* by A. C. Pigou," *AER*, Sep. 1913 : 623–5.

Clarke, P., *The Keynesian Revolution in the Making, 1924–1936*, Clarendon Press, 1988.

———, *Hope and Glory : Britain 1900–1990*, 2nd edn., Penguin, 2004 (西沢保・市橋秀夫・椿健也他訳『イギリス現代史――1900-2000』名古屋大学出版会，2004).

Coase, R. H., "The Appointment of Pigou as Marshall's Successor," *JLE*, 15 (2), 1972 : 473–85.

Coats, A. W., "Political Economy and the Tariff Reform Campaign of 1903," *JLE*, 11, 1968 : 181–229.

———, "The Appointment of Pigou as Marshall's Successor : Comment," *JLE*, 15 (2),

1972 : 487-95.

Collard, D., "Pigou," in D. P. O'Brien & J. R. Presley (ed.), *Pioneers of Modern Economics in Britain*, Macmillan, 1981 (井上琢智・上宮正一郎・八木紀一郎他訳『近代経済学の開拓者』昭和堂, 1986).

———, "Pigou on Expectations and the Cycle," *EJ*, 1983 : 411-14.

——— (1996a), "Pigou and Future Generations : A Cambridge Tradition," *Cambridge Journal of Economics*, 20, 1996 : 585-97.

——— (1996b), "Pigou and Modern Business Cycle Theory," *EJ*, 1996 : 912-24.

Colwyn Committee, *Report of the Committee on National Debt and Taxation*, *Minutes of Evidence*, 2 vols., 1927.

Cooter, R. & Rappoport, P., "Were the Ordinalists Wrong about Welfare Economics ?," *Journal of Economic Literature*, 22, June 1984 : 507-30.

Coulton, G. G., *The Main Illusions of Pacifism*, Bowes and Bowes, Cambridge, 1916.

Cunningham, W. (1909a), "Professorial Finance," *The Times*, July 5, 1909 : 7.

——— (1909b), "The Taxation of Capital," *The Times*, Sep. 1, 1909 : 7.

———, "The Incidence of a Wheat Tax," *The Times*, Dec. 14, 1912 : 4.

——— (1914a), "Prof. Pigou and sanguine Science," *The Times*, May 15, 1914 : 13.

——— (1914b), "Prof. Pigou's Point," *The Times*, May 18, 1914 : 9.

———, "Letter to the Editor," *The Nation*, Feb. 13, 1915.

Dalton, H., "*A Study in Public Finance* by A. C. Pigou," *Economica*, June 1928 : 216-21.

———, *Call Back Yesterday : Memoirs 1887-1931*, Muller, 1953.

Deacon, R., *The Cambridge Apostles*, R. Royce, 1985 (橋口稔訳『ケンブリッジのエリートたち』晶文社, 1988).

Deane, P., *The Life and Times of J. Neville Keynes : A Beacon in the Tempest*, E. Elgar, 2001.

Deutscher, P., *R. G. Hawtrey and the Development of Macroeconomics*, Macmillan, 1990.

Domar, E. D., "*Lapses from Full Employment* by A. C. Pigou," *JPE*, Aug. 1947 : 362-3.

Duesenberry, J. S., *Income, Saving and the Theory of Consumer Behavior*, Harvard Univ. Press, 1949.

Edgeworth, F. Y., *Mathematical Psychics*, C. Kegan Paul, 1881.

———, "*The Riddle of the Tariff* by A. C. Pigou," *EJ*, 1904 : 65-7.

———, "*Wealth and Wealfare* by A. C. Pigou," *EJ*, 1913 : 62-70.

———, "*The Economy and Finance of the War* by A. C. Pigou," *EJ*, 1916 : 223-7.

———, "*The Political Economy of War* by A. C. Pigou," *EJ*, 1922 : 73-7.

———, "*The Economics of Welfare* by A. C. Pigou," *EJ*, 1925 : 30-9.

Fay, C. R., "*Memorials of Alfred Marshall* by A. C. Pigou," *AER*, Mar. 1926 : 81-7.

Fisher, I., *The Purchasing Power of Money : its Determination and Relation to Credit Interest and Crises*, assisted by H. G. Brown, Macmillan, 1911.

Fletcher, G., *Understanding Dennis Robertson : the man and his work*, Cheltenham, E.

Elgar, 2000.
Flux, A. W., "*Wealth and Welfare* by A. C. Pigou," *JRSS*, Jan. 1913 : 227–30.
Forster, E. M., *Goldsworthy Lowes Dickinson, and Related Writings*, Edward Arnold, 1973.
Fraser, H. F., "*Economic Essays and Adresses* by A. C. Pigou," *AER*, June 1932 : 274–6.
Friedman, M., "Prof. Pigou's Method for Measuring Elasticities of Demand from Budgetary Data," *QJE*, 1936 : 151–63.
Gaunt, H. C. A. (1959a), "Prof. A. C. Pigou," *The Times*, Mar. 16, 1959 : 14.
——— (1959b), "A. C. Pigou," *Alpine Journal*, Nov. 1959 : 289–93.
Groenewegen, P. D., *A Soaring Eagle : Alfred Marshall 1842–1924*, E. Elgar, 1995.
Hamilton, C. J., "*Principles and Methods of Industrial Peace* by A. C. Pigou," *IJE*, 1905–6 : vol. 16, 247–9.
Hamouda, O. F., *John R. Hicks : The Economist's Economist*, Blackwell, 1993.
Harris, J., *William Beveridge : A Biography*, Clarendon Press, 1977.
Harris, S. E., "*The Theory of Unemployment* by A. C. Pigou," *QJE*, 1934–35 : vol. 45, 286–324.
———, "*The Political Economy of War* (Rev. edn.) by A. C. Pigou," *JPE*, June 1942 : 458–60.
Harrod, R. F., "*Economic Essays and Adresses* by A. C. Pigou," *EJ*, 1932 : 257–8.
———, "*The Theory of Unemployment* by A. C. Pigou," *EJ*, 1934 : 19–32.
———, "Scope and Method of Economics," *EJ*, 1938 : 383–412.
———, *The Life of John Maynard Keynes*, Macmillan, 1951 (塩野谷九十九訳『ケインズ伝』上・下，東洋経済新報社，1967).
Hart, A. G., "*Income : An Introduction to Economics* by A. C. Pigou," *AER*, 1947 : No. 5, 664–5.
Hawtrey, R. G., *Good and Bad Trade : An Inquiry into the Causes of Trade Fluctuations*, Constable, 1913.
———, *Trade and Credit*, Longmans, Green, 1928.
———, "*The Theory of Unemployment* by A. C. Pigou," *Economica*, May 1934 : 147–66.
———, "*Socialism versus Capitalism* by A. C. Pigou," *Economica*, Nov. 1938 : 471.
———, "*Aspects of British Economic History, 1918–1925* by A. C. Pigou," *EJ*, 1948 : 244–6.
———, "*The Veil of Money* by A. C. Pigou," *EJ*, 1949 : 560–2.
Hennipman, P., "A New Look at the Ordinalist Revolution : Comments on Cooter and Rappoport," *Journal of Economic Literature*, 26, Mar. 1988 : 80–5.
———, "Hicks, Robbins, and the Demise of Pigovian Welfare Economics : Rectification and Amplification," *SEJ*, 59, July 1992 : 88–97.
Hicks, J. R., *The Theory of Wages*, Macmillan, 1932.

———, "*The Economics of Stationary States* by A. C. Pigou," *EJ*, 1936 : 98-102.
———, "*Lapses from Full Employment* by A. C. Pigou," *EJ*, 1945 : 398-401.
———, *Critical Essays in Monetary Theory*, Clarendon Press, 1967 (江沢太一・鬼木甫訳『貨幣理論』オックスフォード大学出版局，東京，1969).
———, *Wealth and Welfare, Collected Essays on Economic Theory*, vol. 1, Basil Blackwell, 1981.
Higgs, H., "*Essays in Applied Economics* by A. C. Pigou," *EJ*, 1924 : 106-8.
Howson, S. & Winch, D., *The Economic Advisory Council 1930-39 : A Study in Economic Advice during Depression and Recovery*, Cambridge Univ. Press, 1977.
Hurcomb, C. W., "*Principles and Methods of Industrial Peace* by A. C. Pigou," *Economic Review*, 1906 : 249-51.
Hutchison, T. W., *A Review of Economic Doctrines 1870-1929*, Oxford, Clarendon Press, 1953. (長守善・山田雄三・武藤光朗訳『近代経済学説史』上・下，東洋経済新報社，1957).
———, "*Alfred Marshall and Current Thought* by A. C. Pigou," *Econometrica*, Jan. 1955 : 104.
———, *On Revolutions and Progress in Economic Knowledge*, Cambridge Univ. Press, 1978 (早坂忠訳『経済学の革命と進歩』春秋社，1987).
Jensen, J. P., "*A Study in Public Finance* by A. C. Pigou," *AER*, Dec. 1928 : 770-3.
Johnson, H. G., "A. C. Pigou," *Canadian Journal of Economics and Political Science*, 26, 1960 : 150-5.
Johnson, E. S. & Johnson, H. G., *The Shadow of Keynes*, University of Chicago Press, 1978 (中内恒夫訳『ケインズの影』日本経済新聞社，1982).
Jones, T. W., "The Appointment of Pigou as Marshall's Successor : the Other Side of the Coin," *JLE*, 21 (1), 1978 : 235-43.
Kahn, R. F., *The Making of Keynes' General Theory*, Cambridge Univ. Press, 1984 (浅野栄一・地主重美訳『ケインズ『一般理論』の形成』岩波書店，1987).
Kaldor, N., "*Employment and Equilibrium* by A. C. Pigou," *EJ*, 1941 : 458-73.
Keynes, Milo (ed.), *John Maynard Keynes*, Cambridge Univ. Press, 1975 (佐伯彰一・早坂忠訳『ケインズ――人・学問・活動』東洋経済新報社，1978).
Kindleberger, C. P., *The World in Depression 1929-1939*, Allen Lane The Penguin Press, 1973 (石崎昭彦・木村一朗訳『大不況下の世界 1929-1939』東京大学出版会，1982).
Knight, F. H., "Economic Science in Some Recent Discussions," *AER*, June 1934 : 225-38.
———, "*Socialism versus Capitalism* by A. C. Pigou," *JPE*, April 1938 : 241-3.
Kotlikoff, L. J., *Generational Accounting : Knowing Who Pays, and When, for What We Spend*, The Free Press, 1992 (香西泰監訳『世代の経済学――誰が得をし，誰が損をするのか』日本経済新聞社，1993).
Kresge, S. & Wenar, L. (ed.), *Hayek on Hayek : An Autobiographical Dialogue*, Routled-

ge, 1994（嶋津格訳『ハイエク，ハイエクを語る』名古屋大学出版会，2000）.
Laidler, D., *Fabricating the Keynesian Revolution : Studies of the Inter-war literature on Money, the Cycle, and Unemployment*, Cambridge Univ. Press, 1999.
Lavington, F., *The Trade Cycle : An Account of the Causes Producing Rhythmical Changes in the Activity of Business*, P. S. King, 1922.
Lawson, E., *Encyclopedia of Human Right*, 2nd edn., Taylor & Francis, 1996（宮崎繁樹監訳『人権百科事典』明石書店，2002）.
Leavis, F. R., *The Common Pursuit*, Peregrine Book, 1962.
Leiserson, W. M., "*Unemployment* by A. C. Pigou," *AER*, Dec. 1914 : 918-20.
Leontief, W., "*Socialism versus Capitalism* by A. C. Pigou," *AER*, June 1938 : 410-1.
Lewis, W. A., "*Aspects of British Economic History, 1918-1925* by A. C. Pigou," *Economica*, Nov. 1948 : 309-10.
MacIntyre, A., *After Virtue : A Study in Moral Theory*, Duckworth, 1981.
Macmillan Committee, *Report of the Committee on Finance and Industry*, 1931（西村閑也・加藤三郎訳『マクミラン委員会報告書』日本経済評論社，1985）.
Maggregor, D. H., "*Economics in Practice* by A. C. Pigou," *EJ*, 1935 : 518-20.
———, "*Socialism versus Capitalism* by A. C. Pigou," *EJ*, 1938 : 64-7.
———, "*Income : An Introduction to Economics* by A. C. Pigou," *EJ*, 1946 : 448-50.
Maloney, J., *The Professionalization of Economics : Alfred Marshall and the Dominance of Orthodoxy*, Cambridge Univ. Press, 1985.
Malthus, T. R., *Principles of Political Economy*, Variorum edn., J. Pullen (ed.), 2 vols., Cambridge Univ. Press, 1989（小林時三郎訳『経済学原理』上・下，岩波文庫，1968）.
Mankiw, N. G., *Macroeconomics*, 5th edn., Worth Publishers, 2003.
Marshall, A., "The Social Possibilities of Economic Chivalry," *EJ*, 1907 : 7-29.
———, *Industry and Trade*, Repr. of 1919 edn., edited and introduced by P. Groenewegen, Kyokuto 1997（永沢越郎訳『産業と商業』岩波ブックセンター信山社，1986）.
———, *Money Credit and Commerce*, Macmillan, 1923.
———, *Principles of Economics*, 9th edn. C. W. Guillebaud (ed.), 2 vols., Macmillan, 1961.
McBriar, A. M., *An Edwardian Mixed Doubles*, Clarendon Press, 1987.
Mill, J. S., *Principles of Political Economy*, J. M. Robson (ed.), *Collected Works of J. S. Mill*, vol. 2-3, University of Tronto Press, 1965（末永茂喜訳『経済学原理』全5冊，岩波文庫，1959-63）.
Mishan, E. J., "A Survey of Welfare Economics, 1939-59," *EJ*, 1960 : 197-265.
Mitchell, W. C., *Business Cycles*, University of California Press, 1913.
Moggridge, *Keynes*, Fontana, 1976（塩野谷祐一訳『ケインズ』東洋経済新報社，1979）.
Moore, G. E., *Principia Ethica*, repr. of 1903 edn., Cambridge Univ. Press, 1959（深谷昭三

訳『倫理学原理』三和書房，1973).
Musgrave, R. A., *The Theory of Public Finance: A Study in Public Economy*, 1959 (木下和夫監修，大阪大学財政研究会訳『マスグレイヴ財政理論』I-III，有斐閣，1961).
Myint, U. H., *Theory of Welfare Economics*, repr. of 1948 edn., M. Kelly, 1962.
Nicholson, J. S., "*Wealth and Welfare* : The Vagaries of Recent Political Economy," *The Quarterly Review*, vol. 219, 1913: 415-23.
Noel-Baker, P., *The Private Manufacture of Armaments*, Victor Gollancz, 1936.
———, "Prof. A. C. Pigou," *Nature*, 183, April 1959: 1089-90.
O'Donnell, M. G., "Pigou: An Extension of Sidgiwickian Thought," *HOPE*, 11, Winter 1979: 588-605.
Opie, R., "*Alfred Marshall and Current Thought* by A. C. Pigou," *AER*, No. 3, 1954: 400-2.
Orton, W. A., "*Essays in Applied Economics* by A. C. Pigou," *AER*, June 1924: 298.
Parry, C. E., "*Wealth and Welfare* by A. C. Pigou," *JPE*, May 1915: 622-9.
Peasons, W. M., "*Industrial Fluctuations* by A. C. Pigou," *QJE*, 1927-28: vol. 42, 669-76.
Peden, G. C., *Keynes, the Treasury and British Economic Policy*, by The Economic History Society, Macmillan Publishers, 1988 (西沢保訳『ケインズとイギリスの経済政策——政策形成に「ケインズ革命」はあったか』早稲田大学出版部，1996).
Pelling, H., *A History of British Trade Unionism*, 5th edn., Macmillan, 1992.
Pimlott, B., *Hugh Dalton*, Macmillan, 1985.
Phillips, D., "*The Problem of Theism, and Other Essays* by A. C. Pigou," *IJE*, vol. 19, 1909: 510-2.
Pigou, F., *Phase of My Life*, 3rd ed., E. Arnold, London, 1899.
Plant, A., "*Essays in Economics* by A. C. Pigou," *Economica*, May 1953: 170.
Price, L. L., "*The Riddle of the Tariff* by A. C. Pigou," *Economic Review*, 1904: 232-40.
———, "*Principles and Methods of Industrial Peace* by A. C. Pigou," *EJ*, 1905: 381-90.
———, "*Protective and Preferential Import Duties* by A. C. Pigou," *JRSS*, Mar. 1907: 150-3.
———, "*Memorials of Alfred Marshall* by A. C. Pigou," *JRSS*, Mar. 1926: 329-33.
Pujol, M. A., *Feminism and Anti-feminism in Early Economic Thought*, E. Elgar, 1992.
Ramsey, F. P., "A Conrtribution to the theory of Taxation," *EJ*, 1927: 47-61.
———, "Mathematical Theory of Saving," *EJ*, 1928: 543-59 (西川弘展「F. P. ラムゼー『貯蓄の数学理論』——その試訳，脚注および解題 (1)」，『大阪市大論集』第101号，2001: 135-62).
Rappoport, P., "Reply to Professor Hennipman," *Journal of Economic Literature*, 26, Mar. 1988: 86-91.
Rathbone, E., "*Robert Browning as a Religious Teacher* by A. C. Pigou," *IJE*, vol. 12,

1901-02 : 520-2.

Rawls, J., *A Theory of Justice*, The Belknap Press of Harvard Univ. Press, 1971.

Rima, I. H., "The Pigou-Keynes Controversy about Involuntary Unemployment : A Half-Century Reinterpretation," *Eastern Economic Journal*, 12 (4), 1986 : 467-77.

Robertson, D., *A Study of Industrial fluctuation : An Enquiry into the Character and Causes of the so-called Cyclical Movements of Trade*, P. S. King, 1915.

———, *Utility and All That, and other Essays*, Allen & Unwin, 1952.

———, "Prof. A. C. Pigou : An Outstanding Economist," *The Times*, Mar. 9. 1959 : 12.

Robbins, L., *An Essay on the Nature and Significance of Economic Science*, Macmillan, 1st edn., 1932, 2nd edn., 1935 (辻六兵衛訳『経済学の本質と意義』東洋経済新報社, 1957).

———, *Autobiography of an Economist*, Macmillan, 1971.

Robinson, A., "*Essays in Economics* by A. C. Pigou," *EJ*, 1953 : 404-7.

———, "Pigou," *International Encyclopaedia of Social Sciences*, 12, Macmillan, 1968 : 90-7.

———, "Pigou," *DNB*, 1971 : 814-7.

Robinson, J., *Contributions to Modern Economics*, Blackwell, 1978.

Robinson, J. & Eatwell, J., *An Introduction to Modern Economics*, McGraw-Hill, 1973.

Robson, W. A., *Welfare State and Welfare Society : Illusion and Reality*, Allen & Unwin, 1976 (辻清明・星野信也訳『福祉国家と福祉社会——幻想と現実』東京大学出版会, 1980).

Rostow, W. W., "*Aspects of British Economic History, 1918-1925* by A. C. Pigou," *AER*, No. 2, 1949 : 523-5.

Rottier, G., "*The Veil of Money* by A. C. Pigou," *Economica*, Nov. 1949 : 380-2.

Russell, B., *The Prospects of Industrial Civilization*, Allen & Unwinm, 1923.

———, *Portraits from Memory and other Essays*, G. Allen & Unwin, 1956 (中村秀吉訳「自伝的回想」,『B. ラッセル著作集』[1] みすず書房, 1959).

———, *Autobiography*, Routledge, 1991.

Saltmarsh, J. & Wilkinson, P., *Arthur Cecil Pigou 1877-1959*, Cambridge, Brooke Crutchley, 1960.

Samuelson, P. A., "Prof. Pigou's *Employment and Equilibrium*," *AER*, 1941 : 545-52.

———, "Lord Keynes and the General Theory," *Econometrica*, 14, 1946 : 187-200.

Samuelson, P. A. & Nordhaus, W. D., *Economics*, 13th edn., McGraw-Hill, 1989.

Sanger, C. P., "*Memorials of Alfred Marshall*. Edited by A. C. Pigou," *EJ*, 1926 : 83-4.

Sayers, R. S., "The Reurn to Gold, 1925," in *The Gold Standard and Employment Policies between the Wars*, Sidney Pollard (ed.), 1970 : 85-98 (田中生夫訳「1925 年の金本位制復帰」, 同著『昭和前期通貨史断章』有斐閣, 1989 収録).

———, *The Bank of England 1891-1944*, 2 vols., Cambridge Univ. Press, 1976 (西川元彦監訳『イングランド銀行 1891-1944』上・下, 東洋経済新報社, 1979).

Schultz, H., "*Protective and Preferential Import Duties* (repr.) by A. C. Pigou," *JPE*, Oct. 1936 : 718.

Schumpeter, J. A., *Ten Great Economists from Marx to Keynes*, George Allen, 1951 (中山伊知郎・東畑精一訳『十大経済学者』日本評論新社, 1952).

———, *History of Economic Analysis*, Oxford Univ. Press, 1954 (東畑精一訳『経済分析の歴史』全 7 巻, 岩波書店, 1955-62).

Scott, W. R., "*Wealth and Welfare* by A. C. Pigou," *Mind* n. s., 1914 : 434-6.

Sen, A., *Commodities and Capabilities*, Elsevier Science Publishers, 1985 (鈴村興太郎訳『福祉の経済学——財と潜在能力』岩波書店, 1955-62).

———, "The Living Standard," in *Sir John R. Hicks : Critical Assessments*, vol. 4, J. C. Wood & R. N. Woods (ed.), Routledge, 1989 : 105-21.

Sidgwick, H., *The Principles of Political Economy*, Macmillan, 1883.

——— (1996a), *The Methods of Ethics*, repr. of 1907 edn., Thoemmes Press, 1996.

——— (1996b), H. Sidgwick, B. Stewart, A. J. Balfour, W. James, W. Crookes, F. W. H. Myers, O. Lodge, W. Barrett, C. Richet, G. W. Balfour, Mrs. H. Sidgwick, H. A. Smith, A. Lang, *Presidential Addresses to the Society for Psychical Research 1882-1911*, repr. of 1912 edn., Thoemmes Press, 1996.

Skidelsky, R., *John Maynard Keynes : Hopes betrayed 1883-1920*, Macmillan, 1983 (宮崎義一監訳・古屋隆訳『ジョン・メイナード・ケインズ——裏切られた期待』上・下, 東洋経済新報社, 1987-92).

———, *The Economist as Saviour, 1920-1936*, Penguin Books, 1995.

———, *Keynes*, Oxford Univ. Press, 1996 (浅野栄一訳『ケインズ』岩波書店, 2001).

———, *Fighting for Britain, 1937-1946*, Macmillan, 2000.

Souter, R. W., "The Nature and Significance of Economic Science, in Recent Discussion," *QJE*, May 1933 : 377-413.

Stabile, D. R., "Pigou's Influence on Clark : Work and Welfare," *Journal of Economic Issues*, vol. 29, 1995 : 1133-45.

Stamp., J. C., "*A Capital Levy and a Levy on War Wealth* by A. C. Pigou," *JRSS*, Mar. 1921 : 284-5.

———, "*The Political Economy of War* by A. C. Pigou," *JRSS*, Jan. 1922 : 117-9.

———, "*Industrial Fluctuations* by A. C. Pigou," *EJ*, 1927 : 418-24.

Stigler, G. J., "*Lapses from Full Employment* by A. C. Pigou," *AER*, Dec. 1946 : 927-8.

Sultan, P. E., "*The Veil of Money* by A. C. Pigou," *AER*, No. 6, 1949 : 1326-7.

Sweezy, P. M., "*The Theory of Unemployment* by A. C. Pigou," *JPE*, Dec. 1934 : 800-11.

Taussig, F. W., "*Economics in Practice* by A. C. Pigou," *Economica*, Nov. 1935 : 460-1.

Taylor, A. J. P., *The Oxford History of England, English History 1914-1945*, Oxford Clarendon Press, 1965 (都築忠七訳『イギリス現代史』みすず書房, 1968).

Thatcher, M., *The Path to Power*, Harper Collins, 1995 (石塚雅彦訳『サッチャー——私の半生』上・下, 日本経済新聞社, 1995).

Turvey, R., "*Keynes's 'General Theory'* by A. C. Pigou," *Economica*, Aug. 1951 : 309.
Whitaker, J. K. (ed.), *The Correspondence of Alfred Marshall Economist*, 3 vols., 1903–24, Cambridge Univ. Press, 1996.
Winch, D., *Economics and Policy : A Historical Study*, Walker Publishing Company, 1970.
Wright, H., "F. Lavington", *EJ*, 1927 : 503–5.
Young, A. A., "Pigou's *Wealth and Welfare*," *QJE*, 1913 : 672–86.
————, "*A Study in Public Finance* by A. C. Pigou," *EJ*, 1929 : 78–83.

邦語文献

伊藤邦武『ケインズの哲学』岩波書店，1999。

伊東光晴『ケインズ』岩波新書，1962。

奥野満里子『シジウィックと現代功利主義』勁草書房，1999。

斧田好雄『マーシャル国際経済学』晃洋書房，2006。

樫原朗『イギリス社会保障の史的研究Ｉ』法律文化社，1980。

金井雄一『ポンドの苦闘——金本位制とは何だったのか』名古屋大学出版会，2004。

北西允『イギリス労働党史論』広島大学経済学部政治経済研究所，1968。

小島専孝「ピグーのマクロ経済理論の基礎とホートリーのピグー批判 (1)」(京都大学経済学会『経済論叢』第 172 巻・第 5 ・ 6 号，2003：14–30)。

————「ピグーのマクロ経済理論の基礎とホートリーのピグー批判 (2)」(京都大学経済学会『経済論叢』第 173 巻・第 2 号，2004：1–14)。

小峯敦『ベヴァリッジの経済思想——ケインズたちとの交流』昭和堂，2007。

近藤真司「『生活基準』の経済学」(橋本昭一編著『マーシャル経済学』ミネルヴァ書房，1990，第 3 章)。

塩野谷祐一「ケインズの道徳哲学——『若き日の信条』の研究」(季刊現代経済臨時増刊，59，『ケインズ生誕百年』1983 年 3 月：75–92)。

下平裕之「デニス・ロバートソンの『産業変動の研究』の歴史的意義——マーシャル価値論と過剰投資説の統合の試み」(『一橋論叢』第 116 巻・第 6 号，1996：43–56)。

関嘉彦『英国労働党の社会主義政策』東洋経済新報社，1954。

高見典和「初期ピグーの労使関係論——『産業平和の原理と方法』を中心として」(経済学史学会『経済学史研究』第 48–1 号，2006：78–92)。

玉井龍象『ケインズ政策の史的展開』東洋経済新報社，1999。

千種義人『ピグー』日本経済新聞社，1979。

中井大介「シジウィック『経済学原理』におけるサイエンスとアート——利己主義と功利主義の関係から」(経済学史学会『経済学史研究』第 48–1 号，2006：46–62)。

中山伊知郎『中山伊知郎全集』第 5 集，講談社，1972。

西岡幹雄『マーシャル研究』晃洋書房，1997。

塚崎智「シジウィックの直覚主義」(行安茂編『H. シジウィック研究——現代正義論への道』以文社，1992，第 3 章)。

土生芳人『イギリス資本主義の発展と租税——自由主義段階から帝国主義段階へ』東京大学出版会，1971。

早坂忠「ケインズとナショナリズム」（館龍一郎編『ケインズと現代経済学』東京大学出版会，1968：194-233）。

————「ケインズにおける思想と理論・政策」（早坂忠編著『ケインズ主義の再検討』多賀出版，1986，第2章）。

春井久志「カンリフ委員会と金本位制復帰——金本位制の調整機構の古典派モデル」（『名古屋学院大学論集』社会科学編，第17巻・第2号，1980：227-76）。

平井俊顕『ケインズとケンブリッジ的世界』ミネルヴァ書房，2007。

福岡正夫・早坂忠・根岸隆『ケインズと現代』税務経理協会，1983。

本郷亮「ピグー厚生経済学の一側面——初期ピグーにおけるH. シジウィックの影響」（関西学院大学経済学研究科『経済学研究』第27号，1996：219-33）。

————「A. C. ピグーの社会主義論——『厚生経済学』形成史との関連において」（関西学院大学経済学研究科『経済学研究』第28号，1997：141-54）。

————「A. C. ピグーの財政論に関する一考察」（関西学院大学経済学研究科『経済学研究』第30号，1999：89-110）。

————「A. C. ピグーの景気変動論」（関西学院大学経済学研究科『経済学研究』第31号，2000：143-63）。

————「初期ピグーの再評価——福祉国家論の先駆者として」（『経済学史学会年報』第39号，2001：116-26）。

————「A. C. ピグー倫理思想の諸側面——G. E. ムーアを巡るJ. M. ケインズとの思想的対立」（関西学院大学経済学研究科『経済学研究』第32号，2001：229-54）。

————「ムーアを巡るピグーとケインズとの思想対立」（関西学院大学『経済學論究』第58巻・第1号，2004：85-105）。

————「A. C. ピグーの伝記的諸側面」（『弘前大学経済研究』第27号，2004：51-66）。

————「ケインズ「わが孫たちの経済的可能性」について」（『弘前学院大学社会福祉学部研究紀要』第5号，2005：27-36）。

————「ピグーの『失業の理論』——20年代不況の理論表現として」（経済学史学会『経済学史研究』第48-1号，2006：63-77）。

————「ピグー——厚生の経済学」（小峯敦編著『福祉の経済思想家たち』ナカニシヤ出版，2007：127-37）。

本郷亮・山﨑聡「ピグーの福祉社会論——市民的能動性と優生思想」（小峯敦編著『福祉国家の経済思想——自由と統制の統合』ナカニシヤ出版，2006：51-78）。

宮崎義一「ケインズ『一般理論』の思想的基礎」（伊東光晴編『ケインズ経済学』東洋経済新報社，1967：153-71）。

山﨑聡「理想的功利主義者としてのピグー」（『経済学史学会年報』第41号，2002：35-46）。

————「ピグーの理想的功利主義の構造と厚生経済学」（『経済学史学会年報』第43号，2003：38-50）。

――――「ピグーにおける正義」(『経済学史研究』第 47-1 号，2005：49-64)。

山田雄三『ピグー「厚生経済学」』春秋社，1948。

湯沢威編『イギリス経済史――盛衰のプロセス』有斐閣，1996。

ピグー著作目録

1. 以下に列挙されるのは，著書および小冊子が計 43 点（「＊」印を付した），そのほかが計 213 点，合わせて 256 点である。
2. ケンブリッジ大学のマーシャル図書館に所蔵されるいわゆるピグー・コレクションには，ピグーの学部学生時代以来のノートやエッセイ，論文，書簡類などが含まれる。それらは同図書館によってすでにカタログ化されているが，著作権に配慮し，一点（1901i）を除いては以下のリストから省いた。なお，そのカタログはコレクションの全体を網羅していないが，重要なものはすべて含んでいるように思われる。
3. またキングズ・カレッジには，ピグーの写真や多くの未公刊の書簡などがある。書簡類は同カレッジによってすでにデータベース化されているが，著作権に配慮し，以下のリストから省いた。
4. 近年のわが国におけるピグー研究でたびたび用いられた『道徳基準と社会福祉』（A. C. Pigou, *Moral Standard and Social Well-being*, Tokyo: Sanseido, 1932）について。日本の三省堂から出版された同書は，1997 年に一橋大学で再発見・紹介されて以来，ピグーの新しい思想的側面を示す新資料として注目されてきた。ところが最近，同書全体が Russell（1923）の第 9 章部分とまったく同一であることが判明した。同書を用いた近年の研究成果は，その限りでは再検討されねばならない。

1*(1899) *Alfred the Great*, A Poem which obtained the Chanceller's Medal, at the Cambridge Commencement, MDCCCXCIX.

2 (1900a) "*Economic Crises*. By Edward D. Jones," *EJ*, 1900: 523–6.

3 (1900b) "*The Science of Civilization*. By Cecil Balfour Phipson," *EJ*, 1900: 526–7.

4*(1901a) *Robert Browning as a Religious Teacher. Being the Burney Essay for 1900*, C. J. Clay and Sons, 1901.

5 (1901b) "*Some Aspects of the Problem of Charity*," In *The Heart of the Empire*, pp. 236–61., T. Fisher Unwin, London, 1901.

6 (1901c) "*Social Justice*. By W. W. Willoughby," *EJ*, 1901: 75–6.

7 (1901d) "*The Cely Papers: Selections from the Correspondence and Memoranda of the Cely Family, Merchants of the Staple, AD. 1475–1488*. Edited for the Royal Historical Society by Henly Elliot Malden," *EJ*, 1901: 76–7.

8 (1901e) "*The Despatches and Correspondence of John, Second Earl of Buckinghamshire, Ambassador to the Court of Catherine II*, of Russia, 1762–5. Edited for the Royal Historical Society, with Introduction and Notes, By Adelaide D'Aroy Collyer," *EJ*, 1901: 77.

9 (1901f) "*A Plain Examination of Socialism*. By Gustave Simonson," *EJ*, 1901: 77–

8.

10 (1901g) "*Government in Switzerland*. By John Matin Vincent, Associate Professor in Johns Hopkins University," *EJ*, 1901 : 202–3.

11 (1901h) "*Outlines of Economics*. By Richard T. Ely, Professor in University of Wisconsin," *EJ*, 1901 : 391–2.

12 (1901i) "The Causes and Effects of Changes in the Relative Values of Agricultural Produce in the United Kingdom during the Last Fifty Years," in A. C. Pigou Collection (identity code : Pigou 1/3), Cambridge, King's College, 1901.

13 (1902a) "*The Control of Trusts*. By J. B. Clark, Professor in Columbia University," *EJ*, 1902 : 63–7.

14 (1902b) "A Parallel between Economics and Political Theory," *EJ*, 1902 : 274–7.

15 (1902c) "*The Theory of Prosperity*. By Simon N. Patten. Professor in University of Pennsylvania," *EJ*, 1902 : 370–3.

16 (1902d) "*The Theory of Value before Adam Smith*. By Hannah Robie Sewall," *EJ*, 1902 : 374–5.

17 (1902e) "A Point of Theory connected with the Corn Tax," *EJ*, 1902 : 415–20.

18* (1903a) *The Riddle of the Tariff*, R. B. Johnson, London, 1903.

19 (1903b) "Some Remarks on Utility," *EJ*, 1903 : 58–68.

20 (1903c) "*Financial Crises and Periods of Industrial and Commercial Depression*. By Theodore E. Burton," *EJ*, 1903 : 73–4.

21 (1903d) C. F. Bastable, A. L. Bowley, E. Cannan, F. Y. Edgeworth, A. Marshall, J. S. Nicholson, A. C. Pigou, L. L. Price ……, "Professors of Economics and the Tariff Question," *The Times*, Aug. 15, 1903 : 4.

22 (1903e) "Professors of Economics on Fiscal Policy," *The Times*, Aug. 24, 1903 : 6.

23 (1903f) "The Economics of Mr. Balfour's Manifesto," *The Times*, Sep. 18, 1903 : 4.

24 (1903g) "Consumers and Producers," *The Times*, Nov. 10, 1903 : 15.

25 (1903h) "Consumers and Producers," *The Times*, Nov. 14, 1903 : 14.

26 (1903i) "To the Editor of The Times," *The Times*, Dec. 3, 1903 : 5.

27 (1903j) "Dumping," *The Times*, Dec. 14, 1903 : 3.

28 (1904a) "Pure Theory and the Fiscal Controversy," *EJ*, 1904 : 29–33.

29 (1904b) "*Free Trade and the Empire*. By Prof. William Graham," *EJ*, 1904 : 267–8.

30 (1904c) "Monopoly and Consumers' Surplus," *EJ*, 1904 : 388–94.

31 (1904d) "The Known and the Unknown in Mr. Chamberlain's Policy," *The Fortnightly Review*, 1904 : 36–8.

32 (1904e) "Mr. Chamberlain's Proposals," *The Edinburgh Review*, 1904 : 449–76.

33 (1904f) "Mr. Chamberlain's Speech," *The Times*, May 16, 1904 : 11.

34* (1905a) *Principles and Methods of Industrial Peace*, Macmillan, 1905.

35 (1905b) "Prof. Dietzel on Dumping and Retaliation," *EJ*, 1905 : 436–43.

36 (1905c) "Mr. Chamberlain on Industrial Enterprise," *The Times*, May 29, 1905 : 14.

37* (1906a) *Protective and Preferential Import Duties*, Macmillan, 1906.
38 (1906b) "The Unity of Political and Economic Science," *EJ*, 1906 : 372-80.
39 (1906c) "The Ethics of Gospels," *IJE*, vol. 17, 1906-07 : 275-90.
40 (1906d) "Protection and the Working Classes," *The Edinburgh Review*, 1906 : 1-32.
41 (1907a) "*Emigrazione di Uomini ed Esportazione di Merci*. By Prof. L. Fontana-Russo," *EJ*, 1907 : 114.
42 (1907b) "*Commercio internazionale*. By G. de Francisi Gerbino," *EJ*, 1907 : 262-3.
43 (1907c) "*The Tariff and the Trusts*. By Franklin Pierce," *EJ*, 1907 : 263-4.
44 (1907d) "The Incidence of Import Duties," *EJ*, 1907 : 289-94.
45 (1907e) "Social Improvement in the Light of Modern Biology," *EJ*, 1907 : 358-69.
46 (1907f) "*Trattato di Politica Commerciale*. By Prof. Luigi Fontana-Russo," *EJ*, 1907 : 414-5.
47 (1907g) "*The Principles of Economics*. vol. 1, By Prof. A. Marshall. 5th edn.," *EJ*, 1907 : 532-5.
48 (1907h) "Memorandum on Some Economic Aspects and Effects of Poor Law Relief," 1907, in *Royal Commission on the Poor Laws and Relief of Distress* (Cd. 5068, *Minutes of Evidence*, Appendix vol. 9, 1910 : 981-1000).
49 (1907i) "Some Points of Ethical Controversy," *IJE*, vol. 18, 1907-08 : 99-107.
50 (1907j) "The Ethics of Nietzsche," *IJE*, vol. 18, 1907-08 : 343-55.
51 (1907k) "Old-Age Pensions," *The Times*, Oct. 24, 1907 : 6.
52 (1907l) "Mr. Sidney Webb on Socialist Facts," *The Times*, Nov. 5, 1907 : 7.
53* (1908a) *The Problem of Theism, and Other Essays*, Macmillan, 1908.
54* (1908b) *Economic Science in Relation to Practice*; An Inaugural Lecture, Oct. 30, 1908, Macmillan, 1908.
55 (1908c) "Equilibrium under Bilateral Monopoly," *EJ*, 1908 : 205-20.
56 (1908d) "Old-Age Pensions," *The Times*, June 24, 1908 : 7.
57* (1909a) *The Policy of Land Taxation*, Lomgmans Green & Co., 1909.
58* (1909b) *An Ecomomist's View of Co-partnership* (To be read at the half-yearly Meeting of the Labour Co-partnership Association at Ketterring, May 1, 1909), 1909.
59 (1909c) "The Budget : The Increment and Reversion Duties," *The Times*, July 2, 1909 : 10.
60 (1909d) "The Increment and Reversion Duties," *The Times*, July 7, 1909 : 8.
61 (1909e) "The Increment and Reversion Duties," *The Times*, July 8, 1909 : 8.
62 (1909f) "Windfalls," *The Times*, July 22, 1909 : 8.
63 (1909g) "Taxes on Capital," *The Times*, Aug. 28, 1909 : 10.
64 (1909h) "Correspondence," *Journal of the Society for Psychical Research*, vol. 4, 1909 : 161.
65* (1910a) *The Problem of Involuntary Idleness*, Conférence Internationale du

Chômage, Paris, 1910.
66 (1910b) "Producers' and Consumers' Surplus," *EJ*, 1910 : 358–70.
67 (1910c) "A Method of Determining the Numerical Value of Elasticities of Demand," *EJ*, 1910 : 636–40.
68* (1912a) *Wealth and Welfare*, Macmillan, 1912.
69 (1912b) "The Coal Strike and the Minimum Wage," *The Times*, Mar. 5, 1912 : 7.
70 (1912c) "The Incidence of Wheat Taxes," *The Times*, Dec. 12, 1912 : 11.
71* (1913a) *Unemployment*, Williams & Norgate, London, 1913 (玉井茂訳『失業問題』有斐閣, 1921).
72 (1913b) "The Interdependence of Different Sources of Demand and Supply in a Market," *EJ*, 1913 : 19–24.
73 (1913c) "*Experiments in Industrial Organisation*. By Edward Cadbury, with a Preface by Prof. W. J. Ashley," *EJ*, 1913 : 116–7.
74 (1913d) "*Intorno al concetto di Reddito Imponibile e di un sistema d'imposte sul reddito consumato*. By Luigi Einaudi," *EJ*, 1913 : 260–3.
75 (1913e) "*Good and Bad Trade : An Enquiry into the Causes of Trade Fluctuations*. By R. G. Hawtrey," *EJ*, 1913 : 580–3.
76 (1913f) "Railway Rates and Joint Cost," *QJE*, 27, May 1913 : 535–6.
77 (1913g) "Railway Rates and Joint Cost," *QJE*, 27, Aug. 1913 : 687–92.
78 (1913h) "*Vorlesungen über Nationalökonomie auf Grundlage des Marginalprinzipes*. By Knut Wicksell," *EJ*, 1913 : 605–6.
79* (1914a) Rowntree, B. S. & Pigou, A. C., *Lecture on Housing ; the Warburton Lectures for 1914*, Manchester Univ. Press, 1914.
80 (1914b) "*Business Cycles*. By Wesley Clair Mitchell," *EJ*, 1914 : 78–81.
81 (1914c) "The Vagaries of Recent Political Economy : A Reply and a Rejoinder," *The Quarterly Review*, vol. 220, 1914 : 174–6.
82 (1914d) "Incidence of Taxation : Prof. Pigou's Reply to Lord Esher," *The Times*, May 13, 1914 : 9.
83 (1914e) "Prof. Pigou and the Sanguine Science," *The Times*, May 16, 1914 : 9.
84 (1914f) "Incidence of Taxation : Prof. Pigou's Works," *The Times*, June 5, 1914 : 9.
85 (1914g) "Grants in Aid of Housing : The Analogy with the old Poor Law," *The Times*, June 16, 1914 : 9.
86 (1915a) "A Plea for the Statement of the Allies' Terms," *The Nation* (London), Feb. 6, 1915 : 590–1
87 (1915b) "Sources and Methods of Paying for the War," *CR*, Dec. 1915 : 706–17.
88 (1915c) "*Some Aspects of the Tariff Question*. By F. W. Taussig," *EJ*, 1915 : 579–82.
89* (1916a) *The Economy and Finance of the War : Being a Discussion of the Real Costs of the War and the Way in which They should be met*. J. M. Dent,

London, 1916.
90 (1916b) *The Disorganisation Industry, Commerce and Finance : the Problems to be faced*, (In *The Reorganization of Industry*, Ruskin College, Oxford, pp. 4-17), 1916.
91 (1916c) "Interest after the War and the Export of Capital," *EJ*, 1916 : 413-24.
92 (1916d) "Labour Problems after the War," *CR*, Sep. 1916 : 334-45.
93 (1916e) "The Need for More Taxation," *The Economist*, Nov. 25, 1916 : 1003-4.
94 (1916f) "The Need for More Taxation," *The Economist*, Dec. 9, 1916 : 1087.
95 (1916g) "The Need for Taxation," *The Economist*, Dec. 23, 1916 : 1180-1.
96 (1917a) "The Economics of the War Loan," *EJ*, 1917 : 16-25.
97 (1917b) "Inflation," *EJ*, 1917 : 486-94.
98 (1917c) "The Value of Money," *QJE*, 32, Nov. 1917 : 38-65.
99 (1917d) "The Income-Tax," *The Times*, April 23, 1917 : 9.
100 (1918a) "A Plea for Higher Income Tax," *CR*, Jan. 1918 : 35-9.
101 (1918b) "The Control of Prices during the War," *CR*, Aug. 1918 : 164-72.
102 (1918c) "A Special Levy to Discharge War Debt," *EJ*, 1918 : 135-56.
103 (1918d) "Government Control in War and Peace," *EJ*, 1918 : 363-73.
104 (1919a) "*Industry and Trade*. By Alfred Marshall," *EJ*, 1919 : 443-50.
105 (1919b) "The Burden of War and Future Generations," *QJE*, 33, Feb. 1919 : 242-55.
106 (1919c) "The Problem of the National Debt," *CR*, Dec. 1919 : 621-8.
107 (1919d) "Memorandum by Prof. Pigou on the Fiduciary Note issued after the War," in *Cunliffe Committee on Currency and Foreign Exchanges after the War*, 1919 : 96-102.
108 (1919e) "Note by Prof. Pigou on the Proposal to Prohibit Gold Imports except to the Bank of England and to Sell Gold for Use in the Arts at a Premium," in *Cunliffe Committee on Currency and Foreign Exchanges after the War*, 1919 : 103.
109 (1919f) "The Effect of Amalgamating the Issue and Banking Departments of the Bank of England," in *Cunliffe Committee on Currency and Foreign Exchanges after the War*, 1919 : 143-4.
110 (1919g) "War Fortunes : Difficulties of a Special Levy. An Alternative," *The Times*, Oct. 27, 1919 : 8.
111*(1919h) *The War and Social Reform*, Bologna, 1919.
112*(1920a) *The Economics of Welfare*, Macmillan, 1st edn., 1920, 2nd edn., 1924, 3rd edn., 1929, 4th edn., 1932 (気賀健三・千種義人・鈴木諒一他訳『厚生経済学(第4版)』東洋経済新報社, 1953).
113*(1920b) *A Capital Levy and a Levy on War Wealth*, Oxford Univ. Press, 1920.
114*(1920c) *Memorandum on Credit, Currency and Exchange Fluctuations*, Printed for the League of Nations, Harrison & Sons, London, 1920.

115 (1920d) "The Problem of the Currency," *CR*, Feb. 1920 : 169–76.
116 (1920e) "Memorandum on Credit, Currency and Exchange Fluctuations, Paper No. 13, International Financial Conference, Brussels, printed for the League of Nations, 1920.
117 (1920f) "Co-operative Societies and Income Tax," *EJ*, 1920 : 156–62.
118 (1920g) "Some Problems of Foreign Exchange," *EJ*, 1920 : 460–72.
119 (1920h) "The Report of the Royal Commission on the British Income Tax," *QJE*, 34, Aug. 1920 : 607–25.
120 (1920i) "The Exchanges and The Bank Rate : A Case for Dear Money," *The Times*, Feb. 12, 1920 : 10.
121 (1920j) "Dear Money : A Remedy for High Prices. The Inducement to save," *The Times*, Mar. 1, 1920 : 10.
122 (1920k) "Currency Notes : Effect of a sudden Withdrawal. A maximum legal Issue," *The Times*, April 12, 1920 : 10.
123 (1920l) "The Corporation Tax," *The Times*, April 24, 1920 : 10.
124 (1920m) "The Floating Debt : Alternative to Capital Levy," *The Times*, June 7, 1920 : 8.
125 (1920n) "The Miner's Claims : Burdens of Poorer Fields," *The Times*, Sep. 18, 1920 : 9.
126* (1921a) *Political Economy of War*, Macmillan, 1st edn., 1921, 2nd edn., 1939 (内山脩策訳『戦争の経済学（第2版）』実業之日本社，1944).
127 (1921b) "Unemployment," *CR*, Dec. 1921.
128 (1921c) "*A Treatise on Probability*. By J. M. Keynes," *EJ*, 1921 : 507–12.
129 (1922a) "Mr. and Mrs. Webb on Consumers' Co-operation," *EJ*, 1922 : 53–7.
130 (1922b) "*Le Prélèvement Extraordinaire sur le Capital dans l'Empire Allemand*. By Victor Badulesco," *EJ*, 1922 : 215–7.
131 (1922c) "Trade Boards and the Cave Committee," *EJ*, 1922 : 315–24.
132 (1922d) "Empty Economic Boxes : A Reply," *EJ*, 1922 : 458–65.
133 (1922e) "The Private Use of Money," *CR*, April 1922.
134 (1922f) "Long and Short Hirings," *CR*, Sep. 1922.
135 (1922g) "The Foreign Exchanges," *QJE*, 37, Nov. 1922 : 52–74.
136 (1922h) "The Burden of Income-Tax : Enterprise at a Discount. Penalizing Children's Allowances," *The Times*, Jan. 11, 1922 : 11.
137 (1922i) "Labour Manifesto : Capital Levy and the Land. Representation without Taxation," *The Times*, Oct. 30, 1922 : 13.
138 (1922j) "Labour and the Capital Levy : Still the Official Policy. Sir Josiah Stamp's Condemnation," *The Times*, Nov. 4, 1922 : 11.
139* (1923a) *Essays in Applied Economics*, P. S. King, London, 1923.
140 (1923b) "Some Alpine Expeditions in 1922," *Alpine Journal*, 1923.

141 (1923c) "Prices and Wages from 1896-1914," *EJ*, 1923 : 163-71.

142 (1923d) "Games," *The Nation and the Athenaeum*, May 19, 1923 : 224-5.

143 (1923e) "The Matterhorn in a Snowstorm," *The Nation and the Athenaeum*, Dec. 22, 1923 : 460-1.

144 (1923f) "Capital Levy : Matters for a Royal Commission," *The Times*, May 1, 1923 : 9.

145 (1923g) "Capital Levy," *The Times*, May 7, 1923 : 8.

146 (1924a) "Correctives of the Trade Cycle," in W. T. Layton (ed.), *Is Unemployment Inevitable ? An Analysis and Forecast, A Continuation of the Investigations Embodied in "The Third Winter of Unemployment" Published in 1923*, Macmillan, 1924 : 91-131.

147 (1924b) "Poetry and Philosophy," *CR*, June 1924 : 735-44.

148* (1925a) *Memorials of Alfred Marshal*. (ed.), Macmillan, 1925 (宮島綱男監訳『マーシャル経済学論集』寳文館, 1928).

149 (1925b) "Prof. Edgeworth's Collected Papers," *EJ*, 1925 : 177-85.

150 (1925c) "Problems of Compensation," *EJ*, 1925 : 568-82.

151 (1925e) J. S. Bradbury, G. Farrer, O. E. Niemeyer, A. C. Pigou, "Return to Gold Standard : Treasury Committee's Proposals. Amalgamation of Note Issues," *The Times*, April 29, 1925 : 11.

152 (1926a) "A Contribution to the Theory of Credit," *EJ*, 1926 : 215-27.

153 (1926b) "Economics at the Universities : The Cambridge Faculty. Examiners and Lecturers," *The Times*, Nov. 19, 1926 : 15.

154* (1927a) *Industrial Fluctuations*, Macmillan, 1st edn., 1927, 2nd edn., 1929.

155* (1927b) *The Economic Position of Great Britain*, Royal Economic Society Memorandum no. 1, 1927.

156 (1927c) "The Law of Diminishing and Increasing Cost," *EJ*, 1927 : 188-97.

157 (1927d) "Wage Policy and Unemployment," *EJ*, 1927 : 355-68.

158* (1928a) *A Study in Public Finance*, Macmillan, 1st edn., 1928, 2nd edn., 1929, 3rd edn., 1947.

159 (1928b) "An Analysis of Supply," *EJ*, 1928 : 238-57.

160 (1928c) "Safeguarded Industries," *The Times*, Nov. 17, 1928 : 8.

161* (1929a) *The Functions of Economic Analysis* (Sidney Ball Lecture, 27 May 1929), Oxford Univ. Press, 1929.

162 (1929b) "The Monetary Theory of the Trade Cycle : Review and Discussion with R. G. Hawtrey," *EJ*, 1929 : 183-94 and 636-43.

163 (1929c) "Disturbances of Equilibrium in International Trade," *EJ*, 1929 : 344-56.

164 (1930a) "Unemployment policy," *The Times*, June 6, 1930 : 12.

165 (1930b) "The Statistical Derivation of Demand Curves," *EJ*, 1930 : 384-400.

166* (1931a) A. C. Pigou & D. H. Robertson, *Economic Essays and Adresses*, P. S. King,

1931.
167 (1931b) "*A Treatise on Money*. By J. M. Keynes," *The Nation and the Athenaeum*, Jan. 24, 1931.
168 (1931c) "Work and Wages," *The Times*, June 17, 1931 : 10.
169 (1932b) "The Effect of Reparations on the Ratio of International Interchange," *EJ*, 1932 : 532–43.
170 (1932c) "Private Economy : Wise Spending and Wise Saving," *The Times*, June 7, 1932 : 10.
171 (1932d) W. H. Beveridge, A. C. Pigou, D. H. Robertson, A. Salter …, "The Cost of Education : Discussions of Economy," *The Times*, Sep. 14, 1932 : 6.
172 (1932e) D. H. Macgregor, A. C. Pigou, J. M. Keynes, W. Layton, A. Salter, J. C. Stamp, "Private Spending : Money for productive Investment. A Comment by Economists," *The Times*, Oct. 17, 1932 : 13.
173 (1932f) D. H. Macgregor, A. C. Pigou, J. M. Keynes, W. Layton, A. Salter, J. C. Stamp, "Spending and Saving : What are national Resources ? The Economists' Reply," *The Times*, Oct. 21, 1932 : 15.
174 (1932g) "High Prices : Stimulus to more Production," *The Times*, Nov. 11, 1932 : 10.
175* (1933a) *The Theory of Unemployment*, Macmillan, 1933.
176 (1933b) "A Note on Imperfect Competition," *EJ*, 1933 : 108–12.
177 (1933c) "Price Policy : Sterling and its Task. A Possible Lead to the World," *The Times*, Jan. 6, 1933 : 13.
178 (1933d) "The Elasticity of Demand from Family Budgets, *Note*," *QJE*, 47, Feb. 1933 : 342.
179 (1933e) "A Note on Mr. Hicks' Distribution Formula," *Economica*, May 1933 : 143–6.
180 (1933f) "To the Editor of The Time," *The Times*, Feb. 21, 1933 : 13.
181 (1933g) "Public Works : The Test of Cost," *The Times*, July 25, 1933 : 10.
182 (1933h) "Rising of Real Wage Rates : Effect on Employment," *The Times*, Aug. 4, 1933 : 6.
183 (1934) "The Elasticity of Substitution," *EJ*, 1934 : 232–41.
184* (1935a) *Economics in Practice : Six Lectures on Current Issues*, Macmillan, 1935.
185* (1935b) *The Economics of Stationary States*, Macmillan, 1935.
186* (1935c) A. C. Pigou & C. Clark, *The Economic Position of Great Britain 1935*, Executive Committee of the London & Cambridge Economic Service, Royal Economic Society Memorandum no. 60, 1936.
187 (1935d) "Net Income and Capital Depletion," *EJ*, 1935 : 235–41.
188 (1936a) "Marginal Utility of Money and Elasticities of Demand, *Note*," *QJE*, 50, May 1936 : 532.
189 (1936b) "Mr. J. M. Keynes' *General Theory of Employment, Interest and Money*,"

Economica n.s., 1936 : 115–32.
190 (1936c) "The Webbs on Soviet Communism" *EJ*, 1936 : 88–97.
191* (1937a) *Socialism versus Capitalism*, Macmillan, 1937 (北野熊喜男訳『社会主義対資本主義』東洋経済新報社, 1952).
192 (1937b) "Real and Money Wage Rates in Relation to Unemployment," *EJ*, 1937 : 405–22.
193 (1937c) "Taxation of Saving : A Reply," *Economica*, 1937 : 204–5.
194 (1938a) "Money Wages in Relation to Unemployment," *EJ*, 1938 : 134–8.
195 (1938b) R. F. Harrod, A. L. Bowley, D. H. Macgregor, A. C. Pigou, F. A. Hayek, J. M. Keynes, G. D. H. Cole …, "The Population Bill : A Proposal for its Amendment. Economists United," *The Times*, Jan. 21, 1938 : 13.
196 (1939a) "Presidential Adress : To the Royal Economic Society," *EJ*, 1939 : 215–21.
197 (1939b) "Lord Stamp : Approval of other Economists," *The Times*, Oct. 23, 1939 : 4.
198 (1940a) "War Finance and Inflation," *EJ*, 1940 : 461–8.
199 (1940b) "The Measurement of Real Income," *EJ*, 1940 : 524–5.
200 (1940c) "Unemployment and Economy : A Golden Mean of Saving," *The Times*, Feb. 8, 1940 : 6.
201 (1940d) "Saving for the State : The Private Purse. Economies Wise and Spurious," *The Times*, Mar. 7, 1940 : 9.
202 (1940e) "Unemployment, 1915–1940," *The Times*, Nov. 16, 1940 : 5.
203* (1941a) *Employment and Equilibrium*, Macmillan, 1st edn., 1941, 2nd edn., 1949 (鈴木諒一訳『雇用と均衡』有斐閣, 1951).
204 (1941b) "Newspaper Reviewers, Economics and Mathematics," *EJ*, 1941 : 276–80.
205 (1941c) "*The Taxation of War Wealth*. By J. R. Hicks, Ursula K. Hicks and L. Rostas," *EJ*, 1941 : 297–9.
206 (1941d) "Types of War Inflation," *EJ*, 1941 : 439–48.
207 (1941e) "Maintaining Capital Intact," *Economica*, 1941.
208 (1941f) "The Unspent Bank Balances : Investment and Consumption in War-Time. How best to help the State," *The Times*, April 29, 1941 : 5.
209 (1941g) "Unspent Bank Balances," *The Times*, May 9, 1941 : 5.
210 (1942a) "Models of Short Period Equilibrium," *EJ*, 1942 : 250–7.
211 (1942b) "Night Life on High Hills," *Alpine Journal*, 1942 : 246–55.
212* (1943a) *The Transition from War to Peace*, Oxford Univ. Press, 1943.
213 (1943b) "The Classical Stationary State," *EJ*, 1943 : 343–51.
214 (1943c) "Comparisons of Real Income," *Economica*, May 1943 : 93–8.
215 (1944) "*The Road to Serfdom*. By F. A. Hayek," *EJ*, 1944 : 217–9.
216* (1945a) *Lapses from Full Employment*, Macmillan, 1945.
217 (1945b) "Some Considerations on Stability Conditions, Employment and Real Wage Rates," *EJ*, 1945 : 346–55.

218*(1946a) *Income, An Introduction to Economics*, Macmillan, 1946 (塩野谷九十九訳『所得——経済学入門』東洋経済新報社, 1952).

219*(1946b) *John Maynard Keynes : Baron Keynes of Tilton, 1883-1946*, London, Geoffrey Cumberlege, 1946.

220*(1947a) *Aspects of British Economic History 1918-1925*, Macmillan, 1947.

221 (1947b) "Economic Progress in a Stable Environment," *Economica*, Aug. 1947 : 180-8.

222 (1947c) "John Harold Clapham, 1873-1946," *Alpine Journal*, 1947 : 419-23.

223 (1947d) "The Balance of Trade : Good and Bad Exports. Meeting new Demands," *The Times*, Oct. 7, 1947 : 5.

224 (1948a) "Central Planning and Prof. Robins," *Economica*, Feb. 1948 : 17-27.

225 (1948d) "A Comment on Duopoly," *Economica*, 1948.

226 (1948c) "The Food Subsidies," *EJ*, 1948 : 202-9.

227*(1949a) *The Veil of Money*, Macmillan, 1949 (前田新太郎訳『ピグー貨幣論——貨幣はベイルなりや』実業之日本社, 1954).

228*(1949b) *Wage Statistics and Wage Policy : University of London Stamp Memorial Lecture*, Oxford Univ. Press, 1949.

229 (1949c) "Mill and Wage Fund," *EJ*, 1949 : 171-80.

230 (1949d) "The Economic Outlook : An inescapable Choice," *The Times*, Oct. 27, 1949 : 5.

231 (1949e) "Claims for Wage Increases : Inflation and rising Prices," *The Times*, Nov. 25, 1949 : 5.

232*(1950a) *Keynes' "General Theory" : A Retrospective View* (Two Lectures given in Cambridge in Nov. 1949), Macmillan, 1950 (内田忠夫訳『ケインズ一般理論』現代教養文庫, 1954).

233 (1950b) "Unrequited Imports," *EJ*, 1950 : 241-54.

234 (1950c) "Over-Employment," *Economica*. May 1950 : 211-4.

235 (1950d) "Subscript to Note by H. G, Johnson and C. F. Carter," *EJ*, 1950 : 839.

236 (1950e) C. D. Broad and A. C. Pigou, "Obituary : Dr. J. N. Keynes," *EJ*, 1950 : 403-8.

237 (1951a) "Some Aspects of Welfare Economics," *AER*, 41, June 1951 : 287-302.

238 (1951b) "Prof. Duesenberry on Income and Savings," *EJ*, 1951 : 883-5.

239 (1951c) "Real Income and Economic Welfare," *Oxford Economic Papers*, n.s. vol. 3-1, Jan. 1951 : 16-20.

240*(1952a) *Essays in Economics*, Macmillan, 1952.

241 (1952b) "The Transfer Problem and Transport Costs," *EJ*, 1952 : 939-41.

242 (1952c) "The Budget : Private Consumption and Import Cuts," *The Times*, Mar. 17, 1952 : 5.

243*(1953a) *Alfred Marshall and Current Thought*, Macmillan, 1953.

244 (1953b) "Long-run Adjustments in the Balance of Trade," *Economica*, Nov. 1953 : 295–301.

245 (1954a) "*Power and Influence*. By Lord Beveridge," *Economica*, Feb. 1954 : 73–6.

246 (1954b) "Cost and Output," *EJ*, 1954 : 181–4.

247 (1954c) "Money Wages and Real Wages : The Limits to Increases," *The Times*, Feb. 1, 1954 : 7.

248 (1954d) "Real Wages," *The Times*, Feb. 6, 1954 : 7.

249* (1955a) *Income Revisited : Being a Sequel to Income*, Macmillan, 1955.

250 (1955b) "Signals at Danger : Public Reaction to Strikes," *The Times*, April 26, 1955 : 13.

251 (1955c) "Wage Earnings since the War : A Comparison with 1938," *The Times*, July 13, 1955 : 9.

252 (1955d) "Wage Earnings since the War : Compared with Country as a Whole," *The Times*, July 14, 1955 : 4.

253 (1955e) "Overlooking Wages : "Hamlet" without the Ghost," *The Times*, July 29, 1955 : 9.

254 (1955f) "Reducing Home Expenditure : A Policy with Two Purposes," *The Times*, Oct. 15, 1955 : 7.

255 (1956) "Causes of Inflation," *The Times*, Feb. 27, 1956 : 9.

256 (1957) "Supply of Money," *The Times*, Oct. 14, 1957 : 11.

注

序

（1） エッジワースは『富と厚生』を次のように評した。「著者［ピグー］は，富と厚生とに関する2人の卓越した権威者からインスピレーションを引きだしたと思われる。すなわち彼は，慈善家や政治家がその実現を追求すべき善を，シジウィックの功利主義哲学に従って定義し，またその目的へと導く手段の究明については，マーシャル博士によって鍛えあげられた方法を用いた」(Edgeworth 1913 : 62)。

（2） 「……合理的利己主義者の精神の支配的な衝動は，一般に……『穏やかで』『冷静な』自愛である。一方，普遍的幸福を目的とし，これを正しい行為の基準とする者の願望には……一般に，さまざまな度合いで同感 sympathy や慈善的な情熱 enthusiasm が混ざっている」(Sidgwick 1996a : 39)。

第1章　人　物

（1） 主なものは次の通りである。C. Clark (1952), Brahmananda (1959), Champernowne (1959), Gaunt (1959a, 1959b), Noel-Baker (1959), Robertson (1959), H. G. Johnson (1960), Saltmarsh & Wilkinson (1960), A. Robinson (1968, 1971), Collard (1981).

（2） 「ピグー」という珍しい姓について，ピグーの遠い親戚とされるフランシス・ピグー（1832-1916年）という人物は，その自伝のなかで，「それは元々，ドゥ・ピグーDe Pigou であった。われわれはユグノーの後裔であり，人々からもそうみられている」と説明している（F. Pigou 1899 : 6)。

（3） リース家は，プロテスタント擁護派の著作家ハーコート・リース卿や，インド駐留イギリス軍の将校 major-general で東洋学者でもあったウィリアム・ナッソー・リースなど，当時世に知られた人々を輩出した一族であった（*DNB*)。ノラの死亡記事（*Times*, 1902. 1. 29）も参照のこと。

（4） 名物教師 O. ブラウニングについては，Russell（1956 : 58-63）を参照のこと。彼は「きわだった奇人」であった。キングズ・カレッジには，彼とピグーとの間で交わされた書簡が約40通（1897-1911年）残っている。またディキンソンについては，ピグーが属した研究会「ディキンソン・ソサエティー」との関連において **2.2** で詳しく述べる。

（5） J. チェンバレンのいわゆる「関税改革キャンペーン」(1903-06年）のさい，ピグーは自由貿易論者として各地の政治集会などで講演したが，その一風変わった雄弁はユニオンの学生たちの間で「伝説」として語り継がれたそうである。詳しくは Dalton（1953 : 59）を参照のこと。

(6) *Political Economy Club, founded in London 1821*, Ⅳ, vol. 6, Nihon Keizai Hyoron Sha, 1980.

(7) マーシャルは講義でも，「もし諸君がトライポス合格のための知識を求めて私のところへきたのならば，諸君は必ずや不合格となりましょう。……どこかほか［ピグーの講義］へ行った方がよろしい」(Pigou 1925a : 8) と学生たちに語っていたそうである。

(8) とはいえフォックスウェルは，マーシャルが早くも1900年頃から「私は今や理想的人物［ピグー］を手に入れた」と述べるなどピグーを高く評価し始めたことに，懸念を抱いていた (Whitaker 1996, vol. 2 : 269)。ケインズ『人物評伝』の「フォックスウェル伝」も参照のこと。

(9) かつてマーシャルは，経済学の専門講師をおくために私費で100ポンドずつ2名の講師に支払っていた。経済学トライポスの維持・発展のためには，有能な若手の確保・育成が死活問題だったからである。ピグーも教授就任後にこれを踏襲し，メイナードとレイトンを講師に迎えた。

(10) 1905年頃，ピグーは週に1回，メイナードと朝食を共にし，経済学の個人指導をしていた。マーシャルとピグーは，メイナードが経済学者となることを願ったが，彼はインド省の事務官となる。のちに彼は大学に復帰すべく，1908年にフェロー資格請求論文「確率論」を提出するが落選した。彼は手紙でその不満を述べている。「僕は……ピグーからすべてを聞いた。まったくの不運だと思う。紙一重であった。また，彼らには多少悪意があった。というのもピグーによれば，成績では僕の方が優れていると認めながら，『年長順という明白な根拠に基づき』，最初から僕に反対投票した頭の固い者がいたからである。また僕はホワイトヘッドの［審査］報告で傷をうけたと思う。……ピグーは僕のために堂々と闘ったらしい……」(Harrod 1951 : 127–8, 訳 149–50)。ピグーの教授選はこの2カ月後である。彼は仲介役となり，ホワイトヘッドに問題点の詳述を求めつつ，メイナードに再び挑戦するように励ました。

(11) フォックスウェルの弟子で，経済学史家として知られるヒッグスは，その後もピグーを批判し続けている (Higgs 1924)。ケインズ『人物評伝』の「ヒッグス伝」も参照のこと。

(12) ケインズもまた抜擢され，1911年秋に『エコノミック・ジャーナル』誌の編集を任されたが，その最初の仕事はカニンガムの寄稿を拒絶することであった。彼は父ネヴィルに，「それは完璧なクズで，経済学とは何の関係もありません」と書き送っている (Skidelsky 1983 : 207, 訳 343)。

(13) イギリスの科学雑誌『ネイチャー』にピグーの追悼論文 (Noel-Baker 1959) を書いた，フレンズ派クエーカー教徒のノエル・ベーカーは，ピグーの最も親しい協力者・登山仲間の1人で，実に多才な人物であった。1908年にキングズ・カレッジに入学した彼は，オリンピックに2度出場（12年および20年の1500m走）したのち，30年代から40年代には下院議員として活躍し，大臣職もつとめた労働党の重鎮であった。また国際連盟や国際連合で，軍縮と難民救済に取り組むなど，長年

の平和・人権活動により1959年にノーベル平和賞をうけた（Lawson 1996）。著書は『武器製造業』(1936年)，『軍拡競争：世界軍縮へのプログラム』(1958年）など。

(14) 1913年時点で，ドイツは世界の製造業産出額の15%を生産したのに対し，イギリスは14%に満たなかった。フランスはドイツの半分にも満たなかった。この3国を合わせると，かろうじてアメリカを上回っていた（Clarke 2004：57, 訳54)。

(15) この3人の戦争への私的・公的な関わり方は比較に値する。ピグーは最も普通の意味での平和主義者である。ロバートソンは中東その他を転戦し，戦功十字章をえた。ケインズの立場はもっと微妙でさまざまな見方がある。例えば，Johnson & Johnson（1978, Ch. 4, "Keynes's Attitude to Compulsory Military Service"), Skidelsky（1983, Ch. 13-II, "Conscientious Objection to Conscription ?"）など。

(16) 詳細については Aslanbeigui（1992c)，Maloney（1985：260, n. 7)，また『タイムズ』紙（"Prof. Pigou claimed for Service: Sequel to Dr. Foxwell's Offer," *Times*, 1916. 6. 16）を参照のこと。ネヴィルは5月6日の日記に「ピグーをめぐるやりとりが『モーニング・ポスト』紙で続いている。カニンガムとマクラウドは軽蔑にも値しない手紙を書いている」と記した。

(17) ピグーは生涯女性を忌避し，若い頃には女子学生のお茶の誘いにさえ戸惑った(Dalton 1953：58)。また本書を通じても，女性嫌いを示す彼の言葉が幾つかみられるであろう。だがそれは，あくまで私的なものにとどまり，必ずしも公的な「差別」ではない。なお，彼のプラトニックな同性愛については『ピグー経済学著作集』のコラードによる解説（*ACP*, I：viii）を参照のこと。

(18) 例えば，Winch（1970：153)，Moggridge（1976：183, 訳219-20)，Hutchison（1978：198-9, 訳221-2)，Collard（1981：109, 訳113)，Clarke（1988：315）など。この問題は**8. 1**以降で詳しくみるであろう。

(19) ガウントはピグーの登山仲間で，マルヴァーン・カレッジの学寮長Headmasterであった。ピグーは『社会主義対資本主義』(1937a）の序文で彼に謝辞を述べている。

(20) クラパムは主著『近代イギリス経済史』(Clapham 1926-38）により，トインビー以来の悲観的な産業革命論を反駁し，労働階級の生活水準向上と，発展の連続性を主張したことで知られる。イングランド銀行に関する研究でも，その『イングランド銀行史』(Clapham 1944）は今なお，セイヤーズ『イングランド銀行史』(Sayers 1976）と並ぶ二大研究である。

(21) 例えば20世紀初頭の関税改革のさい，ピグーは自由貿易論の立場から『関税の謎』(1903a）を出版し，その序文でクラパムに謝辞を述べている。

(22) 1924年，第三次遠征隊のエースとして前人未踏の頂にむかったマロリーは，2日後に消息を絶った。はたして彼は頂上に達したのか否か，これは大きな謎として残り，さまざまな憶測を生んだ。近年，その凍てついた美しい遺体が発見され，世界の登山家を驚かせたことは記憶に新しい（*National Geographic*，日本版，Aug. 1999：160-5)。

(23)　この病院は Fitzwilliam Museum 付近（Fitzwilliam Street, Trumpington Street, Tennis Court Road で囲まれたブロック）にあったが，現在は移転している。

(24)　その夫でイートンの校長であったエリオットは，ピグーからゲーテスガースの別荘を譲りうけた友人である。

(25)　「……彼［ピグー］の関心と共感は，寛大な贈与が，価値あるプロジェクトを実現するための人助けとなるならば，容易に呼びさまされた。長年にわたり彼は，ケンブリッジのロバートソン旅行基金の主な先駆者であったし，彼の奨励を通じて冒険を楽しむようになった多くの学部学生がいるに違いない」(Gaunt 1959a : 14)。

(26)　『イギリス経済史の諸側面 1918-1925』(1947a) は，この時の内部資料を用いて執筆された。休戦から 1925 年春の金復帰までを，「休息（Breathing Space, 1918 年 11 月〜)」「好況（The Boom, 1919 年 4 月〜)」「不況（The Slump, 1920 年 4 月〜)」「沈滞（The Doldrums, 1923 年 1 月〜)」の 4 期に分け，雇用・生産・産業政策・貨幣の 4 側面から考察した同書は，1940 年代初めには完成していたが，機密情報とみなされて戦後まで公刊が延ばされた。

(27)　初版との異同については，そのつど，注で示すことにする。これにより第二次大戦のみならず，第一次大戦についての彼のスタンスも知りうるであろう。また，ピグーの戦争経済論については Barber (1991) も参照のこと。ピグーは 20 世紀にこの主題を詳細に論じた数少ない理論家の 1 人であり，ちなみに彼がその著作タイトルに Economics ではなく Political Economy という古称を再び用いたのは，『戦争の政治経済学』の一例きりである。

(28)　初版では傍線を付した一文は「ドイツ軍の将校が一般市民に威張るのも」(p. 17) であった。

(29)　初版では傍線を付した文の直後に次の一文があった。「アイルランド，エジプト，インド，スペインが支配した頃のフィリピン，戦前のトルコ支配下の諸国民，戦前のアルザス・ロレーヌ，そしてフィンランド，ポーランド。これらの名を挙げれば足りよう」(p. 17)。

(30)　「両者が軍備を半分にすればその相対的位置は変わらず，それを作るのは半分ですむ。……だが相互協定がなければ，制限のおこる傾向はない。逆に，反対の累積的傾向がある」(Pigou 1935a : 151)。1920 年代の軍縮気運が，イギリス造船不況の一因となったことは皮肉である。戦時期の膨大な船舶需要は一変し，商船については世界的な供給過剰，軍艦についてもワシントン (1922 年)，さらにロンドン (1930 年) の軍縮条約により市場は急激に縮小した。

第 2 章　初期ピグーの思想

(1)　大学改革その他をめぐりシジウィックとしばしば争ったマーシャルでさえ，「私は彼［シジウィック］によって育てられた。彼はいわば，私の精神上の父であり母であった。……彼に感謝すべき理由をもつすべての人々のうち，私以上にでる者は 1 人もいるまい」(Whitaker 1996, vol. 2 : 441) と述べていた。

(2)　心理的快楽主義とは，天空の星々が万有引力に支配されるように，人間の意志は常

に快楽に支配されるという心的事実（規範ではない）を主張する立場である。そこからは自由意志が引きだせず，人格の発展を論じえない。

（3） わが国でも，伊東（1962: 50–9），早坂（1968: 216–23; 1986: 59–87），塩野谷（1983），玉井（1999: 28–39）などがある。

（4） 「われわれは，一般ルールに従うというわれわれに課せられた個人的責任を，まったく拒否した。われわれは，あらゆる個々のケースで，その功罪にてらして［自分の頭で裁量的に］判断する権利をもち，それを成功裏に行う英知，経験，自制力をもつと主張した。これはわれわれの信念の非常に大事な部分であり，激しく攻撃的に主張した点であった。外部の人にとっては，それがわれわれの最もわかりやすい危険な特徴であった。われわれは，慣習道徳，因習，伝統的智恵をまったく拒否した。われわれはいわば，厳密な意味での不道徳主義者であった」（*JMK*, X: 446–7）。またブルームズベリー・グループのベルも，「……［ムーアの］『原理』は革命的作品で，ケインズが言うように，慣習道徳，因習，伝統的知恵を拒否する含意をもつ」（Bell 1968: 37, 訳 25）とみている。

（5） ディキンソンは，歴史家，文明批評家たるのみならず，国際連盟の最も早い提唱者，原案作成者，League of Nations の名称を考えた人物とも言われる。1914 年にノエル・ベーカーが救急隊を組織したさい（**1.3**），ディキンソンもこれに加わるべきか悩んだが，結局，自分に適した使命として，連盟設立のプロパガンダを選んだ。なお，環境と精神との関係に興味をもつ彼は，かつて経済学トライポス設立のさいにマーシャルを支持した（Forster 1973: 87）。

（6） この議論はシジウィックの影響――彼は晩年に心霊学研究協会 The Society for Psychical Research の会長であった――である。ピグーはその会報に寄稿しており（Pigou 1909h），のちにその会長職を継いだ H. A. スミスは，次のようにピグーの主張を紹介している。「ピグー教授はわれわれの『会報』の最近の号で……次のように述べた。すなわち，『存在し続けるという語の曖昧さは哲学的なものである。もし誰かが，猫はバケツの水に浸けられても存在し続けるかと問うとき，その問題がわれわれを時間の実在性 reality of time に関する形而上学的論議に引きこむことはない。事実，われわれは時間が実在すると仮定し，浸けられながらも存在し続けるという言葉で，われわれは浸けられたのちに生きていることを意味する。だがわれわれの問題が男と女と肉体的死とに関わるならば，理想主義哲学者が出てきてこう主張する。時間および時間のうちに存在するものは，人間の知覚上の純粋に主観的な事柄であり，実在としては未来 after も過去 before も存在しないと。また生も死も共に仮象 appearance であり，精神としては男も女も生きも死にもせず，ある意味では永遠に存在すると』」（Sidgwick 1996b: 306）。

（7） ケインズによれば，「彼［マーシャル］の著作には，どんな形でも宗教を誹謗するような点がまったくなく，彼の弟子のうち，彼の宗教上の見解について明確なことを言える者はほとんどいないであろう。生涯の終わりになって彼は述べた。『宗教とは生活態度であるように思われる』と，また自分は神学を断念したが，宗教を一層信じるようになったと」（*JMK*, X: 168–9）。

（8） 哲学を学び始めた頃の初期のムーアは，トリニティー・カレッジのフェローでヘーゲル的観念論者であったマクタガートの強い影響をうけたが，徐々にムーアは，人が意識せずとも，草は青く，テーブルや椅子，太陽や星々は存在すると考えるようになった（L. Woolf, *DNB*：746)。

（9） ピグーによれば，シジウィックは快楽（幸福）だけを目的善とし，善意をそのための手段善としたが，別の倫理学者は逆に，善意を目的善とし，快楽をそのための手段善としたのであり，「要点はすなわち，これら各々の学派が，ある意識の全体的状態の［目的としての］善さを……，1要素だけの変数とみるということである」(Pigou 1908a：85)。それゆえピグーの善関数は，これら2つの立場の総合を意図するものと見ることもできる。

また山﨑（2002）は，ピグーの多変数論に着目し，ピグーの哲学思想がシジウィックではなくムーアに依拠するものであるとした。多変数論という面だけをみれば，それは正しい。ただしシジウィックは，本文で述べた第14章「究極善」で，もし「意識的生」（意識状態）を広義にとれば，「自由 freedom」などの「意識的存在［人間］の客観的関係」や「真理の認知 cognition」「美の観照」「徳行 virtuous action」もまた，善の要素といえることを認めていた（Sidgwick 1996a：400)。

(10) 1901年にはすでに，すなわちムーア『原理』以前からすでに，ピグーは行動に対する心的状態の優位を論じていた。「……人の外的行動は，その一部しか彼の管理下にない。すなわち『意欲すること to will は今彼と共にあるが，意欲したことをすること to do はそうではない』。ゆえに倫理学の『定言命法』は，意志 volition にのみ適用でき，外的行動には適用できない。自分自身［ブラウニング］がそうであったように，彼はどんな者でも何らかの善の理想を認識し，自身のうちに何らかの倫理的教示を見出すと信じたので，人はこれらを意欲するか，故意に悪を選択するか，意欲することをまったく拒むか，のいずれかであるとブラウニングは考えた。これらの可能性のうち，最後のものを彼は限りない悪とみなした」。また帰結を推し量る困難については，「人は彼自身の経験という束縛に制限され，神の視点ではなく彼自身の視点から人生を眺めるので，彼が自分の義務であると思うことを意欲するのが，自分の絶対的義務であると信じざるをえない」(Pigou 1901a：111-4)。

(11) かつてシジウィックは「……究極の実践目的として追求する善が幸福以外にあるならば，それは人間存在の善 Goodness，完全性 Perfection，または卓越性 Excellence でしかありえないと，私は確信をもって主張できよう」と述べていた（Sidgwick 1996a：115)。

(12) MacIntyre（1981）も当時の道徳理論の流れを次のようにみている。「シジウィックが失敗として描いたものを，ムーアは啓蒙的で解放的な1つの発見とみなした。ムーアの読者にとって，啓蒙と解放は至上の重要性をもち，彼らは自分たちがキリスト教から，またシジウィックその他の功利主義思想から，決定的に脱却させられたと考えたのである」(p. 63)。

(13) Skidelsky（1983：210, 訳348）．「自然主義的誤謬 naturalistic fallacy」とは，定義

不可能な単純概念たる善を定義したり，分析（構成要素に分解）したりすることである。ムーア『原理』にはこの言葉が頻繁に現れる。

(14) 功利主義に対するマーシャルの姿勢をケインズは次のように評した。「マーシャルはおそらく彼以前の経済学者を支配した功利主義思想から明らさまに逸脱したことは一度もない，と言って間違いなかろう。だが，彼がこうした問題すべてを非常に慎重に扱った点には注目すべきものがある。この点で彼は，シジウィックよりずっと慎重で，ジェヴォンズとは対極的である」(*JMK*, X：170)。

(15) 以上の一連の議論は *EW* 初版（p. 24）に再録されたが，快楽主義という言葉が与える悪印象を避けるためか，「快楽」の語は「満足」に置換されている。なお，マーシャルはすでに『原理』第3版の改訂（1895年）で，それを satisfaction, gratification, benefit などに置換していた（Marshall 1961, vol. 2：20）。ピグーに賛同した彼の手紙からも伺えるように，マーシャルの場合，「快楽」と「満足」とではニュアンスの違いがある（vol. 1：17n）。

(16) 近藤（1990）によれば，①安楽基準 standard of comfort，②生活基準 standard of life，というマーシャルの2つの福祉概念は，それぞれ欲求と活動に対応する。①は欲求（快楽や満足へのそれを含む）の拡大が活動を牽引する状態，②は活動それ自体のために活動がなされ，欲求がそのあとに伴うような状態，がそれぞれ想定される。なお，「安楽基準」という言葉は——さらに遡ることもできるかもしれないが——マルサスに由来する（Malthus 1989, vol. 1：249，訳［下］19）。

第3章　初期ピグーの経済学

(1) Pigou（1907k, 1908d）は，賛同的立場からの論評である。

(2) 世界初の最低賃金法は，社会保障制度面での「イギリスの実験場」とも言われるニュージーランド（1894年）で成立し，次いでオーストラリア・ヴィクトリア州(96年)，イギリス（1909年）の順である。

(3) 下院を通過した予算案を上院は拒まないという2世紀以上続いた慣行が破られ，保守党多数の上院が同案を否決したため（いわゆる貴族院問題），下院の解散および総選挙が行われたが，その結果，自由党はなおも第一党の地位を保った。イギリス憲政史上に有名な「議会法（1911年）」は，金銭法案に関する下院の優越性を明文化し，上院の国家予算への影響力を排除するものである。

(4) 1945年の総選挙に大勝した労働党は，漸進主義を掲げたアトリーのもと，イングランド銀行を含む基幹産業を国有化し，社会保障制度を拡充するなど，いわゆる「福祉国家」政策を推し進めた。

(5) 「ある人がその経済環境からえる満足は，かなりの部分，彼の消費の絶対的大きさではなく，相対的大きさに由来する。ミルは次のように述べた。『人は金持ちになろうとは望まないが，ほかの者たちより金持ちになろうと望む。どれほど富を抱えていても，大欲で貪欲な者は，隣人たち同胞たちの間で彼が一番貧しければ，ほとんど，あるいはまったく満足を感じまい』と」(*EW* 初版：48)。

(6) その深刻さは，ラウントリーたちの貧困調査によって改めて強く意識された。

「1899年，S. ラウントリーは，ヨークの労働人口の15.46%が本源的貧困 primary poverty の生活をしていることを発見した」(Taylor 1965: 237, 訳215)。なお，ピグーにはラウントリーとの共著があり (Pigou 1914a)，その問題意識を共有していたことが伺える。

(7) そこでの文脈から，失業救済のための国家介入は国庫の無駄使いであるという考えが，政府関係者や知識人の間にかなり根強かったことが伺える。特にトランスヴァール貧窮委員会 Transvaal Indigency Commission の示した公共事業無効論に対して，ピグーはその後も執拗に反論している (Pigou 1913a: 171; *EW* 初版: 879; *IF* 第2版: 316)。

(8) 同様の分類はすでに Pigou (1910a: 4-6) にもみられる。

(9) ピグーは1924年にも同じ指摘をしている。「……その地域の民間の建設需要［の波動］を相殺すべく，公共の建設需要を操作する市当局は，ほぼ確実に有益であろう。だが民間の造船需要を相殺すべく，植林業の需要を操作する中央政府は容易に害をもたらすであろう」(Pigou 1924a: 131)。もし労働移動が不活発ならば，海岸部 (造船業) の不況を救うべく，内陸部の公共事業 (植林事業) を増やして何になろうか。その場合，『多数派報告』の公共事業，すなわち地方政府主体のピンポイント式需要注入が有効であろう。なお，1937年にはケインズも次のように述べ，ピグーの認識に近づいた感がある。「……われわれは中心部への一般的な追加的刺激がもはや有益でない状態に近づいた，あるいはすでに到達したかもしれない，と私は信じる。もし工業地域と農村との間で余剰資源が広汎に行き渡るならば，需要増加の刺激が国民経済のどの場所に加えられるかは大した問題ではない。だが経済構造が不幸にも硬直的なこと……，また国内の建築活動がわれわれが期待したほどには困窮地域の失業解消に有効でなかったこと，がわかってきた」(*JMK*, XXI: 385)。

(10) 「イギリスで1880-1910年の間に，この問題［恐慌と景気循環］に関して刊行されたものが，それに先立つ1860-70年代とその後の1910年以降との時期に比べて，いかに僅かであるかは注目に値する」(Hutchison 1953: 344, 訳［下］88)。

(11) ベヴァリッジが初期ピグーの失業論に及ぼした影響は小さくない。これについては，小峯 (2007, 特に第5章) を参照のこと。

(12) ピグーはロバートソンに次のように助言したそうである。「あなたは驚くほどに資料を集めています。［しかし］今のところ，主として生のままの資料です。マーシャルはよくこう指導しました。著作には骨格があり，これがその人の真の貢献であり，それはゆっくり成長し，すべてがその周りに配置されると。あなたはまだ骨格をえていない。資料を考えぬいていない。……それを煮詰めてゆくなかで，あなたが批判的基調をとらず積極的基調をとるならば，かなり良くなると思います」(Fletcher 2000: 114)。

(13) ケンブリッジ方程式には，①ここでみたピグーのもの，②マーシャル『貨幣・信用および商業』(1923年) 第1部第4章のもの，③ケインズ『貨幣改革論』(1923年) 第3章のものがあり，いずれも貨幣需要を「意志」に関連づける点で共通する。ま

た，ロバートソンの『貨幣』(1922年）をピグーは次のように讃えた。「すべてが見事で魅力的です。私は貨幣に関する本を『楽しんだ』ことはけっしてなかったと思います。人々に自分で考えさせるような仕方ですべてがなされました。実にケンブリッジ学派に咲いた実に素晴らしい一輪の花です」(Fletcher 2000：120)。こうした伝統をふまえ，ピグーはケインズ流動性選好説の革新性を否定したのである。

(14) 図**3-1**には3つの山があるが，第2と第3の山とについてふれておく。第2の山は戦後の労働組合の社会的・政治的勢力の高まりを，第3の鋭いピークは1926年の有名なゼネストを，それぞれ反映している。なお，ゼネスト敗北後の争議数は激減したが，組合の圧力自体が消えたわけではない。

(15) 「長期雇用と短期雇用」(“Long and Short Hirings,” Pigou 1923a, Ch. 3）では，これらの雇用形態のそれぞれの経済合理性が論じられている。

(16) 能力上昇を根拠とした高賃金論は，無制限に妥当するわけではなかろう。この種の高賃金論が妥当するのは，ピグーの場合，もっぱら低賃金の労働者であり，その能力上昇は，①物理的側面（食糧その他の改善による体力上昇)，②心理的側面（公正な待遇を受けているという感覚，希望感の高まり，手を抜くことによる失職への恐れ）の2つに分けられる。詳しくは，『厚生経済学』初版の第3編第16章「賃金率と能力」を参照のこと。

(17) なお，今日では公的保険制度は，未来に対する人々の合理的態度（ピグーが挙げた第2条件）を当然と仮定したうえで，通常次のように説明される場合が多い。1つは道徳的危険 moral hazard，すなわち保険の適用される事象を意図的に発生させる危険（ピグーが挙げた第1条件)。2つめは逆選択 adverse selection の問題。例えば失業保険の場合，失業する可能性の高い者ほど加入を望む。そうした人々の加入が増すと手当の支給額も増し，保険料を上げざるをえなくなるが，保険料が上がれば失業する可能性の低い人は保険から離脱してゆく。かくして悪循環は進行し，制度自体の破綻・消滅に至るため，国民全員を強制加入させる必要がある。

(18) その反動として，第二次労働党内閣（1929-31年）の首相マクドナルドは給付の減額を提案するも，与党労働党の大反対で内閣は総辞職。1931年，保守・自由両党の連立によりマクドナルド挙国一致内閣（1931-35年）が成立し，給付条件を厳格化するべく「資力テスト」が加わった。

(19) 以上の議論は『厚生経済学』初版の第5編第12章「実質所得のナショナル・ミニマムの水準」でも大差はないが，戦後の財政難という特殊事情が加わっている。「……イギリスの予算のうち，戦債の年々の利子負担を支払うのに要する部分の著しい増加は，社会的支出の大きな削減を正当化し，かつ実際にそれを強いると推論されている。……かかる観念は大部分虚妄である」(*EW* 初版：791)。国債の大部分はイギリス国民が保有するため，その利払いは単なる国内分配問題にすぎず，国富の減少を意味しないからである。

(20) 被救済者は，ワークハウスに収容され，そこで働いて暮らさねばならない。しかも自力で生きる方がよいと感じさせるために，ワークハウスでの生活は過酷なものでなければならない（劣等処遇原則)。要するにこの救済は，最後の，また最悪の安

全網であった。ディケンズの小説『オリヴァー・ツウィスト』(1838年) では，孤児として生まれた主人公の一生を通して，同法の適用をうけることの社会的意味が風刺的な筆で描かれる。

(21) ピグーによる「1890年から1910年まで」という期間の限定は，大きな意味をもつ。本書の第3章の注(10)でみたように1910年以降に景気変動論の研究がにわかに活発化したのを，彼が自覚していたことを示すからである。

第4章 雇用理論 (1) 産業変動論

(1) 「周知のように景気循環は，全産業を合わせた労働需要の絶対的な増減 *absolute* oscillation のみならず，さまざまな産業間での相対的な増減も伴う。それゆえ不況期の需要縮小は，消費財を生産する産業より，土木や造船などの建設的 constructive 産業でずっと大きなものとなる」(Pigou 1924a : 94–5)。

(2) イギリスの貨幣・信用論は長い伝統をもち，主に国際通貨制度との関連で展開してきた。18世紀にはD. ヒュームの「物価・正貨流出入メカニズム」論を，また19世紀にはピール銀行条例をめぐる有名な論争，バジョット『ロンバード街』(1873年) の恐慌論，等をあげうる。

(3) わが国でも，ピグーの雇用論には古典的思考法が残っているとたびたび指摘されてきた。例えばピグー『雇用と均衡』(1941a) の邦訳者たる鈴木諒一氏は次のように解説している。「ピグーの賃金理論は限界生産力説の上に立ちつつも，賃金基金説の影響を受けるところが強いようである。ケインズとの論争において理論的中心点となったところは，本書の第2編の均衡方程式組織であるが，そのなかの第3方程式にこの思想が現れている」(訳 p. ii)。同書については**10.3**で論じる。

(4) のちにケインズも『貨幣論』で，「ツガン・バラノフスキーの欠点は，貯蓄が，不況の期間中に投資されない形のまま何らかの方法で蓄積されうること，そしてこの蓄積された資金が，次に，景気過熱の期間中に徐々に使用し尽くされることを主張し，少なくともそれを当然の前提とする点にある……」と述べ，ピグーと同じ点を衝いた (*JMK*, VI : 90)。

(5) 乗数その他をめぐるピグーとホートレーとの論争については，小島 (2003, 2004) を参照のこと。

(6) この初歩的ミスの一因は，彼の心臓病に求められるかもしれない。心臓発作は1928年以降と37年以降が特に深刻であった。ある学生は次のように述べた，「1930年の初めに……ピグー教授に少し指導をうけるようになった。先生はちょうど長い病気から回復されつつあった頃で，私は数年ぶりで指導をうけた最初の学部学生であった」(Milo Keynes 1975 : 250–1, 訳 325)。発作は再び1938年頃から頻繁になり，もはや喫煙者と同席できず，多くの薬――「彼の友達」――を服用するようになる。

(7) 賃金財の産出が増大してはじめて雇用は増えるという彼の主張は，その後も一貫している。「……追加的な道路建設が総雇用に与える影響についての，いわゆる『大蔵省見解』をめぐる最近の議論では，すべての論者が次のように信じていた。すな

わち問題は，道路建設［費］が賄われるさい，非賃金稼得者の消費がどれだけ犠牲になり，また資本建設［投資］がどれだけ犠牲になるか，のそれぞれにかかっていると。だがこれは誤りである。……賃金財が，機械生産から道路建設に移されたとき，総労働需要にまったく純増がなく，それゆえ総雇用に純増がないのとまさに同じで，賃金財が，豪華な自動車，絹のガウン，あるいは高価すぎて賃金財に含まれない消費財の生産から道路建設に移されたときも，［総雇用に］純増はない」(Pigou 1933a : 145)。

（8） 通貨の理想的制度を追求する貨幣改革論の一つである「補償ドル」について，シュムペーターは次のように説明している。「I. フィッシャーの提案たる補償ドルは，金為替本位制の採用と，公式物価指数の変動に応じて貨幣単位の金分を変化せしめる工夫とを結合したもので，それゆえ 1 ドルは一定量の金でなく，一定量の購買力を表明すべきものである」(Schumpeter 1954 : 1079)。またピグーはそれが単なる理想論ではないことを強調していた。「……近代世界の貨幣制度は，失業の周期的爆発の因果関係のなかで重要な役割をはたす［産業変動の貨幣的要因］。戦前に経済学者の間で盛んであった一般物価を安定化するための貨幣計画は，しばしば考えられているような実践問題に無関係な学問的慰み事ではけっしてない」(Pigou 1923a : 37)。

第 5 章　ピグーの長期とケインズの短期

（1） マーシャルもピグーも，優生学者ゴールトンなどに言及しつつ人口の「質」を論じている。マーシャルはギルボー版『原理』の第 4 編第 5 章「人口の健康と強力さ」において，またピグーは『富と厚生』第 1 編第 4 章「国民分配分と人民の質」，『厚生経済学』初版の第 1 編第 6 章「国民分配分と人民の質」，「近代生物学にてらした社会進歩」(Pigou 1907e)，「優生学と賃金問題」(1923a, Ch. 8) において。

（2） 静学理論からこうした政策論を導いたピグーに対するマーシャルの懸念については，Bharadwaj (1972) を参照のこと。それがピグーに何ら伝えられなかった点は奇妙である。マーシャルは，自分の判断根拠になおも不確かさを感じ，若いピグーから反論される危険を感じたのかもしれない (Collard 1981 : 115, 訳 121)。

（3） ダーウィンの従弟であるゴールトンは，遺伝研究における統計学の有用性を認め，相関と回帰の先駆的分析を行った。ピアソンはこれをさらに推し進め，生物統計学 Biometrics と呼ばれる分野を創りあげた。標本 sample に対する母集団 population という基礎的統計概念を考案したのはピアソンであり，また次のような小著があるように多彩な論争に関わった人でもある。安藤洋美『統計学けんか物語 カール・ピアソン一代記』(海鳴社，1989。ケインズとの論争については pp. 96-7)。

（4） 遺伝のみを強調し，人の命に優劣をつける考え方には明らかに危険なものがある。「優生」とは「優良な生命」の意で，ゴールトンの唱えた「優生学 eugenics」(これは彼の造語といわれる) は，人類の生得的質の改善にむけて，断種や隔離などの方法による悪質の遺伝形質の淘汰 (いわゆる消極的優生政策) と，優良なものの保存 (積極的優生政策) を主張した。ただし優生学は，第二次大戦後には極右の議論と

みなされたが，1930 年代以前までは必ずしもそうしたものではなく，現代遺伝子工学はその復活とさえ言えよう。

(5) マーシャル図書館所蔵のピグーの手書きノートにはダーウィン『種の起源』(1859年) の要約が含まれており，進化論への彼の関心が伺える。

(6) 性差別主義者ピグーを批判する代表的な議論として，Pujol (1992, Ch. 9, "The Violent Paradoxes of A. C. Pigou : Pigouvian Exploitation and Women's Wages") がある。

(7) 形式上，本節ではこの問題を分配論 (世代間正義論) として扱っているが，ピグー自身はこれを資源配分論 (資本蓄積論) として論じている。すなわち彼は，資源配分論の主な問題として，(1) 独占，(2) 社会的限界純生産物と私的限界純生産物との乖離，(3) 人々の展望能力の不完全性，の 3 つを挙げた (Pigou 1935a : 116–24)。だが実質上，通時的効用最大化をめざす資源配分の問題は，どちらからも扱えるであろう。

(8) ピグーの課税論については本書の第 6 章で扱うので，ここでは簡単な解説にとどめておく。相続税は，貯蓄意欲を阻害することを通じて，また所得税は，主に勤労意欲を阻害することを通じて，資本蓄積を鈍化させる。一方，消費税ないし支出税は，消費せねば課税されないので貯蓄を促す傾向がある。これらは現代でも通説的な見解といえよう。

(9) ここでいう資本家は「眠れる資本家」すなわち利子生活者であり，「企業家」ではない。両者のそれぞれの経済的役割である「待忍 waiting」と「不確実性負担 uncertainty-bearing」とに関し，『厚生経済学』初版の付録「生産要素としての不確実性負担」では次のように述べられた。「経済学では通例，生産要素として，自然の用役のほかに，待忍と，種々の精神的・肉体的労働とに分類する。[だが] 未来のすべての出来事が完全に予見される世界では，このリストは実質的に適当であろうが，現実世界では，幾つかの未来の出来事は完全には予見されえない。……かかる状況下では，上に列挙された生産要素のリストに，さまざまな種類の不確実性負担からなる一群 [の要素] を加えるのが適当である」(*EW* 初版 : 915)。

(10) 死重損失を最小化する (財貨への) 課税方法として彼が示したのは，価格弾力性の低い商品ほど重く課税すべきであるという原則で，しばしば「逆弾力性ルール inverse elasticity rule」とよばれる。かかる商品は，税のために価格が上がっても消費や生産への影響は比較的小さく，資源配分の歪みを生みにくいからである。なお，この論文の冒頭ではピグーの助力に対する謝辞が述べられている。

(11) ラムゼー・ルールは，貯蓄に消費限界効用を乗じた値が，ブリスから純総効用を引いた値と常に等しいというもので，以下のように定式化される (Ramsey 1928 : 547, 訳 144, なお，Y：産出　K：資本　L：労働　C：消費　B：ブリス　U：消費の効用　V：労働の不効用)。

$$Y(K, L) - C = \frac{B - [U(C) - V(L)]}{U'(C)}$$

ただし本節で重要なのは，この式そのものではなく，それの依拠する思想である。

(12) かつてジェヴォンズは，その先駆的な『石炭問題』(1865 年) において，資源の有限性および成長の限界について警鐘を鳴らし，現在世代の責務を次のように論じた。すなわち，たとえ石炭枯渇が避けられない運命であるにせよ，豊富な石炭に頼って繁栄を享受できた現代世代は，せめてその償いとして減債基金を立て，将来世代に国債償還の負担が及ばないようにしようと。これについてケインズは，ジェヴォンズが紙の枯渇をも心配して紙を大量に蓄えたおかげで，50 年経ってもその孫はイタズラ書きの紙に不足しない，とジェヴォンズを一蹴し，その積極的，先駆的な側面を何ら認めなかった (*JMK*, X : 112-7)。ただしこの冷評の一因は，実物 (石炭) と貨幣 (国債) との混同にもあるに違いない。

(13) ケインズは『貨幣論』でラムゼーに言及したさい，一種の強制貯蓄説，すなわち「利潤インフレーションが彼ら [労働階級] に押しつける強制的禁欲」という論法によって，ラムゼーとの矛盾を止揚しようとしている。つまり貯蓄などせずとも，現在の消費生活を楽しめば，おのずと貯蓄も生じると (*JMK*, VI : 144-5)。

(14) 例えばケインズは，**2.2** でみた「心の状態」，すなわち目的善を，「『過去 before』や『未来 after』とは概して無関係」なもの，すなわち時間を超越したもの，と規定している (*JMK*, X : 436)。とすれば，**2.4** でみたピグーのニーチェ論の批判——現在の目的善といえども，未来に対しては手段善でもある——は，ケインズにとって，概して無視できるものであったろう。

(15) ピグーは，① *PF* 初版の序文でラムゼーに謝辞を述べ，本文でもその課税論を紹介 (pp. 126-8) したほか，② *EW* 第 4 版でその数学的助力に謝辞を述べ (p. 700)，③『雇用と均衡』でもその貯蓄論を紹介した (*ACP*, X : 111)。だが群を抜いて重要なのは，④資本蓄積論の側面において，ラムゼーとケインズを対比した「安定的な環境のもとでの経済進歩」(Pigou 1947b) である。これについては **9.1** で扱う。

(16) ロールズ『正義論』の第 44 章「世代間正義の問題」および第 45 章「時間選好」では，ケンブリッジの功利主義的伝統，特にシジウィックとラムゼーが批判された (Rawls 1971 : 284-98)。

(17) これはマーシャルが社会進歩の文脈で指摘した問題であった。「……余暇をよりよく利用することを学びうるならば，大部分の人々がより短い時間働くのはおそらくよいことであろう。だが不幸にも，人間性は徐々にしか改善できない。そして余暇をよく利用することを学ぶという困難な課題ほど，緩慢にしか学べないものはほかにないのである」(Marshall 1961, vol. 1 : 720)。

(18) 「野の百合がどうして育っているか，考えてみるがよい。働きもせず，紡ぎもしない。しかしあなた方に言うが，栄華をきわめたときのソロモンでさえ，この花の 1 つほどにも着飾ってはいなかった。……だから明日のことを思い煩うな。明日のことは明日自身が思い煩うであろう。1 日の苦労は，その日 1 日だけで十分である」(新約聖書マタイ伝 6 : 28-34)。

(19) 近年のケインズ研究の動向について次のような意見がある。「最近 10 年間におけるケインズ研究の新しい特徴は，ケインズの実践の哲学が，1914 年以前に彼が考察した倫理学および蓋然性に関する信念の表現であるという主張である。いいかえれ

ば，のちのケインズ革命の重要な諸側面が，ケインズの初期の知的形成期にその源流を発するという所説である。ここにおいて，『一般理論』自体の解釈と，時期的にこれに関連する彼の諸著作に，主要な研究関心が集中していたオールド・ケインズ学は，重大な挑戦を受けることになった」（玉井 1999：14）。

第6章　厚生経済学とその周辺

（1）J. ロビンソンは，「ケインズ革命」を論じた文脈のなかで，ピグーが自由放任を「一般に疑いえないルール」とみていたと指摘している（J. Robinson & Eatwell 1973：47）。J. ロビンソンが「自由放任」という言葉をどう定義しているのかは不明であるが，ピグー自身は「国家介入とレッセ・フェール」と題された講演で次のように語っている。「真の問題は，国家が行動するか否かではなく，どんな原理に基づき，経済生活のどの分野に，どの程度，行動がなされるべきかである。イエスかノーかの問題ではなく，多いか少ないかであり，不確定のフロンティアを画定すること，さまざまな領域の対立しあう諸利益の間でバランスをとること……である」。だからこそ，講義の題目を「国家介入対レッセ・フェール」にはしなかったのであると（Pigou 1935a：109-10）。

（2）ケインズによれば，「まだ若い頃……，彼［マーシャル］は労働運動の指導者たちを招き，週末を共に過ごすのを好んだ……。事実，彼は知性面以外のあらゆる面で，まさにJ. S. ミルと同じく労働運動や社会主義に共感していた」（*JMK*, X：214, 傍点追加）。

（3）一方，ピグーの次のような見方もある。「……巨額の所得が裕福な人々の手に集中される体制は投資に有利であり，平等主義はその分だけ投資に不利である。……だがそこでわれわれが，物的資本への投資しかみていない点を看過してはならない。人的資本への投資には，平等な所得分配の方が……ずっと有利なのである」（1955a：46）。

（4）この問題は，民主主義を考えるうえで極めて重要な論点であるはずだが（Arrow 1950），残念ながらピグーはその理由を詳しく述べていない。

（5）経済世界において，ある機械がその全ての能力を使い尽くすより前に，新型の機械に置き替えられるのと同様に，政治世界においても，アイルランド自治法を成立させる，あるいはトルコと開戦するという人民意志は，その全ての結果を出し尽くす前に消えていった（1902b：277）。

（6）この1922年論文は，のちに『応用経済学論集』（1923a）に収められ，そこでは傍線部が「非公式ながらその人間としての力能 unofficial capacity as human beings によって」と加筆された。

（7）「人は，生産の道具であると共に『それ自体目的』でもある。自然や芸術の美に調和し，単純にして誠実な性格をもち，情熱を統御しつつ同感の情を発達せさる1人の人間は，彼自身この世界の倫理的価値を形成する重要要素である。人間が感じたり考えたりするその仕方が，そのまま厚生の一部をなすのである」（*EW* 初版：12-3）。

（8） 『厚生経済学』初版の第3編第11章「賃金引上げの介入の実行可能性」では，諸々の労働基準，とりわけ最低賃金法を，経営者に遵守させうるか否かが考察された。消費者組合 Consumers' Association は，労働組合および政府と並んで，そこで重要な役割を果たす3大主体の1つである。そこでは，政府のみならず民間団体の補完的役割が欠かせないのである。

（9） 福祉国家 welfare state という言葉には，狭義と広義の二義がある。社会福祉プロパーの研究者の間では，地域のヴォランティア団体の組織化，情報共有，また次世代の活動家の育成は，固有の研究・実践課題として十分に認められている。しかし経済学者の間では，もっぱら国家的諸政策に議論が集中し，これと連携すべき市民的能動性が無視されがちであった。これは，「ケインズ革命」以降，例えば友愛組合，労働組合，専門職団体，宗教団体などの伝統的活動への期待を，「自由放任主義」思想に結びつけてしまう時代的風潮があったためであろう。一方，近年の「福祉社会」論，あるいは「福祉多元主義」論の高まりは，そうした活動の復権とはっきり結びついている。

(10) マーシャルもピグーも「数学とのかけおち」に躊躇し，自分たちの著作が，幅広い読者層に読まれることを願った。「……マーシャルの業績の主要部分は数学的骨格の周囲に築きあげられたが，彼はこの骨格を隠すことに大変苦労していた。こうして彼は『原理』を，単なる学問的大業績としたのみならず，一般教育の重要手段ともしたのである」(Pigou 1933a : vi)。しかし彼らが数学の使用を控えた理由はもう1つある。「このマーシャルの態度の鍵は，経済学で使われる手の込んだ数学が非現実的であるという彼の感情にあったと思う。つまり現実の経済世界で作用する影響力は，あまりに多数で緊密に相互依存しているため，もしそれらのすべてを取りこめば，数学は手に負えないほど複雑化し，一方，実際そうならざるをえないようにそれらの多くを無視すれば，われわれは現実を研究するのではなく『経済学の玩具 economic toys』を作ることになる。しかも彼の見方では，経済問題の数学的扱いは，数学的類推にもっぱら注目しがちであり，より重要な，生成と死滅の有機的諸力が支配的な，生物学的類推を見落としがちである。彼は述べた，『経済学者のメッカは，経済動学よりむしろ経済生物学である』と」(Pigou 1953a : 9-10)。この「経済生物学」とは，人的資本論に加えて，本節でみたような人的能動性にも関わる概念とみられる。

(11) ロビンズの議論に対する当時のさまざまな反応として Cannan (1932)，Souter (1933)，Knight (1934)，Harrod (1938) がある。またピグーを再評価する近年の試みとして Cooter & Rappoport (1984)，Aslanbeigui (1990) があり，これに対する批判として Hennipman (1988, 1992)，さらにその応答として Rappoport (1988)，Aslanbeigui (1992a) がある。

(12) ここからマクロ集計値に関するロビンズの次のような懐疑も出てくる。モノ自体に固有の値（例えばカロリー）があれば，その集計値は明確な意味をもつ。しかし「価値は1つの関係であり，尺度ではない。とすれば，価格ないし個人所得を合算して社会的総計を作りだすことは，ごく限られた意味しかもたない操作である。支

出された貨幣量としては個々の価格や個々の所得は足し算でき，えられた合計は明確な意味をもつ。……社会的所得の推計は，貨幣理論では極めて明確な意味をもつであろう。だがそれ以外では単に慣習的な意義しかない」(Robbins 1935: 56-7, 訳 87)。なぜなら「1つのモノを経済財たらしめるのは，それらのモノの人に対する関係にほかならず，これを離れてモノ自体に性質があるわけではない」からである（pp. 46-7, 訳 71)。Aslanbeigui (1990) が言うように，この懐疑は「国民分配分」や「消費者余剰」などの規範的解釈に向けられたものであろう。

(13) これに対するピグーの次のような反論はある程度有効と思われる。「……現状では，その精神構造のために，増えた所得がその瞬間には貧者にほとんど利益を与えないにせよ，しばらくののち，とりわけ新世代の人々が成長する十分な時間のある場合には，こうした所得を保てば，教育などを通じて，その増加した所得を享受するのに適した能力や資質が備わってくる可能性もあろう。かくして結局，富者と貧者との気質・嗜好の相違は……克服される」(*EW* 第4版: 91-2)。最も似かよっていないような富者と貧者との違いさえも，その大部分は（遺伝ではなく）環境によるというわけである。

(14) 『社会主義対資本主義』では，不平等是正の根拠として，①経済的貧困，②道徳的害悪，の2つが挙げられた。②は金銭的虚栄に対する貧者側の敵意などであって，特に不労所得については，「1つの重大な社会的害悪。それ自体として重大。模倣希望者たちの心に植えつける偽の規準のゆえに重大。何より，刻苦精励する貧者のうちに生じる不正・不当の苦々しい感情のゆえに重大」とやや強い語調で非難されている（1937a: 16)。

(15) J. M. クラークがいう「動学」の意味は，その現在の意味あいとは異なり，むしろ彼の父であるジョン・ベイツ・クラークが主著『富の分配』の第25章（J. B. Clark 1899）で論じたような意味に解釈すべきであろう。なお，ピグーがJ. M. クラークに与えた影響についてはStabile (1995) を参照のこと。

(16) ピグーのいう静態的ないし定常的状態という概念は，ストックおよびフローの変数が一定となって経済が単純再生産を繰り返す均衡状態である。それは静学上の真の均衡概念であり，新たな外生的攪乱がなければ成長論上の停止状態でもある。シュムペーターは，この主題における「最高の業績は，もちろんピグー教授の『定常状態の経済学』である」(Schumpeter 1954: 966n）と評している。当時のケンブリッジでは，この古典的な概念たる「定常状態」への理論的・思想的な関心が復活していた（**5.3**)。

第7章　財 政 論

(1) ピグーに利益説的要素がまったくないわけではない。「……特定個人の特定使用のための財・サービスを政府当局が提供する場合，その使用者への無料提供が望ましいことは稀である。広範な一般原則は次のようなものたるべきである。すなわちこれらの公営企業の資金調達は，その財・サービスの使用者に，その使用量に応じて，しかも全体としてすべての費用を償うように，料金を課すことによるべきであ

る」(*PF* 初版：48)。

(2) ミルは次のように述べていた。「政府が彼ら［国民］にどんな犠牲を求めるにせよ，その犠牲はすべての人々に等しい圧力で及ぶようにせねばならない。またこのことは，全体としての犠牲を最小化する方法であることに注意せねばならない。……それゆえ課税の公平は，政治の格言として犠牲の公平を意味する」(Mill 1848：807, 訳［V］28)。ミルは均等犠牲と最小総犠牲という2原理が両立するとし，比例所得税を唱えたが，これについてピグーは，①「均等犠牲」の意味が明確にされていない点，②最小総犠牲と合致するのは均等限界犠牲であり，それは累進所得税によってのみ果たされる点，を指摘している（*PF* 初版：75；*PF* 第3版：57)。

(3) 前述のように，シジウィックとマーシャルは均等絶対犠牲(ii)の立場を，ピグーは均等限界犠牲(i)の立場をとった。ピグーが(i)を選んだ理由は以下の2つが考えられる。①「最小総犠牲原理」と「すべての人々の気質を同質とする仮定」とを組み合わせれば，もはやこれと整合的なのは(i)しかないこと，②どちらも累進課税を支持しうるとはいえ，その率は(i)の方が急となること。「……均等［絶対］犠牲の原理に合致する累進の程度は，最小総犠牲をもたらすのに必要な累進の程度より，傾斜がずっとゆるやかである。それゆえ，均等犠牲を生みだすものより幾らか急傾斜の累進率が望ましいことは，大方の人が認めよう」(*EW* 第4版：716)。

(4) このように，『財政の研究』初版には経済変動に関する第3命題の視点がないが，これは前年に出版された『産業変動論』との重複を回避するためであったかもしれない。第3命題の視点は第3版（1947年）で追加されたが，これはケインズ『一般理論』の影響であったかもしれない。

(5) 「1894年以前のわが国に，たいした相続税などなかったことを思いおこすのは興味深いことである。W. ハーコート卿はその年の予算演説で，今や古典的となった言葉で，その新たな政策を擁護した。『自然は人に，その生涯を越えてまでこの世の財産を支配する力を与えない。彼の意志を死後にまで延長する彼のそうした力は……純粋に法の創造物であり，国家はその力の行使に関する条件および制限を規定する権利をもつのである』と。これ以上に言う必要があり，また言いうることは何もない」(Pigou 1955a：110)。

(6) 1920年代になると西ヨーロッパ諸国では，家族数などを考慮した「家族賃金 family wage」が盛んに議論されるようになる。ピグーはこの理念に賛同したが，それを賃金率によってではなく，むしろ課税によって実現すべきであると主張している(*EW* 第4版：604-6, 初版にはこの議論はない)。

(7) 同委員会においてピグーが資本課税に譲歩・賛成するかのごとく次のように述べたのは，それが労働党の選挙公約であったからにすぎない（例えばドールトンは同委員会証言で資本課税に賛成した)。「現在の世論の状況では，特別［資本］課税法の追加は人々を驚愕させ，しばらく産業活動を抑制しそうである。それゆえもしかかる立法が導入されるならば，不況期よりも好況期の方がずっとよいであろう」(Colwyn Committee 1927, vol. 2：436)。『タイムズ』紙上でも，不況下での資本課税にピグーは基本的に反対している（Pigou 1922i, 1922j, 1923f, 1923g)。

(8) 赤字財政が将来世代の負担となる可能性についての詳しい議論は，『財政の研究』初版第3編第1章「財政に占める公債の位置」(特に pp. 234-42) を参照のこと。こうした問題意識は近年になって先鋭化し，Kotlikoff (1992) らのいわゆる「世代会計」が考案されるなど活発な研究がなされている。

(9) 「豊かになればなるほど，人が総所得のうち消費しようとする割合は小さくなる」(*EW* 第4版：89)。

(10) 教育は重要である。1930年代恐慌期の教育予算大幅削減に反対すべく，ピグー，ベヴァリッジ，ロバートソンたちは『タイムズ』紙に次のような連名書簡を掲載した。「イギリスはかつての経済的優勢を幾分喪失した。今後わが国は必然的に，従来よりもずっと大なる程度，……活力，知性，能力に頼らざるをえない」。それゆえ教育を「贅沢」とみなして予算をカットすべきではないと (Pigou 1932d：6)。

(11) ケインズは1926年に次のように述べた。「……極めて激烈な論争や，最も深刻で切実な意見の分裂が，今後数年のうちにおきるであろう。それは技術的問題をめぐるものではない。つまりどちら側ももっぱら経済論議を闘わせるのではない。よい言葉が見当たらないが，それは心理的ないし道徳的とでもいえる問題をめぐるものとなろう」(*JMK*, IX：293-4)。

第8章　雇用政策

(1) 1920年代イギリスの持続的高失業率を，寛大な失業保険制度によって生じた自然失業率の上昇という見地から論じる試みとして Benjamin & Kochin (1979) があり，のちにこれは同誌上で論争となった (*Journal of Political Economy*, 90, 1982：369-436)。現在では，ベンジャミンたちの実証には不備があると広く認められている。したがって現状では，未だ実証されない仮説にとどまる。

(2) 自然失業率とは，「長期的に経済が回帰してゆく失業率」のことであり，政策論上のその有名な含意は，一般にケインズ政策と呼ばれるような総需要管理政策が短期的にしか有効でない (長期的に無効) というものである (Mankiw 2003：532)。

(3) マニフェストの詳しい内容については北西 (1968) を参照のこと。

(4) それは，炭坑夫たちの求めに応じて TUC (Trades Union Congress 労働組合会議) が傘下の組合に同情ストを呼びかけたことでおきた未曾有の大争議である。TUC は戦前の1914年に268万人であった組合員数を，戦後の1919年には651万人に急増させた強力な団体であった (Pelling 1992：324-5)。

(5) 「イギリスのような国の現代の状況下では，それら［賃金］は主として，賃金稼得者の組織と雇用者の組織との間の団体交渉によって，あるいは組織化が不十分なところでは公的に管理された賃金委員会 trade boards によって，さまざまな産業グループごとに個別に決定される」(Pigou 1945a：26)。賃金委員会については，**3.1** の「賃金委員会法」を参照のこと。

(6) ケンブリッジで経済学を学び，1947年，LSE のカッセル講座を継ぐ (前任者はロバートソン)。国際金融に関するラドクリフ委員会 (Radcliffe Committee, 1957-59年)」の中心メンバー。同委員会による『ラドクリフ報告書』(1959年) は，『カン

リフ報告書』と『マクミラン報告書』とに並ぶ20世紀イギリス金融史上の重要文献である。また，その内部資料を存分に用いて書かれた主著『イングランド銀行史 1891-1944』(Sayers 1976) は，同銀行の「正史」とも評される。

(7) フランス・ベルギー両軍はドイツから賠償金を引きだそうと1923年1月にルールに侵入した。この直後にドイツでインフレが生じ，11月にはマルクの価値は1兆分の1にまで低下した。また注目すべきは，インフレ退治後のドイツの競争力（輸出シェア）の回復が速やかであった点である。「イギリスにとって第二の調整問題を作りだしたのは……このドイツの復活であった。そしてイギリスの輸出業者の生活をかくも悲惨なものにしたのは，スターリングの当初の過大評価よりも，むしろこの第二の問題であった」(Sayers 1970: 95, 訳62)。

(8) 『戦争の政治経済学』初版（1921a）の第15章「戦後の通貨」は，戦後の国際通貨制度に関するピグーの立場をみるうえで大変重要だが，第2版では削除され，『財政の研究』初版の第3編第5章に（金復帰後の情勢をふまえて加筆修正されて）移された。

(9) 「合衆国の輸入関税の多くは，もとは純粋な収入目的のために，第一次大戦中に課せられたものである。それらは，[輸入品が不利にならないように] 同率の内国消費税を伴い，しかも国の支出の必要額に合致させられた。しかしながら平和が回復されると，内国消費税は撤廃され，関税におけるその収入動機も，たちまち保護 [貿易] 動機によって押しつぶされてしまった。事柄の本末は顚倒し，国の支出が保護関税の収入に合致させられるようになり，まったく不要な余剰収入の使い途のために，さまざまな膨大な支出が考案されたのである」(Pigou 1903a: 15)。**1.2** でみたフォックスウェルとの関税改革論争も含め，最初期のピグーが国際貿易論を盛んに論じていた点（Pigou 1901i, 1903a, 1903j, 1904b, 1905b, 1906a, 1907d はその一部にすぎない）は，注目に値する。

(10) この報告書の議論の反映とも思われるが，『厚生経済学』第4版の第4編には「賃金への補助金」という章が新たに加わった。そこでは，賃金補助は一時的処置以上のものでないこと，同制度の腐敗を防ぐには政府側の非常な権力と能力を要すること，が述べられている。

(11) ピグーは1939年の王立経済学会の会長講演（Pigou 1939a）で，20世紀初めの関税改革論争のさいにマーシャルを中心に団結した経済学者たちの積極的役割と対比させつつ，ブロック化と再びの戦争とを防げなかった当時の経済学界を批判した。

第9章　雇用理論（2）　賃金政策論

(1) この論文の主題は，新たなタイプの失業，すなわち「戦前の経済学が研究することをけっして求められなかったタイプの問題」にイギリスが直面したことの指摘であった。これ以後，新たな問題意識のもとで②が精力的に研究されてゆく。なお，1927年という年は，『産業変動論』が出版され，①の研究が一応の完成をみた年でもある。

(2) 『失業の理論』の優れた解説としては，中山（1972: 23-51）がある。同氏は，『一

般理論』の「第2公準」がピグーに妥当しないこと，ゆえに「古典派」批判とピグー批判とは区別されねばならないこと，をわが国で最初に指摘した1人とみられる。しかし中山氏以降，わが国ではこうした地道な文献実証的態度は弱まったと言わざるをえまい。

(3) 標準貨幣制度とは「実質労働需要関数ないし実質賃金率のあらゆる種類の変動――期間の長短をとわず――に対して，総貨幣所得が，就業労働者（ないし他の生産要素）の変化数に当初の貨幣賃金率を乗じた分だけ正確に増減するよう作られた制度」，また適正利子率とは「標準貨幣制度の諸要求に一致する銀行利子率」と定義される（Pigou 1933a : 205–6, 211）。

(4) 『一般理論』はこうした見方をとらない。「労働者たちは，無意識的ながら本能的に古典派よりも一層合理的な経済学者である。……あらゆる労働組合は貨幣賃金の切り下げに対し，それがいかに少額であれ何らかの抵抗を示すであろう。だがどんな労働組合も生計費が上昇するたびにストライキをしようとは夢にも思わないから，彼らは総雇用の増大について，古典派によって彼らに責任があるとみなされているような障害を作りだしていない」（*JMK*, VII : 14–5）。とはいえケインズも1930年時点では，「高賃金党」と「可能となればいつでも賃金の上昇に賛成するみさかいのない世論」を批判していたのである（**8.3**）。

(5) 「……ケインズの告発はどれほど正確なものであったのか。実に奇妙だが，この問いには未だに体系的解答が出されていない」。「『古典派』経済学の名のもとに論じられた種々の思想の実体は，確かに，ケインズがその先人たちの考えを示すために発明した，便宜的なわら人形である」（Blaug 1962 : 601, 訳796）。この文脈でしばしば用いられる「わら人形 straw man」という表現は，シュムペータに由来するものである（Schumpeter 1951 : 287n, 訳407n）。

(6) ピグーたちの依頼をうけて1935年にケンブリッジ大学に移ったヒックスは，まずJ. ロビンソンを訪ねた。「ところが彼女があまりに敵意をみせるので，ヒックスはあえて再び訪れようとは思わなかった」。実はヒックスが得たケンブリッジにおけるその地位は，ケインズ派の若手たちの考えでは，本来彼女が得るべきはずのものであった。のちにヒックスは，自分が招かれたのは彼女を抑えこむためであったと考えた（Hamouda 1993 : 22）。

(7) ただし1927年以降に産業変動論研究がまったくなされなかったわけではない。例えば乗数論文（Pigou 1929b）など，折々の時論的要請から研究は継続されている。また，1927年以前に賃金政策論研究がまったくなされなかったわけでもない。例えば**3.5**でみた人道的ミニマム論と最低賃金法論など。

終　章　ピグーから眺めた「ケインズ革命」

(1) 煉獄とは，キリスト教用語で，天国でも地獄でもない第三の場所のこと。例えば，ダンテの『神曲』は，地獄編，煉獄編，天国編の全3編からなる。「……名誉総長メダルの獲得者 Chancellor's Medalist で，『ブラウニング』の著者でもある彼［ピグー］は，ブラウニングのみならず，ダンテを含むほかの詩人からも，ぴったりの

詩をよく引いてきたものであった……」(Saltmarsh & Wilkinson 1960: 15)。

（2） 宮崎（1967）は，ムーア主義との関連で流動性選好説と（労働供給に関する）「古典派第2公準」の拒否とを論じた先駆的業績である。

（3） 1979年にヨーロッパ初の女性首相となったサッチャーも，「ケインズ主義」を経済学と思想との混合物とみていた。「彼［ケインズ］は『ブルームズベリー』に属し，日常生活のなかで，ヴィクトリア時代の美徳を拒否する行動をとったが，それらは微妙に，だが間違いなく，経済学における古典的自由主義の規範と制限とを捨てる立場となって現れ，それが『ケインズ主義』の同義語となった」(Thatcher 1995: 565, 訳 305-6)。彼女の見解は，研究に裏づけられた学問的見解とは必ずしも言えないが，近年の非アカデミックなイギリス人の，ケインズ経済学に対する見方を示すものとして一定の歴史的意義があろう。

（4） ただし厳密には，V は利子率だけの関数ではない。ピグーによれば，賃金労働者はその所得の大部分を速やかに手放す傾向があり，そのため総所得のうち賃金労働者のうけとる割合 P が大きいほど，V は大きくなろう。しかし P は安定的であるので，これを一定とみなし，$V=\chi(r, P)$ でなく $V=\chi(r)$ を採用できる（*ACP*, X: 60-1)。

（5） ピグーによれば，貯蓄の大部分は非賃金所得者が行うので，$f\{r, F(x)\}$ の代わりに，$f\{r, F(x)-x\cdot F'(x)\}$ と書いてもよいが，いずれにせよ x の関数なので，前者の簡単な式を用いるのがよい。

（6） ［iii-2］式および［iii-4］式を参照のこと。なお，［i-1］式は独占を許すため複雑であるが，完全競争（$\eta_2=\infty$）であれば，より簡単なものになる。さらに投資財部門の生産関数が収穫一定ならば，投資貨幣は，投資財部門の労働雇用量（生産総量を限界労働生産力で除した値）に名目賃金を乗じた値に等しくなる。

（7） ピグーは1946年に次のように述べていた。「ケインズはとりわけ，種々の生産の間での資源配分に関する経済学の一分野に興味をもたなかった。彼の主要テーマは……全体としての産出の問題であり，それは短期的観点からみて総雇用の問題とほぼ等しい。この問題を配分の問題からはっきり切り離すことは不可能である。なぜなら現実世界では，さまざまな業種・地域で需要される諸資源の相対量の変化に加えて摩擦と移動障壁とが，失業を惹起する主要原因の一つだからである。ケインズは完全にこれに気づいていた。だがここは彼の研究分野ではなかった。彼はこれらの問題をわきへやり，これらが実際にもつ重要性を十分に認めず（と私は思う)，労働が完全に可動的で摩擦的失業のない世界でさえ，なおも雇用に作用し続ける影響力に［考察を］集中したのである」(*PJA*: 568)。

（8） 1920年代のケンブリッジにおける貨幣経済学者の代表的な1人たるラヴィングトンは，『景気循環』(Lavington 1922）の序文で「その主要アイデアの多く」がマーシャル，ピグー，ロバートソンに由来すると謝辞を述べ，ほかにミッチェル，アフタリオン，H. ヘンダーソンの名を挙げたが，ケインズにはふれなかった。これに関して，「ケインズの方でもラヴィングトンをまったく無視したと思われ，その理由を探るのは興味深いであろう」(Laidler 1999: 83n）という指摘もある。ラ

ヴィングトンの立場は，「探す苦労さえ厭わねば，それはみんなマーシャルに書いてある」というその口癖が示すように，マーシャルの現金残高アプローチを発展させたものである。ケンブリッジ貨幣理論の展開のうえで，1927年の彼の死は一定の意味をもつであろう。その人物および業績についてはWright（1927）を，より現代的な評価についてはBridel（1998）を参照のこと。

（9）マーシャルの著作の該当箇所は次のようなものである。「追加的な即時的支配力をもつ利益と，直接的な所得やその他の利益をまったく彼にもたらさないような形態に自分の資力をさらに投下することの不利益とを，比較斟酌したのちに」，人は自分の資力のどれほどの割合kを貨幣形態で保有するかを決定する。「……人々がその所得のうち通貨の形で所有するのを有益と考える部分が存在する。それは1/5，1/10，または1/20かもしれない。諸資源に対する大きな支配力を通貨の形でもてば，彼らの事業は容易かつ円滑となり，彼らは駆け引きのうえで有利になる。だが他方でそれは，例えばもし追加的な家具に投資していれば得られたはずの喜びという所得を，また追加的な機械や家畜に投資していれば得られたはずの貨幣所得を犠牲にし，資力を不毛な形態のなかに閉じこめてしまう」（Marshall 1923: 44-5）。

（10）シェリーはイギリス・ロマン派の代表的詩人である。イートン校を卒業後，オックスフォード大学在学中に小冊子『無神論の必然性』（1811年）を発表し，同年退学となる。プラトン的な理想主義，人間愛に基づく社会改造論などを特徴とし，代表作の1つに，自由と愛とを人類にもたらす擁護者を描いた悲劇『縛めをとかれたプロメテウス』（1820年）がある。ただ，彼は妻をもつ身でありながら，愛人と大陸へ渡り，そのため妻は自殺してしまった。